Gert Göbel

Länger als ein Menschenleben in Missouri

Gert Göbel

Länger als ein Menschenleben in Missouri

ISBN/EAN: 9783743309999

Hergestellt in Europa, USA, Kanada, Australien, Japan

Cover: Foto ©Thomas Meinert / pixelio.de

Manufactured and distributed by brebook publishing software (www.brebook.com)

Gert Göbel

Länger als ein Menschenleben in Missouri

Länger als ein Menschenleben

in

Missouri.

Von

Gert Göbel.

St. Louis, Mo.
C. Witter's Buchhandlung,
No. 21 südl. 4. Straße.

Länger als ein Menschenleben

in

Missouri.

Von

Bert Göbel.

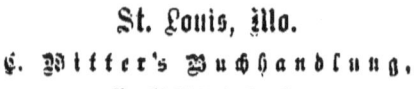

St. Louis, Mo.
C. Witter's Buchhandlung,
No. 21 südl. 4. Straße.

Widmung.

Diese Blätter, deren hauptsächlicher Inhalt eine kurze Schilderung der Entwicklung des Deutschthums in Missouri ist, sind hiermit meinem alten, hochverehrten Freunde,

Herrn Friedrich Münch,

dem Senior der deutschen Einwanderer und denkräftigen und erfolgreichen Vorkämpfer für Ausbreitung des deutschen Wesens und deutscher Bildung, in freudiger Anerkennung seines Wirkens hochachtungsvoll gewidmet von

dem Verfasser.

Vorwort.

Der Gedanke, ein Buch schreiben zu wollen, ist nicht von mir selbst ausgegangen. Wenn mitunter im Kreise von Freunden die Rede auf frühere Zeiten kam, so erzählte ich nicht selten von Zuständen und Ereignissen, die selbst Solchen, welche schon eine Reihe von Jahren in Missouri gelebt hatten, zum Theil, oft aber noch ganz unbekannt waren. In Folge dessen wurde ich nun wiederholt aufgefordert, diese Schilderungen im Zusammenhang niederzuschreiben, weil nur noch sehr Wenige am Leben seien, welche jene alten Zustände selbst mit durchlebt hätten, und daß es vielleicht späteren Generationen interessant sein möchte, von einem Augenzeugen zu erfahren, wie es zur Zeit ihrer Großväter und Urgroßväter in Missouri ausgesehen hat und wie diese gelebt hatten.

Erst nach längerer Ueberlegung entschloß ich mich zu dieser Arbeit, da ich bis jetzt noch nichts für die Oeffentlichkeit geschrieben hatte, als hin und wieder einige Aufsätze für verschiedene Zeitungen; aber ob ich dieser Aufgabe gewachsen sein werde, erwarte ich selbst mit einigem Befangen.

Es ist schon öfter vorgekommen, daß Leute nach einem Aufenthalt von nur wenigen Jahren hier im Lande sich schon für berufen gehalten haben, ein Buch über „Amerika" zu schreiben.

Solche Werke mögen mitunter ganz angenehme Lectüre sein, wenn sie geschmackvoll und interessant geschrieben sind, können aber dennoch nur höchst oberflächlich und unzuverlässig sein, und die in solchen Schriften veröffentlichten Schilderungen und Anschauungen entlocken einem w i r k l i c h e n Hinterwäldler sehr häufig ein mitleidiges Lächeln.

Wer im Stande ist, sich auch nur einen annähernd richtigen Begriff von der ungeheuren Ausdehnung des Gebiets der Ver. Staaten zu machen, wird zugeben müssen, daß eine eingehende Beschreibung eines so großen Landes eine Aufgabe ist, die eine einzige Feder nicht leisten kann. Wer einer solchen Aufgabe gerecht werden wollte, müßte jeden Staat und jedes Territorium genau kennen; eine solche Kenntniß kann sich aber Niemand durch eigene Anschauung in der Spanne eines Menschenalters erwerben, denn viele dieser Staaten und Territorien sind größer als entweder Deutschland oder Frankreich oder England. Aber wenn erfahrene und dazu befähigte Männer sich damit befassen wollten, die Geschichte des Staates zu schreiben, der seit einer Reihe von Jahren ihre Heimath war, so würde die Zusammenstellung dieser Werke eine ebenso interessante, wie nützliche und lehrreiche Hinterlassenschaft für spätere Geschlechter sein.

Je mehr ich an die Aufgabe denke, die ich mir gestellt habe, desto größere Dimensionen nimmt sie an, aber in demselben Verhältniß vergrößert sich auch meine Besorgniß, ihr gerecht werden zu können, und ich muß mir immer vergegenwärtigen, daß ich schon über vierzig Jahre lang in Missouri wohne, daß ich unter den alten Hinterwäldlern, deren Erlebnisse und Erinnerungen zum Theil bis in das vorige Jahrhundert zurückreichten, zum Mann gereift bin, daß ich eine lange Reihe von Jahren, erst als Jäger und dann als County-Feldmesser, das Land in allen Richtungen durchzogen habe, und daß ich während der wichtigsten geschichtlichen Epoche von Missouri als Volks-Repräsentant in beiden Häusern der Legislatur jede mögliche Gelegenheit hatte, mit allen Schichten der Bevölkerung bekannt und vertraut zu werden.

Archivarische Hülfsquellen aus jenen früheren Zeiten gibt es wenige, und so müssen denn eigene Erlebnisse und directe Ueberlieferungen von Männern, welche mir genau bekannt und befreundet waren, die Grundlage bilden, von welcher aus ich meine Schilderungen beginnen muß.

Ein Ueberblick über dieses kleine Werk in seiner jetzigen Gestalt zeigt, daß es noch immer sehr lückenhaft ist.

Die Beschreibung der alten Hinterwäldler, welche zu ihrer Zeit ein so wichtiges Element waren, um der Civilisation Bahn zu brechen, mag dem freundlichen Leser ein ziemlich treues Bild ihrer Lebens- und Anschauungsweise geben, und überall, wo sie in die Wildniß eindrangen, waren ihre Sitten und Gebräuche fast immer ganz gleich, aber es hätten noch eine Menge kleine biographische Skizzen von Männern mit eingeflochten werden können, welche durch ihren Muth und ihre Entschlossenheit und hauptsächlich durch ihre unerschütterliche Ruhe und Geistesgegenwart in den größten Gefahren über Andere hervorragten.

Daß in jenen primitiven Zuständen, in welchen eigentlich nur die Geschicklichkeit mit der Axt und der Büchse Geltung hatte und haben konnte, das Schulwesen auf einer sehr niedrigen Stufe stehen mußte, bedarf wohl keiner besonderen Auseinandersetzung, und ebenso ist eine eingehende Beschreibung des religiösen Sectenwesens zu unerquicklich, um viele Worte darüber zu rechtfertigen, und es mag nur erwähnt werden, daß früher, ehe es noch dichte Ansiedlungen gab, nicht viel von Intoleranz und gegenseitiger Anfeindung des Glaubens wegen zu bemerken war.

Der ungeheure Mineral-Reichthum von Missouri an allen Metallen, mit Ausnahme der sogenannten edlen, ist ebenfalls nur mehrfach angedeutet worden. Ich selbst verstehe zu wenig von Mineralogie, um als Fachmann darüber sprechen zu können, und da ich es für unwürdig halte, mich mit fremden Federn zu schmücken, so konnte ich mich nicht entschließen, abgeschriebene Auszüge aus den officiellen geologischen Berichten, welche von Zeit zu Zeit von unseren Staatsbehörden veranlaßt wurden, einem geehrten Lesepublicum als meine eigene Arbeit vorzulegen.

Der ganze Bergbau liegt hier im Westen überhaupt noch in seiner Kindheit und hat sich noch nicht weit über den Raubbau erhoben, aber wenn einmal die Sahne abgeschöpft sein wird und der Bergbau auf einer gründlich wissenschaftlichen Basis betrieben werden muß wenn er lucrativ sein soll, so wird es wohl auch nicht an Männern fehlen, welche vollständig befähigt sind, diesem in der Zukunft für Missouri so hochwichtigen Industriezweig völlige Gerechtigkeit widerfahren zu lassen.

Ebenso ist es eine bedauerliche Lücke, daß über die Gründung mehrerer der älteren und ältesten Städte so wenig gesagt ist, denn den ersten Anfängen von St. Louis, St. Charles, St. Genevieve, Cape Girardeau, Jefferson City, Boonville, Lexington, Independence, Kansas City und St. Joseph sind nur wenige Zeilen gewidmet. Wenn die Schilderungen jener frühen Städte-Gründungen zuverlässig sein sollen, so müssen die nöthigen Nachforschungen an Ort und Stelle gemacht werden; aber dazu fehlte mir im Verlauf des vergangenen Jahres jede Gelegenheit, und ich zog daher vor, lieber Nichts, als Unwahres zu berichten. Sollte dieses kleine Werk unbeachtet bleiben, so ist auch diese unvollständige Ausarbeitung ganz unwesentlich, aber im Falle einer gegen alle Erwartung günstigen Aufnahme ist es noch nicht zu spät, die Lücken in einer späteren Auflage auszufüllen.

Geschichte schreiben und keine oder nur fingirte Namen anführen zu wollen, ist keine rechte Geschichte mehr; immerhin ist es aber in einer Schilderung der jüngsten Zeit noch zu früh, um alle erwähnten Persönlichkeiten namhaft zu machen, wenn man Verstöße gegen die Discretion vermeiden will, und da es durchaus nicht in der Absicht des Verfassers liegt, weder noch Lebende, noch die Hinterbliebenen jüngst Verstorbener in irgend einer Weise compromittiren zu wollen, so sind nur solche Namen genannt, an deren Reputation kein Makel haftet.

Von den politischen Größen, welche hin und wieder erwähnt wurden, hat allerdings der Eine und der Andere in den letzten Jahren eine Haltung angenommen, welche mit seinen früher vertretenen Grundsätzen nicht recht in Einklang zu bringen ist, aber das muthvolle, patriotische und freisinnige Auftreten jener Männer in der Zeit der höchsten Gefahr hat doch darum hier seine gebührende, volle Anerkennung gefunden.

Dieses ganze kleine Werk kann nur für das Gerüste eines Gebäudes gelten, welches zwar auf einer festen, historischen Grundlage ruht, dessen Ausbau aber noch viel zu wünschen übrig läßt, und ob es in dieser unvollendeten Gestalt Anklang in weiteren Kreisen finden wird, ist sehr zu bezweifeln.

Der Verfasser.

Inhalts-Verzeichniß.

	Seite
Einleitung	1 — 5
1. Die ersten Deutschen im Lande	6 — 9
2. Betrachtungen über die alte Gießener Auswanderungs-Gesellschaft	9 — 16
3. Erinnerungen an die Landreise von Baltimore nach dem Westen	16 — 21
4. Frühe deutsche Ansiedelungen	21 — 36
5. Die erste Zeit auf der neuen Farm im Walde	37 — 41
6. Die Deutschen, die wir fanden und die, die uns bald folgten	41 — 51
7. Ein Mord	52 — 54
8. Die erste Prophezeihung der Deutschen in Baltimore: "In Missouri scalpiren Euch die Indianer"	55 — 58
9. Die zweite Behauptung: "Die Weißen in Missouri sind Räuber und Mörder"	59 — 62
10. Die alten Amerikaner. Ihre Lebensweise, Sitten und Gebräuche	62 — 66
11. Das Hauswesen der alten Amerikaner	67 — 70
12. Die Amerikaner als Nachbarn	70 — 79
13. Feste und Vergnügungen	79 — 87
14. Betrachtungen und die alten Scheibenschießen	87 — 90
15. Die alte Miliz	90 — 95
16. Die dritte Prophezeihung: "Wegen der reißenden Thiere und giftigen Schlangen kann man kaum zum Hause heraus"	96 — 109
17. Die Eichhörner als Landplage	109 — 112
18. Verirrte Kinder	112 — 115
19. Wieder ein Mord	115 — 119
20. Die Ueberschwemmung im Jahre 1848	119 — 123
21. Gefährliche Straßen. Ein Lynchgericht	123 — 129
22. Ein Kapitel über Städte	130 — 141
23. Der Weinbau in Missouri	141 — 146
24. Die Achtundvierziger und ihre Bedeutung	146 — 155
25. Die Landeintheilung und Landverhältnisse	153 — 165
26. Betrachtungen über Sprachvermischung	165 — 170
27. Das heraufziehende Ungewitter	170 — 180
28. Der Anfang der Unruhen	180 — 183
29. Die Einnahme von Camp Jackson	184 — 189
30. Eine Skizze des eigentlichen Krieges in Missouri	189 — 198
31. Zustände während des Krieges	198 — 205
32. Der Rebellen-Raubzug und das Ende des Krieges	206 — 220
33. Die Emancipations-Legislatur	220 — 233

Einleitung.

Aus den Zeiten, in welchen die Spanier das ganze Missisippi-Thal unter dem Namen Louisiana als ihr Eigenthum beanspruchten, wird wohl wenig mehr aufzufinden sein als einige Urkunden über Landabtretungen, theils als Entschädigung für geleistete Dienste, theils an bona fide Ansiedler. Diese Landschenkungen, welche unter dem Namen "spanish grants" und "head rights" bekannt sind, wurden späterhin von den Franzosen sowohl als auch von der Regierung der Ver. Staaten, nachdem Louisiana während der Präsidentschaft von Thomas Jefferson an die nordamerikanische Republik abgetreten worden war, als zu Recht bestehend anerkannt.

Die Spuren, welche die Franzosen, meist Kanadier und Mischlinge mit den Indianern, hinterlassen haben, sind schon weit deutlicher. St. Louis sowohl als auch St. Charles waren Handelsposten und Handelsniederlagen in der letzten Hälfte des vorigen Jahrhunderts; aber zu welcher Zeit die ersten Hütten aufgeschlagen worden sein mögen, wird wohl schwerlich authentisch festzustellen sein. Ueber die Erfolge der Expeditionen, welche unter der Aegide der Ver. Staaten-Regierung ausgerüstet wurden, theils um einen Landweg über die Felsengebirge nach dem stillen Ocean aufzufinden, theils auch, um Handels-Verbindungen mit den Indianern jenseits der Felsengebirge anzuknüpfen, kann man die sehr interessanten officiellen Berichte nachlesen; aber über die zahlreichen Jagd- und Handelszüge, welche von diesen ersten Pionieren privatim gemacht wurden, ist wenig bekannt; jedoch kann man aus den französischen Namen, welche viele Flüsse und Bäche tragen, mit ziemlicher Sicherheit schließen, wo jene Pioniere gewesen sind und wie weit sie gekommen sein müssen. Es hat mir schon oft eine angenehme Unterhaltung gewährt, aus den Namen der Flüsse und Bäche die Spuren solcher Expeditionen zu verfolgen, die oft tief in's Land hinein und weit ab von den großen, schiffbaren Flüssen führen. Aller Vermuthung nach sind die meisten dieser Expeditionen auf Kielboten gemacht worden, so lange man das Wasser tief genug fand, dann aber und in die kleinen Bäche hinauf nur in Kähnen. Die Namen, welche alle diese Gewässer tragen, stammen her von irgend einem Funde, den man machte, oder von einem kleinen Ereigniß, welches sich dort zutrug; auch die Namen von Heiligen, männlichen wie weiblichen Geschlechts, sind vertreten; die Bedeutung von manchen Namen aber ist dunkel und wird auch wohl dunkel bleiben. Einige Beispiele mögen als Belege dienen. Etwas westlich von St. Charles mündet ein kleiner Fluß in den Missouri, der den Namen Femme-Osage führt. Eine alte Sage erzählt, daß man an den Ufern dieses Flusses eine sterbende Indianerin vom Stamme der Osages gefunden habe. Etwas unterhalb des jetzigen Washington kömmt ein kleiner Bach in den

Missouri, den man Du Bois nennt. In jener Gegend standen früher die herrlichsten Waldungen, die man sich denken konnte. Weiter hinauf kömmt der St. Johns Creek in den Missouri; noch weiter hinauf der Boeuf Creek; möglicher Weise ist man dort auf Büffel gestoßen. Von einem Berger Creek weiß Niemand, warum er Schäferfluß heißt. Weiter westlich mündet von Süden her der Gasconade in den Missouri. Dieser Fluß ist bei hohem Wasser eine Strecke weit für kleinere Dampfboote fahrbar, aber mit Kielbooten kann man den vielen Krümmungen mehrere hundert Meilen weit folgen; fast alle kleineren Bäche, welche in den Gasconade münden, haben englische Namen, bis hoch oben, wo selbst Kielboote nicht mehr laufen können; einer dieser Bäche heißt Roubidour. Auf dem Osage-Fluß, einem sehr starken Nebenstrom des Missouri, der jetzt bei gutem Fahrwasser mehrere hundert Meilen weit hinauf mit kleinen Dampfbooten befahren wird, scheinen diese abenteuernden Pioniere sehr weit bis über die jetzige Staats-Grenze hinauf gekommen zu sein, denn ein großer Zweigstrom des Osage, dessen entfernteste Zuflüsse von den östlichsten Abdachungen der Felsengebirge herabkommen, heißt Maries de Cyne und ein anderer Fluß, der aber weiter östlich in den Osage mündet, heißt Pomme-de-terre. Die Namen der meisten Gewässer, welche in den Missouri wie in den Mississippi münden, verrathen entweder französischen oder indianischen Ursprung; doch solche, welche in jenen frühen Zeiten unbeachtet geblieben sein mögen, haben später englische Namen erhalten.

Wissenschaftliche Motive sind es nicht gewesen, welche diese alten Jäger und Fallensteller (trappers) in diese unerforschten Wildnisse trieb, wohl aber die Jagd und der Handel mit Indianern, der aber blos in einem Tauschhandel gegen Felle und Pelzwerk bestand; auch nach edlen Metallen scheint man gesucht zu haben, denn in späteren Zeiten hat man an ganz abgelegenen Orten und in Höhlen Stellen gefunden, an welchen deutliche Spuren von rohen Schmelzversuchen erkennbar waren.

Hätten diese alten, halbwilden Abenteurer verstanden, zu lesen und zu schreiben, so wären wohl höchst interessante und merkwürdige Schilderungen auf unsere Zeiten gekommen; aber das konnten sie nicht; eine Büchsenkugel konnten sie wohl ohne große Schwierigkeit auf den rechten Fleck setzen, aber es gerieth ihnen nicht immer, unter irgend ein Schriftstück ihre Signatur, welche nur in einem höchst mangelhaften Kreuz bestand, auf die richtige Stelle zu bringen. Alles, was wir aus jenen Zeiten kennen, sind die unverkennbaren Spuren, die jene Männer des Urwalds hinterließen, und die mündlichen Ueberlieferungen, die wir von ihren Nachkommen haben. Ich selbst habe noch manchen alten Jäger persönlich gekannt, dessen Jugenderinnerungen bis in das Ende des vorigen Jahrhunderts zurückreichten, und die Stunden, die ich in der Gesellschaft dieser Leute zubrachte, zähle ich nicht zu den verlorenen. Eine kurze Schilderung des Lebens eines dieser alten Jäger mag die Art ihrer Lebensweise anschaulicher machen.

James Roark kam im Anfang dieses Jahrhunderts mit seiner Frau und einem Trupp kleiner Kinder von Kentucky und ließ sich am Berger Creek in dem jetzigen Gasconade County nieder. Er war schon in seiner ersten Heimath ein sehr guter und eifriger Jäger gewesen und hier in Missouri, wo außer einer Strecke von nicht vielen Meilen längs der Flüsse und Bäche das ganze Land noch eine menschenleere Einöde war, gab er die Jagd nicht auf. Er erzählte öfters ein Langes und Breites von einem Handel um ein paar fette Schweine, der aber nicht zu Stande kam, weil der Preis, so niedrig er auch war, seine Kasse überstieg. Er war nun in Verlegenheit, woher er Fleisch für die Seinigen beschaffen sollte; an Hirschen fehlte es ihm zwar durchaus nicht, aber Hirschfleisch galt nicht für Fleisch, sondern für Brod, weil es meist in getrocknetem Zustande gebraucht wurde; da er nun erst kurze Zeit in jener Gegend gewesen war, kannte er den ganzen Wildreichthum noch nicht, fand aber bald Bärenspuren und nun hatte die Fleischnoth auch ein Ende, denn er schoß im Verlauf des Herbstes und Winters 16 Bären.

Seine Liebhaberei aber war die Jagd nach Pelzthieren, vorzüglich Biber und Fischottern, und da diese nicht sehr zahlreich in seiner Nähe waren, so zog er ganz allein zu Pferde, mit seinen Fallen und seiner Büchse nach dem fernen Westen, der damals noch ganz unerforscht war; Monate lang erfuhr nun seine Familie nichts von ihm, bis er eines Tages gerade so still und ruhig an seine Hofstelle geritten kam, als wenn er erst am Morgen ausgezogen wäre. So trieb er es Jahre lang, und die Erzählungen seiner Fahrten und Abenteuer fesselten seine Zuhörer, zu denen auch ich mitunter gehörte, oft stundenlang in seine Nähe. In dem Theil des großen Westens, welcher jetzt innerhalb der Grenzen von den Staaten Kansas und Nebraska liegt, mag er manches Thal durchzogen haben, welches vor ihm noch nie vom Fuße eines weißen Mannes betreten worden war. Wenn er die Spuren von Indianern fand und nicht wußte, ob es freundlich oder feindlich gesinnte Stämme waren, so durfte er oft mehrere Tage lang nicht wagen, einen Schuß zu thun oder ein Feuer anzumachen, um die Aufmerksamkeit der Indianer nicht wach zu rufen. Um aus einer solchen gefährlichen Nachbarschaft zu kommen, hielt er sich des Tages in dichtem Gebüsch und im Wald versteckt und ritt in hellen Nächten, indem er sich nach dem Nordstern orientirte. Der Spürsinn und die Orientirungsgabe dieser alten Jäger grenzt für Solche, welche nicht mit solchen Leuten Umgang gehabt und mit ihnen gejagt haben, fast an das Unglaubliche; wo Laien absolut nichts sehen, da lesen solche Jäger in den Prairien und Wäldern ganze Geschichten ab. Später, als sich die Ansiedelungen bis in jene Gegenden vorgeschoben hatten und er das Reiten nicht mehr recht aushalten konnte, trieb er seine Jagd auf andere Weise; er packte seine Fallen und Jagdgeräthe in einen Kahn und fuhr den Missouri und Mississippi hinab bis an die Mündungen des St. François oder des White Rivers und in diesen Flüssen hinauf, und überwinterte in den unermeßlichen Sümpfen und Rohrbrüchen im südöstlichen Theil von Missouri oder dem nordöstlichen Theil von Arkansas. Dort stellte er seine Fallen, schoß aber nicht mehr Wild, als was er zu seiner eigenen Nahrung oder zur Lockspeise für seine Fallen bedurfte. Das Fallenstellen, das Abbalgen der gefangenen Thiere und das Trocknen der Häute und Pelze nahm seine ganze Zeit in Anspruch. Im Frühjahr, wenn die Pelze anfingen dünn zu werden, packte er auf, trieb wieder in den Mississippi hinab und nahm auf dem ersten herabkommenden Dampfboot Passage nach New Orleans; dort verkaufte er sein Pelzwerk und kam öfter mit einer ziemlich ansehnlichen Summe zu seinen Kindern zurück (seine Frau war längst gestorben). Das Geld vertheilte er unter seine Kinder und behielt nur soviel für sich selbst, um seine sehr einfache Garderobe zu restauriren, sowie einige Dollars für Pulver und Blei und gelegentlich für einen Krug Whisky; diesen liebte er sehr, aber er betrank sich nie. Diese Expeditionen machte er regelmäßig bis er über 70 Jahre alt war, jagte aber dann wieder in seiner alten Heimath nach Hirschen und schoß noch bis in sein 80. Jahr mit der Büchse. Um diese Zeit pachtete sein jüngster Sohn, der auch schon altersgrau war, eine Farm in meiner Nachbarschaft, und der Alte wohnte bei ihm. Selbst da trieb er die Jagd noch hin und wieder, konnte aber zum Büchsenschießen nicht mehr recht sehen und hatte sich eine alte, lange Schrotflinte zugelegt; mit dieser schoß er noch einen, und zwar seinen letzten Bock. Endlich starb er in seinem 89. Jahre. Trotzdem er viel Geld erworben hatte, hinterließ er doch nichts als seine alten Kleider, ein paar Fallen und seine alte Schrotflinte. Wenn er auch noch so wenig hatte, so theilte er mit, so lange er etwas besaß; er dachte nicht an sich selbst, sondern nur an Andere — er starb als ein armer Mann, aber als ein sehr guter Mensch. Ich hatte in den letzten Jahren viel Umgang mit ihm gehabt und die Lücke, die sein Tod hinterließ, war mir längere Zeit sehr fühlbar.

Unterhalb der Mündung des Gasconade-Flusses liegt eine große Insel, L'outre Island, im Missouri. Diese Insel hat einen Flächeninhalt von über tausend Ackern des reichsten Landes und ist jetzt fast von einem Ende bis zum andern urbar. Ein alter Freund, Dr. Elijah McLean, erzählt, daß, als sein Vater im Jahr 1810 mit seiner Familie nach Missouri gekommen sei, nur sieben Familien westlich von dieser Insel gewohnt hätten; von da an bis zu den Felsengebirgen wußte man von keinem weißen Mann, der sich bleibend niedergelassen hätte. Einzelne verwegene Jäger, die mit den Gebräuchen der Indianer und ihrer Art, Krieg zu führen, vertraut waren, mögen wohl auf ihren Jagdzügen weiter vorgedrungen sein, aber feste Ansiedelungen gab es weiter westlich noch nicht. Nachdem der berühmte Daniel Boone zur Zeit des großen Unabhängigkeits-Krieges mit nur einem Gefährten die Alleghenies überschritten und in das heutige Kentucky Bahn gebrochen hatte, strömte zuerst das unruhige Jäger-Element nach, bald aber auch Solche, welche die durchaus nicht übertriebenen Nachrichten von dem unerschöpflichen Reichthum des Bodens und der unermeßlichen wilden Viehweiden nach dem Westen lockte; die letztere Klasse von Ansiedlern trieb neben der Jagd auch Ackerbau.

Diese ersten vorgeschobenen Posten der Civilisation hatten der herumschwärmenden Indianer-Horden wegen sehr schwere und gefahrvolle Zeiten zu durchleben. Dr. McLean erzählt, daß schon in den Jahren 1811 und 1812 in die Gegend, in welcher sein Vater sich niedergelassen hatte, so Viele nachgekommen seien, daß sie im Stande waren, kleine Forts zum Schutz gegen die Indianer zu bauen; Weiber und Kinder blieben innerhalb dieser Befestigungen, und die Männer bearbeiteten ihre kleinen Felder, die zum Theil meilenweit von den Forts entfernt waren. Mancher dieser einsamen Arbeiter wurde von den Indianern meuchlings erschossen, aber nach jedem Mord, den die Indianer verübt hatten, blieb es mehrere Wochen lang ruhig, weil sie gut genug wußten, daß jede derartige Unthat alle Ansiedler nahe und fern auf die Beine brachte; nur wenn sie glaubten, daß die allgemeine Wachsamkeit nachgelassen habe, schlichen sie wieder in die Nähe der Settlements und mordeten wieder. Jedoch auch manche Rothhaut mußte in's Gras beißen. Die Indianer wurden damals während des Krieges mit England von den Engländern aufgehetzt, denn die Kundschafter brachten öfter die Nachricht in die Forts, daß sie zwischen den Indianern Officiere in rothen Uniformen gesehen hätten. Es ist zu verwundern, wie schnell die Indianer, trotz der weiten Entfernung und der langsamen und unsicheren Communication die Nachricht von der Niederlage der Engländer bei New Orleans erfahren hatten, denn ehe man in den Ansiedlungen von diesem Ereigniß etwas wußte, waren sie plötzlich verschwunden. Die Indianer verübten ihre Greuelthaten hauptsächlich nur an den äußersten Grenzen der Settlements, in die größeren und dichteren Ansiedlungen kamen sie entweder gar nicht oder nur in friedlicher Weise, denn sie vermieden mit großer Vorsicht die Möglichkeit, daß ihnen von diesen alten Jägern der Rückweg verlegt und sie selbst den fast nie fehlenden langen Büchsen zum Ziel gemacht werden konnten. Deßhalb war es schon in den allerersten Jahren des Jahrhunderts weiter östlich am Missouri und seinen Nebenflüssen vergleichungsweise sicher; ich habe aus jener Zeit nur von einem einzigen Mord gehört, der in unserer Gegend von den Indianern begangen wurde. Es war ein gewisser Ridenower (Reidenauer), welcher erschossen wurde. Ridenower hatte sich an einem kleinen Bach, der nicht sehr weit westlich von der heutigen Grenze zwischen St. Louis und Franklin County in den Missouri mündet, angesiedelt; ein kleiner Trupp Indianer hatte sich in die Settlements geschlichen und Pferde gestohlen, und als ihnen die Verfolger zu nahe und vielleicht zu unvorsichtig zu Leibe rückten, wehrten sie sich und in diesem kleinen Scharmützel fiel Nidenower.

Sehr wahrscheinlich ist William Hancock der Erste gewesen, der sich im Jahr 1796 in dem großen Bottom, dem heutigen Washington gerade gegenüber angesiedelt hat. Sein jüngster Sohn, der auch William hieß, hatte auch schon graue Haare, als ich ihn im Winter 1834 kennen lernte; dieser erzählt, daß auf viele Meilen im Umkreis noch Niemand wohnte, als sein Vater seine erste Hütte aufschlug, und daß es dem Alten eine wichtige Nachricht gewesen sei, als ihm seine Jungen eines Abends, von einer Streiferei am Missouri, der nur eine halbe Meile von ihrer Wohnung entfernt war, die Nachricht mitbrachten, daß sie auf der andern Seite des Flusses Hunde hätten bellen hören. Also hatten sie Nachbarn bekommen, wenn auch der Missouri zwischen ihnen floß. Ebenso erzählt William jun., daß sein Vater, als er sich niederließ, noch acht Dollars in Münze gehabt habe, und daß er erst nach zehn Jahren Gelegenheit fand, den letzten Rest dieser kleinen Summe auszugeben. Heutiges Tages braucht man keine zehn Jahre mehr, um acht Dollars los zu werden.

Von Jahr zu Jahr mehrten sich nun die Ansiedlungen, aber nur der Missouri Bottom und die kleineren Bottoms längst der Seitengewässer des Missouri galten in jener ersten Zeit für brauchbares Land; von den Hügeln, wenn sie auch bis zu den Gipfeln hinauf prachtvollen Ackerboden hatten, glaubte man, daß sie für ewige Zeiten nur Jagdgründe und unermeßliche Viehweiden bleiben würden.

Spätere Schilderungen werden zeigen, wie bitter sich diese alten Hinterwäldner, diese Vorläufer der Civilisation in dieser Beziehung getäuscht haben. Die Ansichten, die ein alter Pionier von einem dichten Settlement hat, sind himmelweit verschieden von denen eines Ansiedlers aus den alten Staaten, oder gar eines Europäers. Eine Ansiedlung, welche Jener für zu dicht hält, nennt Dieser noch immer eine Einöde. Wenn einem echten Hinterwäldner ein Nachbar so nahe kömmt, daß er dessen Hähne krähen und seine Hunde bellen hören kann, so hält er es für hohe Zeit, weiter zu ziehen, und er verkauft sein Besitzthum, wenn es nur eben möglich ist. Meine ersten und ältesten Nachbarn waren fast lauter Leute von diesem Schlag und von solchen Gesinnungen. Viele bedeckt schon längst der Rasen, viele Andere sind weiter gezogen, und die sehr Wenigen, welche aus jenen Zeiten noch da sind, können sich in die jetzigen Verhältnisse nicht finden. Es ist, als ob sie aus einem lebhaften Traume erwachten, wenn sie an die alten Zeiten erinnert werden, und so still und in sich gekehrt die alten Veteranen auch in der Regel sind, so munter und aufgeweckt werden sie, wenn sie mit Jemandem zusammenkommen, der sich mit ihnen über die "old times" unterhalten kann. Wer lange Jahre hindurch fast nur zwischen solchen Leuten gelebt und sie lieb gewonnen hat, der kann auch verstehen und begreifen, wie es ihnen unter dem Brustlatz zu Muthe ist. Die letzten Reste jener alten Hinterwäldner fühlen sich hier nicht mehr heimisch und können sich mit dem Treiben der jetzigen Generation nicht befreunden. — Geht es mir selbst doch nicht viel besser.

1. Die ersten Deutschen im Lande.

Da ich in den ersten 27 Jahren meines Hierseins höchstens drei bis vier Male in St. Louis war, und zwar nie länger als nur auf ein paar Tage, so kann ich aus eigener Erfahrung nur sehr wenig von der Stadt erzählen. Im Jahre 1834 waren allerdings schon Deutsche in St. Louis, aber da in jener Zeit die Gesammt-Bevölkerung der Stadt kaum 10,000 Einwohner zählen mochte, so können noch nicht sehr viele Deutsche dagewesen sein, also zehn Jahre früher noch viel weniger; daher ist es fast gewiß, daß Dr. Gottfried Duden einer der ersten i n t e l l i g e n t e n Deutschen war, der nach Missouri gekommen ist; er kaufte sich im Jahre 1824 in den Hügeln an dem kleinen Lake Creek an, nur vier Meilen nördlich von dem heutigen Washington, welches zu jener Zeit noch nicht existirte. Mit Dr. Duden zu gleicher Zeit kaufte sich ein gewisser Eversmann an; dieser Letztere, den ich sehr gut gekannt habe, amerikanisirte sich sehr schnell; er heirathete eine Amerikanerin aus einer sehr guten Familie und wurde sehr bald einer der ersten d e u t s c h e n Sclavenhalter. Zur Ehre der Deutschen sei es gesagt, daß er unter seinen Landsleuten nur höchst selten einen Nachahmer fand. Eversmann wurde der Vater einer ziemlich großen Familie; er war sehr wohlhabend, war aber unter seinen Landsleuten nicht sehr beliebt; um die Zeit des Anfangs des Rebellions-Krieges verkaufte er seine Ländereien am Lake Creek und wollte nach Saline Co. übersiedeln, wo er zwischen den dortigen reichen Sclavenhaltern ein ihm besser zusagendes Gesellschafts-Element zu finden hoffte, aber ehe er seinen Umzug in Ausführung bringen konnte, starb er.

Die Wenigen, welche Dr. Duden gekannt haben, schildern ihn als einen liebenswürdigen Mann von gediegener Bildung; er soll ebenfalls sehr wohlhabend gewesen sein, war aber unverheirathet und hielt auf seiner kleinen Farm eine Art Junggesellen-Wirthschaft mit einer alten Haushälterin. Dort am Lake Creek schrieb er sein Buch über Missouri, welches seiner Zeit in Deutschland unter den Auswanderungslustigen so viel Sensation gemacht hat und vielleicht Manchen, dem es sonst nicht eingefallen wäre, Bürger eines Sclaven-Staates werden zu wollen, veranlaßt hat nach Missouri zu kommen.

Nicht weiter als eine Meile von seiner ehemaligen Wohnung erhebt sich eine isolirte Bergkuppe, von der man jetzt eine herrliche Aussicht hat; damals zwar auch, aber mit Ausnahme einiger wenigen kleinen Farmen in der unmittelbaren Nähe, nur über unabsehbare Wälder. Dieser Hügel heißt heute noch „Dudens-Hügel", weil er ein Lieblings-Aufenthalt von ihm gewesen sein soll, auf dem er manches Kapitel seines Buches über Missouri geschrieben haben mag. Dieser Hügel gilt bis zu dieser Stunde noch als classischer Boden. Dudens Schilderung des damaligen Missouri ist im Ganzen ziemlich richtig, aber etwas sehr idyllisch aufgefaßt. Diese Auffassung ist sehr erklärlich; Duden lebte während seines nur wenige Jahre dauernden Aufenthalts in einem fast ununterbrochenen sorgenlosen gemüthlichen dolce far niente und das Winterwetter, welches er hier erlebte, war ein ungewöhnlich mildes; wenn er mehrjährige Erfahrungen in dieser Beziehung gehabt hätte, so würden seine Schilderungen der hiesigen Winter wahrscheinlich nicht ganz so rosenfarben ausgefallen sein.

Ich habe deutsche Auswanderer gekannt, die von der Lectüre von Dudens Buch so hingerissen waren, daß sie nicht leiden wollten, daß Federbetten mit eingepackt werden sollten; es sei Unsinn, meinten sie, daß man sich mit Betten herumschleppe, wenn man einem sicilianischen Klima entgegengehe. Zum Glück triumphirte die Pietät, welche Frauen für ihre Federbetten haben, über die Illusionen ihrer Männer, denn es dauerte gar nicht lange bis die Frauen Ursache fanden ihrer nüchterneren Vorsicht wegen zu triumphiren; die Männer — schwiegen, legten sich aber sehr gerne in's warme Bett.

Duden, trotzdem er ohne Sorgen leben konnte und sich wahrscheinlich über Niemanden zu beklagen hatte, hielt es doch nur wenige Jahre lang in unseren Wäldern aus; er ging nach Deutschland zurück, ist aber nun schon lange todt.

Es ist nicht zu verwundern, daß einem Mann in gereiften Jahren, der sich sein Lebtage in gewählter Gesellschaft bewegt und mit Männern von gediegener, wissenschaftlicher Bildung Umgang gepflogen hatte, für die Dauer der ausschließliche Verkehr mit alten Hinterwäldnern, so brav sie auch waren, nicht genügen konnte, denn um ein solches Leben aushalten und sogar lieb gewinnen zu können, muß man sehr jung und biegsam sein und darf die Genüsse einer, wenn auch nur äußerlichen Civilisation, noch nicht kennen gelernt haben.

Duden hatte am Lake Creek fast keinen andern Umgang als den mit solchen Söhnen des Waldes. Mehrere Gebrüder Haun waren seine Nachbarn, diese waren zwar von deutscher Abstammung, radebrechten aber nur das etwas unverständliche pennsylvanische Rothwelsch, und da Duden nur sehr mangelhaft englisch sprach, so mögen seine Unterhaltungen für beide Theile viel zu wünschen übrig gelassen haben. Der schon früher oben erwähnte Dr. McLean erzählte mir, daß er einmal, als er noch ein sehr junger Arzt war, zu einer ärztlichen Consultation mit Dr. Duden gerufen worden wäre und bedauerte sehr, daß er sich mit einem Manne, der einen so günstigen Eindruck auf ihn gemacht habe, nur so mühsam und unvollkommen habe verständigen können.

Die Einwanderung Deutscher nach Missouri scheint bis zum Anfang der dreißiger Jahre nur sehr schwach gewesen zu sein, denn die ältesten jetzt noch lebenden Deutschen geben selten eine Jahreszahl an, welche bis vor 1833 zurückreicht, und was sie von früheren Zeiten berichten, beruht nur auf Hörensagen, stimmt aber in der Regel so genau mit anderen Erzählungen dieser Art überein, daß an der Wahrheit solcher Berichte kaum ein Zweifel sein kann.

Im Jahre 1832 oder 1833 kam die sogenannte „Berliner Gesellschaft" nach Missouri und zerstreute sich auf den damals noch wenig angesiedelten Ländereien auf dem linken Ufer des Flusses, und zwar nur wenige Meilen nördlich von dem auf dem rechten Flußufer eben gegründeten Städtchen Washington. Washington zählte damals noch kein Dutzend Häuser von der allerbescheidensten Bauart.

Die Mitglieder dieser „Berliner Gesellschaft" gehörten nicht der arbeitenden Classe an; es waren fast lauter vornehme Leute, Gutsbesitzer, Banquiers, Kaufleute, Doctoren und eine Anzahl schlechtweg Adeliger; diese Letzteren schienen kein anderes Verdienst und auch keinen anderen Beruf zu haben als eben adelig zu sein, aber diese Eigenschaft allein ist hier keine sehr sichere Basis für eine Existenz. Daß solche Sorte von Einwanderern durchschnittlich kein Moos sammelten, ist wohl selbstverständlich, die Meisten aber verloren sehr bald das Moos, welches sie mitgebracht hatten, und endeten zum Theil sehr traurig. Da Viele dieser Leute entweder gar keine, einige Wenige davon sogar sehr unliebsame Spuren hinterlassen haben, so wird die Nachwelt nichts verlieren, wenn ihre Namen verschwiegen bleiben.

Die alten Amerikaner betrachteten das Treiben dieser vornehmen Leute mit stummem Erstaunen, die Deutschen lachten aber darüber, denn das vornehme Ceremoniel und die ziemlich strenge Etiquette in ihren Gesellschaften contrastirte sonderbar mit den einfachen Gebräuchen ihrer Nachbarn. Einer, der zu seiner Zeit viel von sich reden machte, dem man aber durchaus nichts Uebles nachsagen kann, war der alte Herr Bock; er war ein sonderbarer, origineller alter Herr. In Deutschland war er Ritterguts-Besitzer gewesen und soll große Kapitalien gehabt haben, als er sich am Lake Creek ankaufte. Auf seinem Lande legte er eine Stadt aus, der er den Namen seines ehemaligen Ritterguts „Duzow" gab.

Wie alle diese auf Speculation ausgelegten Städte, welche nicht in der unmittelbaren Nähe einer großen Verkehrs-Ader angelegt sind, selten über ein Dutzend Häuser hinauswachsen, so hat auch Duzow heute noch nicht viel Bedeutung erlangt. Der alte Herr übte eine unbegrenzte Gastfreundschaft, aber da in seinem Hause ein sehr vornehm steifer Ton geherrscht haben soll, so wurde es von denen seiner deutschen Nachbarn, welche nicht zur Elite gehörten, etwas gemieden, aber die vornehmen Bummler, welche in Nichts excellirten als in äußerlicher Tournüre, mißbrauchten seine Gastfreundschaft um so mehr. Es wurden große Treibjagen angestellt, und da das Wild noch sehr zahlreich war, wurde auch ziemlich viel geschossen, aber durch die Jagd allein wurden die Einkünfte nicht vermehrt, und da die Farm vernachlässigt wurde, so dauerte die ganze Herrlichkeit nur wenige Jahre. Der Alte hatte nur einen einzigen Sohn, aber sechs Töchter, die zu ihrer Zeit viel umworbene Schönheiten waren, und alle machten auch nach damaligen Begriffen mehr oder weniger gute Partieen. Ich kannte mehrere dieser Damen und habe nur zu berichten, daß diese ihren Töchtern eine musterhafte Erziehung gaben und daß aus der zweiten Generation höchst achtbare und tüchtige Hausfrauen hervorgegangen sind.

Der alte Herr und seine Frau lebten bis zu ihrem Ende bei ihren verheiratheten Töchtern. Herr Bock war in seinem Umgang ein sehr jovialer und interessanter Gesellschafter; er liebte es sehr, von den vielen Projecten zu sprechen, die er auszuführen gedachte, die aber alle zu Wasser wurden, weil der Bau dieser Luftschlösser Millionen gekostet haben würde, über die er leider nicht verfügen konnte. Vorzüglich eines seiner Steckenpferde lieferte seinen Nachbarn Stoff zu vielen Scherzen: Der Lake Creek, der an seinem Besitz vorbeifließt, ist ein ganz kleiner Bach, den man, wenn es längere Zeit nicht geregnet hat, an vielen Stellen trockenen Fußes überschreiten kann; dieser Bach verläuft sich in einen kleinen See, der nur bei sehr hohem Wasserstand einen schwachen Abfluß in den zwei Meilen entfernten Missouri hat. Diesen Bach wollte er schiffbar machen und vom See aus einen Kanal nach dem Missouri graben, und in Duzow sollte ein großes fashionables Hotel gebaut werden. Er hoffte, daß dann die reichen Plantagenbesitzer und sonstigen Millionäre aus dem Süden das kleine idyllische Duzow zu ihrem Sommer-Aufenthalt wählen würden.

Die „Berliner Gesellschaft" hat die Entwicklung des Deutschthums in keiner sichtlichen Weise gefördert, und solche Elemente können auch in dieser Beziehung nichts leisten. Die Mitglieder jener Gesellschaft waren in allen Genüssen und in aristokratischen Vorurtheilen aufgewachsen, sie paßten nicht in die Verhältnisse eines neuen, sich erst entwickelnden Landes; sie standen zwar auf einer höheren Bildungsstufe als viele ihrer deutschen Landsleute, aber diese Bildungsstufe war dennoch nicht hoch genug, um sie begreifen zu lassen, daß es weit verdienstlicher sei, zu den Niedrigeren herabzusteigen und sie zu sich heraufzuziehen, als ihnen nur hochmüthig eine anmaßende Ueberlegenheit fühlen zu lassen.

Die eingewanderten Revolutionäre aus den dreißiger Jahren und noch später die Achtundvierziger waren und sind heute noch ein ganz anderer Schlag Leute; wenn auch Mancher von jenen Männern beim Kampf um die Existenz in's unrechte Fahrwasser gerathen sein mag und sich in beschränkten Verhältnissen forthelfen muß, so haben sich doch Viele von ihnen durch ihr Beispiel und den directen Umgang mit ihren Landsleuten

einen großen Einfluß erworben, um den sie sich nicht bemüht haben. In Zeiten großer
politischer Calamitäten hat sich dieser Einfluß schon gezeigt und es mag die Zeit kommen,
wo das Gewicht dieses Einflusses abermals in die Waagschale fallen wird. Der gesammte
deutsche Adel vom Jahre 1832, wenn er sich auch in lauter „Berliner Gesellschaften" organisirt hätte, würde dem Deutschthum in Missouri keine solche Geltung verschafft haben,
wie es durch solche Männer wie Karl Schurz, Friedrich Hecker, Friedrich Münch, Finklen-
burg, Emil Mühl und ihre zahlreichen Freunde erhielt.

2. Betrachtungen über die alte Gießener Auswanderungs-Gesellschaft.

Schon vor einer langen Reihe von Jahren erschien in einer zu jener Zeit verbreiteten
Monatsschrift, der „Atlantic", ein sehr gut geschriebener Aufsatz von Herrn Fr. Münch,
der die Gründung und den Zerfall der Gießener Auswanderungs-Gesellschaft zum Thema
hatte. Eine Schilderung der ferneren Schicksale der Einzelnen aus dieser Gesellschaft war
damals nicht wohl möglich, weil man von Vielen nicht wußte, wohin sie sich nach der
Auflösung der Gesellschaft gewandt hatten und weil auch die Zeit des Aufenthalts im
Lande noch zu kurz war, als daß sich der Eine oder der Andere hätte sehr bemerklich machen
können; jetzt, nach einem Zeitraume von mehr als vierzig Jahren und nachdem man in
die hiesigen Verhältnisse eingeweiht ist, kann man auf die damaligen Zeiten mit weit mehr
Klarheit und Bestimmtheit zurückblicken, als es in einer früheren Periode möglich gewesen
wäre. Der ursprüngliche Plan der Gesellschaft war, in Arkansas, in der Nähe von Little
Rock, eine Niederlassung zu gründen; es sollte ein großer Complex Congreßland gekauft
und jedem Gesellschafts-Mitglied 50 Acres davon zugetheilt werden: die ersten Häuser sollten
gemeinschaftlich und so nahe wie möglich zusammengebaut werden, auch sollte Arbeitsvieh
und Lebensmittel für das erste Jahr ebenfalls aus der Gemeindecasse angeschafft werden.

Vor einigen Jahren fiel mir ganz zufällig ein altes Exemplar der Statuten jener
Gesellschaft in die Hände, welches ich auch aufmerksam durchlas und ich glaube, daß es
jedem alten Missouri-Veteran vom Jahre 1834 gegangen wäre wie mir, daß er das damals aufgestellte Programm für die Frucht höchst kindlicher Anschauungen gehalten hätte.

Die Gesellschaft ging in zwei Abtheilungen über See; die erste ging unter Führung
von Paul Follenius nach Neu Orleans, die zweite unter Führung von Friedrich Münch
nach Baltimore; St. Louis war zum Sammelplatz bestimmt. Beide Abtheilungen waren
aus dem Leim gegangen, ehe noch amerikanischer Boden betreten war, und man kann der
Gesellschaft Glück wünschen, daß es so gekommen ist.

Eine Colonie, bei deren Mitgliedern die heterogensten Elemente vertreten sind, kann
keine Lebenskraft haben. Es mußte zwar Jeder, der dieser Gießener Gesellschaft beitreten
wollte, den Vorstehern ein Leumundszeugniß über seine Führung vorlegen und es wird
auch wohl Niemand bezweifeln, daß die Leute ohne Ausnahme rechtschaffen waren, was
man eben im gewöhnlichen Leben „rechtschaffen" nennt, aber die bloße Rechtschaffenheit
allein gewährt noch keine Garantie, daß in einem wildfremden Lande, in welchem eine
einigermaßen sichere Existenz von Erfahrungen, Geschicklichkeiten und Eigenschaften bedingt
ist, die kein Einziger der Gesellschaft besaß, noch damals besitzen konnte, eine Gemeinschaft
bestehen kann, deren Mitglieder zwar alle Bildungsstufen, von den höchsten herab zu den

bescheideneren, repräsentirten, aber von dem, was sie wollten oder sollten, schwerlich eine sehr klare Vorstellung hatten.

Unter den Mitgliedern waren Männer von hoher Intelligenz, gediegener Bildung und sogar tiefer Gelehrsamkeit; aber auch die Engherzigkeit, Kurzsichtigkeit und Verschrobenheit des echten Spießbürgerthums waren stark vertreten; auch Bauern waren bei der Gesellschaft, ganz brave und ehrliche Leute, aber die Art und Weise, wie ihre Väter und Großväter gearbeitet und gewirthschaftet hatten, galt ihnen noch immer als Richtschnur, von der nicht abgewichen werden durfte. Diese Leute begriffen nicht, daß die Verhältnisse in einem deutschen Bauerndorf und der amerikanischen Wildniß nicht mit demselben Maßstab gemessen werden können.

Dieses Conglomerat von Menschen, von denen jeder Einzelne zu seiner eigenen Meinung berechtigt war und wahrscheinlich auch darauf bestanden hätte, und von denen kein Einziger von den Arbeiten, die zu verrichten waren, etwas verstand, sollte nun gemeinschaftlich Wälder ausroden, Häuser und Ställe bauen, pflügen, säen, pflanzen u. s. w. Würden da nicht mitunter sehr wesentliche Meinungs-Verschiedenheiten hervorgetreten sein, die nicht immer in sehr discreter Weise geschlichtet oder auch nicht geschlichtet worden wären? Aber auch der frühere Standes-Unterschied wäre bald wieder an's Licht getreten und zwar ganz unabsichtlich und auf die natürlichste Weise. Die Gebildeteren hätten sich gesucht und hätten ausschließlich mehr mit einander verkehrt, einfach deßwegen, weil sie sich in ihrem geistigen Verkehr verstanden hätten. Diese Exclusivität aber wäre ihnen von den Anderen als Stolz und Ueberhebung ausgelegt worden, und Haß, Mißgunst und vor allem Mißtrauen wären die unausbleiblichen Folgen gewesen.

Wenn bei einem gemeinschaftlichen Unternehmen dieser Art das gegenseitige Vertrauen fehlt, so ist kein Gedeihen recht denkbar, und die zusammengewürfelten Elemente dieser Gesellschaft waren eben der Art, daß sie sich nicht an einander assimiliren konnten. Einige Mitglieder der Gesellschaft hatten noch über ziemlich bedeutende Mittel zu verfügen. Solche würden wahrscheinlich sehr bald ausgetreten sein, sie hätten einen Strich durch ihre Verluste machen und es darauf ankommen lassen müssen, wohin das Schicksal sie werfen würde, denn die Zurückzahlung von den in die Gesellschaftskasse eingezahlten Geldern würde bald genug außerhalb des Bereichs der Möglichkeit gewesen sein. Die Aermeren und ganz Mittellosen hätten wohl oder übel aushalten und weiter vegitiren müssen, bis sie verkommen wären, oder bis irgend ein Zufall sie irgend wo anders hingetrieben hätte.

Aber vorausgesetzt, die Verhältnisse hätten sich so gestaltet, daß diese Gießener Colonisten wirklich ein friedliches und befriedigendes Zusammenleben erreicht hätten, so hätte ihnen ganz unausbleiblich früher oder später eine Gefahr gedroht, welche möglicherweise Alle oder doch die Meisten in's Verderben gestürzt hätte; aber eben deßhalb, weil jene Auswanderer die Verhältnisse in den Sclaven-Staaten nicht kannten und noch viel weniger die Entwickelung und Lösung dieser kitzlichen Sclavenfrage vorhersehen konnten, war ihnen die Gefahr, der sie entgegen gingen, nicht sichtbar.

Missouri war im Jahre 1834 noch ein wildes und wenig bevölkertes Land, Arkansas aber noch viel wilder und menschenleerer; St. Louis war schon damals ein nicht unbedeutender Handelsplatz, nicht weit unterhalb der Vereinigung der beiden mächtigsten Verkehrs-Adern im Gebiete der Ver. Staaten, nämlich des Mississippi und Missouri. Little Rock am Arkansas war damals noch ein mehr unbedeutender Ort, fast in der Mitte des Staates gelegen; die Communikation mit der übrigen Welt war spärlich und unregelmäßig, weil aus jener Wildniß, außer der jährlichen Baumwollenernte der großen Sclavenhalter, nur wenig oder nichts zu holen war. In St. Louis hatte sich schon damals der Kern zu einem intelligenten Deutschthum gebildet, die Gießener Auswanderer aber wären in der Mitte von Arkansas ganz isolirt gewesen und wahrscheinlich auch geblieben. Die Bevölkerung in Arkansas bestand aus Sclavenhaltern mit ihren Negern und den armen Weißen aus den östlicheren Sclaven=Staaten, die hier bessere Jagd fanden und auch besseres Land erwerben konnten, als es in ihrer früheren Heimath möglich gewesen war. Diese letztere Classe von Menschen starrte von Unwissenheit und den crassesten Vorurtheilen, hauptsächlich in Bezug auf die Sclaverei, wiewohl sie keine Sclaven besaßen und auch ihrer Indolenz wegen niemals deren hätten erwerben können. So freundlich, gastfrei und nachbarlich diese Leute auch gegen Fremde waren, die sich in ihrer Nähe niederließen, so war es doch mit ihrer Freundschaft vorbei, sobald sie in dem Fremden einen Abolitionisten witterten; sie hatten zwar keine klare Vorstellung von einem Abolitionisten, er war für sie ein non descript, aber ein Sammelsurium aller Abscheulichkeiten, und die mitunter schauderhaften Excesse, die von solchen Leuten begangen wurden, wenn ihr Fanatismus aufgestachelt war, gehörten nicht zu den Seltenheiten. Die Sclavenfrage war zwar in jener Zeit nicht angeregt, aber die Sclavenhalter fühlten fast instinctiv, daß eingehende Betrachtungen über diese Frage, wenn sie laut würde, auf ihre, in ihrer Meinung durch die Ver. Staaten=Constitution geheiligte und sanctionirte Institution nicht segensreich wirken würde; sie betrachteten daher jeden Fremden, der aus einem Lande kam, in welchem die Sclaverei nicht geduldet war, von vorne herein mit mißgünstigen und mißtrauischen Augen.

Wenn sich die Colonisationsideen der Gießener Gesellschaft realisirt hätten, und eine deutsche Ansiedelung zu Stande gekommen wäre, so würde das Bedürfniß nach einer eigenen Zeitung nicht lange haben auf sich warten lassen. Jene Männer aber, welche in ihrer alten Heimath der Tyrannei furchtlos entgegengetreten waren, würden das Kapitel der Sclaverei sicherlich auf's Tapet gebracht haben und zwar nicht im Sinne und nach dem Geschmack der Sclavenhalter; dies wäre aber das Ende aller Herrlichkeit gewesen, denn wahrscheinlich wären die Besten als Märtyrer gestorben. Für das hier Gesagte liegt ein Beleg ganz nahe. Emil Mühl gründete im Jahre 1843 eine kleine deutsche Zeitung in dem 1837 angelegten Städtchen Hermann am Missouri, 80 Meilen oberhalb St. Louis. Dieser unerschrockene Kämpfer für wahre Humanität trat in seinem Blättchen mit offenem Visir gegen die Sclaverei in die Schranken und war mehr als einmal in Gefahr, gelyncht zu werden, wenn ihm nicht die Deutschen, die schon damals in Hermann und der Umgegend ziemlich zahlreich waren, den Rücken gedeckt hätten. Ohne diesen Rückhalt würde ihn wahrscheinlich dasselbe Schicksal erreicht haben, wie späterhin den braven Lovejoy in Alton, (Illinois); dieser hatte in seiner Zeitung offen Sclaven=Emancipation befürwortet und wurde vom fanatisirten Pöbel erschossen.

Wenn nun auch die beabsichtigte Colonie gegen alle Erwartung Bestand gehabt und geblieben wäre und wenn man auch durch ein strenges Schweigen über die Sclaverei eine directe Gefahr vermieden hätte, so würden doch wenige der ersten Ansiedler oder ihrer männlichen Nachkommen den Ausbruch der großen Rebellion lange überlebt haben. Als freiheitliebende Deutsche hätten sie bei jeder Wahl ihr freisinniges, politisches Glaubens-Bekenntniß manifestirt und man hätte sie als geheime Abolitionisten gebrandmarkt. Nachdem sich die Unionsfreunde von den Unionsfeinden getrennt hatten und anfingen, sich zu concentriren und zu rüsten, da hätten jene Deutschen in ihrer isolirten Stellung keinen Halt mehr in sich selbst gehabt, der von langer Dauer gewesen wäre; Rettung durch die Flucht wäre nicht mehr ausführbar gewesen und nur Wenigen möchte es gelungen sein, die Unionslinien zu erreichen, um sich in die Armee einreihen zu lassen. Das raub= und mordsüchtige Gesindel, welches sich unter dem Namen "bushwhackers" (Buschklepper) kein beneidenswerthes Monument gesetzt hat, durchschwärmte den ganzen Staat, wie sie es überall thaten, wo sie keine geschlossenen Organisationen zu fürchten hatten. Wen diese rohen, fanatisirten Banden durch List, Gewalt oder Zufall in ihre Hände bekamen, wenn er der Unionstreue verdächtig schien, der wurde ohne weitere Umstände niedergeschossen. In den südlichen, zum Theil an Arkansas grenzenden Counties von Missouri, waren die Zustände um kein Haar besser, deßwegen ist es nicht recht denkbar, daß Flüchtlinge den weiten Weg aus dem Herzen von Arkansas bis zu den loyalen Counties in der Nähe von St. Louis ungefährdet hätten durchwandern oder vielmehr durchstreichen können.

Die Richtigkeit dieser letzten Betrachtung kann ebenfalls nachgewiesen werden.

Im Jahre 1853 wanderte eine kleine Gesellschaft Deutscher, lauter tüchtige und intelligente Leute, von denen später wieder die Rede sein wird, von Missouri nach dem nordwestlichsten Theil von Arkansas, dicht an der Grenze des sogenannten Indianer-Territoriums; dort kauften sie sich an und nannten ihre kleine Ansiedelung „Hermannsburg". Eine gesellschaftliche Organisation bestand nicht unter ihnen, Jeder war selbstständig und unabhängig von dem Andern, jedoch waren die Meisten einer Familie angehörig. Sie betrieben außer ihrem Feldbau eine Mühle und eine Wollkratz-Maschine, sie hatten einen Store und mehrere Handwerke waren vertreten. Mit ihren Nachbarn, den Amerikanern sowohl als auch den zum Theil civilisirten Indianern, lebten sie im besten Vernehmen und sie genossen als friedliche und rechtschaffene Leute die allgemeine Achtung. Sie waren auf dem besten Wege, wohlhabende Leute zu werden, als die ersten Zeichen der kommenden Unruhen sichtbar wurden; sie waren sehr vorsichtig und politisirten nach keiner Richtung hin und gaben sogar ihre deutsche Zeitung auf, die, weil sie eben deutsch war, für abolitionistisch gehalten wurde. Bei der Herbstwahl in 1860 stimmten sie nicht für Lincoln, sondern für Douglas, aber alle Vorsicht half nichts, sie waren und blieben als Deutsche zu Abolitionisten gestempelt und wurden als Feinde des Südens betrachtet. Ich war mit den meisten dieser Männer persönlich bekannt und befreundet und weiß, daß es keinem Einzigen an persönlichem Muth gefehlt hat; diese Leute kannten aber ihre Umgebung ganz genau und erkannten sehr wohl das Gefahrvolle in ihrer isolirten Lage, deßwegen kann ihre Vorsicht nur gerechtfertigt werden. Ein entschiedenes oder gar bewaffnetes Auftreten einer Handvoll Leute inmitten zahlloser, blutdürstiger Rebellenhorden und ohne die allergeringste Verbindung mit einer achtungeinflößenden Unions-Organisation wäre blinde Tollkühnheit, aber kein vernünftiger Muth gewesen, denn selbst ihr Tod unter solchen Umständen hätte der guten Sache absolut Nichts genützt.

Diese braven Leute verlebten eine Zeit von fast zwei Jahren in schrecklicher Weise. Die überall herumstreifenden Banden von Strolchen begannen ihre sogenannten militärischen Operationen, die aber nur in der Ermordung und Beraubung wehrloser Unionsleute bestanden, schon im Winter von 1860 bis 1861. Von dieser Zeit an waren jene Männer keine Stunde mehr ihres Lebens sicher; ein entferntes Pferdegetrappel oder das Bellen der Hofhunde jagte ihnen und ihren Weibern und Kindern jedes Mal einen Schrecken durch die Glieder; meistentheils mußten sie sich des Tages über in den Wäldern versteckt halten und nur des Nachts, oft vom Hunger getrieben, durften sie es wagen sich zu ihren Familien zu schleichen; bei jedem Schritt mußten sie erwarten, angegriffen zu werden, und sie mußten, ehe sie eintraten, um ihre Häuser herumspioniren, um nur sich zu versichern, daß kein unangenehmer Besuch darin sei. Nachrichten von irgend woher erhielten sie nicht mehr, nur von Zeit zu Zeit hörten sie von den extravaganten Lügen-Berichten der Rebellen; St. Louis und sogar Washington City sei in der Macht des Südens und die

Schlachtberichte der Rebellen lieferten Zahlen von Todten und Verwundeten, die größer waren als die ganzen Armeen. Solchen Unsinn glaubte zwar kein vernünftiger Mensch, aber die Wahrheit wußte man darum doch nicht.

So unruhig es auch in den ersten Monaten des Jahres gewesen war, so still wurde es in den ersten Tagen des März; Niemand ließ sich mehr auf der Straße sehen, und kein Geräusch verrieth die Nähe eines Menschen. Durch diese Todtenstille hindurch donnerten die Kanonensalven aus der Richtung von Pea Ridge her unseren Freunden den Vorgang eines großen Ereignisses in die Ohren. Der Kanonendonner schwieg erst am dritten Tage, aber Niemand wußte, was geschehen war; bald aber wurde die Straße lebendig; erst sprengten einzelne Reiter in wilder Hast vorbei, dann kleine und nach und nach immer größere Trupps, aber sie waren so verstört und so eilig, daß sie sich nicht einmal die Zeit erlaubten, eine Frage zu beantworten. Die Flüchtlinge waren Rebellen; General Sigel hatte die größte südliche Armee unter Price und McCulloch total geschlagen und hätte sie vernichtet, wenn die Umstände eine ernstliche Verfolgung erlaubt hätten. Nichts war nun natürlicher als daß unsere armen Bedrängten von Stunde zu Stunde dem Nachrücken von Unionstruppen entgegensahen und sie glaubten, daß die Stunde ihrer Erlösung gekommen sei. Die Enttäuschung war bitter und sehr schmerzlich; die Verfolgung der Rebellen-Armee war aufgegeben worden und — es kam Niemand. Eine Zeitlang blieb es leidlich ruhig, dann aber streckte das Buschklepper-Gesindel die Hälse so frech wie jemals, der alte Unfug ging wieder an und jene, von aller Hülfe abgeschnittenen Ansiedler mußten in ihrem geängstigten Dasein ausharren bis zum Herbst 1862. Aber durch die ununterbrochene Todesgefahr und durch die unaufhörliche Befürchtung, plötzlich eines gewaltsamen Todes sterben zu müssen, waren die Leute abgestumpft und gleichgültig geworden, denn die größten Gefahren verlieren durch die Gewohnheit nach und nach ihre Schrecken.

Im Herbst 1862 rückte eine Unions-Armee unter dem Befehl der Generäle Blunt und Herron den Rebellen, die sich ebenfalls wieder gesammelt hatten, abermals entgegen und bei Prairie Grove wurden die Rebellen wieder auf's Haupt geschlagen. Um diese Zeit stürmte eines Tages eine Horde Unions-Indianer in die Ansiedlung, alle Männer wurden gefangen genommen, zwei davon, die den Indianern fremd waren, wurden erschossen, die Uebrigen aber in das Lager der Unions-Armee abgeführt. Dort fiel es unseren Leuten nicht schwer, sich als treue Unionsleute zu legitimiren. Trotz der zerlumpten und zerfetzten Kleidung, in der sie den Generälen vorgeführt wurden, gehörte doch nicht viel Menschenkenntniß dazu, um in ihnen Leute von gediegener Bildung zu erkennen, und sie wurden mit vieler Rücksicht und Freundlichkeit behandelt. Von dort aus gelang es ihnen, einen mit Bleistift geschriebenen Zettel nach Washington in Missouri zu befördern. Auf dem Zettel stand nur eine Angabe ihres Aufenthalts und sie sprachen ihren Wunsch dabei aus, nach Franklin Co. zurückkehren zu können. Zwei ihrer ältesten und zuverlässigsten Freunde von hier machten sich auf der Stelle auf den Weg nach St. Louis, ließen sich dort durch eine damals sehr einflußreiche politische Persönlichkeit bei dem Commandeur des Missouri-Departements, Gen. Curtis, einführen, stellten ihm die Lage ihrer Freunde in Arkansas vor und baten um seine Hülfe. Der General, der durch die Nachricht von dem Sieg bei Prairie Grove, die eben eingelaufen war, in sehr gute Laune versetzt war, erklärte sehr artig seine Bereitwilligkeit und setzte sich an seinen Schreibtisch, schrieb einige Zeilen und reichte sie einem der Bittsteller; als dieser den Zettel etwas rathlos betrachtete, lächelte er und sagte: ich sehe, Sie können meine Handschrift nicht lesen, es ist wahr, ich schreibe sehr schlecht, geben Sie mir den Brief, ich werde Ihnen vorlesen, was ich geschrieben habe. Es war eine peremptorische Order an Gen. Blunt, seinen Schützlingen sichere Beförderung in ihre alte Heimath zu verschaffen, und im März 1863 hatten wir die Freude unsere alten Freunde wieder in unserer Mitte zu sehen. Wären die Unionstruppen in jener Gegend nicht siegreich vorgedrungen, so würde wahrscheinlich kein Mann, der zu jener Ansiedlung gehörte, eines natürlichen Todes gestorben sein.

Hätte die Gießener Gesellschaft eine Colonisation bei Little Rock, wohin die Unions-Armeen erst später kamen, wirklich in Ausführung gebracht, so hätten vermuthlich nur sehr Wenige der Ansiedler jemals das Sternenbanner wieder erblickt.

Das Schicksal wollte nicht, daß die Gießener Auswanderer so ganz spurlos verschwinden sollten. Der Hader und der Streit, welche die Auflösung der Gesellschaft beschleunigten, hatten für sie in diesem Fall segensreiche Folgen; sie blieben mit der übrigen Welt und ihren Landsleuten in Verbindung, und Mancher von ihnen wurde, wenn auch erst in späteren Jahren, durch die Verhältnisse in Stellungen versetzt, in welchen er seinen ganzen Menschenwerth und seine volle Manneskraft zum Wohl seiner Mitmenschen geltend machen konnte.

Die erste Abtheilung dieser Gesellschaft hatte eine sehr unglückliche Reise; auf dem Schiffe brachen die Blattern aus und Mancher fand ein nasses Grab auf dem Meeresboden; in Neu Orleans wurden diese Auswanderer durch das gelbe Fieber und auf der Fahrt den Mississippi herauf nach St. Louis durch die Cholera in bedauerlicher Weise decimirt. Als die zweite Abtheilung in den ersten Tagen des Septembers in St. Louis ankam, hatten sich die Reste der ersten Abtheilung schon zerstreut. Einige hatten sich schon in Illinois angekauft und Andere suchten noch nach einer Heimath; Mehrere waren in Missouri geblieben und waren in die Nähe von St. Charles gerathen; Paul Follenius war am weitesten westlich gezogen und hatte sich in der Nähe der Farm des Dr. Duden in Warren Co. niedergelassen; Friedrich Münch folgte ihm und kaufte sich ganz nahe bei ihm an, und in den engen Thälern des Lake Creeks und Femme Osage Creeks waren die Gießener überall verzettelt. Einige Wenige, darunter mein sel. Vater, wurden nach Franklin Co., auf der Südseite des Missouri, verschlagen, und so viel ich weiß, nur Einer, Apotheker Brühl von Frankfurt a. M., gerieth nach Südost Missouri an den Apple Creek in der Nähe von Cape Girardeau. Auf diese Weise wurden, wenn man so sagen kann, Atome von Intelligenz in einem weiteren Kreise um den kleinen Kern eines Deutschthums herum in St. Louis verstreut. Diese Atome aber zogen andere an, und da die Nachzüge von Jahr zu Jahr zunahmen, so waren bald außerhalb St. Louis in den Counties St. Charles, Warren, Franklin und Gasconade ziemlich zahlreiche sogenannte lateinische Settlements zu finden. Fast um dieselbe Zeit und von da in immer größeren Massen kamen Landsleute aus allen Gauen von Deutschland und der Schweiz, die für alle Gegenden, in denen sie sich niederließen, ein sehr werthvolles Contingent zur Civilisation bildeten. Der Zustrom von Einwanderern wurde mit der Zeit so stark, daß die Deutschen in St. Louis in Verbindung mit ihren Landsleuten in den oben genannten Counties das numerische Uebergewicht erlangten, so daß diese Gegend wohl mit Recht der älteste Kernpunkt des Deutschthums in Missouri genannt zu werden verdient. Aber es ist nicht mehr als billig, zu erwähnen, daß jetzt auch die Deutschen in sehr vielen anderen Counties eine imponirende Stellung einnehmen, nicht allein ihrer Zahl wegen, sondern hauptsächlich ihrer durchschnittlichen Rechtschaffenheit und ihrer Befähigung in geschäftlicher und industrieller Beziehung halber.

Glänzend aber bewährte sich die moralische, so wie die physische Kraft eines geschlossenen Deutschthums beim Ausbruch des Rebellions-Krieges. Ohne die Hülfe der Deutschen hätte Gen. Nathaniel Lyon nicht die Rebellen in Camp Jackson (10. Mai 1861) sammt und sonders gefangen nehmen können. Die Heimwehr-Compagnien (homeguards) in den

Counties waren unabhängige Organisationen und standen nicht unter dem Befehl von
Bundes-Offizieren, aber die freudige Bereitwilligkeit dieser Compagnien, die in überwiegender Zahl Deutsche waren, die Eisenbahnen zu besetzen, ermöglichte es dem Gen. Lyon,
die Rebellen bei Boonville anzugreifen und zu schlagen. An Gen. Lyon hat die Nation
einen Patrioten von seltener Reinheit leider viel zu früh verloren; er starb am 10. August
1861 auf dem Schlachtfeld am Wilsons Creek den Heldentod.

Auch in der Politik, in der Lösung der welthistorischen Sclavenfrage ergriffen die
Deutschen Missouris die Initiative. Aus allen Counties, in welchen sie politisches Gewicht
hatten, wurden zuverlässige Emancipationisten in die Legislatur von 1862 geschickt, aber
auch die Counties im Südwesten und Nordwesten des Staates, in denen das loyale amerikanische Element das herrschende war, sandten tüchtige Männer in diese Legislatur. Weder
vorher noch nachher waren die Deutschen so zahlreich im Senat und im Repräsentantenhause vertreten als in der Periode von 1862 bis 1868 und auch Papa Münch, der Führer
der zweiten Abtheilung der Gießener Gesellschaft, zählte zu diesen alten Senatoren und er
gehörte nicht zu den Unbedeutendsten.

Der Umfang dieses kleinen Werkes erlaubt es nicht, die Namen aller der Deutschen zu
erwähnen, welche durch ihre Achtung gebietende und consequente Haltung ihren Landsleuten
mit einem guten Beispiel vorangingen. Viele von ihnen führten nur ein stilles Familienleben, haben aber niemals Gelegenheit oder Lust gehabt in die Oeffentlichkeit zu treten.
Andere wurden nur periodenweise, hauptsächlich durch politische Verhältnisse in das öffentliche Leben gedrängt, entsprachen aber dann meistentheils dem Vertrauen und den Erwartungen, welche ihre Mitbürger in sie gesetzt hatten; jedenfalls aber verdient Friedrich
Münch, der unter dem Namen „Far West" allgemein bekannt ist, einer etwas eingehenderen Erwähnung. Dieser würdige Mann ist wohl der Unermüdlichste unter
seinen Landsleuten, welche sich die Aufklärung und das Wohl ihrer Mitmenschen in
jeder Beziehung zur Lebensaufgabe gemacht haben; seine ausdauernde Thätigkeit hat
nun schon länger als vierzig Jahre gewährt und der hohe Siebziger hat noch heute die
Feder nicht niedergelegt.

Schon sehr bald nach seiner Niederlassung am Lake Creek in Warren Co., im Jahr
1834, fing er seine literarische Thätigkeit an und wurde Mitarbeiter an mehreren Monatsschriften und den bedeutenderen deutschen Zeitungen; da er in den ersten Jahren seines
stillen Farmerlebens noch nicht viele Erfahrungen über Missouri aus eigener Anschauung
gemacht haben konnte, so behandelte er in seinen frühesten Schriften meist Fragen, welche
auf die politischen Zustände in Deutschland und auf verschiedene Wissenschaften Bezug
hatten, aber sobald er sich in den hiesigen politischen Verhältnissen einigermaßen orientirt
hatte, trat er dem Institut der Sclaverei sehr entschieden entgegen und erwarb sich dadurch
allerdings die Sympathien und die Achtung fast des gesammten Deutschthums, keineswegs
aber die Popularität unter der durchschnittlichen amerikanischen Bevölkerung.

Den Interessen der Landwirthschaft widmete er ebenfalls zahlreiche Aufsätze, aber seine
Thätigkeit in dieser Richtung kam erst mit den ersten Anfängen des Weinbaues in rechten
Schwung und sein Buch über die Weincultur geht jetzt seiner vierten Auflage entgegen.

Ebenso war er ein eifriger Beförderer deutscher Einwanderung und hat jedenfalls
durch viele Aufsätze und Brochüren, welche durch ganz Deutschland verbreitet sind, viel
dazu beigetragen, die Aufmerksamkeit von Auswanderern auf unseren Staat zu richten, und
er ist schon seit vielen Jahren eines der thätigsten Mitglieder der Staats-Behörde zur
Beförderung der Einwanderung. Im Jahre 1856 nahm er wirklich activen Antheil auf
dem Feld der Politik; damals bereiste er mit dem allbekannten deutschen Patrioten

Friedrich Hecker den Osten der Union und befürwortete in öffentlichen Ansprachen die Wahl von J. C. Fremont zum Präsidenten der Ver. Staaten.

Beim Ausbruch der Rebellion war mein alter Freund Friedrich Münch schon zu bejahrt, um selbst Waffen zu tragen, aber dennoch hat er für die Sache allgemeiner Menschenrechte ein schweres Opfer gebracht, denn ein hoffnungsvoller Sohn starb auf dem Schlachtfelde am Wilsons Creek einen rühmlichen Tod.

Im Herbst 1862 wurde Münch in den Staats-Senat gewählt, und während seiner vierjährigen Amtszeit stand er unerschütterlich auf der Seite des Rechts und der Humanität und war ein entschiedener Feind von Corruption und Verschwendung der öffentlichen Gelder, er stand auch wegen seiner strengen Consequenz in seinen politischen Ansichten nicht allein bei seinen Freunden, sondern auch bei seinen politischen Gegnern in hoher Achtung. Seit dem Jahr 1866 lebt er still und zurückgezogen in seinem Tusculum auf seiner alten Farm, die er einem seiner Söhne übertragen hat. Trotz seiner hohen Jahre ist er noch immer geistig und körperlich rüstig und rastlos thätig, entweder in seinem Weinberg oder an seinem Schreibtisch.

Dieser verdienstvolle Mann hat jedenfalls ein sehr ereignißvolles Leben hinter sich; er mag viele traurige Erfahrungen und bittere Enttäuschungen erlebt haben, aber viele seiner edlen und menschenfreundlichen Bestrebungen haben auch ihr erwünschtes Ziel erreicht und es bleibt nur zu wünschen, daß er sich noch viele Jahre dieser schönen Erinnerungen freuen möge.

Lange vorher, ehe der Kanonendonner auf dem Kriegs-Schauplatze verstummt war, berief die Legislatur im Winter von '63 auf '64 nach schweren parlamentarischen Kämpfen eine Convention zusammen, deren Hauptaufgabe es war, Missouri von der Sclaverei zu befreien. Auch in dieser Convention waren die Deutschen stark vertreten. Ein Deutscher, der würdige Arnold Krekel, jetzt Richter im westlichen Distrikt des Ver. Staaten-Gerichtshofes, war Präsident jener Constituante und er unterzeichnete am 11. Januar 1865 die Ordinanz, welche die Sclaverei in Missouri für alle Zeiten für aufgehoben erklärte. Die Zeit von dem Ausbruch der Rebellion bis zur Aufhebung der Sclaverei und dem Wiederaufbau der Union war für Missouri eine politische Glanzperiode, die nicht so bald von einer zweiten verdunkelt werden wird und es bleibt nur noch zu erwähnen, daß mehrere Mitglieder der alten Gießener Gesellschaft und ihre unmittelbaren Nachkommen in dieser ereignißvollen Zeit sehr eifrige Beförderer der guten Sache gewesen sind.

---

3. Erinnerungen an die Landreise von Baltimore nach dem Westen.

Am 23. Juli 1834 segelte ein stattlicher Dreimaster in der schönen Cheasapeak-Bai hinauf und ließ an der Quarantaine im Angesicht von Baltimore den Anker fallen. Das Schiff hatte die zweite Abtheilung der Gießener Gesellschaft und gegen vierzig Einwanderer aus Würtemberg und Baden an Bord. Bald darauf legte ein Boot am Schiff an, und ein Arzt und mehrere Beamten kamen auf's Deck. Der Bericht des Capitäns, der sich mit den Ankömmlingen zurückgezogen hatte, mußte wohl befriedigend ausgefallen sein, denn die Beamten bestiegen bald darauf und ohne den Passagieren irgend eine Aufmerksamkeit bezeigt zu haben, wieder ihr Boot und ruderten zurück. Unser Schiff lichtete die Anker wieder, trieb langsam der Stadt zu und legte zwischen einer Reihe von anderen Schiffen an. Die Matrosen brachten die Segel bei Seite, befestigten einen großen Krahn über der in den Schiffsraum führenden Luke und verließen das Schiff. Da hieß es gleich in der ersten Stunde help yourself. Im Anfang war es ein schreckliches Durcheinander. Jeder wollte seine Kisten und Koffer zuerst heraus haben, und Keiner wußte, ob sie hinten oder vorn, oben oder unten zu finden wären; als aber die Hauptschreier endlich doch begriffen, daß mit allem Schimpfen und Schelten kein einziger Kasten auf das Deck kommen würde, nahmen sie Vernunft an. Einige stiegen in den Schiffsraum hinab, hoben und schoben die zum Theil sehr schweren Kisten herbei und befestigten sie an den Haken des Krahns, Andere blieben auf dem Deck und zogen die Kasten auf ein gegebenes Zeichen hinauf und von Zeit zu Zeit wurden sie von Anderen abgelöst, damit die, welche bei der großen Hitze sich angestrengt und erschöpft hatten, sich auch wieder erholen konnten. Ohne daß irgend Einer sich das Commando angemaßt hatte, kam doch bald Ordnung in diesen anfänglichen Wirrwarr. Man merkte bald, daß das ungeduldige Herumwühlen zwischen dem Gepäck die Arbeit nur vergrößerte und verzögerte, und so wurden denn immer die Kisten befördert, die grade zunächst standen und in ganz natürlicher Folge kam man endlich an die letzte. Ehe das Gepäck an das Land gebracht werden durfte, wurde es erst von den Zollbeamten visitirt, aber sehr oberflächlich und schonend.

Während die jüngeren und kräftigeren Leute mit dem Ausladen beschäftigt waren, sahen sich die Familienväter und älteren Leute nach einer Transportgelegenheit für ihre Habseligkeiten und nach einem Quartier um. Gastwirthe schickten schon damals ihre Agenten auf die ankommenden Auswanderer-Schiffe, um die Ankömmlinge ihren Wirthschaften zuzuführen, und einige dieser Agenten brachten auch sehr bald die ganze Schiffs-Gesellschaft in verschiedenen Gasthäusern unter. Wenn man zwei Monate lang an keinem Tisch mehr gesessen, sondern nur auf Kisten und Kästen herumgehockt hat, oder wenn man gar bei unruhiger See nach türkischer Manier mit untergeschlagenen Beinen auf dem Fußboden des Zwischendecks sitzen und seinen Napf mit den Knieen festhalten mußte, so kommt es Einem ganz sonderbar vor, wenn man wieder einmal wie ein anständiger Mensch zu Tische gehen soll. Alle aber scheinen sich sehr schnell wieder in ihre alte Weise gefunden zu haben, denn ich habe keinen Einzigen bemerkt, der mit seinem Teller in eine Ecke gekrochen und sich zu platter Erde niedergelassen hätte.

Die Organisation der Gesellschaft war allerdings schon während der Seereise aufgelöst worden und soviel von der Gesellschafts-Kasse in den Händen des Vorstehers unserer Abtheilung war, wurde gewissenhaft den Mitgliedern der Gesellschaft im Verhältniß zu ihren Einzahlungen zurückgegeben. Jeder konnte nun machen, was er wollte. Auf dem Schiff mußten sie freilich nolens volens beisammenbleiben, aber Solche, welche sich während der Seereise näher kennen gelernt und befreundet hatten, beschlossen auch, wenigstens die Landreise nach dem Westen zusammen zu machen, und da fast Alle nach St. Louis wollten, so fand sich bald darauf fast die ganze Gesellschaft wieder in Wheeling zusammen.

Einer der Gesellschaft, Schmutz von Altenburg, starb in den ersten Tagen nach der Landung an der Cholera, alle Anderen, bis auf Einen, zogen nach dem Westen. Dieser Eine war ein Coburger, und er machte sich durch seine schleunige Rückreise nach Teutschland, ehe er noch außer den Küsten von Amerika irgend etwas gesehen hatte, zum Mindesten sehr lächerlich. Er war in Teutschland hinter dem Bierglase ein gewaltiger Potentatenfresser gewesen und bramarbasirte schon in Teutschland und während der ganzen Seereise von den Heldenthaten, durch die er die Welt in Erstaunen setzen wollte; es begleitete ihn nur eine Tochter und ein älteres Mädchen, welche so ein Mittelding zwischen Dienstmädchen und Gesellschaftsdame vorzustellen schien. Die Seekrankheit und das Heimweh nach dem alten krummen Judengäßchen scheint der Tochter sehr zugesetzt zu haben, denn man sah sie selten anders als mit verheulten Augen. Um dem Gespött zu entgehen, blieb unser Held in Baltimore, bis seine Reisegefährten die Stadt verlassen hatten, dann aber nahm er Passage auf dem ersten segelfertigen Schiffe und ging schnurstracks nach Coburg zurück. Dort begegnete er nur allgemeiner Verachtung, und es wurde hier erzählt, daß ihm sogar die Wirthin seines sonst frequentirten Bierhauses den Rücken zugewandt haben soll, als er ihr bei seinem ersten Besuch in seiner alten Kneipe die Hand zum Gruße bieten wollte. Nach wenigen Jahren starb er.

Die wenigen Deutschen, die wir in Baltimore oberflächlich kennen lernten, schüttelten die Köpfe, als ihnen gesagt wurde, daß wir nach Missouri gehen wollten; dort, meinten sie, seien wir in Gefahr, von den Indianern scalpirt zu werden, die Weißen seien Räuber und Mörder, und wegen der Raubthiere und giftigen Schlangen könne man das Haus nicht ohne Gefahr verlassen. Wie war doch der ferne Westen noch so wenig bekannt und wie falsch wurde er selbst von Solchen beurtheilt, die schon mehrere Jahre in den östlichen Staaten gelebt hatten! Die späteren kleinen Erzählungen werden zeigen, daß alle jene Gefahren, die uns in Aussicht gestellt wurden, entweder gar nicht oder doch nur in einem sehr geringen Grade existirten.

Da in jener Zeit noch keine Eisenbahnen nach dem Westen gebaut waren, so mußte die Reise bis Wheeling am Ohio per Achse gemacht werden; deßwegen hatte man mit Fuhrleuten, die Fracht aus Pennsylvanien nach Baltimore gebracht hatten, einen Vertrag geschlossen, wornach sie Gepäck und Personen nach unserem nächsten Bestimmungsorte zu bringen hatten. Friedrich Münch, Heinrich Becker aus Nieder-Gemünden und mein Vater hatten zwei Wagen gemiethet und wollten zusammen reisen; auch andere unserer Gefährten hatten auf dieselbe Weise mit anderen Fuhrleuten verhandelt.

Da das Quartier der Fuhrleute am äußersten Ende der Stadt lag, wir aber in der Mitte der Stadt logirten, so zogen wir am Morgen des Tages, der zur Abreise bestimmt war, in sonderbarem Aufzuge durch die Stadt, was vorzüglich bei der Straßenjugend viel Sensation erregte.

Die Meisten der jüngeren Leute, die sich für gewaltige Jäger hielten und an die Wahrscheinlichkeit glaubten, mit Büffeln oder Bären in Conflict zu gerathen, ehe man noch den Ohio erreichen würde, waren schwer bewaffnet; sie waren mit großen und schweren Büchsenranzen behangen und hatten Hirschfänger an der Seite. Ich glaube nicht, daß jemals einer dieser Hirschfänger Blut vergossen hat, doch haben sie späterhin beim Abhauen des Welschkorns zu Viehfutter oft gute Dienste geleistet. Einige hatten recht gute Gewehre mitgebracht. Viele aber hatten alte Donnerbüchsen, die wohl zur Zeit des siebenjährigen Krieges modern gewesen sein mochten; diese alten Dinger, bei denen sich die Hähne an den colossalen Feuerschlössern, wenn sie aufgezogen waren, fast bis auf den Rücken zurücklegten, hatten wenigstens bei jedem Schuß e i n e sichere Wirkung, nämlich nach hinten zu, die Wirkung nach vorne blieb meistens harmlos.

Ein sehr würdiges Mitglied der Gesellschaft hatte zwei Ziegen mitgebracht, um während der Excursion genügend frische Milch für ein kränkliches Kind zu haben; die eine dieser Ziegen hatte er an einen Verwandten oder Bekannten in Baltimore verschenkt, die andere aber sollte mit nach dem Westen gehen.

Am Morgen des Auszugs wurde nun der Ziege ein Strick um den Hals gelegt und ihr Herr, mit dem Hirschfänger an der Seite, zog sie auf die Straße hinaus; die Weiber und Kinder gingen auf dem Trottoir, eine stark bewaffnete Mannschaft aber, mit der Ziege in der Front, zog in Procession in der Mitte der Straße, und wenn das Vieh widerspenstig wurde, so wurde mit dem Flintenkolben nachgeschoben. Bei der endlichen Abfahrt wurde die Ziege hinter einen der Wägen gebunden, doch sie legte einen so entschiedenen Widerwillen an den Tag, nach Missouri zu gehen, daß sie sich schleifen ließ, und um dieser Qual ein Ende zu machen, wurde sie an einen an der Straße wohnenden Farmer verkauft und blieb mithin in Maryland.

Die Reise durch Pennsylvanien und einen Zipfel von Virginien bot wenig Bemerkenswerthes; es ging langsam vorwärts, denn mehr als 15—18 Meilen des Tages wurden fast niemals zurückgelegt, doch fanden wir fast überall Bewirthung und freundliche Aufnahme. Die Männer saßen selten auf den Wägen, sondern gingen meistens voraus und das junge Volk mit seinen Flinten war oft weit voraus; aber außer einigen Eichhörnchen und kleinen wilden Tauben erlitt Pennsylvanien keine wesentliche Verminderung des Wildstandes. Die Fuhrleute unserer Reisegefährten schlugen zuweilen verschiedene Nebenwege ein, die sie wahrscheinlich für näher oder besser hielten, aber von Zeit zu Zeit trafen eine Menge unserer Kameraden in demselben Wirthshaus wieder zusammen; das war dann immer eine große Freude und es wurden da viele Abenteuer erzählt, die aber alle Nichts zu bedeuten hatten. So war ich eines Nachmittags mit mehreren jungen Burschen ziemlich weit hinter den Wägen zurückgeblieben, weil wir uns in den schmalen Streifen Wald, die hin und wieder längs der Straße lagen, nach irgend einem Wild, welches wir überall vermutheten, wo noch ein Paar Bäume standen, herumgetrieben hatten. Die große Straße, von der wir uns noch keinen Büchsenschuß weit entfernt hatten, war bald erreicht und als wir in einen Hohlweg kamen, sahen wir in der Dämmerung zwei Leute vor uns her gehen, die auf die Seite traten, als wir näher kamen. Ganz geheuer schien uns dies nicht zu sein und Jeder von uns mochte wohl an die Indianer, Räuber und Mörder denken, von denen man uns in Baltimore erzählt hatte; wir ließen daher die Gewehre leise von der Schulter gleiten und gingen langsam vorwärts. Wir waren scharf, aber wahrscheinlich auch mit einiger Aengstlichkeit beobachtet worden, denn es klang, als wenn es eine erleichterte Stimme wäre, die uns zurief: „Ei, guten Abend, wo kommen Sie denn noch so spät her?" Es war Herr Horubi, ein Lehrer aus dem Böhmerlande, der mit uns über See gekommen war, sich aber erst vor der Abreise von Bremerhafen mit einem hübschen, jungen Mädchen hatte trauen lassen. Er hatte seine junge Frau am Arm und in der anderen Hand hielt er einen großen, schweren Stein; als ich ihn fragte: „Aber, Herr Horubi, was wollen Sie denn mit dem großen Stein da in Ihrer Hand?" sagte er: „Ja, sehen Sie, meine Herren, ich bin etwas ängstlich wegen der wilden Thiere, mit diesem Stein hätte ich meine liebe Frau gegen die Wölfe vertheidigt." Sehr befriedigt durch unser freundliches und friedliches rencontre langten wir erst bei völliger Dunkelheit bei den Unsrigen im Wirthshaus an, wo man schon unseres langen Ausbleibens wegen anfing unruhig zu werden.

So ging es ohne irgend ein bemerkenswerthes Ereigniß von Tag zu Tag, bis wir endlich am 15. August in Wheeling ankamen. Nur ein Einziger, der Bäcker Graf aus Coburg, war mit seiner Familie in einem Städtchen Pennsylvaniens zurückgeblieben, um sich dort anzukaufen. Ich habe nie wieder etwas von ihm gehört.

Von Wheeling aus sollte die Reise per Dampfboot den Ohio hinab gemacht werden, aber der Wasserstand im Fluß war sehr niedrig, so daß nur wenige und zwar nur kleine Boote liefen. Nach Verlauf einer Woche war ein Capitän gefunden worden, der uns auf seinem Boot, der „Fairy Queen", befördern wollte. Der Fluß war aber stellenweise so niedrig, daß die Fracht der Passagiere auf ein Flachboot geladen werden mußte, welches an der Seite des Dampfbootes befestigt wurde, aber trotzdem fuhren wir öfter fest und blieben mitunter stundenlang auf einer Untiefe hängen. Bei dem Verladen der Fracht vom Deck des Dampfbootes auf das Flachboot erregte eine nicht sehr große Kiste die Verwunderung aller Matrosen. Diese Kiste war an allen Ecken mit starkem Eisenblech beschlagen, außerdem waren noch dicke Eisenbänder herumgelegt und an den beiden Enden waren eiserne Handhaben angebracht. Sie war zuletzt ganz allein auf dem Verdeck stehen geblieben. Der Capitän befahl, sie wegzubringen; zwei Matrosen griffen an, aber mit einem tüchtigen Ruck prallten sie zurück, die Kiste war um keinen Zoll gerückt; der Capitän schalt, aber es ging deßwegen nicht besser; endlich griff er selbst zu, aber die Kiste blieb stehen; er brummte etwas vor sich hin; wir verstanden nur, daß er von much money sprach, demnach schien er zu glauben, daß der Kasten voll Geld sein müsse. Metall war allerdings in der Kiste, aber kein Gold und Silber. Ein braver Schmied, „Dressel" aus Neida bei Coburg, der wahrscheinlich geglaubt haben mochte, daß in Amerika das Schmieden noch nicht allgemein bekannt sei, hatte sein sämmtliches Handwerkszeug eingepackt und mitgeschleppt; die Kiste enthielt seinen großen Ambos, Schraubstock, große und kleine Hämmer, Zangen, Feilen ꝛc.

Unser Capitän war ein sehr freundlicher und gefälliger Mann, der den Deutschen wohl zu wollen schien; vorzüglich als er merkte, daß die Deutschen so schön singen konnten, erreichte seine Freude den höchsten Grad. Einen vielstimmigen Männergesang mochte er wohl noch nie gehört haben, deßwegen war er ganz entzückt, als in der ersten schönen, stillen Mondnacht seine Passagiere ihre alten deutschen Lieder anstimmten, und von da an bat er jeden Abend um ein Lied. Ein Revolutionslied aus der damaligen Zeit schien ihm am besten zu gefallen, wiewohl er kein Wort davon verstand. In jedem der 34 Verse ward einem Fürsten von Deutschland irgend ein Malheur auf den Hals gewünscht und jeder Vers schloß mit dem geistreichen Chor:

Sum, sum, s u m, sum
Sum, sum, s u m.
Sum, sum, s u m, sum
Sum, sum, s u m.

Dieses herrliche Lied mußte jeden Abend von A bis Z gesungen werden.

So wenige Wochen wir auch erst im Lande waren, so hatten wir doch schon allerhand Täuschungen erlebt und Erfahrungen gemacht, aber nur komischer Art. Als man auf der Reise durch Pennsylvanien zum ersten Male schönes, gelbes Maisbrod auf der Wirthstafel sah, hielten es Alle für einen feinen Kuchen oder eine Torte, aber Alle, die es versucht hatten, legten es nach dem ersten Bissen sehr enttäuscht bei Seite. Fast Alle, die auf's Land gingen, haben dieses Kornbrod bald essen lernen und Vielen ist es jetzt das liebste Brod.

Als unser Boot bei Cincinnati auf wenige Stunden anlegte, gingen Mehrere in die nächsten Straßen der Stadt und kauften sich an einem der vielen Fruchtstände eine große Zucker-Melone. Nach hiesigem Gebrauch werden dergleichen Früchte häufig gleich an Ort und Stelle verspeist, deßwegen reichte ihnen der Fruchthändler ein langes Messer zum Aufschneiden und einen Teller mit feinem Salz. Diese amerikanische Liebhaberei, Melonen mit Salz zu essen, kannten unsere Neulinge aber nicht, sie hielten das feine Salz für Zucker und bestreuten ihre Melonenschnitten ziemlich dick damit. Sehr enttäuscht und mit Grimassenschneiden ließen sie ihre Melone, die sie verdorben hatten, im Stich und kamen sehr übler Laune auf's Boot zurück, wo sie von ihren Gefährten noch obendrein ausgelacht wurden. Ein anderes Mal, als das Boot angelegt hatte, um Holz einzunehmen, brachten

Einige aus einem nahen Maisfelde schöne große Melonen, wie sie glaubten, mit nach dem Boot, beim Aufschneiden aber fand es sich, daß es nur Kürbisse waren.

Es war die Absicht unseres Capitäns gewesen, uns bis nach St. Louis zu bringen, aber da der niedrige Wasserstand im Ohio so viel Aufenthalt verursachte und er Engagements hatte, die er nicht länger hinausschieben konnte, so mußten wir uns, zu seinem und unserem Bedauern, trennen. In Padukah, an dem Ufer von Kentucky, wurde wieder auf ein anderes Boot, den Herald, umgeladen. So höflich und artig unser bisheriger Capitän gewesen war, so grob und ungezogen war der neue und ebenso seine Leute, und mehrere Male war es nahe daran, daß es zwischen der Schiffsmannschaft und den Passagieren zu unangenehmen Händeln gekommen wäre, doch nach einigen Tagen wurde es ruhiger und man ging sich gegenseitig aus dem Wege.

Als wir die Mündung des Ohio noch nicht weit hinter uns hatten und den Mississippi hinaufdampften, erscholl plötzlich der Ruf „Frau über Bord." Niemand wußte noch, wer in den Fluß gefallen war, aber Alles drängte nach dem Geländer, um nachzusehen, und da sah man eben nur einen dunkeln, kreisförmigen Fleck den Strom hinabtreiben; die Haare waren der Frau aufgegangen und schwammen noch über Wasser. So bestürzt und rathlos die Passagiere waren, so besonnen war die Schiffsmannschaft; der Ruf, der so allgemeinen Schrecken verursacht hatte, war noch kaum verklungen, so schoß auch schon ein bemanntes Rothboot pfeilschnell den Strom hinab; in wenigen Minuten war die Verunglückte erreicht, in's Boot gezogen und wurde noch lebend auf das Dampfboot zurückgebracht. Es war eine Frau Meißner von Altenburg; sie hatte Wasser schöpfen wollen, hatte aber das Uebergewicht bekommen und war in den Fluß gefallen. Das frische Bad und der Schrecken hatten ihr keinen Schaden gethan, denn wenige Tage darauf genas sie eines gesunden Knäbleins.

In einer der folgenden Nächte sahen wir in ziemlicher Entfernung viele Lichter an dem westlichen Flußufer, und mit großer Freude erfuhren wir, daß dies St. Louis sei. Also so weit waren wir, zwar langsam und mühselig genug, aber doch glücklich gekommen.

4. Frühe deutsche Ansiedelungen.

St. Louis war vor 42 Jahren noch ein ziemlich unbedeutender Ort und hatte damals noch nicht so viele gute, solide Häuser, als heute viele Landstädtchen aufzuweisen haben. Längs der Dampfboot-Landung standen allerdings mehrere größere steinerne Gebäude, die als Waaren-Niederlagen benutzt wurden; aber in der zweiten und dritten Straße vom Flußlande einwärts waren noch sehr viele leere Baustellen und die Straßen selbst waren nicht sehr lang; weiter zurück, da wo jetzt das Courthaus steht, standen die kleinen Häuser noch so dünn und vereinzelt, daß man kaum die Richtung der Straße erkennen konnte und noch weiter westlich gingen die „Barrens" an. Unter Barrens versteht man ein Mittelding zwischen Wald und Prairie; Ländereien, die auf weite Strecken baumlos sind, aber Gras und niedriges Buschwerk, wie Haselstauden und Sumach tragen; stellenweise stehen dort einzelne Bäume und auch kleinere Gruppen von Bäumen. Nördlich von St. Louis, da wo jetzt Neu-Bremen steht, war höherer und dichterer Wald. Während die älteren Ankömmlinge sich nach einer Heimstätte für die Zukunft bemühten, streiften wir jüngeren Leute bis in diese Gegend und schossen nach den großen Wandertauben, die in jenem Herbst in so ungeheuern Schwärmen zogen, daß die Sonne mitunter einige Secunden lang verdunkelt wurde. Die Stadt hatte damals nur einen einzigen Marktplatz, und ein einziges Fährboot vermittelte die Communication zwischen Missouri und Illinois. Der ganze Platz und die Umgegend sahen damals so kahl, öde und ungemüthlich aus, daß Jeder froh war, wenn er erst weiter kam. Da, wo wir in jener Zeit mit unseren Flinten herumknallten, hätte man für ein paar hundert Dollars ein Stück Land kaufen können, welches heute nicht mehr mit Hunderttausenden zu erwerben ist; aber Niemand und am allerwenigsten ganz neue Einwanderer, hatten eine Ahnung davon, daß unmittelbar nach dieser Zeit die Stadt sich so rasch entwickeln und zu einem der größten Handelsplätze der Welt heranwachsen würde.

Als die Gießener Gesellschaft in St. Louis ankam, waren schon Deutsche dort ansässig und den Meisten davon schien es recht gut zu gehen; die Schönheit des Platzes oder die Aussicht als Grundeigenthümer reich zu werden, hatte sie wahrscheinlich dort nicht gefesselt, denn sie konnten auch nicht in die Zukunft sehen, aber in jener frühen Zeit war Arbeit jeder Art sehr gesucht und wurde mit Preisen bezahlt, die im Vergleich mit den damaligen Arbeitslöhnen in Deutschland ganz enorm waren; Lebensmittel jeder Art waren dagegen sehr billig, so mochten Solche denn die Wahrheit des alten Spruches: ubi bene, ibi patria begriffen haben und consequenter Weise geblieben sein. Viele von ihnen sind mit der Zeit und dem raschen Wachsthum der Stadt sehr wohlhabende Leute geworden.

Die zweite Abtheilung der Gießener Gesellschaft fand die Mitglieder der ersten Abtheilung nicht mehr in der Stadt; die Meisten waren nach Illinois gegangen und hatten sich großentheils dort schon angekauft, weil sie nicht Bürger eines Sclavenstaates werden wollten; aber auch in Missouri waren Einige geblieben und mehrere ihrer Freunde zogen ihnen nach; doch war, so viel ich weiß, kein Einziger westlicher als Warren Co., auf der Nordseite des Missouri, und Franklin Co. auf der Südseite gekommen, und die Wenigsten trafen bei ihren ersten Landkäufen eine sehr glückliche Wahl. Solche, welche zufälligerweise ein gutes Stück Land gekauft hatten, waren deßwegen durchaus nicht ihres besseren Verständnisses wegen zu beloben; ebenso wenig konnte man Andere mit Recht tadeln, wenn sie sich in Steinberge hineingesetzt hatten, zwischen denen nur schmale Streifen gutes Land hineingeschoben waren; es verstand Keiner etwas vom Lande und wenn es auch dem Einen und dem Anderen nicht recht zwischen seinen Bergen gefallen wollte, so wußten sie doch nicht, wo sie etwas Besseres finden sollten. Die sehr einzelnen Deutschen, die man schon ansässig fand, waren nur kurz vorher gekommen, hatten nur noch sehr wenig Erfahrung und waren auch nicht besser placirt; außerdem freuten sie sich, Landsleute in ihre Nachbarschaft zu bekommen; mit diesen konnten sie doch Umgang halten, denn da sie sich mit der Landessprache nur sehr nothdürftig forthelfen konnten, so beschränkte sich ihr Verkehr mit den alten Amerikanern nur auf das Nothwendigste.

Jene ersten deutschen Ansiedler hätten schon 80 bis 100 Meilen weiter westlich gehen müssen, ehe sie durchschnittlich reicheres und mehr ebenes Land gefunden hätten, denn der westliche Theil von Warren und der südliche Theil von Montgomery Co. auf der linken und Gasconade, Osage und Cole Co. auf der rechten Seite des Missouri sind nicht besser, wohl aber zum Theil noch viel wilder und gebrochener als die Gegend, in der sich die ersten deutschen Pioniere niedergelassen hatten.

Alles aber hat neben der schlechten auch eine gute Seite. In den reichen, westlichen Counties ist es nicht schwer gewesen auf den fruchtbaren Prairien in kurzer Zeit eine große Farm anzulegen, und ebenso wenig ist es eine Hexerei, auf reichem Boden gute Ernten zu erzielen; diese Deutschen aber, die sich in solchen Bergen niedergelassen, auch zum

Theil sehr mageres Land erworben hatten und nur mit schwerer und ungewohnter Arbeit den Wald ausroden und in Felder verwandeln konnten, zeigten ihren amerikanischen Nachbarn, was deutscher Fleiß und deutsche Ausdauer und Genügsamkeit zu leisten im Stande ist. Die Amerikaner, die sich schon früher, ehe sie noch einen Deutschen gesehen hatten, ganz vernünftigerweise das beste Land ausgesucht hatten, prophezeiten, daß die armen Deutschen entweder verhungern oder ihr Land verlassen müßten. Diese Alternative trat indeß nicht ein, wohl aber das Gegentheil. Die Anfangs so armen Deutschen erwarben auf ihren kleinen Färmchen genug, um in ihrer bescheidenen und anspruchslosen Weise nicht allein leben, sondern sie legten auch so viel zurück, um nach und nach mehr Congreßland kaufen zu können; und nachdem ihre Kinder stark genug zur Arbeit wurden, erweiterten sich dann die kleinen Färmchen zu großen Farmen. Als diese zweite Generation herangewachsen war, kauften die Alten nicht sehr selten die Farmen ihrer amerikanischen Nachbarn, die ihnen in früherer Zeit den Untergang prophezeit hatten, und vertheilten sie unter ihre Kinder. Diejenigen alten Amerikaner, die mit der Zeit nicht fortschritten und sich mit einer rationelleren Landwirthschaft nicht befreunden wollten, konnten es für die Dauer nicht mehr aushalten; ihre alten Felder, die nie gedüngt wurden, waren ausgesogen und das Regenwasser, welches niemals durch Wasserfurchen gehemmt und abgeleitet worden war, hatte tiefe Gräben gerissen; Futterkräuter bauten sie nicht, und die wilde Waldweide war längst verschwunden, Luxus und Bedürfnisse vieler Art mehrten sich, während die Einnahmen von Jahr zu Jahr geringer wurden. Deßwegen war es sehr erklärlich, daß sie nach und nach verschuldeten, und darum verkaufen und weiter ziehen mußten. Die Befürchtung, daß sie, die sich für die eigentlichen Herren des Landes hielten, mit der Zeit von den Deutschen verdrängt und vertrieben werden würden, war zwar zum Theil wahr geworden, aber diese Verdrängung nahm den natürlichsten und friedlichsten Verlauf. Auf Congreßland, welches sie selbst für werthlos hielten, das aber dennoch an neue Ansiedler verkauft worden war, konnten sie das Holz nicht mehr verwüsten und überhaupt nicht mehr darauf nach Belieben schalten und walten; ihr eigenes Land vertauschten sie nur gar zu gerne gegen die harten Thaler der Deutschen und verließen ihre Farmen nicht eher, als bis sie bei Heller und Pfennig bezahlt waren.

Wahrscheinlich die Meisten der neuen Ankömmlinge hatten in den ersten Jahren ihre kleinen Abenteuer durchzumachen, diese waren aber nicht tragischer Natur, häufig jedoch mehr oder weniger komisch, und viele dieser kleinen Ereignisse liefern noch bis zum heutigen Tage Stoff zur Heiterkeit. Daß Leute, die in einem neuen Lande eine ihnen ganz neue und ungewohnte Lebensweise beginnen wollen, viele Irrthümer und Verkehrtheiten begehen, ist sehr erklärlich. Solche, welche in ihrem alten Vaterlande in Feld und Wald gearbeitet und ihr Gehirn durch die Lectüre über fremde Länder niemals confus gemacht hatten, fanden sich bald zurecht, so unbeholfen sie auch im Anfang gewesen seyn mochten; aber Handwerker aus den Städten, frühere Staatsbeamte und Gelehrte, die sich hier zu Hinterwäldlern metamorphosiren wollten, leisteten oft Erstaunliches. Das Verirren spielte eine große Rolle bei ihnen. Städter, welche immer nur auf Straßen und gebahnten Wegen gegangen waren, können sich selten in pfadlosen Gegenden orientiren; daß man in unbekannten Gegenden den Lauf der Gewässer zu beobachten habe, wußten sie nicht und eine gegebene Richtung schnurgerade über Berg und Thal einhalten, konnten sie nicht; wenn sie von einem bekannten Wege in einen unbekannten gekommen waren, der sie nicht sehr bald an ihren Bestimmungsort brachte, so stand ihnen ein langer und unbehaglicher Spaziergang in sicherer Aussicht; sie hielten sich dann für verirrt, und wenn sie es nicht schon waren, so wurden sie es doch sehr bald, so wie sie den Versuch wagten, sich durch den Wald zurecht zu finden. Nachdem sie mitunter Stunden lang im Kreise herumgelaufen waren, verrieth ihnen vielleicht Hundegebell die Nähe einer Hofstelle, und dort konnten sie entweder Auskunft oder auch wohl einen Führer bekommen. Es ist sogar nicht selten vorgekommen, daß solche Verirrte so consternirt wurden, daß sie ihren eigenen Platz nicht erkannten, wenn sie zufälligerweise von einer anderen Seite, als von der sie ausgegangen waren, ihre Häuser erblickten, und erst nach einem abermaligen ermüdenden Rundlauf brachte sie der Zufall auf den rechten Weg. Müde Beine und leere Mägen waren die einzigen Gefahren, die solche Verlorene zu bestehen hatten, denn die Gefahr vor Indianern oder vor reißenden Thieren existirte nur in der Einbildung, denn auch schon in jener frühen Zeit konnte Niemand, weder zu Fuß noch zu Pferd, in wenigen Stunden über die Ansiedlungen hinaus kommen.

Weil alle diese ersten Ansiedelungen einander sehr ähnlich waren, so möge mir erlaubt sein nur unsere eigene zu schildern, weil ich diese wohl am Genauesten kenne. Mein Vater, der seiner Zeit Professor der Mathematik gewesen war, hatte in St. Louis die Bekanntschaft eines Kaufmann Benzen gemacht; dieser, als er trotz allen Abrathens den Vater doch fest entschlossen fand, auf das Land zu gehen, machte ihm den Vorschlag seine eigene kleine Farm in Franklin Co. zu pachten; er habe das Improvement kürzlich von einem Amerikaner käuflich an sich gebracht und das Vierzigacker-Stück, auf dem dieses Färmchen gelegen sei, als Congreßland gekauft; der bisherige Besitzer bewohne noch das Haus, wolle es aber verlassen, so wie er (Benzen) darüber verfügt haben würde; ferner rieth Herr Benzen, seine sogenannte Farm erst zu besehen, bevor der Vater die Pacht übernehmen wolle; zwar müsse das Haus sehr bedeutend restaurirt werden, aber er wolle die Baukosten zurückerstatten. Der Vater schien schon entschlossen zu sein die Pacht jedenfalls zu übernehmen, denn als wir dahin aufbrachen, nahm er gleich einen guten Schreiner, der mit uns über See gekommen war und der sich ebenfalls das Land ansehen wollte, mit, um ihm, falls er Lust dazu haben sollte, die Arbeit zu übertragen. Ein Schulkamerad, der ebenfalls mit uns gekommen war, sollte in St. Louis bei der Mutter und den beiden Schwestern bleiben und wir Drei, der Vater, der Schreiner, Kuntze, von Altenburg, und ich sollten diese exploring expedition antreten. Eines schönen Morgens zogen wir aus und nahmen einen ziemlich befahrenen Weg, der westlich führte. In der Hauptrichtung waren wir richtig, denn Newport, unser nächster Zielpunkt, sollte westlich liegen; aber ob der Weg, den wir eingeschlagen hatten, zunächst nach Newport führe, wußten wir nicht. Schon ehe es Abend war, merkten wir, daß wir nicht auf dem rechten Wege waren, denn wir waren zu weit nördlich in den großen, damals noch dünn besiedelten Bonhomme Bottom gerathen. Der Weg, auf dem wir gingen, trug nur noch geringe Spuren von lebhaftem Gebrauch, und wir hatten auch die damals allgemeine und auch jetzt noch sehr gewöhnliche Landmarke verloren, trotzdem wir darauf aufmerksam gemacht worden waren.

(Gesetzlich erklärte County-Straßen wurden durch drei übereinander stehende Kerben bezeichnet, die von Strecke zu Strecke in Bäume gehauen waren, welche längs der Straße standen.)

Wir schlossen ganz richtig, daß unser Weg, wenn auch nicht nach Newport, doch irgend wohin führen müsse und gingen deßhalb nicht mehr davon ab. Bei einbrechender Dunkelheit kamen wir an eine Hofstelle, wo neben einem alten Blockhause der Anfang zu einem neuen Backsteinhaus gemacht war. Der Eigenthümer, ein ältlicher und sehr ernst aussehender Amerikaner, war dennoch sehr bereitwillig uns zu beherbergen, er bot Jedem von uns die Hand zum Gruß und führte uns in's Haus; dort wurden wir von einer freundlichen und recht hübschen Frau begrüßt und zum Sitzen aufgefordert. Todtmüde waren wir, deßwegen war uns diese Einladung sehr willkommen, aber noch viel willkommener war uns die Aufforderung zum Abendessen; wir hatten den ganzen Tag über auf unserem ermüdenden Marsch keinen Bissen genossen und waren sehr hungrig, deßwegen schmeckte uns das erste souper bei einem Hinterwäldler ganz vortrefflich, und es war auch in der That nicht zu verachten. Sogar das frische, warme Maisbrod, welches uns auf unserer Reise durch Pennsylvanien einen solchen Widerwillen verursacht hatte, hielten wir hier für sehr delikat, noch dazu, weil neben dem Teller mit Maisbrod frisches gebratenes Schweinefleisch, die Reste eines wilden Trutbahns, ein Teller mit Honig, frische Butter und gebackene Eier zu sehen waren; dabei wurde noch sehr starker Kaffee servirt.

Bei uns hing der ganze Himmel voll Geigen, wenn wir daran dachten, daß eine solche Kost die tägliche Nahrung eines Missouri-Farmers sein würde; spätere Erfahrungen aber lehrten uns, daß man gut daran thut, sich an eine etwas sehr extreme Einfachheit zu gewöhnen, ohne sich unglücklich dabei zu fühlen.

Die Unterhaltung wollte aus sehr begreiflichen Ursachen Anfangs gar nicht recht in Gang kommen, aber auf einmal fing ein junger Mann, der bis dahin schweigsam bei Tisch und am Kamin gesessen hatte, deutsch zu sprechen an; es war ein Pennsylvanier, der das sogenannte Pennsylvanisch-Deutsch sprach. Er hatte den Bau des Hauses unseres Wirthes übernommen, und fungirte nun als Vermittler zwischen letzterem und seinen Gästen. Ich hatte eine alte einläufige und halbgeschäftete Schrotflinte mitgeschleppt, die von einem alten Groß-Onkel herstammte, der noch in der ersten Hälfte des vorigen Jahrhunderts das Licht der Welt erblickt hatte. Dieser alte Schießprügel hatte ein Feuerschloß von etwas unbescheidenen Dimensionen und einen Kolben, der zum Zuschlagen weit practischer war als zum Anlegen. Solches Instrument erregte zwar die Verwunderung unseres Wirthes in hohem Grade, erfreute sich aber keineswegs seiner Anerkennung. Er zeigte uns dagegen seine lange und sehr schwere Büchse (rifle), die ein sehr kleines Kaliber hatte und es schien uns ganz unglaublich, als uns unser Dolmetscher erzählte, daß der Wirth diesen Morgen mit einer solchen Kugel, die nicht viel größer war als ein Rebposten, einen Hirsch geschossen habe. Viel besser als die alte Flinte gefiel unserem Wirth das feine, gute Büchsenpulver, welches ich bei mir hatte, und seine Augen leuchteten vor Vergnügen, als ich mich bereit erklärte, meinen kleinen Vorrath mit ihm zu theilen.

Nach einer herrlichen Nachtruhe und einem sehr soliden Frühstück verabschiedeten wir uns in freundlichster Weise, und mit langen und breiten, obwohl nicht völlig klar verstandenen Zurechtweisungen über den zu nehmenden Weg traten wir unsere Suche nach dem für uns etwas nebelhaften Newport wieder an.

Nach einem Marsch von einigen Stunden fanden wir wieder die drei Kerben am Wege und gaben nun Achtung, daß wir dieses Zeichen nicht wieder verloren; wir hatten auf einer solchen Straße doch öfter Gelegenheit uns zurecht zu fragen. Diese alte St. Louis-Straße führte über ein sehr gebrochenes Terrain; sie schnitt durch mehrere kleine Thäler gerade quer durch, und das Steigen in ein solches Thal hinab war für die wenigen Fuhrwerke, die in jener Zeit diese Straße befuhren, öfter halsbrechender als das Aufwärtskommen. Daß man einen so beschwerlichen Weg für eine große Hauptstraße wählte, läßt sich nur dadurch einigermaßen erklären, daß man hier immer in kurzen Entfernungen reichliches und sehr gutes Wasser zum Tränken der Thiere fand; der Höhenzug, der die Wasserscheide zwischen diesen nach einem kurzen Lauf von 6—8 Meilen unmittelbar in den Missouri mündenden Thälern und dem Meramec bildet, bot zwar eine weniger beschwerliche Straßen-Verbindung, war aber zu jener Zeit nur sehr spärlich besiedelt und sehr wasserarm. Die spätere Staats Straße von St. Louis nach Jefferson City wurde über diesen Höhenzug geführt, aber die Ansiedelungen waren damals schon häufiger geworden und durch Graben von Cisternen und Anlegen von kleinen Teichen (ponds), in welchen sich das Regenwasser sammelte, war hinreichend für durstige Menschen und Vieh gesorgt. Die zweite Nacht brachten wir bei einem reichen Sclavenhalter, Mr. North, zu; er wohnte nicht weit von der heutigen Labadie Station an der Eisenbahn, und endlich am Abend des dritten Tages kamen wir in die Nähe von Newport. Als wir uns noch einmal nach dem Wege erkundigten, hieß es „nur noch eine Viertel Meile" und wirklich kamen wir in ganz kurzer Zeit an einen Platz, auf dem mehrere Häuser standen, und erfuhren, daß wir mitten in der Stadt seien. Ein ziemlich großes Backsteinhaus, ein Kramladen, eine Schmiede und einige zum Theil leer stehende Blockhäuser waren also die längst ersehnte Stadt Newport. Das große Backsteinhaus war einige Jahre früher als Courthaus benutzt worden, aber nachdem der Gerichtssitz in die Mitte des Counties, nach Union, verlegt worden war, wurde es als Privatwohnung gebraucht, und ein gewisser Samuel Rule bewohnte es mit einer zahlreichen Familie. Woran man eigentlich gedacht haben mochte, als man hier eine Stadt gründete, ist schwer zu begreifen, und nur die Hoffnung, daß der Gerichtshof hier permanent bleiben, und deßwegen der Ort mehr besucht werden würde, mag diese Speculation erklären. Das kleine Plateau, auf dem diese sogenannte Stadt ausgelegt ward, ist allerdings groß genug für eine ganz ansehnliche Landstadt, und die Umgegend, wiewohl sie ziemlich hügelig ist, hat dennoch sehr reiches Land und hatte damals dichte, prachtvolle Eichen-Waldungen, aber der Missouri fließt 3 Meilen weit vor der Stadt vorbei und der Weg zu der nächsten Dampfboot-Landung war kaum passirbar, auch war vom Fluß landeinwärts in jener Zeit weit und breit kein Ort, mit dem eine Communication nutzbringend gewesen wäre. Newport ist heute gegen jene Zeit zurückgegangen; es ist jetzt kein Handwerker und kein Store mehr darin, nur ein großer, unförmlicher Backstein-Kasten ist gebaut, der als Baptisten- oder Methodisten-Kirche dient, der schöne Wald jedoch ist großentheils verschwunden, und man sieht an dessen Stelle mehrere schöne Obst- und Weinanlagen, zwischen denen recht hübsche und sogar elegante Farmerwohnungen sichtbar sind. Newport wäre zwar nie ein bedeutender Ort geworden, aber durch den Bau der Eisenbahn wurde allem ferneren Gedeihen als Stadt ein Ende gemacht. Etwas oberhalb der alten Dampfboot-Landung passirt die Eisenbahn den Zusammenfluß des großen und kleinen Boeuf Creek und dort ist jetzt eine Eisenbahn-Station mit einem unbedeutenden Postamt; der frühere Besitzer des unmittelbar daranstoßenden Landes, Abraham Bailey, legte dort eine neue Stadt an, die er nach dem Heimathsort seines Vaters, Dundee in Schottland, taufte. Dieses Nestchen hat es seit seiner Gründung in den Fünfziger Jahren bis jetzt in der That zu einem halben Dutzend kleiner Bretterbuden gebracht und möglicher Weise wird das Dutzend voll sein, wenn wir einmal 1900 schreiben.

Nach dieser langen Abschweifung wollen wir aber zu den ferneren kleinen Begegnissen unserer Reise zurückkehren.

Im Hause des obengenannten S. Rule fanden wir gutes Quartier und freundliche Behandlung; am nächsten Morgen machte sich der Vater auf einem geliehenen Pferde allein auf den Weg, um den Schweizer Wetter, an den er empfohlen war, aufzusuchen, der anderthalb Meilen von Newport auf einer kleinen Farm wohnen sollte, wo er eine Junggesellen-Wirthschaft führte. Der Vater, der, so lange er hier im Lande lebte, im Walde immer wie verrathen und verkauft war, fand ihn erst, nachdem er mehrere Stunden lang in der Irre herumgeritten war. Wetter nahm ihn freundlich auf, kam mit ihm nach der Stadt zurück und führte uns dann auf die drei Meilen entfernte Farm des Kaufmann Bentzen.

Sie war noch von dem Amerikaner, der sie an Bentzen verkauft hatte, bewohnt; dieser, ter, wie wir erst später erfuhren, in dem Rufe eines Pferdediebes und Falschmünzers stand, behandelte uns sehr artig; er hatte einen erwachsenen Sohn und zwei Töchter bei sich, von denen die jüngere sehr hübsch, die ältere aber grundhäßlich war. Das Haus war ein Blockhaus von roh gezimmerten Stämmen, der Fußboden war mit rauhen Eichendielen nothdürftig bedeckt, ein Fenster war nicht im Hause, wohl aber statt der Thüren zwei Oeffnungen, die mit alten Decken verhängt waren; das Kamin war eben hoch genug, um den Rauch nicht unmittelbar in's Haus zu leiten, eine Stubendecke existirte gar nicht und das Dach war der Art, daß man bei hellem Sonnenschein ganz trocken darunter saß, bei Regenwetter aber war es räthlich, seinen Sitz von Zeit zu Zeit zu ändern, um nicht gar zu naß zu werden. Herr Benzen hatte die volle Wahrheit gesprochen, als er dem Vater sagte, das Haus bedürfe einiger Reparaturen, ehe es für an Bequemlichkeit gewöhnte Leute bewohnbar sei. Das kleine Feld hinter dem Hause mochte etwa einen Flächeninhalt von 5—6 Ackern haben; das Welschkorn darauf stand recht schön, die Fenz aber war sehr defect. In dieser Spelunke nun sollten wir uns zu Hinterwäldlern ausbilden; bei dem Vater, der Mutter und meiner jüngeren Schwester gerieth diese Ausbildung nicht, bei meiner älteren Schwester aber und mir selbst desto besser.

Der Schreiner, Jonathan Kuntze, war bereit, die nöthigen Reparaturen zu übernehmen, und wollte in Gemeinschaft mit einem Gehülfen anfangen, sobald das nöthige Baumaterial zur Stelle sein würde; vorläufig ging er nach St. Louis zu seiner Familie zurück und kaufte sich später nach Beendigung seiner Arbeit in St. Charles County am Femme Osage an. Kuntze war, trotz seiner sehr mangelhaften Schulbildung, ein Mann von hellem, klarem Verstande und von einer unerschütterlichen Ehrenhaftigkeit. Er war sehr arm, als er nach Amerika kam, schlug sich aber mit seiner Familie, die mit den Jahren ziemlich zahlreich geworden war, tapfer durch; seine Frau wurde kränklich, und kurz nachdem sie noch eine ziemlich bedeutende Erbschaft gemacht hatte, starb sie. Er verkaufte darauf seine kleine Farm an dem Femme Osage und kaufte sich wenige Meilen davon ein kleines Stückchen Land, baute sich ein kleines, bequemes Häuschen und lebte daselbst mit seiner einzigen Tochter allein, da seine Söhne, die mittlerweile selbstständig geworden waren, sich zum Theil verheirathet und nach verschiedenen Richtungen hin zerstreut hatten. So trieb er es bis einige Jahre nach dem Rebellionskriege. Eines Mittags rief ihn seine Tochter zum Essen und er rief ihr noch zu, daß er kommen würde, so wie er die paar letzten Furchen gepflügt haben würde; aber er kam nicht, und als man endlich nach ihm sah, stand das Pferd in der Furche und er selbst lag todt hinter dem Pflug — der Schlag hatte ihn gerührt.

Von Newport aus fuhren wir mit einer zufälligen Gelegenheit nach Washington. Dieses Städtchen war erst ein oder zwei Jahre vorher angelegt worden und noch sehr unbedeutend; das einzige Backsteinhaus darin hatte noch kein Dach und die wenigen anderen Wohnungen waren bloß kleine Blockhäuser und Frame-Häuser (Frame-Häuser sind Fachwerkgebäude, die mit Brettern verkleidet sind; bei solideren sind die Zwischenräume zwischen dem Holzwerk mit Steinen ausgesetzt.) Es waren schon mehrere Deutsche in Washington, aber bei diesem ersten Besuch lernten wir nur Einen kennen, und das war ein gewisser Charles Eberius aus Halle. Er war schon zwölf Jahre vorher nach Kentucky gekommen, hatte sich dort mit einer Amerikanerin verheirathet und war erst seit zwei Jahren in Missouri; er trieb Handel, unterhielt ein Kosthaus (boardinghouse), sprach fließend englisch und war zum Friedensrichter (squire) gemacht worden, wahrscheinlich weil er einer der sehr Wenigen war, die in jener Zeit geläufig lesen und schreiben konnten. Der Vater hatte sich nicht hinreichend mit Geld versehen und es war ihm ausgegangen; die Füße hatten wir uns wund gegangen und konnten unserer Blasen wegen nicht marschiren;

in dieser Verlegenheit wandte sich der Vater an Eberius, der zwar im ersten Augenblick auch keinen Rath wußte, uns aber endlich Abends sagte, es seien einige „Rafts" den Fluß herabgekommen und der Führer des einen habe sich bereit erklärt, uns mit nach St. Louis zu nehmen, wenn wir auf diese Weise reisen wollten.

Rafts sind Bretter-Floße. In jener Zeit kam das meiste Tannenholz, welches in St. Louis und längs des Flusses gebraucht wurde, aus den oberen Seitenströmen des Gasconade. In jenen unbesiedelten Wildnissen wurde das Holz gehauen und zu Brettern geschnitten, dann in kleinen Flößen den Gasconade hinabgeleitet und im Missouri wurden dann mehrere kleine Floße aneinander befestigt. Jedes Floß hatte eine Bemannung von 6—8 Mann, die abwechselnd mit sehr großen, am Floß befestigten Rudern dasselbe im Strom und von den Sandbänken abhielten. Diese Flößer waren ein wildes, rauhes Volk; die Meisten von ihnen waren von früher Jugend an in den Wäldern und auf dem Wasser aufgewachsen; sie kannten größtentheils keine ordentliche Häuslichkeit, kannten keinen höheren Lebensgenuß, und ihr Leben bot ihnen keine andere Abwechslung, als entweder Arbeiten und Strapazen der schwersten Art, oder absolutes Nichtsthun. Die Streitigkeiten, die sie unter sich hatten, endeten nicht selten mit abscheulichen Verstümmelungen; abgebissene Nasen, Ohren oder Daumen, ausgedrückte Augen und auch Messerstiche waren durchaus nichts Ungewöhnliches dabei; Fremde aber, die freundlich mit ihnen verkehrten, hatten sich selten oder fast nie über sie zu beklagen.

Der Vater nahm das Anerbieten an und Eberius, der uns ja auch nicht kannte, schien froh zu sein, uns los zu werden; er gab uns ein großes Stück Maisbrod, ein Stück rohen Speck, eine Flasche Whisky und einen halben Dollar mit auf den Weg; meine alte Schrotflinte ließ ich dagegen in Versatz.

Da es mir unbekannt ist, ob jemals vorher oder nachher ein Professor der Mathematik und herzogl. Hof-Bibliothekar den Missouri auf einem Bretter-Floß bereist hat, so mögen einige Worte darüber am Platze sein.

Eberius führte uns ganz früh am nächsten Morgen auf das Floß und stellte uns dem Capitän und seinen Leuten vor, worauf das übliche Händeschütteln folgte. Diese Kerle sahen nicht eben sehr vertrauenerweckend aus; der Capitän hatte ein paar Schuhe an, die aber den Zehen freien Spielraum in der frischen Luft ließen, und dies war der einzige sichtbare Unterschied zwischen ihm und seiner Mannschaft; die Uebrigen waren barfuß und außer einem Hemde, welches aussah, als wenn es seit seiner Entstehung höchstens hin und wieder mit Regenwasser von oben herab in Berührung gekommen sei, und einem größeren oder kleineren Bruchtheil von einer ehemaligen Hose und einem Stück Filz auf dem Kopfe, von unbeschreiblicher Façon, welches durch die an mehreren Stellen heraushängenden Haarbüschel am Herabfallen verhindert wurde, war von Garderobe nichts zu sehen. Ein kleiner Haufen alter, zerrissener Decken lag auf dem Floß, welche wahrscheinlich je nach Bedürfniß entweder als Betten oder als Regenmäntel benutzt wurden. Es ist der gewöhnliche Gebrauch der Flößer, daß sie, wenn sie ihren Bestimmungsort erreicht, ihre Bretter verkauft und ihre Bezahlung erhalten haben, zunächst in einen Kleiderladen gehen und sich vom Kopf bis zu Fuß neu kleiden, d. h. sie gehen mit ihrem Bündel neuer Kleider unter dem Arm in eine versteckte Ecke oder auch unter die hohe Uferbank am Fluß, dort machen sie Toilette und noch ehe sie wieder ihre Erscheinung unter Menschen machen, schwimmen die alten Garderobe-Stücke den Fluß hinab. Dann geht's in eine Barbierstube und bald darauf kommen die rauhen Söhne der Wälder rasirt, frisirt und parfümirt wieder heraus, und was sie noch von Geld übrig haben, wird oft schon in der ersten Nacht verjubelt. Die Solideren unter ihnen, welche vielleicht Weib und Kind haben, kaufen noch allerhand

Flitterstaat zusammen und treten dann wieder ihren, ein paar hundert Meilen langen Marsch in die Wildniß an, um wieder von vorn anzufangen.

Dieser Schlag Leute ist jetzt in Missouri fast ganz verschwunden; die Waldungen am Gasconade sind größtentheils abgeholzt und das wenige Holz, welches dort noch vorhanden ist, wird leichter und sicherer durch die Eisenbahn befördert.

Man soll sich nicht verleiten lassen, vorschnell und unfreundlich über Menschen zu urtheilen, bloß weil sie keine schönen Kleider auf dem Leibe haben. Diese gefährlich aus= sehenden Bursche zeigten sich bald, als sie sahen, daß wir uns mit ihnen so gut es gehen wollte zu unterhalten suchten, als sehr freundliche Leute und betrugen sich sehr anständig. Ich half ihnen nach bestem Vermögen rudern, um mir die Zeit zu vertreiben, auch der Vater versuchte es, aber sie nahmen ihm sehr bald das Ruder aus der Hand und sagten lächelnd: "that is too hard work for you, old man." Unseren kleinen Mundvorrath und unseren Whisky theilten wir redlich mit ihnen und erwarben uns dadurch ihre Gunst in hohem Grade. Gegen Sonnen-Untergang wurde an dem St. Charles County Ufer angelegt; der Vater, der keine Lust hatte, ohne irgend eine Bedeckung in einer kühlen Herbst= nacht am Missouri=Ufer unter freiem Himmel zu liegen, suchte Unterkunft in einem nahen Farmhause. Der Besitzer desselben schien erst keine Lust zu haben, uns aufzunehmen, aber nachdem unser Capitän, der ebenfalls nach dem Hause gekommen war, um einige Lebens= mittel zu kaufen, unser Anliegen unterstützte, bewilligte man uns ein kurzes Nachtquartier, denn noch ehe die Sonne aufging, saßen wir wieder auf unserem Floß und trieben langsam stromabwärts.

Es ist ein eigenes Gefühl, inmitten eines großen Stromes mit der Oberfläche des Wassers in einer Ebene zu sitzen und die Gegend zu betrachten. Wenn es windstill ist, spürt man gar keine Bewegung und meint, daß man immer fest auf demselben Fleck sitze, wenn man aber das Auge unverwandt in einer und derselben Richtung nach einem der Ufer zu hält, so ist es, als ob ein Panorama ganz langsam vor unseren Blicken aufgerollt würde, während wir selbst den Standort nicht verändern. Jetzt tritt ein großer Baum vor das Auge, nun ein anderer mit einem abgestorbenen Gipfel, jetzt sieht man ein paar Rinder, dann eine Fenz, nun ein Haus und spielende Kinder vor der Thüre, dann wieder eine Fenz und zuletzt wieder eine lange Zeit weiter nichts als einen Baum nach dem andern. Abwechselnd mit Rudern und solchen Betrachtungen vertrieb ich mir die Zeit, bis auch dieser Tag zur Neige ging. Wir erreichten die Stadt St. Charles nicht ganz an diesem Tage, und landeten nur wenige Meilen oberhalb derselben. Die Rafters, die den Fluß regelmäßig befuhren, kannten längs des Ufers jedes Haus, und hier gaben sie uns zu ver= stehen, daß da oben, auf den steilen Bluff hinaufdeutend, Deutsche wohnten, wo wir über= nachten könnten. Zugleich ermahnten sie uns aber, am andern Morgen nicht zu lange zu schlafen, denn wir müßten zeitig aufbrechen, um noch an demselben Tage St. Louis erreichen zu können. Unser damaliges Nachtquartier war die neugekaufte Farm des Capitän Welker, der den älteren Bürgern von St. Louis noch erinnerlich sein wird. Er selbst und seine Familie waren abwesend, aber ein deutscher Bauernbursche und ein munteres Bauern= mädchen, die der Capitän als Arbeitsleute mit von Deutschland gebracht hatte, hielten Haus.

Diesen jungen Leuten gefiel es noch gar nicht in Amerika, und sie schienen Heimweh zu haben, deßwegen ist es gar nicht zu verwundern, daß sie eine lebhafte Freude äußerten, als wir urplötzlich in ihrer Einsamkeit erschienen und sie mit deutschen Lauten begrüßten. Wir verplauderten einen großen Theil der Nacht und gönnten uns nur wenige Stunden Rast, um den Abgang unseres Floßes nicht zu versäumen — und wieder beschienen uns die ersten Strahlen der Sonne mitten im Strome. Nach einigen Stunden passirten wir

St. Charles. Diese Stadt ist zwar aller Wahrscheinlichkeit nach eben so alt wie St. Louis, aber sie ist sehr gegen ihre Nebenbuhlerin zurückgeblieben, und damals bestand sie nur aus einzelnen malerisch längs eines Hügelabhangs verstreuten Häusern. Nach einer kurzen Weile dehnte sich die Wasserfläche zu einer imposanten Breite aus; wir hatten die Verbindung des Missouri mit dem Mississippi erreicht.

Ich kann mich noch erinnern, daß wir Schuljungen uns oft davon unterhielten, wie großartig der Zusammenfluß von zweien der größten Ströme der Welt sein müsse; damals hatte ich keine Ahnung davon, daß ich von meinen Kameraden der Erste sein würde, dem dieser Anblick in so unmittelbarer Nähe, keine drei Zoll über dem Wasserspiegel, vergönnt sein würde. Der Eindruck war lange nicht so imposant, als wir uns ihn in unseren Kinder-Phantasien vorgestellt hatten; keine hohen, romantischen Felsengruppen trennen diese beiden Riesenströme, sondern das feste Land steigt ganz allmälig aus dem Wasser hervor, erst als nackte Sandbank, dann mit niedrigem Gebüsch bewachsen, welches immer höher wird, bis es zu dichter, hoher Waldung wird. Die ganze Gegend nördlich ist eine unabsehbare Ebene, bis in weiter Ferne nach Westen und Nordwesten zu niedrige blaue Hügelketten den Horizont begrenzen; auch östlich das linke Mississippi-Ufer war eine dicht bewaldete Ebene und nur südlich auf dem rechten Missouri-Ufer traten hohe Felsenpartieen näher an das Ufer. Heute sieht es dort anders aus; die Flüsse laufen noch in ihren alten Betten, die Ebenen sind noch auf dem alten Platz und die Felsenwände stehen auch noch fest; die Waldungen aber sind verschwunden und reiche Fruchtfelder haben ihre Stelle eingenommen. Vor fast zehn Jahren bestieg ich mit einem Freunde einen der sogenannten mammelles, um den Ueberblick über die Point (die ungeheure Niederung zwischen beiden Strömen) zu genießen. Die mammelles sind zwei neben einander stehende niedrige Hügel, die sich ganz allmällig nach allen Seiten hin abdachen, und weil die alten Franzosen diese Hügel mit einer Frauenbrust verglichen zu haben scheinen, haben sie ihnen den obigen Namen beigelegt. Es war gerade in den ersten Tagen der Weizenernte, als wir diesen kleinen Ausflug machten und da gewährte die Ebene vor uns, die ein unabsehbares Weizenfeld zu sein schien, einen prachtvollen Anblick; nur hin und wieder war dieses Weizenmeer durch ein Maisfeld oder eine Wiese unterbrochen, und die zerstreuten Farmhäuser sahen so verschwindend klein darin aus, daß man kaum die Unterbrechung bemerkte.

Die Hoffnung unserer Flößer, an diesem Tage die Stadt noch zu erreichen, erfüllte sich nicht; der Wind war uns ziemlich scharf entgegengekommen und hatte das rasche Fortkommen verhindert, und wir mußten nach eingebrochener Dunkelheit ungefähr drei Meilen oberhalb der alten Stadt landen. Der nördliche Theil der jetzigen Stadt, Neu-Bremen genannt, reicht aber über unseren damaligen Landungsplatz hinauf. Meine kleinen Jagdexcursionen nach wilden Tauben hatten mich schon bis in diese Gegend geführt, und da wir Mondschein hatten, so sagte ich dem Vater, daß ich mir zutraue, den Weg nach Hause zu finden; wir wagten den nächtlichen Marsch und kamen wohlbehalten bei den Unsrigen an.

Wenige Tage später fuhren wir mit dem Dampfboot O'Connel wieder stromaufwärts und ein paar Stunden, nachdem wir Washington passirt hatten, wurde „Anlegen" signalisirt. Wir sahen uns erstaunt um, denn nah und fern war auch nicht die kleinste Spur eines Hauses oder einer Ansiedlung zu entdecken; das Boot trieb langsam einem hohen, scheinbar unzugänglichen Bluff zu, legte an und die Schiffsleute schoben ein paar starke Gang-Bretter auf das steinige Ufer. Als man nun anfing unsere Effecten hinauszuwälzen, wollte der Vater protestiren, aber es half nichts; es wurde uns bedeutet, daß dieser Platz Newport landing sei und dahin laute das Uebereinkommen. Der Capitän machte uns ferner begreiflich, daß da oben, indem er auf die steile Felswand deutete, ein "Dutchman" wohne, damit stieß das Boot vom Ufer und dampfte wieder stromaufwärts. Hier waren wir mitten in einer Wildniß drin und wußten uns nicht zu rathen und zu helfen. An der Stelle, die uns als der Wohnort eines "Dutchman" bezeichnet worden war, sah man nur eine kleine lichtere Stelle zwischen den Bäumen, aber kein Haus; dieses mochte aber etwas hinter dem Bergrücken stehen, wo wir es von unserem Standpunkt aus nicht sehen konnten. Der Vater wollte den Versuch machen, diesen "Dutchman" zu finden, er mußte aber eine gute Strecke am Fluß hinabgehen, ehe er einen kleinen Pfad fand, auf dem er die Höhe ersteigen konnte. Er blieb lange aus, endlich aber sahen wir zwei Männer den Pfad herabsteigen und auf uns zukommen.

Unser neuer Landsmann war Franz Boing von Frankfurt a. M. Er war schon mehrere Jahre früher nach Baltimore gekommen, weil es ihm aber dort nicht gefallen hatte, wollte er nun in Missouri sein Glück versuchen. Er hatte das kleine Plätzchen auf dem Bluff gepachtet und wohnte dort mit seiner Frau und zwei kleinen Kindern. Da er ziemlich geläufig englisch sprach, war er für uns eine sehr werthvolle Bekanntschaft. Boing wechselte später seinen Wohnort mehrfach, konnte aber nirgends als Farmer reüssiren; doch er und ich blieben stets befreundet und ich fand ihn, in welchem Waldwinkel er sich auch versteckt haben mochte. Im Jahre 1842 zog er nach Hermann; dort ging es ihm besser; er trieb Geschäfte vieler Art und wurde zuletzt Verwaltungs-Richter (Probate Judge). Vor einigen Jahren besuchte ich ihn noch einmal, und es freut mich, daß ich es gethan habe, denn wenige Wochen nach meinem Besuch starb er, und sein Tod wurde von vielen Freunden betrauert. Sein ältester Sohn, Wilhelm Boing, ist jetzt County-Clerk in Hermann und erfreut sich der allgemeinen Achtung seiner Mitbürger.

Boing erklärte, daß er wohl den Vater, die Mutter und die beiden Schwestern beherbergen könne, aber mein Kamerad Ferdinand und ich würden doch gut thun, die Nacht über bei dem Gepäck zu bleiben; es käme zwar mitunter Monate lang keine menschliche Seele an diesen Platz, aber der Zufall könne dennoch einen Unberufenen hierher führen. Er erbot sich, uns etwas Feuer zu bringen, denn Streichhölzchen gab es damals noch nicht, und am nächsten Morgen wolle er suchen ein Fuhrwerk in Newport aufzutreiben, um unsere Effecten nach der Stadt zu bringen; dort sollten wir einige der leerstehenden Blockhütten beziehen, bis das Benzen'sche Haus bewohnbar sein würde. Nach einiger Zeit gegen Abend brachte uns Boing auch richtig ein paar leider nur noch matt glühender Kohlen, wünschte uns eine gute Nacht und verließ uns. Da es anfing, empfindlich kühl zu werden, so bemühten wir beiden Bursche uns, ein gutes Feuer in Gang zu bringen; an alten Baumstämmen und herumliegenden trockenen Aesten fehlte es zwar durchaus nicht, aber mit halb todten Kohlen ein Feuer anzumachen will verstanden sein, und da wir es eben noch nicht verstanden, so war bald der letzte Funken ausgegangen. Darüber grämten wir uns durchaus nicht, wir hatten ja noch etwas zu essen und zum Schlafen braucht man kein Feuer, meinten wir, und ängstlich waren wir auch nicht. Wir setzten uns nebeneinander auf unsere Decken und verzehrten in der Dunkelheit unseren kleinen Mundvorrath, und lauschten dabei den verschiedenen Tönen im Walde. Wenn plötzlich im Fluß dicht vor uns ein großer Fisch schnalzte, erschraken wir; die Töne, die wir hörten, waren uns ganz fremd; manchmal klang es, als ob sich Menschen einander etwas zuriefen, und weil wir es nicht verstanden, meinten wir, es sei englisch, aber wenige Wochen darauf hatten wir schon gelernt, daß es Eulengeschrei war, was wir gehört hatten; manchmal hörten wir die Trompetentöne der wilden Gänse auf den Sandbänken, manchmal das leisere Geschnatter der wilden Enten, am unerklärlichsten aber waren uns die langgezogenen Mißtöne, die wir in dem großen Bottom auf der anderen Seite des Flusses bald hier, bald da hörten. Damals wußten wir noch nicht, daß es Wölfe waren, die sich ihre Signale gaben.

Endlich aber wollten wir schlafen; nun ging aber die Noth los; legten wir uns auf die Decke, so froren wir, legten wir uns auf die bloßen Steine und deckten uns zu, so drückten uns die vielen scharfkantigen Steine so, daß wir keine Minute ruhig liegen konnten. Alle Versuche, zur Ruhe zu kommen, scheiterten und der Frost wurde immer empfindlicher; endlich blieb uns nichts Anderes übrig, als uns durch eine Promenade am Flußufer zu erwärmen, aber auch das hatte seine Schwierigkeiten, denn ein Spaziergang auf frisch aufgefahrenen Chausseesteinen wäre weit sanfter gewesen, als auf dem einzigen Terrain, welches uns zu Gebote stand. Diese Nacht schien kein Ende nehmen zu wollen; eine Uhr hatten wir nicht, wir hätten auch in der Finsterniß die Zahlen auf dem Zifferblatt nicht erkennen können; mitunter glaubten wir Hähne krähen zu hören, aber es blieb noch lange Nacht; endlich fing es an am östlichen Himmel heller zu werden und es wurde nun auch nach und nach völlig Tag. Unsere Erlösungsstunde hatte aber noch lange nicht geschlagen. — Die Sonne ging auf, aber es zeigte sich Niemand, die Sonne stieg immer höher, aber noch immer sahen und hörten wir nichts; die Sonnenstrahlen hatten uns wohl den Frost vertrieben, aber nun stellte sich der Hunger ein. Endlich, fast gegen Mittag, kam von Süden her ein mit einem Paar Ochsen bespannter zweirädriger Karren, auf dem ein Neger saß, Boing und der Vater gingen hinterdrein. Der Weg, auf dem sie kamen, war so verwaschen und ausgeleiert, daß wir ihn gar nicht beachtet hatten. Wir wurden zwar wegen der überstandenen Nacht und des langen Harrens sehr bedauert, aber — Junges Blut, leichtes Blut — aller Jammer war vergessen. Es mußte mehrere Male gefahren werden, ehe aller Kram unter Dach gebracht war, und damit ging der Tag hin, aber gegen Abend saßen wir wieder bei einem ordentlichen Abendessen beisammen, und was wir in der vergangenen Nacht an Schlaf verloren hatten, holten wir in dieser Nacht wieder ein.

Das nötige Baumaterial zur Reparatur des Benzen'schen Hauses wurde bald herbeigeschafft, und nachdem Kunze benachrichtigt worden war, machte er sich mit seinem Gehülfen an die Arbeit. Sie hielten Junggesellen-Wirthschaft auf der Farm und kamen nur Sonntags zu uns zum Besuch; wir aber gingen jeden Morgen hinaus, um zu arbeiten, und, nachdem ein gutes Pferd angeschafft worden war, nahmen wir jedes Mal etwas von unserem Gepäck auf einem hölzernen Schlitten mit hinaus. Diese Schlitten waren damals in allgemeinem Gebrauch; denn außer einigen wenigen zweirädrigen Karren war nur ein einziger vierrädriger Wagen in unserer ganzen Nachbarschaft. Diese Schlitten waren auch für die damaligen Bedürfnisse ausreichend; der Wald war überall ganz nahe bei den Hofstellen, also machte das Herbeifahren des Brennholzes nicht viele Mühe; die Fenzriegel wurden größtentheils auf dem Stück Land gemacht, welches urbar gemacht werden sollte, und für das Einbringen des Welschkorns aus den nicht großen Feldern reichte der Schlitten auch aus.

Der Vater, Ferdinand und ich arbeiteten gewöhnlich jeden Tag alle drei, aber unsere Arbeiten, von denen wir eben nichts verstanden, waren meistentheils absolut Nichts werth. Wiewohl das Welschkorn im Felde kein grünes Blatt mehr hatte, wollten wir es doch noch abbauen und in der Weise, wie wir es in den Feldern der Nachbarn gesehen hatten, auf Haufen stellen, weil es als Rauhfutter für eine Kuh gebraucht werden sollte. Aber es wollte nicht gerathen, gewöhnlich fiel der erste Haufen wieder um, ehe der zweite fertig war; wir konnten Niemanden um Rath fragen, denn es hatte sich noch kein Mensch an unserem abgelegenen Plätzchen sehen lassen und wir wußten nicht, ob wir nahe oder fern Nachbarn hatten.

Eines Nachmittags aber, als wir uns wieder vergeblich abquälten, kam ein ältlicher Mann mit einem starken, röthlich weißen Bart, in Hemdärmeln, in hirschledernen Gamaschen, die bis an den Leib hinanreichten und hirschledernen Moccassins rasch auf die Fenz nahe am Hause zugeschritten, der in der einen Hand ein großes Stück Fleisch trug. Er legte die freie Hand auf die Fenz und schwang sich, leicht wie eine Feder, in den Hof. Dem Vater, der auf ihn zuging, bot er freundlich die Hand und überreichte ihm ein Viertel eines Hirsches, den er am Morgen geschossen hatte; nachdem er auch die Schreiner und uns Buben begrüßt hatte, sagte er, daß er unser nächster Nachbar sei und Caleb Bailey heiße. Dieser Mann, der im ganzen County als der "Uncle Caleb" bekannt war, galt damals als einer der besten Jäger. Sein ältester Sohn John aber, der eine kleine Tagereise von uns an dem kleinen Flüßchen Red Oak wohnte, war wo möglich ein noch besserer, und beide Männer wurden sehr bald meine Lehrmeister im edlen Waidwerk. Meine anfängliche Leidenschaftlichkeit und Ungeschicklichkeit bereitete meinen Lehrern eben so viel Spaß als mir selbst Verdruß, aber nachdem ich durch ihre Ruhe und Kaltblütigkeit selbst kaltblütig geworden war, und mich nach und nach an den plötzlichen Anblick des Wildes gewöhnt hatte, ohne in einen Fieber-Paroxismus zu gerathen, machte ich ihnen keine Schande mehr.

Dem Vater gefiel diese wachsende Unzertrennlichkeit zwischen mir und dem alten Bailey und seinen Söhnen, die fast Alle Jäger waren, gar nicht recht, denn wegen meiner ersten Ungeschicklichkeit lieferte ich, außer kleinem Wild, nur selten Hochwild in die Küche, die Arbeit wurde aber dabei versäumt. Späterhin, als ich erst meinen eigenen Hausstand hatte, lieferte ich zwar zeitweise mehr Wild in's Haus als wir gebrauchen konnten, so daß ich den Ueberfluß an die Nachbarn gab, und ich versäumte auch nicht mehr so viele Zeit damit, aber die Jagd bringt dennoch Keinem, der ein ordentlicher Farmer sein will, einen wesentlichen Vortheil. Frisches Wild ist eine sehr angenehme Zugabe in einen Haushalt, aber es wird häufig durch Versäumniß von nöthiger Arbeit zu theuer bezahlt.

Nachbar Bailey machte uns begreiflich, daß unsere vertrockneten Maisstengel gar keinen Futterwerth mehr hätten, und damit hatte diese verdrießliche und ganz nutzlose Arbeit allerdings ein Ende, aber nun fing ein Leiden anderer Art an. Die Fenz um unser Kornfeld war stellenweise zu niedrig und des Nachts sprangen öfters die Pferde einiger Nachbarn hinein. Wir jagten sie zwar oft genug hinaus und schossen auch wohl mit Salz oder Erbsen nach ihnen, aber das half nicht lange. Die Fenz sollte höher gemacht werden, und dazu waren neue Fenzriegel nöthig, die wir nun machen sollten; das heißt mit anderen Worten: wir sollten Bäume niederhauen, dieselben in zehn Fuß lange Blöcke zerhauen und diese dann zu Riegeln spalten. Meinem Wunsche, der Vater möge nur für einen Tag einen Nachbar miethen, der uns zeigen könne, wie wir es zu machen hätten, wurde nicht entsprochen; er meinte: "Holzspalten sei eine so einfache Sache, daß wir es mit einigem Nachdenken bald eben so gut verstehen würden, wie die unwissenden Amerikaner."

In diesem Ausspruch lag einer der vielen Irrthümer, in welche Leute seines Standes so leicht verfallen. Denn die meisten der eingewanderten Deutschen aus dem Beamten- und Gelehrten-Stande machten mitunter die merkwürdigsten Schwabenstreiche.

Es ist sehr wahr, daß ein mathematisches oder astronomisches Problem nur durch ernstes Nachdenken gelöst werden kann, aber ein Mensch, der keine genügenden Vorkenntnisse hat, bringt es auch mit dem angestrengtesten Nachdenken allein dennoch nicht fertig.

Das Fenzriegelspalten erfordert allerdings keine wissenschaftliche Vorbildung, denn unsere gewandtesten Holzhauer konnten in der Regel weder lesen noch schreiben, aber die Arbeiten, bei denen diese Leute so viel Geschick an den Tag legen, erfordern viele Uebung und mancherlei Erfahrungen, welche Leute, die nie in ihrem Leben im Wald oder auf dem Felde einen Handstreich gethan haben, nicht haben und auch gar nicht haben können.

Wir konnten unmöglich durch bloßes Nachdenken die Eigenschaften von Holzarten kennen lernen, die wir früher noch nie gesehen hatten; z. B. die schönen, schlanken Sykamoren kann kein Mensch spalten, das Holz ist so widerrissig, verwachsen und faserig, daß kein Keil sie sprengt; von den schönen Ulmen spaltet nur mitunter eine einzige Art, die übrigen sind nicht zu gebrauchen, und von den Black Gums, welche kerzengerade 40—50 Fuß in die Höhe wachsen, ehe die Aeste anfangen, ist selbst ein ganz kurzer Block nicht auseinander zu bringen. Das am häufigsten benutzte Holz zu Fenzriegeln ist das Holz von vier oder fünf Arten von Eichen, aber auch dieses läßt sich mitunter nur sehr mühsam und manchmal gar nicht spalten; anderes reißt schnurgerade und mit nur wenigen Fasern durch.

Ein Hügelabhang neben unserem Felde war fast ganz abgeholzt und nur noch wenige große Schwarz- und Weiß-Eichen standen daselbst; diese sollten nun zu Riegeln verarbeitet werden. Jedem, der nicht so ganz uneingeweiht in die Mysterien des Waldes gewesen wäre wie wir, mußte schon der eine Umstand auffallen: warum sind diese großen Bäume allein stehen geblieben?

Wir aber, in unserer Unschuld, machten uns an die Arbeit, brachten aber keinen ordentlichen Spahn heraus, sondern pickten nur auf allen Seiten so lange daran herum, bis der Baum endlich umfiel. Der Stumpen sah aus, als ob ihn die Biber abgenagt hätten, und dieses Muster unserer Geschicklichkeit war noch lange Zeit eine Augenweide für die vorbeigehenden Amerikaner. Gegen Mittag hatte der Vater die Hände so voll Blasen, daß er die Arbeit aufgeben mußte, und ich brachte am Nachmittag, trotzdem mir die Hände auch sehr weh thaten, doch noch zwei kleine Bäume herunter. Ein Jahr später konnte ich unsere ganze damalige Tagesarbeit in weniger als zwei Stunden allein fertig bringen.

Am nächsten Tage sollten die gefällten Bäume in Riegellängen (10 Fuß) verhauen werden. Das Abmessen der Bäume von 10 zu 10 Fuß machten wir richtig, aber das war auch Alles, was an unserer ganzen Tagesarbeit richtig war; wir wußten nicht, daß man sich auf die Stämme stellen und erst von der einen Seite und dann von der andern Seite bis auf die Mitte hauen müsse, deßwegen stellte sich Jeder von uns Dreien gerade vor eine Marke und pickte von oben herab so lange, bis der Stamm endlich durch war. Wir quälten uns bis zum späten Abend und hatten unsere Bäume doch nur sieben Mal durchgehauen. Ein guter Holzhauer leistet die ganze Arbeit, zu der wir Drei einen ganzen Tag gebraucht hatten, in weniger als einem halben Tag, ohne sich dabei anzustrengen. Unsere Spaltungs-Versuche am dritten Tage setzten unserem Erfolg aber die Krone auf. Daß man zum Spalten außer der Art auch noch Keile und Schlägel haben müsse, war uns vollständig klar; ein Paar eiserne Keile hatten wir, und im Hofe fanden wir einen alten Holzschlägel und ein Paar hölzerne Keile, die schon als verbraucht weggeworfen worden waren; mit diesem Material ausgerüstet, gingen wir an die Arbeit. Wir ließen die Blöcke liegen wie sie lagen, setzten einen eisernen Keil gerade oben auf das dünne Ende des einen Stammes und droschen darauf los, bis der Keil bis an dem Kopf im Holze saß; der Stamm hatte dabei einen kaum handlangen Riß bekommen und unser alter Schlägel war zu Fetzen zerschlagen. Nun war guter Rath theuer. Ferdinand setzte sich auf das Pferd und ritt zu Boing, der eine Autorität für uns war, um womöglich einen Schlägel zu leihen, wir Anderen probirten mit Hülfe unseres Schreiners einen neuen zu machen, hatten aber unglücklicher Weise das allerunbrauchbarste Holz, Schwarz-Wallnuß, ausgesucht. Mit vieler Arbeit war es uns gelungen, unseren eisernen Keil wieder aus dem Holz herauszuhauen; er wurde in einen anderen Stamm gesetzt, aber als er, ohne einen Riß gemacht zu haben, ebenfalls fest saß, war auch der neue Schlägel in Trümmern. Auch aus diesem Block mußte der Keil mühsam mit der Art herausgehauen werden; und als wir damit fertig waren, kam Ferdinand mit dem geliehenen Schlägel, und nun wurde der dritte Block in Angriff genommen. Zufälliger Weise hatte dieser Stamm einen alten Riß und es sprangen ein paar lange Splitter ab; da wir dies für einen günstigen Erfolg hielten, donnerten wir mit erneutem Eifer einen eisernen Keil bis an den Kopf in's Holz, und als dieser unwandelbar fest saß, den anderen Keil gerade daneben. Als es Abend wurde, hatten wir unsere Keile wieder mit Hülfe der Art befreit, aber keinen einzigen Block auseinander gebracht; das Resultat unserer dreitägigen harten Arbeit war — Nichts. Boings Schlägel wurde nicht wieder zurückgebracht, denn an den zersplitterten Fetzen, die noch davon übrig waren, hätte er wahrscheinlich sein Eigenthum nicht wieder erkannt.

Den ganzen nächsten Tag waren wir alle Drei sehr niedergeschlagen; steif von der ungewohnten harten Anstrengung hatten wir jungen Bursche keine Lust, eine so erfolglose Arbeit wieder aufzunehmen, und der Vater, der doch wohl eingesehen haben mochte, daß unser Nachdenken in diesem Falle nicht ausgereicht hatte — sagte auch nichts.

Am folgenden Tage besuchten uns, wie schon öfter, ein paar jüngere Söhne unseres Nachbars Bailey, Tom und William (Bill), die mit uns so ziemlich in gleichem Alter waren. Wir erzählten ihnen, so gut wir es vermochten, unsere so niederschlagenden Erlebnisse und führten sie auf den Schauplatz unserer Thätigkeit; sie lachten nur und forderten uns auf, unsere Aerte zu nehmen und mit ihnen zu gehen. Darauf führten sie uns an die hintere Seite unseres Feldes, wo lange, schlanke und nicht übermäßig dicke Schwarz-Eichen in Menge standen; sie suchten eine schöne, lange Eiche aus, Jeder stellte sich an eine Seite und mit jedem Hieb flogen handgroße Spähne nach allen Richtungen. In kaum fünf Minuten lag die Eiche am Boden. Es wurden nun vier Längen abgemessen, beide Burschen sprangen auf den Stamm, so daß jeder eine der Marken zwischen den Füßen hatte; wieder flogen die Spähne, so daß in kurzer Zeit vier Blöcke zum Spalten fertig waren, und die senkrecht eingehauenen Seiten der Kerben waren so glatt, als ob sie abgesägt worden seien. Nun wurde eine junge, zähe Weiß-Eiche, die eben dick genug für einen Schlägel war, dicht am Boden abgehauen, mit einer großen Geschicklichkeit wurde ein Stück des Stämmchens über dem Schlagende zu einem Stiel verdünnt und mit dem Taschenmesser glatt gemacht, noch rascher wurden aus einem anderen zähen Bäumchen ein paar schöne Keile gemacht, und nun wurde gespalten. Ein Block wurde herausgerollt, ein eiserner Keil in die Stirne gesetzt; mit wenigen Schlägen war er eingetrieben und der Block zur Hälfte eingerissen; ein hölzerner Keil wurde dann in den Spalt eingetrieben, ein zweiter dahinter, und nachdem ein paar große Fasern durchgehauen waren, lag der Block in zwei Hälften vor uns. Mit diesen und den Vierteln wurde in ähnlicher Weise verfahren, bis zuletzt der ganze Stamm, in schöne, gerade Riegel verwandelt, vor uns lag. Die drei anderen Blöcke wurden ebenso behandelt und in etwa zwei Stunden hatten wir 40—50 gute Riegel. In diesen zwei Stunden hatten wir mehr gelernt, als wenn wir ein paar Monate lang unausgesetzt nachgedacht hätten.

Nun konnten wir es auch, und wenn wir auch noch unbeholfen waren und manchmal einen nicht sehr guten Baum gewählt hatten, so wußten wir uns doch zu helfen und nach Jahr und Tag waren wir unserm Nachbarn ebenbürtig in dieser Arbeit. Denn wer eine Farm mitten im Walde anlegen will, dem fehlt es durchaus nicht an Gelegenheit, sich mit dem Gebrauch der Art vertraut zu machen.

Diese Fenzriegel-Geschichte illustrirt wohl hinlänglich die Art und Weise, in welcher die meisten sogenannten Lateiner ihre Hinterwäldler-Laufbahn antraten. Es würde lang-

weilig werden, die vielen Absurditäten im Detail zu schildern, die in der Hauptsache, nämlich
darin, daß der Gaul meistentheils hinter den Karren gespannt wurde, einander so ähnlich
sind, wie ein Ei dem andern.

Die Reparaturen am Hause waren mittlerweile fertig geworden und wir zogen spät
im Herbst ein, aber wir hatten einen traurigen Winter durchzumachen; zwar war mit Ausnahme einiger Tage, an denen der Thermometer bis auf 22° R. fiel, der Winter nicht sehr
streng, aber es war uns doch unbehaglich, weil wir eben nicht recht wußten, was wir sollten
oder was wir wollten. Auf einem Färmchen von 5—6 Ackern ist im Sommer nicht viel
zu thun, im Winter aber fast gar nichts. Unsere Hauptbeschäftigung war, Holz für den
großen unersättlichen Kamin herbeizuschaffen und häufig mit des Nachbars Söhnen im
Walde herumzustreifen. Jene hatten zwar schon mehrere Hirsche geschossen, waren aber
deßhalb noch lange keine großen Jäger, denn bei solchen Anfängern leisten glückliche Zu-
fälle wesentlich das Meiste. Unsere Jagdbeute bestand meistentheils aus Eichhörnchen,
Kaninchen, Opossums, wilden Tauben, einer Art kleinen Rebhühner und hin und wieder
einem Fasan; einen wilden Truthahn bekamen wir selten, wiewohl es deren sehr viele gab,
aber wir wußten ihnen eben nicht beizukommen. Eine andere Beschäftigung war die Herbei-
schaffung des Mehls. Mühlen gab es in jener frühern Zeit noch sehr wenige und diese
wenigen leisteten nicht viel. Es war auch nicht sehr viel besser als zur Zeit, in welcher die
ersten Settler noch gar keine hatten. Mein alter Nachbar Enoch Greenstreet erzählte mir,
daß sein Vater, der sich in den ersten Jahren des Jahrhunderts an der Boeuf Creek
niedergelassen hatte, sich folgendermaßen behalf: Nach seiner Beschreibung arbeitete an
einer langen Stange, deren Ende wie bei einem Ziehbrunnen beschwert war, ein durch
Weinreben befestigter schwerer Klöppel von hartem Holz in einem untergesetzten Trog.
Mit diesem Klöppel wurden die Körner im Troge zerstoßen und das beschwerte Ende der
Stange zog den Klöppel allemal wieder in die Höhe. Auf diese Weise machten sie Kornmehl. Weizenmehl hatten sie mitunter im ganzen Jahr nicht und nur gelegentlich konnten
sie einen Sack voll von einem Kielboote bekommen, welches den Fluß herauf oder herab kam.

In unserer ersten Zeit war in der Nähe von Washington eine Wassermühle am
St. Johns Creek und höher hinauf in unserer Nachbarschaft eine ganz kleine an demselben
Wasser; diese Dinger hatten aber meist acht Monate lang im Jahr nicht Wasser genug
und standen still. Einige Roß-Mühlen mußten aushelfen. Die beste davon war die des
alten John Gall; er war ein alter, sehr braver Mann und seinen Kunden nach Kräften
gefällig, und was uns vorzüglich zu ihm zog, war der Umstand, daß er deutsch sprach,
d. h. pennsylvanisch deutsch. Wenn ich nicht irre, so war sein Vater einer der Hessen, die
von ihrem menschenfreundlichen Landesvater zur Auswanderung bewogen, d. h. an die
Engländer verkauft worden waren.

Außer Galls Mühle war noch eine andere Roß-Mühle in Newport; diese war aber
in der Regel nicht in Ordnung, und noch eine dritte war in westlicher Richtung von uns.
Da aber die Steine derselben nicht viel größer waren als ein Ohio-Käse, so dauerte es
gewöhnlich den größten Theil eines Tages, bis ein paar Bushel durchgeleiert waren, deßwegen wurde diese Mühle wenig besucht.

Wenn die Wassermühlen trocken lagen, kamen manchmal die wenigen Teutschen, die
sich am Second Creek in Gasconade County angesiedelt hatten, bis nach Galls Mühle,
aber sie brauchten nicht selten drei Tage für den Hin- und Rückweg, und mußten des
Nachts ein paar Mal im Wald campiren. Wenn die Zeit der Farmer damals so werthvoll
gewesen wäre, wie sie es später wurde, so wäre eine solche Zeitversäumniß wegen eines Sacks
Mehl fast unerträglich gewesen. Die unzähligen Mühlenritte leben bei mir noch in guter,
aber nicht angenehmer Erinnerung.

5. Die erste Zeit auf der neuen Farm im Walde.

Die Pacht des Benzen'schen Färmchens sollte bloß für ein Jahr gelten, damit wir mit Muße Land und Leute kennen lernen und Beschlüsse für die Zukunft fassen könnten. Das Capital, worüber der Vater noch verfügen konnte, war sehr klein und reichte nicht aus, um eine anständige Farm zu kaufen und das Inventar anzuschaffen; deßwegen rieth Nachbar Bailey Congreßland zu kaufen und selbst eine Farm urbar zu machen. In unserer Nachbarschaft konnte man damals noch Tausende von Ackern Congreßland unbesetzt finden, und weiter westlich war nur in weiten Entfernungen hin und wieder der Anfang zu einer Ansiedlung zu bemerken. Bailey zeigte und empfahl dem Vater gutes, in der unmittelbaren Nähe von seiner eigenen größeren Farm gelegenes Land. Wiewohl wir selbst noch kein gültiges Urtheil über die Güte von rohem Wald-Land hatten, so entschloß sich der Vater dennoch, vor der Hand 80 Acker zu kaufen. Der Rath des Alten war gut, denn die Zeit lehrte, daß wir sehr gutes Land gewählt hatten. Uncle Caleb war damals der Einzige in der Nachbarschaft, der einen ordentlichen Wagen besaß, und in jedem Jahr einmal, gegen Weihnachten hin, fuhr er vierspännig nach St. Louis. Butter und Eier wurden schon lange vor der Zeit dieser Reise zusammengespart, außerdem nahm er Honig, Pelze, Hirsch- und Rinder-Felle und was eben sonst noch von solchem Kram verkäuflich war, mit; hatte er dennoch keine ordentliche Ladung beisammen, so machte er mit seinen älteren Söhnen einen Jagdzug von mehreren Tagen, und meistentheils brachten sie Hirsche und Truthühner genug mit, um die Ladung voll zu machen; als Rückfracht brachte er Salz, Kaffee, Sohlleder, Handwerksgeschirr u. s. w. mit; auch besorgte er dabei kleine Aufträge von seinen Nachbarn. Bei seiner nächsten Reise gab ihm der Vater 100 Dollars mit, um die ersten 80 Acker auf dem Landamt zu kaufen, und eine Woche darauf hatte der Vater den Kaufschein in der Hand.

Im Winter noch fingen Ferdinand und ich an, das erste kleine Feld urbar zu machen. Für Unerfahrene ist eine Ansiedlung mitten im Walde und auf schwer mit Holz bestandenem Lande keine Kleinigkeit, und die wenigsten würden einen solchen Anfang wählen, wenn sie sich vorher eine klare Vorstellung von den Beschwerden und den Entbehrungen aller Art machen könnten, denen man dabei mit positiver Gewißheit entgegen geht.

Einer, der weiß, daß er nicht schwimmen kann, geht gewiß nicht freiwillig in tiefes Wasser, wenn er aber dennoch hineingefallen ist, so thut er sein Möglichstes, um den Kopf über Wasser zu halten und herauszukommen; so ging es uns und noch vielen Anderen.

Der Vater hatte mit den älteren Söhnen des Nachbars Bailey einen Contract abgeschlossen, in Folge dessen sie für eine bestimmte Summe ein Blockhaus aufzustellen und unter Dach zu bringen hatten, und ein kürzlich angekommener deutscher Schreiner und Zimmermann aus der Gegend von Osnabrück übernahm den inneren Ausbau des Hauses. Der alte Klöntrup, der schon seit wenigstens zwanzig Jahren todt ist, war ein sehr accurater und geschickter Arbeiter, aber er war sehr langsam, und so dauerte es denn bis zum Ende des Jahres 1835, bis wir in das neue Haus einziehen konnten. Da in jener Zeit außer den äußeren Sectionslinien, die noch von den alten Regierungs-Feldmessern herrührten, und in den Jahren 1818 und 1819 gemessen worden waren, nur in sehr wenigen Fällen durch einen County-Vermesser die Unter-Abtheilungen einer Section bestimmt worden waren, so wußten wir nicht sicher, ob sich unser Haus und unsere Quelle auf unserm Lande befanden oder nicht; der Sicherheit wegen kaufte der Vater noch ein angrenzendes Vierzig-Acker-Stück, und da er noch immer von Zweifeln geplagt war, noch ein zweites, so daß jetzt, wie viel spätere Vermessungen gezeigt haben, unsere sämmtlichen Gebäulichkeiten gerade in der Mitte von 160 Ackern liegen, und mithin in keiner Weise durch Grenzstreitigkeit gefährdet werden können. Diese Landkäufe aber und der Bau des neuen Hauses hatten die Kasse des Vaters fast gänzlich erschöpft; wir hatten zwar das Benzen'sche kleine Feld mit Welschkorn bepflanzt und auch auf unserem eigenen Lande waren zwei bis drei Acker angebaut, aber außerdem hatten wir nichts als Kartoffeln und einige Gemüse für den Hausbedarf gezogen. Unsere Speisekarte war sehr kurz, aber wir litten deßwegen doch keinen Hunger. Da die Zeit zum Schweineschlachten noch nicht gekommen war, so mußten wir uns bis dahin so gut behelfen, wie wir konnten; wir hatten zum Abendessen manchmal nichts als Maisbrod und gebackene Squashes (squashes sind eine Art Kürbisse, die in Scheiben geschnitten und ohne irgend eine Zuthat gebacken werden und wenn man ordentlich hungrig ist, schmecken sie auch ganz gut.) Außerdem brachte ich öfters kleines Wild in die Küche und auch die Hühner lieferten ihren Tribut, theils in Gestalt von Eiern und theils in eigener Person.

Was meine Mutter bei Zubereitung unserer einfachen Speisen auf dem ungewohnten offenen Kaminherde oft für Mißgeschick hatte, und welchen großen Jammer sie dabei erlebte, davon sei das Nachfolgende ein Beispiel. Dicker, steifer Reisbrei war eines von unsern Lieblingsgerichten und mit einem solchen wollte uns die Mutter einst regaliren. Unsere einzige Kuh gab nur noch sehr wenig Milch, und deßwegen mußte fast eine Woche lang die Milch gespart werden, aber endlich war das genügende Quantum vorhanden und nun sollte der Brei wirklich gekocht werden. Kochherde und Kochöfen waren in jener Zeit noch unbekannte Dinge in Missouri, und es wurde in gußeisernen Töpfen und Pfannen unmittelbar vor oder auf dem offenen Kaminfeuer gekocht, gebraten und gebacken. Die Mutter hatte mehrere von ihren gußeisernen hohen und schmalen Kochtöpfen mitgebracht, die auf soliden, deutschen Kochherden ganz zweckentsprechend gewesen wären, aber hier auf den unebenen, löcherigen Kaminheerden, oder gar auf den trügerischen Holzscheiten, die im Feuer lagen, hatte man durchaus keine Garantie, daß der Inhalt dieser Töpfe gar gekocht sein würde, ehe sie umfielen. Während die Mutter in der Mitte des Zimmers den Tisch deckte, saßen wir Andern um den Kamin herum und bewachten den Brei-Topf, der in etwas schiefer Position am Feuer stand; die Mutter, welche die Vollendung beschleunigen wollte, setzte den Topf nun, trotz der Warnung des Vaters, auf die brennenden Holzscheite, aber kaum hatte sie den Rücken gedreht, so brach das Scheit, auf dem der Topf ruhte und der schöne Reißbrei ergoß sich in einem weißen Strome in das Feuer und in die Asche; die Mutter, die ihrer Schwerhörigkeit wegen weder den Fall noch das Zischen im Feuer gehört hatte, merkte das Unglück erst, als sie der Vater am Kleid gezupft hatte und ihr den Dampf und den Qualm im Kamin zeigte; sie stand ganz versteinert, aber dann brach ein klägliches Lamento los, und da ihr von uns Niemand einen Vorwurf machte, so geißelte sie sich selbst mit Vorwürfen mehr als die ganze Geschichte werth war, wir aber verzehrten mit möglichster Gemüthsruhe unser Maisbrod ohne Reisbrei.

Von der geringen Fläche unseres urbaren Landes, das noch mehrere Jahre lang keine viel größere Ausdehnung einnehmen konnte, da ja nur einem einzelnen Manne, neben den unvermeidlichen häuslichen Beschäftigungen auch diese Arbeit oblag, konnte wohl das Leben gefristet, aber keine baare Einnahme erzielt werden; deßwegen ging der Vater nach St. Louis, um wo möglich durch Unterrichtgeben etwas zu erwerben. Anfangs wollte es nicht recht geben, der Vater forderte in seiner großen Bescheidenheit und in seiner Sorge Jemanden zu beeinträchtigen, so niedrige Preise wie sie in unserer alten Heimath gebräuchlich gewesen waren, und es mochte thörichte Leute genug gegeben haben, die meinten, ein Unterricht, der so wenig koste, sei auch wenig werth. Wenn der Vater den vierfachen Preis gefordert hätte, so würde er vielleicht mehr Schüler bekommen haben, als er hätte unterrichten können; denn nicht alle Lehrer können eine so ernste und trockene Wissenschaft, wie es die Mathematik ist, ihren Schülern so klar und anschaulich und dabei so angenehm machen, als es der Vater zu thun im Stande war. Späterhin bekam er Beschäftigung im Büreau des General-Vermessers General Milbourn; dieser schätzte ihn sehr hoch, weil er der fleißigste und correcteste von allen seinen Secretairen war, und so lange er in diesem Büreau arbeitete, hatte er eine schöne Einnahme.

Mein Schulkamerad Ferdinand hatte uns auch verlassen und war bei einem benachbarten Amerikaner in Arbeit getreten; so war ich denn mit der Mutter und den beiden Schwestern ganz allein auf der Farm. Es war eine leere, langweilige Zeit; ich hatte wenig andern Umgang als junge Amerikaner, denn Deutsche meines Alters waren fast noch gar nicht da. Die Deutschen waren ältere Leute oder Kinder, der Mittelschlag fehlte noch. Ich versäumte zwar nichts absolut Nothwendiges und ließ weder die Mutter noch die Geschwister Noth leiden, aber ich trieb mich doch mit den Jägern in der Nachbarschaft oft Tage und halbe Wochen in den Wäldern herum, und wenn auch nun mehr Hirsche und Truthühner durch meine Kugeln fielen als in der ersten Zeit, so muß ich doch offen gestehen, daß ich mehr Zeit versäumte, als ich hätte thun sollen. Dieser lebhafte Umgang mit den Amerikanern hatte aber doch auch sein Gutes; denn da wir außerhalb des Hauses selten etwas Anderes als die englische Sprache hörten, so sprachen wir Kinder schon in den nächsten paar Jahren das gewöhnliche Hinterwäldler-Englisch ganz geläufig, ohne uns Rechenschaft geben zu können, wie wir dazu gekommen waren, denn Unterricht in der englischen Sprache hatten wir nie gehabt.

Meine älteste Schwester war, als wir Deutschland verließen, noch kaum über die Backfisch-Jahre hinaus, und die junge Männerwelt war ihr total fremd geblieben. Hier in Missouri waren keine junge deutsche Männer in unserer Nachbarschaft, und entfernter Wohnende wußten nichts von uns in unserem abgelegenen Winkel; an jungen Amerikanern aber war kein Mangel und da sie häufig mit amerikanischen Mädchen zusammenkam, so lernte sie auch die jungen Männer kennen.

Einer der Söhne unseres Nachbars Bailey (Thomas) fing an ihr seine Aufmerksamkeiten zu erzeigen, sie nahm seine Bewerbung an und verlobte sich mit ihm. Die Eltern hatten zwar keine Freude daran, aber was wollten sie machen? Es war und ist mitunter noch immer der Gebrauch hier, daß junge Leute, wenn die Eltern ihre Einwilligung verweigern, das Majoritäts-Alter des Mädchens (18 Jahre) abwarten und dann miteinander offen oder heimlich zum nächsten Friedensrichter gehen und sich copuliren lassen. Manchmal wird die Einwilligung aus ganz vernünftigen Gründen verweigert, sehr häufig aber auch wegen irgend eines nichtigen Vorurtheils gegen den jungen Mann; wenn aber die jungen Leute nach ihrer Verheirathung zeigen, daß sie rechtschaffen vorwärts kommen wollen, so schmilzt der Trotz der Alten gewöhnlich sehr bald, und wenn der erste Enkel sein Erscheinen macht, dann ist in der Regel aller Groll verschwunden.

In diesem Fall war das Mißfallen der Eltern nicht ganz ohne Grund; Thomas war zwar ein durchaus redlicher, braver und guter Mensch und war in allen vorkommenden Handarbeiten ein sehr geschickter und gewandter Mann, aber er war sehr indolent und zeigte keine Spur von Strebsamkeit und Energie; und meine Schwester war zwar die Gutherzigkeit selbst, war aber noch sehr unerfahren und schien das Phlegma der alten Amerikanerinnen, die den ganzen Tag in einer Kamin=Ecke saßen, Taback rauchten und Wolle dazu kartätschten, als das Ideal von Weiblichkeit zu betrachten; Taback rauchte sie zwar nicht, aber in Bezug auf Phlegma hatte sie schon bedeutende Fortschritte gemacht und war in dieser Beziehung gerade das Gegentheil ihrer Mutter, die bis in ihr hohes Alter eine unermüdlich thätige und ordnungsliebende Frau war.

Der Tag der Hochzeit war bestimmt und der nächste Friedensrichter benachrichtigt; es war der alte Squire McDonald. Außer mehreren Brüdern und Schwestern des Bräutigams und unserer Familie war Niemand gegenwärtig. Der Squire kam endlich an's Hofthor geritten, band sein Pferd an und kam in's Haus; er war in dem Ornat, in welchem er alle seine Amtspflichten verrichtete; nämlich auf dem Kopf hatte er einen alten, zerdrückten Filz, außerdem trug er einen fadenscheinigen Frack von Jeans (Wollenzeug), Hosen von demselben Stoff, die aber stellenweise angefangen hatten, durchsichtig zu werden, und an den Füßen trug er ein paar ziemlich defecte und fuchsige Schuhe; aber ein frisch gewaschenes Hemd hatte er an, denn es leuchtete blendend weiß aus dem Busen und aus den Löchern am Ellbogen. Nachdem er alle Anwesenden der Reihe nach begrüßt hatte, führte ich ihn in eine Kamin=Ecke, die als ein Ehrenplatz gilt; hier nahm er einen großen Knäuel Taback aus dem Mund und warf ihn in's Feuer, zog dann eine kleine Thonpfeife aus der Tasche, stopfte sie, schaufelte damit ein wenig glühende Asche aus dem Kamin und nachdem er sich gesetzt hatte und die Pfeife ordentlich in Brand war, plauderte er mit mir von Dingen, die mit der feierlichen Handlung, die uns bevorstand, nicht den allermindesten Zusammenhang hatten; er erzählte mir unter Anderem, daß er viel Verdruß mit den Schweinen einiger Nachbarn habe, die immer in seine Felder einbrächen, sprach dann seine Befürchtung aus, daß der Weizen stark ausgefroren sei und schien auch in Sorge zu sein, daß die Aepfelbäume durch den Frost gelitten haben möchten.

Nach einer Weile stand er auf, streckte sich und indem er seine Pfeife auf den Kaminsims legte, sagte er: „Nun, wenn ihr bereit seid, wollen wir anfangen." Die Brautleute, die mit der übrigen Gesellschaft während der ganzen Zeit erwartungsvoll in einem großen Kreise herumgesessen hatten, traten vor ihn hin. Nachdem er ihre Namen, so gut er es konnte, auf ein Zettelchen geschrieben, dieses zusammengekräuselt und in die Westentasche gestopft hatte, räusperte er sich und zu dem Bräutigam gewendet, sagte er: „Seid Ihr, Thomas Bailey, gewillt, die Person, die Ihr an Eurer rechten Hand haltet, als Euer gesetzliches eheliches Gespons zu lieben, zu beschützen und ihr treu zu sein bis Euch die Vorsehung trennt?" Als diese Frage bejaht war, erging eine Frage desselben Inhalts und derselben Kürze an die Braut, und als auch hier ein „Ja" erfolgt war, sagte er: Und so erkläre ich Euch hiermit als Mann und Weib;" dabei schüttelte er Beiden die Hände zum Glückwunsch, langte die Pfeife vom Kamin herab und rauchte mit großer Gemüthsruhe seinen Stummel weiter. Dieser feierliche Act hatte ihn nicht mehr afficirt, als wenn er im Kalender nach dem Datum gesehen hätte.

Die Mutter hatte den ganzen Vorgang mit stummer Verwunderung zugesehen, wußte aber nicht recht, wie sie daran war, denn da nie der Klang eines englischen Wortes in ihr Ohr gedrungen war, hatte sie keine Sylbe verstanden, als ihr aber bedeutet wurde, daß dies die Copulation gewesen sei, ging sie aus dem Zimmer und vergoß bittere Thränen, denn nach ihrer Meinung konnte eine solche Trauung unmöglich rechtsgültig sein.

Aber diese Trauung war doch rechtsgültig, und wiewohl dieses Ehepaar, wie man zu sagen pflegt, niemals auf einen grünen Zweig kam, so habe ich doch kaum jemals eine glücklichere Ehe gesehen. Dieses Paar lebte streng nach den Worten der heiligen Schrift,

d. h. wie die Vögel in der Luft und die Lilien auf dem Felde, sie säeten nicht und ernteten nicht und sie lebten doch.

Der Mann war in der Wildniß geboren und aufgewachsen, die Frau war als halbes Kind in die Wildniß hinein, aber nie wieder herausgekommen; Jugend-Erinnerungen konnte sie nur wenige haben, und zwar nur sehr unwesentliche; die Natur hatte Beide so ziemlich mit der gleichen Dosis von Phlegma begabt, und wenn sie in Folge ihrer Gleichgültigkeit Verluste erlitten hatten, machten sie sich gegenseitig keine Vorwürfe, sondern trösteten sich, daß es das nächste Mal besser gehen würde, deßwegen machten sie es aber selbst nicht besser, sondern schienen eher zu warten, daß das nächste Mal das Wasser bergauf laufen würde. Außer den absoluten Lebensbedürfnissen kannten sie keine höheren, weder geistige noch leibliche; deßwegen entbehrten sie nichts und vermißten sie nichts. In dieser großen Anspruchslosigkeit waren sie auch mit dem Wenigsten zufrieden, und so lebten sie denn in ungetrübter Einigkeit bis zum Tode meines Schwagers, der vor fast zehn Jahren erfolgte.

---

6. Die Deutschen, die wir fanden und die, die uns bald folgten.

Außer Boing und Wetter waren nur sehr wenige Deutsche in unserer Nachbarschaft und zwar trieben diese größtentheils Junggesellenwirthschaft. Alle sind längst todt oder verschollen und nur ein Einziger von ihnen, Johann Diener aus dem Hechinger-Lande, blieb mir noch längere Jahre nah und befreundet. Er kaufte sich später in der Nähe von Washington an, wo er als ein Muster von Fleiß und Rechtschaffenheit allgemein geachtet, vor wenigen Jahren starb. In der Nähe von Union hatten sich zwei sehr brave und intelligente Deutsche niedergelassen, J. T. Witt und Meiersick. Mit diesen wurden wir aber erst mehrere Jahre später bekannt. Witt, der ein Mitglied der ersten Abtheilung der Gießener Gesellschaft war, gab die Farmerei bald auf, zog nach Union und eröffnete dort einen Kaufladen; später baute er eine Dampfmühle dicht bei dem Städtchen und war auch eine Zeitlang County-Richter. Jetzt hat er sich ganz von Geschäften zurückgezogen und die Mühle einigen seiner Söhne übergeben. Meiersick ist längst todt, aber sein einziger Sohn ist heute noch auf der Farm. Etwa sechs Wochen nach unserer Ankunft kam Wilhelm Braun aus Lauterbach; er brachte eine Frau und drei Kinder mit und kaufte die kleine Farm von Wetter, auf welcher er recht fleißig war; nach zwölf Jahren aber zog er nach St. Louis und starb bald darauf. Bald nach Braun kam ein jüngerer Bruder von Charles Eberius, Gottfried, und beabsichtigte ganz nahe bei uns eine Wassermühle an dem Boeuf-Creek zu bauen; wo schon viel früher ein Amerikaner, Peter Bray, dasselbe versucht, aber da er keine Mittel besaß, wieder aufgegeben hatte. Die Bäume, die Jener damals gefällt und beschlagen hatte, lagen halb verfault und mit Moos überwachsen im Walde herum. Eberius brachte es auch nicht weiter, denn noch ehe der Damm errichtet war, ging sein Geld zur Neige und abermals verfaulte eine Masse präparirtes Bauholz im Walde. Eberius ging fort und machte eine Zeitlang in Florida den Krieg gegen die Seminolen mit, von dort zog er nach Deutschland und kam sechszehn Jahre später mit Familie wieder zurück; wenige Jahre darauf starb er in Dundee in sehr beschränkten Verhältnissen. Die Familien Busch und Debbe aus Bielefeld kamen auch um jene Zeit und waren ein ganz angenehmer Zuwachs zu den sich allmälig entwickelnden geselligen Kreisen. Buschs einziger Sohn besitzt jetzt eine große, sehr gut ausgestattete Farm, nur drei Meilen von Washington, und erfreut sich ziemlichen Wohlergehens, doch der alte Vater starb im August 1876, ehe er sein achtzigstes Lebensjahr vollendet hatte. Debbe kaufte die größere Wassermühle am St. Johns-Creek, und baute einige Jahre darauf eine Dampfmühle daselbst. Er und seine Frau sind längst todt, von seinen drei Söhnen habe ich in vielen Jahren nichts mehr gehört, aber die beiden Töchter leben heute noch verheirathet oder verwittwet in St. Louis. Nach und nach kamen auch nach anderen Theilen des Counties intelligente Deutsche; einer der hervorragendsten unter diesen war der alte Pastor Hundhausen vom Nieder-Rhein. Er kaufte sich zuerst am Meramec an, siedelte aber später nach Hermann über, wo er vor einigen Jahren über achtzig Jahre alt starb. Der alte Herr stand, so lange er lebte, in allgemeiner hoher Achtung. Von seinen Söhnen überlebte ihn nur einer, der in Hermann jetzt das Amt des Circuit Clerk bekleidet. Noch zwei andere Deutsche aus jener frühern Zeit verdienen hier einer Erwähnung; Friedrich Steines und Brückerhof; der erstere gründete und unterhielt lange Jahre eine Art Erziehungs- und Lehr-Anstalt für erwachsene Knaben, und mancher junge Amerikaner lernte deutsch bei ihm, oder versuchte es wenigstens zu lernen. Brückerhof betrieb eine Gastwirthschaft für Reisende an der großen Landstraße nach St. Louis. Er war ein sehr freundlicher und gefälliger Wirth und guter Gesellschafter und seine damalige Frau war eine ausgezeichnete Wirthschafterin, deßwegen hatte sein Haus weit und breit einen sehr guten Ruf, und die deutschen Reisenden, die es einmal betreten hatten, konnte er als Stammgäste betrachten. Auch er verließ später unser County und starb vor mehreren Jahren in St. Louis.

Als wir ankamen, lebte in Washington, so viel ich mich erinnere, nur eine einzige rein deutsche Familie; das war die des Herrn Bernhard Fricke, eines Sattlers aus Kassel. Er war in seinem Fache ein sehr geschickter Mann, und so lange er sein Geschäft betrieb, hatte er eine große Kundschaft. Die anderen Deutschen im Städtchen waren meist unverheirathet und mußten daher irgendwo in die Kost gehen, und da Frau Fricke eine musterhafte Haushälterin und Köchin war, so wurde ihr keine Ruhe gelassen, bis sie sich entschloß, diese jungen Leute in die Kost zu nehmen. Als aber auch Auswärtige und Reisende bald dort Unterkunft suchten, wurde das kleine Blockhäuschen, welches die Leute anfänglich bewohnten, sehr bald zu klein und es mußte angebaut werden. Doch auch dieser Anbau reichte nicht lange aus, und so wurde denn ein geräumiges, dreistöckiges Backsteinhaus gebaut, welches vorzüglich um die Zeit, in welcher noch an der Eisenbahn gearbeitet wurde, und die Züge nicht weiter als bis Washington liefen, mitunter von oben bis unten gefüllt war, und da noch nebenbei eine Schenkwirthschaft darin bestand, so machte dieses Haus glänzende Geschäfte. Später, als Washington nur noch ein Halteplatz für durchgehende Züge auf der vollendeten Bahn wurde, ließen diese guten Geschäfte allerdings nach, aber noch immer ist das „Washington Haus" fast durch den ganzen Staat bekannt und wird noch immer von den reisenden Deutschen vorzugsweise besucht. Herr Fricke führt noch immer die Wirthschaft mit seiner Schwiegertochter und ihren Kindern fort. Der alte Herr, ein hoher Siebenziger, hat noch ein merkwürdiges Gedächtniß, denn in Bezug auf Washington und die nächste Umgebung sind ihm noch alle Persönlichkeiten und alle Ereignisse bis in's kleinste Detail erinnerlich, und wenn er auf sein Lieblingsthema gebracht wird, kann er ein sehr interessanter Gesellschafter sein, denn er ist geradezu eine lebendige Chronik.

So oft ich jetzt nach Washington komme, verbringe ich einige Nachmittage bei ihm; da er sein Augenlicht fast verloren hat, wird ihm die Zeit lang, deßwegen ist ihm die Unterhaltung mit einem alten Freund, der jene ersten Zeiten auch mit durchgelebt hat, jederzeit ein anregender Zeitvertreib.

Zwei Jahre nachdem wir hier in Missouri ansässig waren, kam der Bruder meines

Freundes und Reisegefährten Ferdinand in's Land; er brachte seine junge Frau und zwei Schwestern mit. Bald nachdem ich in's Coburger Gymnasium eingetreten war, war Fritz zur Universität nach Jena gegangen, um Theologie zu studiren. Dort wurde er sogenannter demagogischer Umtriebe verdächtig, mit noch drei anderen Coburgern verhaftet, längere Zeit zu Eisenach in Untersuchungshaft gehalten und schließlich wurde er zu drei Monaten Arrest auf der Festung Coburg verurtheilt. Nach Ablauf seiner Strafzeit heirathete er ein braves, ganz einfaches Bauernmädchen aus dem Pfarrdorfe seines Vaters und kam nach Missouri. Es war ihm in der That nichts Anderes übrig geblieben als die Auswanderung; denn er war sein Lebtage ein höchst exaltirter und excentrischer Mensch gewesen und sowohl durch seine Festungshaft, als auch wegen seiner höchst mißfälligen Freisinnigkeit und seiner mitunter ganz verkehrt angebrachten Offenherzigkeit, wäre ihm jeder Weg zu irgend einer Carriere verlegt gewesen. † Hier in diesem Lande hatte er freien Spielraum und er ließ seinen Marotten auch frei die Zügel schießen, erregte damit aber bloß die Bewunderung seiner Nachbarn, denn er schadete Niemandem, als hin und wider nur sich selbst; er konnte ein sehr guter Gesellschafter sein, aber wenn er seine zahlreichen Welt-Entstehungs-Theorien auskramte und Widerspruch fand, konnte er auch unangenehm werden. Man that überhaupt gut daran, nicht jedes seiner Worte auf die Goldwage zu legen, denn seine Erwiderungen, die man auf irgend eine Einwendung erhielt, konnte man keineswegs zu den Schmeicheleien zählen, aber sie waren nicht böse gemeint und maliciös wurde er niemals. Er war ein gutherziger, sehr gefälliger und gastfreier Nachbar und wer ihn kannte, konnte sehr gut mit ihm auskommen. Anhaltende, schwere Arbeit gehörte nicht zu seinen Leidenschaften und über seiner Stubenthür prangte als Inschrift der alte Spruch: „Aller Anfang ist schwer" in sein Gegentheil: „Aller Anfang ist leicht" umgewandelt, was von seinem Standpunkt aus auch ganz richtig war, denn mit Allem, was er anfing, brachte er es selten weit über den Anfang hinaus. Bald nachdem er zu uns gekommen war, kaufte er mit seinem Bruder zusammen 80 Acker Congreßland; sie bauten ein Blockhaus darauf und fingen an, Land urbar zu machen; aber diese Gemeinschaft dauerte nicht lange, denn zwei Herren auf einer Farm thuen nicht lange gut. Ferdinand ging nach St. Louis und die Schwestern folgten bald nach und Fritz wirthschaftete mit seiner Frau allein. Da es von mir aus nur vier Meilen Entfernung bis zu seiner Ansiedlung war, so waren wir oft beisammen; ich, der ich der Unverheirathete war, konnte besser abkommen, kam oft Samstag Abends zu ihm und blieb den Sonntag über bei ihm. Das Ausroden des dichten Unterholzes, welches der Bestellung des Landes natürlicherweise vorausgehen muß, war durchaus nicht nach seinem Geschmack, deßhalb suchte er einen Käufer für sein Land und fand auch bald einen. Sclavenhalter aus Virginien fingen um diese Zeit an nach Missouri zu ziehen und suchten sich Land aus, welches sich zum Tabacksbau eignete; ein solcher war sein Käufer geworden.

Die Beschreibung seiner ersten Einrichtung auf dem neuen Platze mag einen Begriff liefern, wie weit es unter Umständen ein Candidat der Theologie in der Tugend der Genügsamkeit bringen kann.

Einst, noch vor dem Anbruch des Frühlings, kam er eines Samstags Nachmittags zu mir und da ich glaubte, daß er bis zum Sonntag bei mir bleiben würde, wollte ich sein Pferd in den Stall bringen, aber er verbat es sich trotz allem Zureden und sagte, er müsse bis zum nächsten Samstag auf seinem neuen Platz sein; er müsse weiter ziehen (movon). Aber wo willst Du denn eigentlich hin? Das weiß ich selbst noch nicht ganz genau; in irgend eines der offenen Thäler oben am St. John, die Du mir im letzten Sommer einmal gezeigt hast. Er hatte mich einmal auf einer meiner kleinen Jagdexcursionen begleitet, um sich die Gegend anzusehen. Denn er selbst war zu einem Jäger viel zu kurzsichtig. Ich hatte ihn damals in die alleräußersten Ausläufer des St. Johns und Cedar Fork Creek mitgenommen, wo in jener Zeit auf viele Meilen weit noch keine Spur von einer Ansiedlung war.

Die niedrigen Hügel, auf denen zwischen üppigem Graswuchs nur einzelne Bäume ohne Unterholz standen, sahen im Sommer allerdings sehr schön aus, aber das Land selbst ist sehr mager; jetzt ist zwar alles dieses schlechte Land, und auch noch schlechteres, aufgekauft und angebaut, aber in jener Zeit konnte Jemand zehnmal besseres zu Tausenden von Ackern finden.

Monate lang sah und hörte ich nichts von ihm, und wenn ich gelegentlich einen seiner früheren Nachbarn nach ihm fragte, so wußte man nichts Bestimmtes über ihn. So kam der Hochsommer heran. Eines Sonntag Morgens, lange vor Tagesanbruch brach ich auf, um in jenen Bergen womöglich ein Stück Wild zu schießen. Ich hatte meinen Cours nach den Ausläufern des Cedar Forks genommen und hatte die St. Johns Gewässer schon mehrere Meilen weit hinter mir; der ganze Wald war wie ausgestorben, denn bei einer solchen schwülen Hitze liegt das Wild sehr fest und geht nicht eher los, als bis man fast daran ist und wenn es aufgeht, steht es nicht leicht in Schußweite. Gegen Mittag hin war ich etwas erschöpft von der Hitze und fing an hungrig zu werden; da dachte ich bei mir: Fritz kann nicht viele Meilen von hier sein und er muß beiläufig irgendwo zwischen hier und zwar in der Richtung nach deiner Heimath wohnen, wenn du ihn finden könntest, so wäre dir geholfen. Jedenfalls wollte ich ihn suchen, wandte also mein Pferd, passirte die Wasserscheide nach dem St. Johns zu und ritt im ersten, besten Thal hinab. Die ganze Gegend war fast vollständig offen und nur längs der Bäche war niedriges Unterholz; ich konnte weit sehen, bemerkte aber keine Spur von einer Ansiedlung; nach einer Weile passirte ich eine niedrige Wasserscheide zwischen diesem Thal und dem nächsten und zog wieder bergauf; so lavirte ich mehrere Stunden in diesen kleinen Thälern herum ohne etwas zu entdecken; endlich, als ich wieder eine Höhe erreicht hatte, glaubte ich in ziemlicher Entfernung das Krähen eines Hahns gehört zu haben; ich hielt mein Pferd an und lauschte und hörte auch bald das Krähen deutlicher. Nach dieser Richtung hin steuerte ich nun, denn dort mußte irgend Jemand wohnen, da es mir nicht klar war, wie ein Hahn allein in diese öden Berge kommen sollte; bald darauf sah ich weit unten in einem Thälchen ein winzig kleines Hüttchen und vor der Thür einen Mann sitzen und auch eine weibliche Person ging ab und zu; zu gleicher Zeit glaubte ich Saitenklänge zu hören, aber noch deutlicher hörte ich Gesang. Wieder hielt ich das Pferd an und horchte, da erkannte ich ganz deutlich die Melodie:

„Die Sonn' erwacht in ihrer Pracht."

Das mußte Fritz sein, denn ein Amerikaner kennt dieses Lied nicht — und er war es.

Die Freude des Wiedersehens war gegenseitig, denn Besuche waren sehr selten bei ihm gewesen und diese wenigen hatte er eigentlich nur dem Zufall zu verdanken gehabt; außer einigen Leuten, die ihr Vieh, hauptsächlich Pferde suchten oder hin und wieder einem einzelnen Jäger, war noch Niemand am Platze gewesen. Ich war hungrig; die Zeit des Mittagessens war längst vorüber, aber der allnachmittägliche Kaffee stand noch in Aussicht. Der deutsche Gebrauch ein zweites Frühstück zu nehmen und, wenigstens während der langen Tage, Nachmittags Kaffee zu trinken, war bei den alten Amerikanern noch nicht bekannt, aber sie sträubten sich keineswegs, diese Sitte mitzumachen, wenn sie bei Deutschen arbeiteten oder ihre deutschen Nachbarn besuchten, und jetzt findet man schon Einige, die diesen Gebrauch in ihren eigenen Haushaltungen eingeführt haben.

Während des Kaffeetrinkens hatte ich Muße, mir das Haus zu betrachten, und die große Einfachheit der ganzen Construction überzeugte mich auch von der Möglichkeit innerhalb einer einzigen Woche ein Haus zu bauen und bewohnbar zu machen, wenn man nur keine zu großen Ansprüche an Comfort macht.

Die runden, unbeschlagenen Baumstämme waren nicht viel über zehn Fuß lang und mit Ausnahme der untersten, so schwach, daß mein Freund sie auf der Schulter hatte zusammen tragen können; seine Frau hatte ihm die Stämme auflegen helfen und er hatte an den Ecken die Kerben eingehauen, die sie gegenseitig verbanden und festhielten; als das Haus so hoch war wie sie reichen konnten, fing das Dach an, und ein paar Hundert dreifüßige Schindeln (clap boards) waren genügend, diesen kleinen Raum zu decken; die Zwischenräume zwischen den Baumstämmen waren mit gespaltenen Holzstücken nothdürftig zugestopft, eine Stubendecke war nicht vorhanden und die bloße Erde war der Fußboden; ein nicht sehr großes Loch war zwar zum Behuf des Ein- und Ausgangs aus der einen Wand herausgeschnitten, aber vorläufig nur mit einer alten Decke verhängt, ein anderes Loch in einer anderen Wand war mit einigen Steinen ausgesetzt und diente als Kamin, aber ein Fenster war nicht da. Das große Ehebett beanspruchte den größten Raum dieses Salons, in einer andern Ecke waren ein paar Stücke Bretter an der Wand festgenagelt, und ruhten nach dem Zimmer zu auf einem Bein und stellten auf diese Weise einen Tisch vor; in einer anderen Ecke war auf einem ähnlichen rohen Holzgestell das sehr einfache Tafelgeschirr aufgestellt; in der vierten Ecke waren in einigen Kisten und Kasten alle anderen Habseligkeiten aufbewahrt und einige alte Stühle und Bänke vervollständigten das Meublement.

Man konnte nur paarweise zu Tische gehen, d. h. je Einer an den beiden Seiten der einzigen freien Tischecke; wenn mehr als Zwei zu gleicher Zeit essen wollten, so mußten sich die Uebrigen auf die Bettkante setzen und den Teller auf den Schooß nehmen.

Diese Art, im Walde eine neue Ansiedlung anzufangen, war aber in jener frühern Zeit keineswegs auffallend oder ungewöhnlich; viele unserer Landsleute, die nichts mit in's Land brachten als ein paar fleißige Hände und den entschiedenen Willen, sich eine feste Heimath zu gründen, fingen gerade so an, und die ersten Niederlassungen vieler alter Hinterwäldler waren oft noch primitiver. Es ist mir in den Zeiten, wo ich der Jagd noch eifrig oblag, mehrere Male vorgekommen, daß ich in abgelegenen Thälern, wo ich keine menschliche Seele vermuthete, Rauch aufsteigen sah, und fand, daß sich eine zahlreiche Familie dort niedergelassen hatte. Ein paar hölzerne Gabeln waren in die Erde getrieben und eine lange Stange in die Gabeln gelegt; auf dieser Stange lagen andere Stangen, die mit dem einen Ende auf dem Boden ruhten, und über dieses leichte Gerüst waren Decken gebreitet. So war ein Zelt gebildet, worunter sich auf den am Boden ausgebreiteten Betten und Decken ein kleines Rudel halbnackter Kinder tummelte. Vor dem Zelt brannte ein gewaltiges Feuer, welches einen dicken alten Baumstamm zur Rücklehne hatte; am Feuer standen einige eiserne Pfannen und ein Kaffeekessel, die Hausfrau war mit der Bereitung der Abendmahlzeit beschäftigt, während der Mann auf einem andern Stamm saß und schweigend seine Abendpfeife rauchte. Als meine Annäherung bemerkt wurde, wurden die Hunde zur Ruhe gewiesen und ich wurde vom Mann mit dem gewöhnlichen Händeschütteln begrüßt und zum Sitzen eingeladen; friedlich saßen wir dann auf demselben alten Stamm beisammen und verplauderten eine Stunde lang so gemüthlich mit einander, als wenn wir alte Bekannte wären und doch kannte bei einem solchen ersten Zusammentreffen Keiner den Namen des Anderen. Mit der größten Gastfreundlichkeit wurde mir Abendbrod und sogar Nachtherberge angeboten, aber ich dankte freundlich und zog vor, selbst noch in der letzten, schwachen Dämmerung den Weg nach meinem jeweiligen Standquartier zu suchen.

Fritz starb vor etwa zehn Jahren und hinterließ eine zahlreiche Familie, die mit einer einzigen Ausnahme aus lauter Knaben bestand. Diejenigen von ihnen, die ich kenne, sind tüchtige Leute geworden und haben sich zu einer achtungswerthen Unabhängigkeit emporgearbeitet.

Man findet es sehr häufig, daß die Kinder dieser ersten deutschen Einwanderer materiell weit besser vorwärts kommen als ihre Eltern. Vorurtheile und Gewohnheiten, die die Alten mitgebracht und nicht wieder los werden konnten, standen dieser zweiten Generation weniger im Wege. Die jungen Leute wuchsen bei harter Arbeit und oft bei Entbehrungen aller Art auf und hatten, ohne daß sie wußten, wie sie dazu gekommen waren, Anspruchslosigkeit und Genügsamkeit gelernt, sie sahen die Dinge, wie sie wirklich waren und konnten keine Vergleiche mit früheren Verhältnissen anstellen, deßwegen wurden sie praktischer als die Alten gewesen waren und ihre Unternehmungen waren oft erfolgreich, während die der Alten nur zu Täuschungen geführt hatten.

Franz Anton Seitz aus Hechingen war auch einer der frühesten Ankömmlinge, der hier nicht ganz übergangen werden darf. Er war katholischer Geistlicher gewesen, war aber ein sehr aufgeklärter Mann, und da er zu ehrlich war zum Heucheln, so legte er seine Stelle nieder und wanderte nach Amerika aus. Auf seiner Reise durch Straßburg ließ er sich mit seiner Auserwählten, einer sehr braven und tüchtigen Frau, ehelich verbinden und lebte hier in Missouri wie andere vernünftige Eheleute auch. Er hatte die Farm eines der schon erwähnten Junggesellen in unserer Nachbarschaft gekauft, aber auf seinem sehr reichen Lande reüssirte er als Farmer dennoch keineswegs. Arbeiten hatte er nicht gelernt, und da ihn das Schicksal mit einer sehr reichlichen Dosis von natürlichem Ungeschick bedacht hatte, so spannte er beständig den Gaul hinter den Karren und seine viel gewandtere Frau mußte oft gut machen, was er verdorben hatte.

Sein Vater hatte neben Gastwirthschaft auch die Metzgerei getrieben, aber obgleich Anton Gelegenheit genug gehabt hatte, das Verfahren dabei zu sehen, so verstand er doch absolut nichts von einem Geschäft, welches in jener Zeit keinem Farmer ganz unbekannt sein durfte. Einst kam ich zu ihm, als er eben mit seinem Arbeiter bemüht war, ein Schwein, welches er todt gekriegt und abgebrüht hatte, aufzuhängen. Mein Besuch kam ihm sehr zur rechten Zeit, denn wenn er selbst das Ausnehmen unternommen hätte, so war mit ziemlicher Sicherheit vorauszusehen gewesen, daß sich der Inhalt der Gedärme viel zu früh entleert haben würde; auf meine Frage: warum er denn die vielen Schnitte in die Beine gemacht habe? erfuhr ich, daß er die großen Flechsen, an denen man ein Schwein aufzuhängen pflegt, auf den Schienbeinen gesucht habe.

Seitz starb schon im Jahre 1848 und seine Frau wenige Jahre später; seine drei Söhne fanden bei Amerikanern eine sehr freundliche Aufnahme und wurden von ihnen wie die eigenen Kinder gehalten, die einzige Tochter lebte eine Zeitlang bei meiner nun auch verstorbenen jüngsten Schwester, aber nachdem die Brüder mit ihren Pflegeeltern nach dem Südwesten des Staates gezogen waren, wurde auch sie bald nachgeholt. Im Herbst 1867 besuchte ich sie, und obwohl sie ganz amerikanisirt waren und nicht viel mehr von ihrer Muttersprache wußten, waren sie doch brave, strebsame und achtbare Leute geworden. Während des ganzen Rebellionskrieges hatten die Jungen in der Staats-Miliz gedient und zwar in einer Compagnie, die der Schrecken aller Buschklepper war.

Nicht lange vor Seitz hatte sich Dr. Jacob aus Oberkirch in Baden in Washington niedergelassen. Da er ein gründlich und wissenschaftlich gebildeter Arzt war, wurde er ein

Segen für viele seiner Landsleute, denn Tod oder lebenslängliches Siechthum folgte leider zu häufig der Behandlung der damaligen amerikanischen Aerzte. Dr. Jacob blieb unverheirathet und lebt heute noch sehr still und zurückgezogen in Washington; seine Praxis hat er schon längst fast ganz aufgegeben.

Im Jahre 1839 kam Dr. Carl Ruge aus Schleswig-Holstein. Er brachte eine zahlreiche Familie mit, hatte aber auf seiner Reise von New Orleans nach St. Louis das Unglück, durch das Sinken des Dampfbootes einen großen Theil seines Vermögens zu verlieren; dieser empfindliche Verlust schien aber weder seinen Muth noch seine gute Laune wesentlich zu stören; er kaufte sich in der Nähe von Washington an und fing an zu praktiziren und er war bis in sein hohes Alter in seinem Benehmen seinen Patienten gegenüber der liebenswürdigste Arzt, den ich je kennen gelernt habe, und sein freundlicher, ermuthigender Zuspruch mag wohl mitunter ebenso wirksam gewesen sein als seine Arzneien. In den ersten Tagen des Oktober 1876 starb Dr. Ruge in seinem 76. Lebensjahre. Es ist wirklich ein Segen für irgend eine Gegend, in welcher sich solche brave Männer, wie der Verstorbene war, niederlassen. Das rastlose und uneigennützige Bestreben des Doctors, sich seinen Nebenmenschen nützlich zu machen, war überall zu bemerken, wo er seinen Wohnsitz aufschlug, und da er diesen öfters änderte, so tragen Franklin, St. Charles und Warren County noch heute viele Spuren seiner gemeinnützigen Thätigkeit, denn er baute, überall wo er wohnte, entweder neue Häuser oder verbesserte alte. Schon in den vierziger Jahren ertheilte er einer Anzahl junger Leute den vorbereitenden Unterricht, der dem Besuch von medizinischen Collegien und der späteren ärztlichen Praxis vorausgehen muß und bildete auf diese Weise junge, gute Aerzte heran, nach welchen in jener Zeit ein lebhaftes Bedürfniß gefühlt wurde. Dr. Ruge war ein entschiedener Fortschrittsmann in der weitesten Bedeutung des Worts, und da diesem Braven, trotz der schweren Schicksalsschläge, die er zu erdulden hatte, seine rege Geistesfrische bis zur letzten Krankheit ungetrübt erhalten blieb, so hat er durch Wort und Schrift und überhaupt durch seinen persönlichen Einfluß sehr viel zum Wohle seiner Mitbürger beigetragen, und bei den Vielen, die ihn gekannt und hochgeachtet haben, wird ihm immer ein dankbares Andenken erhalten bleiben. Mehrere seiner Söhne dienten während des Rebellionskrieges in der Unions-Armee, nur ist zu bedauern, daß einer davon durch eine Schußwunde im Arm dienstunfähig wurde.

Bisher war vorzüglich von solchen Einwanderern die Rede, welche in Deutschland den sogenannten gebildeten Ständen angehört hatten, aber schon seit den dreißiger Jahren rückte ein anderes und weit zahlreicheres Element nach, welches die **materielle** Entwicklung des Landes weit wirksamer beförderte als alle jene, die man „Lateiner" nannte, (obgleich nur sehr Wenige von ihnen ein Wort Latein verstanden); ich meine hier Leute aus der arbeitenden Klasse der ländlichen Distrikte Deutschlands und der Schweiz; es waren Bauern, Häusler und einfache Tagelöhner.

Die Meisten dieser Leute kamen ganz unbemittelt in's Land; Viele waren so arm, daß sie den etwas Wohlhabenderen noch einen Theil des Reisegeldes schuldeten, Andere besaßen so wenig, daß sie nur zu Zweien ein einziges Vierzig-Ackerstück Congreßland (50 Dollars) kaufen konnten; sie hatten kein Haus, kein Pferd, keine Kuh, kein Schwein und nicht einmal ein Huhn, aber dennoch bauten sie sich mitten im Walde an und kamen vorwärts.

Von ihren eigenen Landsleuten konnten sie keine große Hülfe erwarten, denn diese waren selbst erst Anfänger und nur die Wohlhabenderen konnten Arbeiter bezahlen, aber diesen war bei den anfänglich so kleinen Färmchen selbst nicht viel fremde Hülfe nöthig; die Amerikaner aber, trotzdem sie bedauerten, daß sich Leute auf so armem Lande, wofür sie es hielten, niederlassen wollten, bemerkten doch sehr bald, daß ihre neuen Nachbarn fleißige und ehrliche Leute waren und waren deßhalb menschenfreundlich genug, ihnen Arbeit und Credit zu geben.

Nachdem das erste nothdürftige Haus gebaut war, ganz ähnlich dem meines alten Schulkameraden Fritz, nur etwas geräumiger, gingen die Männer in der Nachbarschaft auf Arbeit, während die Frauen und größeren Kinder Unterholz ausrodeten und verbrannten, sogar Fenzriegel machten einige Frauen, jedoch nicht viele; jeden Tag, den sich die Männer erübrigen konnten, machten sie Riegel und manche benutzten sogar mondhelle Nächte dazu, nachdem sie den Tag über im Tagelohn gearbeitet hatten. Die Fenzriegel zu den ersten kleinen Feldern wurden allerdings nicht weit von den Stellen gemacht, wo sie aufgelegt werden sollten, aber sie wurden meistens von Mann, Frau und Kindern auf der Schulter zusammen getragen. Fast Jeder kaufte seine ersten Pferde, Kühe u. s. w. auf Credit und bezahlte dafür mit Arbeit; jedoch waren Vieh und Lebensmitteln in jener Zeit sehr billig, und da der Arbeitslohn per Tag einen halben und während der Erntezeit einen ganzen Dollar betrug, so konnte schon innerhalb eines Jahres das unentbehrlichste Vieh bezahlt werden. Nach wenigen Jahren hatten die Meisten schon ziemlich große Felder, die alten Häuser wurden zu Ställen degradirt, auch wurden viele Scheunen gebaut und Obstgärten angelegt, und so bewiesen diese Deutschen ihren amerikanischen Nachbarn, daß bei einer tüchtigen Bearbeitung ihr Land gar nicht so unbrauchbar sei wie sie gedacht hatten. Aber an baarem Gelde fehlte es noch immer; Pferde, Rindvieh und Schweine konnte man wohl hin und wieder verkaufen, aber zum Absatz für eine größere Quantität Getreide waren die Communications-Wege noch sehr mangelhaft, deßwegen wurde auch, mit Ausnahme des Welschkorns (schlechtweg „Korn" genannt), das auf der Farm zu Futterzwecken verwendet wird, nur wenig Weizen, Gerste und dergleichen gebaut. Denn in den Ansiedlungen selbst war keine Nachfrage für letztere Frucht, sie durch Boote auf dem Missouri nach St. Louis zu verschiffen, war nur sehr Wenigen möglich, weil die Meisten zu entfernt vom Fluß wohnten und weil keine genügenden Lagerhäuser zur Aufbewahrung des Getreides da waren; der Weg per Achse nach St. Louis war zu weit und zu beschwerlich, auch dauerte es eine geraume Zeit, ehe man anfing sich Wägen anzuschaffen; bei der Unmöglichkeit, durch die Farmerei Geld zu schaffen, wurden die älteren Kinder, Mädchen so gut wie Knaben sehr häufig nach St. Louis geschickt, um dort etwas zu verdienen und mit dem Gelde, welches diese Kinder erübrigen konnten, wurde ein Vierzig-Ackerstück nach dem andern gekauft, bis aus den kleinen Färmchen große Farmen geworden waren. In St. Louis war in jener frühern Zeit Arbeit und Hülfe jeder Art sehr gesucht, deßwegen brauchten diese jungen Leute niemals lange auf einen Dienst zu warten; die Jungen verrichteten sehr häufig die leichteren Arbeiten in den zahlreichen Backstein-Brennereien und die Mädchen verbingten sich als Stuben-, Küchen- oder Kindermägde. Hin und wieder mag wohl ein so unerfahrenes und junges Menschenkind in dem verführerischen Treiben einer großen Stadt moralisch untergegangen sein, durchschnittlich war dies aber keineswegs der Fall. Die jungen Bursche, wenn sie erst einige Jahre älter geworden waren, konnten leicht einträglichere Stellen erhalten, wurden bekannt mit den Menschen und den Geschäften, und Mancher etablirte sich später selbst in der Stadt. Andere sparten ihren Verdienst zusammen, gingen wieder auf das Land und fingen dort auf eigene Faust an. Auch für die Mädchen war in sehr vielen Fällen ein längerer Aufenthalt in der Stadt nützlich.

Es ist sehr begreiflich, daß in einem Haushalte, in welchem die Frau fast vom Morgen bis zum Abend im Wald und Feld arbeiten muß, die häusliche Ordnung und Reinlichkeit nicht sehr musterhaft sein kann; die früheren armen Tagelöhner-Frauen hatten es in ihrer alten Heimath auch nicht besser gehabt, da sie selten etwas anderes zu kochen hatten als Kartoffeln und irgend eine Mehlsuppe, so konnten sie eben nicht ordentlich kochen; nähen konnten sie auch nicht viel, weil der Dorfschneider oder irgend eine alte Frau für ein paar Groschen das Nähen und Flicken gewerbsmäßig besorgte, und von feineren weiblichen Arbeiten war gar keine Rede; also von ihren Müttern konnten die Mädchen von Allem, was zu einer wohlgeordneten Haushaltung gehört, so gut wie nichts lernen. Einige von diesen Mädchen, welche Sinn für Ordnung und Reinlichkeit hatten, wurden häufig durch ihren Aufenthalt in der Stadt in allen Beschäftigungen, welche in das weibliche Departement gehören, sehr geschickt. Die Mutter mag oft stolz gewesen sein, wenn die Tochter bei einem Besuch im elterlichen Hause ein Gericht auf den Tisch brachte, von welchem die Frau Mama niemals etwas gehört oder gesehen hatte.

Der Zustrom dieser Klasse von Einwanderern aus allen Gauen von Nord- und Süd-Teutschland wurde von Jahr zu Jahr stärker, und in den fünfziger Jahren war in den Counties St. Louis, St. Charles, Warren, Montgomery, Osage, Gasconade und Franklin fast kein einziges freies Vierzig-Ackerstück mehr zu finden, welches sich nur einigermaßen, selbst zum kleinsten Theile zur Cultur verwenden ließ, und Tausende waren schon über die obengenannten Counties hinausgezogen. Mein seliger Schwiegervater pflegte öfters zu sagen: „Diese Kerle klären alles Land, auf dem die Steine nicht drei Fuß hoch liegen."

Die Briefe, die jene ersten deutschen Ansiedler und ihre nächsten Nachfolger nach ihren früheren Heimathsorten geschrieben haben mögen, leisteten mehr als alle Schriften über Amerika und alle Anstrengungen von Land-Agenten. In diesen Briefen war keine Silbe von einer politischen oder socialen oder auch klimatischen Betrachtung zu finden; sie handelten nur von dem, was man in der kurzen Zeit von wenigen Jahren erworben hatte.

Jene ersten armen, aber unermüdlich fleißigen Ansiedler hatten in Teutschland zum größten Theil gar kein eigenes Grund-Eigenthum oder doch nur wenige Morgen gehabt, nur Wenige hatten eigenes Gespann besessen und außer einer Kuh oder einigen Ziegen kein anderes Hausvieh als etliche Hühner und Gänse; ein einziges Schweinchen, welches im Winter geschlachtet wurde, lieferte das Fleisch für das ganze Jahr und frisches Fleisch kam nur an Sonntagen und hohen Festtagen auf den Tisch. Für wenige Groschen per Tag mußten diese Leute vom Morgen bis zum Abend und Jahr aus, Jahr ein arbeiten; aber trotz aller schweren Arbeit und alles Mangels erreichten sie doch nicht mehr, als daß sie ihr Leben kärglich fristen konnten, und ihre Kinder hätten keine besseren Aussichten für die Zukunft gehabt als ihre Eltern; wie in einer Tret-Mühle wären sie am Schluß des Jahres nicht weiter gekommen, als sie am Anfang waren.

Wenn nun in ihren früheren Heimathsdörfern Briefe die Runde gemacht hatten, in denen zu lesen war, daß dieselben Leute, deren frühere Armuth Alt und Jung bekannt war, schon nach drei oder vier Jahren die Eigenthümer von vierzig oder vielleicht gar achtzig Acker Land geworden waren, daß sie zwei Pferde und vielleicht noch ein Fohlen hatten, daß die Frau täglich drei oder vier Kühe zu melken hatte, daß sie jährlich 8 bis 10 große Schweine zu schlachten und täglich dreimal Fleisch zu essen hatten und zwar handhohen Speck, so war es sehr begreiflich, daß diese Briefe große Sensation erregten, und Jeder, der sich eben los machen konnte, wanderte aus und suchte seine alten Nachbarn auf. Die ersten Ankömmlinge hatten allerdings die beste Gelegenheit, und wenn sie sich schlechtes Land ausgesucht hatten, so lag es nur in ihrer Unerfahrenheit und in ihrer Eile, so schnell als möglich Grundeigenthümer zu werden; den Nachfolgenden wurde die Wahl schon nicht so schwer, und zuletzt mußte genommen werden, was eben übrig geblieben war, und es blieb nichts übrig als solches Land, auf dem man weder mit dem Pflug noch mit der Hacke in den Boden kommen konnte.

Schon in sehr früher Zeit, noch vor der Gründung von Hermann, hörten wir von Zeit zu Zeit von einer deutschen Ansiedlung am Maries=Creek und von einem gewissen Dr. Bernhard Bruns. Die Gegend, in welcher diese Ansiedlung gegründet war, war in jener frühen Zeit noch unbekannt und der Zugang so unbequem, weil von Osten her der Gasconade und von Westen her der Osage passirt werden mußte, daß nur sehr selten Jemand dahin kam, und dennoch zogen die ersten dort wohnenden Deutschen ihren früheren Landsleuten und Glaubensgenossen massenhaft nach. Die ganze Gegend ist streng katholisch und ich kenne fast keine Ansiedlung von größerer Ausdehnung im ganzen Staate, in welcher ein einziges Glaubensbekenntniß so exclusiv herrschend wäre, als in diesem „Westphalia". Dr. Bruns siedelte später nach Jefferson City über und dort lernte ich ihn im Winter 1862 kennen, als ich meine politische Laufbahn antrat. Der Doctor war ein sehr aufgeklärter und freisinniger Mann, und der große Einfluß, den er sich unter seinen Landsleuten erworben hatte, war im Anfang des Rebellionskrieges sehr bemerkbar. Einer seiner Söhne starb auf dem Schlachtfeld, und ein Neffe, der verwundet nach Hause geschafft worden war, erlag hier noch seinen Verletzungen; der Doctor selbst starb leider schon im Frühjahr 1864; er hatte bis zu seinem Ende fest auf der Seite der Union und der Sclaven= Emancipation gestanden.

So lange Dr. Bruns in Westphalia wohnte und Welt=Geistliche den Gottesdienst daselbst versahen, herrschte trotz des strengen Kirchenglaubens dennoch ziemlich reges Geistesleben in jener Gegend, sobald aber die Jesuiten sich eindrängten, war es mit jeder geistigen Selbstständigkeit zu Ende. Früher wurden von den Deutschen in jener Gegend alle freisinnigen Zeitungen, als die „Westliche Post", der „Anzeiger des Westens" und der „Fortschritt" eifrig gelesen, aber sobald die Jesuiten die Juchtel schwangen, waren alle die glaubensgefährlichen Blätter verbannt und die „Amerika", ein ultramontanes katholisches Blatt, m u ß t e gehalten werden. Es ist schade um die braven Leute, die alle Thäler und Thälchen des Maries=Creek bis zu den äußersten Ausläufern hinauf dicht besiedelt haben; sehr Viele haben mit nichts angefangen und sind jetzt sehr wohlhabende Farmer. Als ich mich vor mehreren Jahren öfter einige Wochen lang bei einem alten Freund in Westphalia aufhielt, habe ich sehr Viele von ihnen kennen gelernt, und ich muß sagen, daß ich lauter freundliche, gastfreie und sehr umgängliche Leute gefunden habe; da ich durchaus nicht beabsichtigte, ihren Seelenfrieden zu stören, und da ich ihren Glauben in unseren Unterhaltungen nie berührte, kamen sie mir mit vieler Herzlichkeit entgegen. Die Männer, die meistens schon mehr oder weniger in der Welt herumgekommen sind und manches Vorurtheil abgestreift haben, sind nicht so streng orthodox und man hört mitunter manche Aeußerung von ihnen, die der Jesuiten=Pfaffe nicht hören darf, aber der Fanatismus der Weiber ist um so größer. Die zahlreichen katholischen Settlements jener Gegend sind über weite Strecken verbreitet und bilden ein großes festgeschlossenes Ganze; Andersgläubige findet man dort entweder gar nicht oder doch nur in einer verschwindend kleinen Anzahl, und da dort viele Familien und sogar ganze Settlements durch Kreuz= Heirathen mit einander verbunden sind, so ist es einem Einzelnen fast ganz unmöglich, sich von dem Pfaffendruck zu befreien, so drückend und entwürdigend ihm derselbe auch sein mag. Einige aufgeklärtere sehr achtbare Männer machten allerdings mitunter einen Versuch, ihre geistige Selbstständigkeit zu behaupten, aber sie mußten sich bald wieder fügen, wenn sie nicht ihr Familienglück und ihre Existenz auf's Spiel setzen wollten.

Das Folgende wird illustriren, welche geistige Finsterniß noch da oben herrscht. Einer meiner Freunde hatte sich, wiewohl er nicht Katholik war, dennoch dort eine sehr ausgebreitete ärztliche Praxis erworben und erfreute sich des allgemeinen Vertrauens. In den engen Thälern am Osage und Maries grassiren in jedem Herbst die klimatischen Wechselfieber in bedenklicher Weise, und ein Arzt, der das Zutrauen der Leute besitzt und das Reiten über die vielen rauhen Berge bei Tag und bei Nacht aushalten kann, ohne selbst krank zu werden, kann bald ein wohlhabender Mann werden.

Während meines letzten Besuchs bei ihm vor einigen Jahren, kam eines Tages eine Frau in großem Jammer zu ihm und bat: er möchte doch ihren Mann noch einmal besuchen, er fühle sich von Stunde zu Stunde schlechter. Mein Freund sagte ihr, daß er sich selbst zu schwach und unwohl fühle, um Krankenbesuche machen zu können, übrigens habe er ihr schon längst gesagt, daß sie sich auf das Schlimmste vorbereiten müsse, denn ihrem Manne könne kein Arzt mehr helfen. Die Frau ging sehr niedergeschlagen weg, und als sie aus dem Hause war, fragte ich: „Ist denn Deinem Patienten wirklich nicht mehr zu helfen?" „Nein," antwortete er, „er liegt im allerletzten Stadium der Auszehrung und ich garantire ihm keinen Tag mehr."

Als ich meinen Freund am nächsten Tag wieder begrüßte, sagte er: „Denke Dir, die Frau, die Du gestern hier gesehen hast, ist nachher zu dem katholischen Arzt im Ort gegangen, und was glaubst Du wohl, was er ihr gegeben hat?" Natürlicherweise wußte ich es nicht und da wurde mir denn mitgetheilt, daß der Arzt der Frau ein Fläschchen mit „heiligem Wasser" gegeben und verordnet habe, dem Patienten täglich dreimal jedesmal drei Tropfen davon einzugeben. Das „heilige Wasser" hat nicht lange geholfen, denn am dritten Tage wurde der Mann begraben.

Aus solchen Settlements, in welchen die Pfaffen die allmächtigen Herrscher sind, kann kein Lichtstrahl in die Welt hinausleuchten, aber die Pfaffen, wiewohl sie ängstlich bemüht sind, keinen Lichtstrahl von Außen her eindringen zu lassen, können dies doch nicht für die Dauer verhindern, und die Zeit wird auch früher oder später dort anbrechen. Im Frühjahr 1838, nach der Verheirathung meiner Schwester, blieb mein Schwager auf unserem noch sehr unbedeutenden Färmchen; ich selbst wollte mich ein Bischen umsehen, kam aber nicht weit, denn als ich am Lake Creek und Femme Osage zahlreiche deutsche Ansiedler und wieder echte deutsche Geselligkeit fand, blieb ich fast ein Jahr lang dort und arbeitete, wo ich eben Arbeit bekam. In den ersten Jahren meines Aufenthaltes in Missouri hatte ich außerhalb des Hauses fast nur die englische Sprache gehört und hatte meinen Hauptumgang mit Amerikanern gehabt; aber dabei hatte ich ein unklares Bedürfniß nach etwas Anderem. In jenen deutschen Ansiedlungen fand ich Befriedigung. Im immerwährenden Umgang mit solchen Männern wie Friedrich und Georg Münch, Paul Follenius, Carl Strack und vielen Anderen fühlte ich mich sehr wohl und an jenes Jahr knüpfen sich viele meiner liebsten Jugenderinnerungen. In wenigen Jahren war der größte Theil von Warren und St. Charles Co. beinahe rein deutsch geworden, in den großen Bottoms des Missouri hatten sich die Amerikaner noch gehalten; die in den Hügeln hatten aber fast sämmtlich an Deutsche verkauft und jetzt haben sich die Deutschen auch der Bottoms bemächtigt.

Die Zeiten haben sich sehr geändert, aber nicht nach dem Geschmack der alten Hinterwäldler aus dem Anfang dieses Jahrhunderts; ein solcher würde, wenn er wieder hier sein könnte, trotz seines scharfen Ortssinns schwerlich die Stelle wiederfinden, auf der er seine erste Hütte einst aufgeschlagen hatte.

7. Ein Mord.

Kaum zwei Monate, nachdem wir die kleine Benten'sche Farm bezogen hatten, erfuhren wir in den letzten Tagen des November 1834 durch unsere Nachbarn, daß nicht weit von Washington ein Mann erschossen worden sei, und daß man die muthmaßlichen Thäter arretirt habe und in einem Hause im Städtchen Tag und Nacht bewache.

Wir kannten in jener Zeit außer unseren nächsten Nachbarn fast noch Niemanden und die meisten Namen waren uns ganz fremd; daher nahmen wir nur geringen Antheil an der allgemeinen Aufregung und erst mehrere Monate später, nachdem der Thatbestand gerichtlich untersucht worden war, erfuhren wir die Einzelheiten dieses Mordes im Zusammenhang. Der Ermordete war William Owens, der damalige County-Clerk. Er wohnte mit seiner Familie in Union, wo das Bezirks-Gericht seinen Sitz hatte; wo aber das heutige Washington steht, besaß er bedeutendes Grundeigenthum, welches er verpachtet hatte; deßhalb hatte er oft Geschäfte daselbst.

Um diese Zeit hatte man einen gewissen Porter im Verdacht, einen Rechtstitel über ein werthvolles Stück Land zu seinem eigenen Vortheil gefälscht zu haben. Dieser Porter hatte öfter als Assistent bei Owens gearbeitet, und dieser kannte daher seine Handschrift sehr genau. Die Abschrift des Rechtstitels hatte Owens selbst in die Recordbücher eingetragen und erklärte, als er darum gefragt wurde, daß er bereit sei, zu beschwören, daß die Veränderung der Unterschrift von Niemandem als von Porter herrühren könne, und dieses Zeugniß hätte Porter, der schon in Anklagezustand versetzt war, aller Wahrscheinlichkeit nach in's Zuchthaus gebracht, wenn es vor Gericht wiederholt worden wäre.

Ebenso soll auch ein gewisser McCoy in einen unangenehmen Prozeß verwickelt gewesen sein, und auch in dieser Sache war Owens einer der Hauptzeugen gegen den Angeklagten. Die Absicht, diesen gefährlichen Zeugen aus dem Wege zu schaffen, scheint das Motiv zu dem Mord gewesen zu sein. Nur wenige Tage vor der entscheidenden Gerichtssitzung war Owens in Begleitung eines jungen Mannes, John Trustell, der sich des Schul-Unterrichts wegen bei Owens in Union aufhielt, nach Washington gekommen, um ein Geschäft mit seinem Pächter in Ordnung zu bringen. Da dasselbe etwas länger dauerte, als er gedacht hatte, so sagte er seinem Begleiter, er möge nur einstweilen langsam vorausreiten, er würde ihn bald wieder einholen. Als Trustell Washington kaum eine halbe Meile weit hinter sich hatte, sah er einen Mann mit einer langen Büchse hinter einer dicken Linde nicht weit vom Wege stehen und glaubte in ihm einen gewissen Jones, den Gehülfen des Schuhmachers Weach, zu erkennen. Der Mann, als er sich bemerkt sah, warf die Büchse über die Schulter und ging langsam tiefer in den Wald, als ob er jagen wolle. Trustell, dem es nicht auffiel, Jemanden mit dem Gewehr im Walde zu sehen, achtete nicht weiter auf diese Begegnung und ritt weiter.

Sehr bald darauf kam er an die Farm des alten Dobins, der noch heute als hoher Achtziger in Washington wohnt. Dobins stand im Hofe, als Trustell eben vorbeireiten wollte und rief ihm die Frage zu, wo er Owens gelassen habe? Auf die Erwiederung, daß er nur langsam vorausreiten wolle, weil Owens noch einmal aufgehalten worden sei, lud ihn Dobins ein, in's Haus zu kommen und am warmen Kamin auf ihn zu warten.

Trustell nahm diese Einladung gern an, denn es war an diesem Tage ein ganz abscheuliches Wetter; es lag schon Schnee und noch fortwährend stürmte, regnete und schneite es durcheinander.

Trustell wartete, aber Owens kam nicht; man hörte einen Schuß in der Richtung nach Washington zu, aber da es in jener Zeit keine Seltenheit war, im Walde schießen zu hören, so erregte auch dieser Schuß noch keine Besorgniß. Als aber Owens immer noch nicht kam, wurde Trustell unruhig. Der Maulesel, den Owens ritt, war nicht sehr zuverlässig, und da der Weg über eine Knüppelbrücke ging, die bei diesem Wetter glatt und schlüpfrig war, so fürchtete man, daß er vielleicht mit seinem Thier gestürzt sei und Schaden genommen haben könne. Trustell ritt ihm also entgegen, kam aber schon nach wenigen Minuten in höchster Aufregung zurück — er hatte Owens gefunden, aber todt auf der Straße liegend — der Maulesel fraß ganz ruhig wenige Schritte davon neben dem Wege an dem trockenen Gras.

Die Nachricht von diesem noch unerklärtem Tode verbreitete sich wie ein Lauffeuer und in kurzer Zeit waren eine Menge Menschen um den Todten versammelt. Man bemerkte keine äußere Verletzung an ihm, aber man wagte dennoch nicht, die Leiche zu untersuchen, bis der gesetzliche Leichenbeschauer mit seinen Geschworenen am Platze sein würde.

Es fing nun an, immer stärker zu regnen, und damit das die Straße herabströmende Wasser nicht über den Todten hinweglaufe, wollte man ihm einige Fenzriegel unterschieben, aber als man zu diesem Zweck die Leiche vorsichtig aufhob, rieselte das Blut aus dem Rücken in den Straßenkoth. Die Ursache seines Todes war nun klar; er war von hinten her geschossen worden, aber die Kugel war nicht durch die ganze Brust gedrungen.

Wiewohl aus nicht großer Entfernung gefeuert worden war, so war es doch ein Meisterschuß gewesen, denn nach Allem, was man sah, mußte man schließen, daß der Ermordete ohne den mindesten Todeskampf augenblicklich gestorben sein mußte. Es schien, daß der Maulesel, durch den Schuß erschreckt, mit einem einzigen Satz unter dem Reiter hinweg gesprungen war, denn der Todte lag flach auf dem Rücken mit ausgebreiteten, aber etwas in die Höhe gezogenen Beinen, gerade wie er auf dem Sattel gesessen hatte; die Arme waren etwas in die Höhe gehalten, aber die **weißen**, gestrickten Fausthandschuhe hatten nicht den kleinsten Schmutzfleck; der geringste Todeskampf mitten in einer tiefkothigen Straße hätte doch deutliche Spuren hinterlassen müssen.

Die ärztliche Section ergab, daß die Büchse nicht mit einer Kugel, sondern mit einem Stückchen gehackten Blei's geladen gewesen war; dieses Blei war neben dem Rückgrat eingedrungen und mitten durch das Herz gegangen, war aber an einer Rippe abgeglitten und einige Zoll herabgerutscht.

Die gerichtliche Untersuchung der Oertlichkeiten legte dar, daß wahrscheinlich drei Schützen auf dem Anstand gewesen waren, aber wer den verhängnißvollen Schuß eigentlich abgefeuert hat, ist niemals mit Bestimmtheit festgestellt worden.

Nach dem, was man über das Verhältniß zwischen Owens und Porter wußte, richtete sich der stärkste Verdacht auf diesen, als den wahrscheinlichen Anstifter des Mordes, aber allerhand sehr verdächtige Umstände deuteten auch auf McCoy, Weach und Jones als Mitschuldige, und sie sollten alle, als des Mordes verdächtig, festgenommen und ihre Schuld oder Unschuld durch eine Untersuchung festgestellt werden.

Es wirft kein sehr günstiges Licht auf diese Leute, daß sie sich weigerten, sich verhaften zu lassen, als sie ein Constabler als seine Arrestanten erklärte. Vorzüglich Porter drohte Jeden niederzuschießen, der es wagen würde, seine Umzäunung zu überschreiten, und er soll sich in seinem Hause in Washington völlig barrikadirt haben. Der Constabler wagte es nicht, diesem desperaten Kerl allein und ohne alle Unterstützung zu Leibe zu gehen, er zog sich deßhalb vor der Hand zurück und suchte in der Nachbarschaft Hülfe. Diese wurde ihm auch, denn bald rückten die Amerikaner in hellen Haufen in die Stadt ein, und fast

Alle hatten ihre langen Büchsen auf der Schulter. Trotz dieser bedenklichen und bedrohlichen Aussichten verweigerte Porter die Uebergabe dennoch und drohte Jedem den Tod, der seine Hofstelle betreten würde. Es wurden gute und böse Worte gegeben, aber Porter blieb dabei, sich nicht ergeben zu wollen.

Endlich aber ging den Leuten die Geduld aus, der Menschenknäuel löste sich in eine Art Schlachtlinie auf und nun wurde dem Constabler zugerufen: „Vorwärts! thut Eure Schuldigkeit; wenn er schießt, schießen wir auch!" und zu gleicher Zeit richtete sich eine lange Reihe dieser gefährlichen Büchsen nach dem Hause. Porter wußte nun recht gut, daß es bitterer Ernst war und daß er wie ein Sieb durchlöchert worden wäre, so bald er einen Schuß gewagt hätte; er nahm daher Vernunft an und ließ sich ohne ferneren Widerstand festnehmen. Nun hatte auch die Arretirung der Anderen keine Schwierigkeit weiter.

So ernsthaft und drohend diese Affaire auch war, so war sie dennoch nicht ganz ohne komische Seiten. Die wenigen Deutschen in Washington und in der nächsten Umgebung davon hatten nämlich nur als stille Zuschauer an diesem Zusammenlauf Theil genommen, doch einer der alten deutschen Junggesellen, die damals in Washington residirten, wollte seine Bravour dadurch manifestiren, daß er mit einem alten Schleppsäbel anmarschirt kam; als er aber die Büchsenhähne längs der ganzen Fenz knacken hörte, nahm er seinen Sarras schleunigst unter den Arm und retirirte sich in seine vier Wände; erst als er erfahren hatte, daß die vier Delinquenten sicher hinter Schloß und Riegel seien, kam er wieder zum Vorschein.

Franklin County hatte zu jener Zeit noch kein County-Gefängniß, deßwegen wurden die Gefangenen mehrere Wochen lang in einem Hause in der Stadt von den Bürgern bewacht; das ging natürlich auf die Dauer nicht an; deßwegen wurde Einer davon, der noch fremd in der Gegend war, nach St. Louis in's Gefängniß abgeliefert, und die Anderen wurden bis zur nächsten Sitzung des Gerichts gegen gute Bürgschaft auf freien Fuß gesetzt. Diese zogen vor, sich nicht wieder sehen zu lassen, und ihre Bürgen hatten das Nachsehen und das Bezahlen, der Andere aber, der im Gefängniß das nächste Gericht erwarten sollte, wurde dann auch bald entlassen, nachdem die meist Verdächtigen sich unerreichbar gemacht hatten.

Die Ermordung von William Owens steht fest, aber wer den Mord angestiftet oder vollbracht hat, ist bis jetzt im Dunkeln geblieben und wird auch wohl niemals aufgeklärt werden. Zwar hatte fast Jeder die moralische Ueberzeugung, daß man die wirklichen Verbrecher in den Händen hatte, aber in Ermangelung rechtsgültiger Beweise war ihnen nicht beizukommen.

Owens war der eigentliche Gründer der Stadt Washington, und es wäre ihm ein längeres Leben und ein weniger trauriges Ende zu wünschen gewesen. Er war ein Freund der Deutschen und hatte ihre Nützlichkeit und ihre Wichtigkeit für die allgemeine Hebung des Landes schnell genug erkannt, er hatte w i r k l i c h e n Anbauern sehr liberale Bedingungen gestellt und versprochen, Jedem, der ein solides Haus bauen würde, den Bauplatz dazu zu s ch e n k e n. Mehrere haben auf diese Bedingung hin gebaut und einen rechtsgültigen Besitztitel empfangen, und wäre Owens am Leben geblieben, so würde die Stadt jedenfalls durch seine Liberalität einen viel rascheren Aufschwung gewonnen haben.

----

8. Die erste Prophezeihung der Deutschen in Baltimore:

„In Missouri scalpiren Euch die Indianer."

Die Reihe von Betrachtungen, Schilderungen und kleinen Erzählungen, welche die Beleuchtung dieser Prophezeihungen hervorrufen mögen, stehen allerdings in keinem directen Zusammenhang mit der Entwicklung des Deutschthums, sie mögen aber immerhin ein Licht auf die früheren Zustände werfen, welche auf diese Entwicklung entweder einen hindernden oder fördernden Einfluß ausübten.

Die Indianer hatten zu der Zeit, als sich die ersten Deutschen in Missouri niederließen, keine permanenten Wohnsitze mehr im Staate. Mehrere Stämme hatten sich in dem noch heute so genannten „Indianer Territorium" niedergelassen, welches unmittelbar westlich von Missouri und Arkansas liegt und in welchem kein Weißer Grundbesitz erwerben kann, wenn er nicht eine Indianerin heirathet; andere Stämme hatten sich noch viel weiter westlich nach den großen Ebenen und bis zu den östlichen Abdachungen der Felsen-Gebirge zurückgezogen. Kleinere Partieen Indianer kamen allerdings noch zuweilen in den Staat, um zu jagen; eigentlich durften sie sich nicht ohne einen Erlaubnißschein vom Gouverneur in Missouri aufhalten, aber da sie nur in ganz unangesiedelten Gegenden ihr Wesen trieben und Niemanden belästigten, so kümmerte man sich nicht um sie. Hin und wieder blieben einige wenige Familien lange genug, um eine kleine Maisernte zu machen, und ich selbst habe noch hoch oben an der Bourbois (einem größeren Nebenstrom des Meramec) die deutlichen Spuren solcher Indianer-Plantagen gesehen. Diese Maisfelder umfaßten niemals mehr als einen oder höchstens zwei Acker Land und waren in der allerprimitivsten Weise cultivirt. Die Indianer suchten sich dazu einen möglichst baumlosen Platz aus, dessen Reinigung nicht viele Mühe machte, und bepflanzten und bearbeiteten ihren Mais mit einer alten Hacke, denn Pflüge hatten sie nicht und verstanden sie auch gar nicht zu brauchen. Eine Einfriedigung hatten sie auch nicht um ihr Feld und sie brauchten auch keine, denn wo in der Wildniß noch keine Menschen wohnen, laufen auch noch keine Pferde, Rinder und Schweine herum; Vögel, Eichhörner und Waschbären (Raccoons) kann man aber überhaupt nicht durch eine Fenz von einem Felde abhalten, und zu der Zeit, in welcher Hirsche die Maisfelder zu besuchen pflegen, war längst keine Aehre mehr auf dem Acker; aber auch die Hirsche können durch eine gewöhnliche Fenz nicht abgesperrt werden.

Unsere alten Jäger erzählten oft von ihren Begegnungen mit den Indianern; mitunter stießen sie ganz unerwarteter Weise auf ein Indianer-Lager, oft aber auch wurden sie selbst von ihnen überrascht. Es gehört eine wirkliche Hinterwäldler-Natur dazu, bei solch' einer plötzlichen Begegnung nicht zu erschrecken. Wenn z. B. einige Jäger Abends oder des Nachts still an ihrem Lagerfeuer schläfrig oder halb träumend sitzen und durch ein schwaches Geräusch ermuntert, aufsehen und plötzlich ein paar baumlange braune Gesellen, in ihre bunten Decken gewickelt, ernsthaft, stumm und stocksteif wie die Bildsäulen vor sich erblicken, so gehören Hinterwäldler-Nerven dazu, um die Fassung nicht zu verlieren.

Der Gang der Indianer ist fast unhörbar, denn ihre ganze Lebensweise, bei welcher eben nur Jagd und Krieg miteinander abwechseln, gewöhnt sie schon in der frühesten Jugend an geräuschlose Bewegungen, und man wird niemals einen Indianer im Paradeschritt durch die Wälder stampfen hören. Ihre Begriffe von Höflichkeit verbieten ihnen, die erste Anrede zu machen, wenn sie ein Haus betreten oder, was bei ihnen ebenso viel gilt, an ein fremdes Lagerfeuer kommen, und wenn sie bei ihrer geräuschlosen Annäherung nicht bemerkt werden, so können sie stundenlang regungslos stehen bleiben, bis man endlich auf sie aufmerksam wird, und erst, wenn sie begrüßt sind, nehmen sie Platz am Feuer.

Meine ältesten Nachbarn, die mitunter Verkehr mit ihnen hatten, erzählten oft von ihrer Weise und ihren Gebräuchen. Unter Anderem sollen sie ungeborene Hirschkälber für eine Delikatesse gehalten haben, aber die Art der Zubereitung dieses Gerichts wurde niemals von der Hausfrau eines weißen Mannes adoptirt.

Nachbar Bailey erzählt, daß er, als er einst im Anfang des Sommers auf der Bienenjagd war, an ein kleines Indianer-Lager gekommen sei und nach den gewöhnlichen Empfangs-Ceremonien das eigentliche Lager betreten habe. Eine ganz frische Hirschhaut, die auf dem Boden ausgebreitet lag, deutete an, daß die Jagd erfolgreich gewesen war. Wirkliches Kochgeschirr führten die Indianer selten bei sich, aber dieser kleine Trupp hatte einen alten eisernen Waschkessel bei sich, der über einem Feuer stand und eine alte Indianerin (Squaw) rührte zuweilen mit einem Stecken darin herum. In dem Kessel sah er außer einigen großen Stücken Fleisches auch ein Hirschkalb hin und wieder auftauchen, welches das Tageslicht noch nicht erblickt hatte, und welches weder ausgeweidet noch abgezogen, sondern unmittelbar aus dem Mutterleibe in den Kessel gewandert war; Nachbar Bailey sagte, der graue Schaum und die abgebrühten Haare wären fingerdick auf dem Wasser herumgeschwommen, aber dies hätte die Eßlust der Indianer durchaus nicht beeinträchtigt, und sie hätten ihm sogar zu verstehen gegeben, daß er seinen Aufbruch bis nach dem bevorstehenden Genuß dieses Leckerbissens verschieben möge, er aber hätte Unwohlsein vorgeschützt und sich verabschiedet. Es ist ihm gern zu glauben, daß es ihm in der That übel geworden war.

Die Wanderungen großer Haufen Indianer durch das Land, welche in früheren Jahren mit ihren Häuten und ihrem Pelzwerk nach den großen Städten zogen, hatten fast ganz aufgehört, als wir nach Missouri kamen, aber man sah sie noch mitunter in ihren mit Fellen hoch aufgepackten Canoes den Missouri hinabtreiben, und die kleinen Dampfboote, welche zur Zeit des Hochwassers den Fluß so weit hinauf fuhren als er eben noch schiffbar war, brachten zuweilen außer einer Menge großer Ballen Buffallo-Häute auch ganze Schwärme Indianer mit herab, so daß das obere Deck der Boote nicht selten von diesen sonderbar costümirten Burschen gedrängt voll stand, die den Fortschritt der Civilisation anzustaunen schienen.

Solche, welche in Canoes den Fluß herabgekommen waren, hatten eine lange und sehr mühselige Rückreise nach ihren Jagdgründen; sie konnten nur im stillen Wasser stromaufwärts fahren, aber selbst da kamen sie nur sehr langsam von der Stelle und Monate vergingen, ehe sie ihre alten Reviere wieder erreichten; zum Glück hatte die Zeit nur sehr geringen Werth für sie, und wenn sie nur zur Jagdzeit wieder in ihren Bergen waren, so war es ihnen ganz gleichgültig, wo und wie sie die übrige Zeit zugebracht hatten.

Ein alter Freund von mir, ein Deutscher, wußte auch allerhand von ihnen zu erzählen. Theodor Bates (eigentlich hieß er „Betz", denn seine frühere Heimath war eines der kleinen Fabrikdörfer im Thüringer Walde in der Nähe von Gräfenthal und sein Name war amerikanisirt worden), wohnte vor langen Jahren ganz nahe am südlichen Ufer des Missouri; er hatte sich mit der Zeit durch unermüdlichen Fleiß und eine seltene Ausdauer einen sehr großen und werthvollen Grundbesitz im sogenannten Chouteau's Bottom erworben und betrieb außer seiner Farmerei einen nicht unbedeutenden Holzhandel mit den Dampfbooten. Dieser erzählte mir Züge von dem Gedächtniß und der Erkenntlichkeit der Indianer.

Ein Canoe, in welchem ein Indianer, seine Squaw und ein paar Kinder saßen, trieb einst langsam dicht am Ufer herauf und legte an seinem Landungsplatz an, der Mann stieg aus und näherte sich dem Hause; Bates ging ihm entgegen und begrüßte ihn. Der Indianer, der nur ein paar englische Worte radebrechen konnte, gab meinem Freund durch Geberden zu verstehen, daß er und seine Familie sehr hungrig seien und nichts zu essen hätten, und durch weitere Zeichen suchte er ihm begreiflich zu machen, daß seine Büchse „krank" sei (das Schloß war verdorben) und daß er deßhalb nicht jagen könne. Bates führte die Leute in's Haus, bewirthete sie sehr reichlich und gab ihnen noch einen guten Vorrath von Lebensmitteln mit auf den Weg.

Einige Jahre nach diesem kleinen Vorfall ging Bates nach dem nahen Ufer, weil in der Fluß-Biegung oberhalb seines Hauses ein Boot das Signal zum Anlegen gegeben hatte. Als der Dampfer um die letzte Waldspitze bog und dem Landungsplatze zutrieb, sah er das ganze obere Verdeck voll Indianer stehen, von denen einer mit den Armen wild in der Luft herum focht und wiederholt nach seinem Hause deutete. Bates, der die gewöhnliche stoische Ruhe der Indianer gut genug kannte, war von der auffallenden Lebhaftigkeit dieses Sohnes der Wildniß befremdet und konnte sich dieses Benehmen auf keine Weise erklären, aber als das Boot gelandet hatte, um Holz einzunehmen, klärte sich die Sache sehr schnell auf, denn die Indianer sprangen an's Land, im Nu war er von dem ganzen Schwarm umringt, und Dutzende von Händen streckten sich ihm mit ihrem gewöhnlichen Begrüßungsruf "how how" entgegen.

How ist das erste Wort der englischen Anrede zum Gruß "how do you do" (Wie geht es Euch?).

Der Indianer, den er vor mehreren Jahren aus seiner Hungersnoth befreit hatte, war es, der seinen Gefährten auf dem Verdeck des Bootes sein Schicksal erzählt hatte, und Bates hatte sich durch seine Menschenfreundlichkeit diesen ganzen Indianer-Stamm zu Freunden gemacht.

Die westliche Grenze des Staates war in jener Zeit allerdings schon längst vermessen, aber die Ansiedlungen waren noch so dünn, daß die Staats-Grenze noch nicht als feste Scheidelinie zwischen Weißen und Indianern in Betracht kam, und beide Nationen verkehrten bunt durcheinander. Fast alle Schilderungen, welche von den Indianern gemacht wurden, die sich in jener Zeit zwischen den Weißen herumtrieben, stimmen darin überein, daß sie zu einem höchst demoralisirten und verkommenen Volk herabgesunken waren; sie hatten viele Laster der Weißen angenommen und manche ihrer ursprünglichen Tugenden dafür verloren.

Sie machten sich ihren weißen Nachbarn durch ihre zudringliche Bettelei, durch ihre Trunksucht und ihre Diebereien oft sehr lästig, aber mordsüchtig scheinen sie nicht gewesen zu sein.

Die Weißen hatten damals mitten unter den Indianern nicht so viel für ihr Leben zu befürchten und lebten sicherer, als es heutiges Tages das Schicksal der armen Goldsucher in den „schwarzen Bergen" ist, denn diese sind fast in der unmittelbaren Nähe der Regierungs-Truppen ihres Lebens nicht immer sicher.

Es ist mir nicht bekannt, daß man in Missouri Ueberreste von Völkerstämmen gefunden hat, die auf einen höhern Cultur-Zustand gestanden zu haben scheinen als der, welchen die Indianer in den New-England-Staaten zur Zeit der Einwanderung der alten Pilgrime eingenommen haben mögen.

An wirklichen Indianer Spuren fehlt es aber durchaus nicht; sie bestehen meistentheils nur in dem Fund von steinernen Pfeil- und Lanzenspitzen und Streitärten von demselben Material. Diese Waffenreste, wiewohl sie mit großer Geschicklichkeit gearbeitet sind, zeigen keine Merkmale, daß zu ihrer Verfertigung Werkzeuge von irgend einem Metall gebraucht wurden, sie sind sämmtlich auf irgend eine Weise aus hartem Kiesel herausgehämmert und sind mitunter fast so scharf wie ein Messer. Mancher der alten eingewanderten Deutschen hat einen solchen Indianer-Pfeil als Feuerstein in der Tasche mit herumgetragen, ehe noch die Streichhölzer allgemein in Gebrauch kamen und hin und wieder haben auch unsere alten Jäger einen solchen Pfeil etwas zurecht geklopft und ihn dann in die Hähne ihrer alten Flintenschlösser geschraubt.

Solche Waffenspitzen wurden an vielen Orten gefunden, aber an manchen Stellen in ungewöhnlicher Menge, so daß sich Kinder und Erwachsene zuweilen kleine Sammlungen davon anlegten.

Aus dem Umstand, daß diese Pfeilspitzen sehr verschiedene Größen und Formen hatten, wo sie in größerer Menge gefunden wurden, läßt sich vielleicht schließen, daß dort verschiedene Stämme Kämpfe miteinander ausgefochten haben; aber wer ist im Stande, die Geschichte dieser Kämpfe zu schreiben?

Ebenso fand man früher in den fast noch ganz unberührten Wäldern oft sogenannte Indianer-Hügel (Indian mounts), bald einzelne, aber auch zuweilen eine größere Anzahl beisammen.

Bei einigen Vermessungen, die ich vor einer Reihe von Jahren weit oben an der „Little Bourbois" vorzunehmen hatte, traf es sich, daß ich eine Grenze, die ich zu bestimmen hatte, mitten durch eine Fläche legen mußte, welche von einer großen Anzahl solcher Indianer Hügel ganz bedeckt war.

Diese Hügel fand ich kreisrund, sie hatten einen Umfang von 30—40 Fuß und erhoben sich nach dem Centrum zu bis zu einer Höhe von 3—4 Fuß; sie müssen sehr alt sein, denn die Vegetation darauf unterscheidet sich durch nichts mehr von der im umliegenden Walde, und aus manchem dieser Hügel sind schon ganz anständige Bäume herausgewachsen.

Die Amerikaner halten diese Hügel für Indianer-Gräber, aber bei den wenigen Nachgrabungen, die meines Wissens gemacht wurden, fand man entweder gar nichts oder nur einige Reste steinerner Waffen.

Sollten diese letzteren Gräber nicht vielleicht die der Krieger sein, die mit ihren Waffen begraben wurden und die leeren Gräber die Ruhestätten der Frauen, weil diese keine Waffen trugen?

Den Gebrauch der Metalle scheinen diese uralten Bewohner der Wildniß zu ihrer Zeit gar nicht gekannt zu haben, denn man hat neben den wenigen Ueberresten, die man überhaupt gefunden hat, keine Spur von edlen und unedlen Metallen entdeckt. Hätte man nur in einem einzigen dieser Gräber Gold oder Silber gefunden, so wären sicher alle umgewühlt worden, die man hätte finden können. Vor diesem Schicksal ist der Staub der alten Ur-Bewohner bewahrt geblieben, aber der Pflug hat über die meisten dieser alten Ruhestätten schon längst seine Furchen gezogen.

9. Die zweite Behauptung:
„Die Weißen in Missouri sind Räuber und Mörder."

Es war von jeher das Schicksal aller Territorien westlich von den Alleghany-Gebirgen, daß sie in ihren territorialen Zuständen und selbst noch mehrere Jahre, nachdem sie in den Vereinigten Staatenbund als Staaten aufgenommen worden waren, eine Zufluchtsstätte für Solche waren, die sich in einer nach bestimmten Gesetzen geordneten Gemeinschaft nicht wohl befanden.

Den Uebergang von gesetzlosen zu gesetzlichen Zuständen leitete in der Regel Judge Lynch ein (directe Volks-Justiz); nachdem das Raub- und Mord-Gesindel durch den Strick oder auch durch Pulver und Blei genügend decimirt worden war, zog sich der Rest derselben nach sichereren Regionen zurück und die friedlichen, ordnungsliebenden Bürger konnten dann in Ruhe leben und den gesetzlichen Richtern stand bei der Erfüllung ihrer Amtspflichten dann kein Hinderniß mehr im Wege.

Auch Missouri mußte seiner Zeit diese Uebergangs-Periode durchmachen. Als aber die Deutschen anfingen, in größerer Anzahl in das Land zu kommen, waren in den Gegenden, welche besiedelt waren, die Zustände wohl noch ziemlich urwüchsig; doch sie fanden in ihren neuen Nachbarn keine Räuber und Mörder, sondern sehr freundliche, gastfreie, gefällige und rechtschaffene Leute, mit denen es sich ganz ausgezeichnet leben ließ.

Sehr abgelegene und mehr oder weniger unzugängliche Gegenden, wie z. B. die unermeßliche Sumpf-Region im Südosten des Staates standen indessen vor 40 Jahren und noch lange Jahre nachher in einem bösen Ruf, und man hielt jene Gegenden allgemein für die Schlupfwinkel von Falschmünzern und Pferdedieben, auch Morde sollen daselbst nicht zu den größten Seltenheiten gehört haben, denn zwischen diesen Sümpfen erfreute sich solches gesetzlose Gesindel einer fast absoluten Unerreichbarkeit und Straflosigkeit.

Jemand, der sich nicht einer sehr guten Orientirungsgabe erfreut und nicht sehr terrainkundig ist, kann sich ohnedem nicht ohne große Gefahr in diese labyrinthartigen Wildnisse wagen, aber für die Verfolger von Missethätern waren die Chancen weit schlimmer. Ein Sheriff, der einen Verbrecher dort verfolgte, mochte sich ziemlich sicher halten, so lange er den Aufenthalt desselben nicht entdeckt hatte, im anderen Falle, wenn der Verfolgte sich entdeckt glaubte, so war der Verfolger in weit größerer Gefahr als jener, denn eine wohlgezielte Kugel aus dem Dickicht machte der Verfolgung nicht selten ein Ende. Die Aufsuchung, Verfolgung und die Vertilgungs-Kämpfe, welche organisirte Regulatoren-Companien gegen einige dieser desperaten Diebsbanden führten, würden höchst interessante und spannende Schilderungen liefern, aber die Notizen dazu müssen an Ort und Stelle gesammelt werden, wenn man die Wahrheit berichten und nicht bloß Phantasiebilder zeichnen will, wie in den schauderhaften „Dime-Novellen".

Später, und vorzüglich nach der Beendigung des Bürgerkrieges, traten auch in dem an natürlichen Hülfsquellen so überaus reichen Südosten andere und zwar erfreulichere Zustände ein; der starke Zustrom von fleißigen, strebsamen und ehrlichen Einwanderern aus Kentucky und Tennessee (auch Deutsche haben sich dort angesiedelt) hat die Reste des früheren nichtsnutzigen Gesindels so in die Enge getrieben, daß jetzt wenig oder nichts mehr von ihnen zu befürchten ist und daß friedliebende Menschen auch dort in Ruhe leben können.

Die meisten Amerikaner, in deren Nachbarschaft sich die Deutschen niederließen, waren aus Kentucky und Tennessee gekommen und hatten daselbst der ärmeren Klasse angehört, die keine Sclaven besaßen; von den Sclavenhaltern war der größere Theil Virginier; sie gehörten aber nicht zu der Klasse der reichen Plantagen-Besitzer aus dem eigentlichen Süden, wo Baumwolle, Reis und Zucker die Haupt-Stapel-Artikel waren und noch sind; von diesen waren nur sehr wenige nach Missouri gekommen. Noch seltener waren hier Ansiedler aus den östlichen freien Staaten; denn für diese war die Sclaverei eine Barrière, und wenn sie sich im Westen niederlassen wollten, so wählten sie Ohio, Indiana oder Illinois zu ihrer neuen Heimath.

Die alten Kentuckier und Tennesseer waren durchschnittlich sehr biedere, offenherzige und rechtschaffene Leute; Viele von ihnen, und jedenfalls die Väter der Meisten davon, hatten zu Daniel Boons Zeiten die bitteren Kämpfe gegen die Indianer entweder selbst mitgemacht oder wenigstens in ihrer Kinderzeit mit durchlebt und waren, gestählt durch ein rauhes Leben, ruhige und besonnene Männer geworden, die ihre Geistesgegenwart nicht leicht in irgend einer Lebenslage verloren; sie waren zum größten Theil ausgezeichnete Jäger und vortreffliche Schützen und besaßen eine Orientirungsgabe und einen Spürsinn, Haupt-Eigenschaften der Indianer, worin sie diesen wenig oder gar nicht nachstanden; es waren mit einem Wort Hinterwäldler von der respectabelsten Klasse. Wer sich ihre Achtung und ihr Zutrauen erworben hatte, dem blieben sie Freunde durch das ganze Leben und es war ihnen ziemlich gleich, ob er ein Amerikaner oder ein Fremder war.

Heute noch findet man solche alten Hinterwäldler, die mit alten Deutschen in ununterbrochener Freundschaft leben, und wenn sie ihre Anhänglichkeit auch nicht durch äußerliche ostentatiöse Manifestationen kund geben, so läßt doch Keiner den Anderen in der Noth ohne Hülfe, wenn diese in seiner Macht steht.

Weil sie, wie die meisten Menschen, Andere nach sich selbst beurtheilten, hielten sie Jedermann für ehrlich, bis sie sich vom Gegentheil überzeugt hatten; wer aber ihr Vertrauen einmal getäuscht hatte, der gewann es nie wieder.

Daß sie sich gegenseitig für ehrlich hielten, beweist der Umstand, daß in den früheren Jahren die meisten Hausthüren gar kein Schloß hatten. Wenn man eintreten wollte, so mußte eine hölzerne Klinke, deren eines Ende in einem hölzernen Haken ruhte, durch einen dünnen hirschledernen Riemen in die Höhe gezogen werden, das öffnete die Thür und man konnte eintreten.

Wenn man einem Besucher andeuten wollte, daß er jederzeit willkommen sei, so wurde oft die Redeweise gebraucht: "tho latch string is always hanging out for you" (das Band hängt jederzeit zu Eurem Gebrauch vor der Thür).

Die Zeiten, in denen dieser alte Spruch eine Bedeutung hatte und mit allem Fug und Recht angewandt werden konnte, sind längst vergangen, deßwegen würde die jetzt lebende Generation eine solche herzliche Einladung gar nicht verstehen, wenn sie in dieser Weise ausgesprochen würde.

Neben den so eben geschilderten Ansiedlern amerikanischer Abstammung, welchen kein gerecht denkender Mensch seine Achtung versagen konnte, waren auch noch Andere da, die man aber nur zu den wenigen nützlichen Bürgern zählen konnte; diese hatten in ihrer früheren Heimath in den alten Sclaven-Staaten zu der niedrigst stehenden Klasse der Weißen gehört und zeichneten sich durch nichts so sehr aus, als durch ihre unglaubliche Indolenz und ihre absolute Gleichgültigkeit gegen jede Lebens-Bequemlichkeit; sie waren dennoch häufig sehr geschickte und gewandte Arbeiter, vorzüglich mit der Axt, und wenn sie bewegen werden konnten, für einen Nachbar zu arbeiten, so hatte man in der Regel Ursache, zufrieden mit ihnen zu sein, aber ihr Fleiß hielt fast niemals länger als zwei oder höchstens drei Tage an, und sobald sie erst wieder einen Sack voll Kornmehl und eine Speckseite im Hause hatten, fehlte nichts mehr zu ihrer Zufriedenheit; und so lange noch eine Speckschwarte und ein Stäubchen Mehl zu ihrer Verfügung stand, dachten sie eben so wenig an das Arbeiten als ihre Jagdhunde. Wenn endlich gar nichts Eßbares mehr im Hause war, wurde so lange in der Nachbarschaft herumgeborgt, wie es eben ging und erst dann wurde wieder gearbeitet. So trieben sie es Jahr aus, Jahr ein; aber so Viele ich auch von diesem Schlag kannte und noch kenne, so habe ich doch niemals Einen gefunden, der sich unglücklich oder unbehaglich gefühlt hätte.

Von einer gründlichen Schulbildung der alten Ansiedler konnte selbstverständlicherweise damals nicht die Rede sein; zu der Zeit, als die ersten Deutschen ankamen, war es wohl etwas besser, und man fand Viele, die etwas lesen, schreiben und auch ein wenig rechnen konnten; die Meisten aber hatten noch so gut wie gar keine Kenntnisse irgend einer Art. Die Beamten, Advokaten und Aerzte waren zwar in diesen Elementar-Kenntnissen besser bewandert, doch ging ihr Wissen auch nicht weit darüber hinaus und diese hatten mehrentheils ihren ersten Unterricht nicht in Missouri genossen.

Man würde den alten Pionieren aber ein großes Unrecht zufügen, wenn man deßhalb mit Geringschätzung auf sie herabsehen wollte, weil sie keine Schulkenntnisse hatten, und Solche, welche das alte Grenzerleben in seinem ganzen Umfang kennen und zu würdigen verstehen, thuen es auch nicht.

In den Zeiten der ersten Ansiedler westlich vom Mississippi, ehe das Land gründlich von den Indianern gesäubert war, würde eine Schule eine Unmöglichkeit gewesen sein, denn die Zwischenräume, welche die wenigen zerstreuten Ansiedlungen von einander trennten, waren ununterbrochener Wald, und zu manchen Zeiten war das Land so unsicher, daß selbst die unerschrockensten und erfahrensten Jäger es nicht wagen durften, sich weit von ihrer Wohnstätte zu entfernen. Welche Eltern würden ihre Kinder unter solchen Umständen nach der entlegenen Schule schicken, und sie damit allerlei Gefahren preisgeben?

Es gab lange Pausen der Ruhe und des Friedens, und längere Zeit wäre vielleicht Alles gut gegangen, aber ein einziger plötzlicher Einbruch einer nur kleinen Horde Indianer hätte namenlosen Jammer über die Mütter gebracht, denen ihre Kleinen entweder todtgeschlagen oder geraubt worden wären; die blutigste Rache der Väter hätte dann die erschlagenen Lieblinge nicht wieder lebendig gemacht und die Befreiung der geraubten Kinder wäre sehr zweifelhaft gewesen.

Während eines ganzen Menschenalters dauerten diese Zustände und wenn es am Ende dieser Zeit auch nicht mehr so schlimm war wie im Anfang, so kann doch eine so wilde Periode nicht urplötzlich in eine wohlgeordnete übergehen, und die Kinder, welche während dieser Zeit geboren wurden und herangewachsen, mußten natürlich, was den Schul-Unterricht anbetraf, unter dem Einfluß dieser Verhältnisse leiden.

Obgleich diesen alten Grenzern die Schulkenntnisse fehlten, so hätte man sich doch gewaltig geirrt, wenn man sie deßwegen für „dumm" gehalten hätte; im Gegentheil, sie hatten einen hellen, klaren und geübten Verstand, der ihnen die Dinge, mit denen sie in Berührung kamen, im richtigen Lichte zeigte. Ich habe solche Männer, die keine zwei Buchstaben von einander unterscheiden konnten, manchmal über die schwebenden Tagesfragen reden hören, soweit sie dieselben übersehen konnten, und die Argumente und Betrachtungen, die sie dabei zuweilen entwickelten, hätten einem Professor der Logik Ehre gemacht.

Diese alten Pioniere waren zu ihrer Zeit ein sehr wichtiges Element für den Fortschritt der Cultur; sie waren allerdings nicht die Träger der Civilisation, aber sie waren die ersten Bahnbrecher, ohne welche es nicht möglich gewesen wäre, geordnete Zustände einzuführen. Wenn Ackerbau, Industrie und Wissenschaften gedeihen sollen, muß Ruhe und Friede herrschen, aber so lange man täglich in der Erwartung leben muß, erschossen und scalpirt zu werden, ist ein solches Gedeihen nicht denkbar.

Ruhe und Frieden haben gerade diese alten Hinterwäldler den nachkommenden Geschlechtern erkämpft, und sie verdienen somit die Anerkennung und die Hochachtung aller vernünftigen Menschen.

In unserer Zeit, in welcher Eisenbahnen den Atlantischen Ocean mit dem Stillen Meer verbinden, ist die Bestimmung der alten Pioniere erreicht und sie gehören einer Generation an, welche dagewesen ist.

10. Die alten Amerikaner. Ihre Lebensweise, Sitten und Gebräuche.

Die Urbarmachung des Waldes ist schon von so Vielen ausführlich beschrieben worden, daß es unnöthig ist, die gütigen Leser mit einer abermaligen Beschreibung davon zu langweilen, deßwegen mag es genügen, nur etwas über den Feldbau zu berichten, wie er vor vierzig Jahren am Missouri betrieben wurde.

Der Ackerbau lag damals fast noch in den Windeln, und man war noch nicht weit über die Zeit hinaus, in welcher man den Boden nur mit einem spitzigen Stück Eisen oder gar mit einem Baumast aufriß. Die alten Bar-shears standen damals noch in großem Ansehen; die Schar dieser Pflüge bestand nur in einer dreieckigen Eisenplatte, deren längste Seite geschärft war und ein sehr einfaches Holzgestell mit einem geraden Streichbrett oder auch mit gar keinem, vollendete den Pflug. Ebenso wurden die alten Ochsenzungen (Bull-tongues) noch für ganz unübertreffbare Werkzeuge zum ersten Aufbruch des rohen Landes gehalten; die Gestalt dieser Art von Pflugscharen hatte allerdings Aehnlichkeit mit einer Ochsenzunge; sie waren lang, schmal, an beiden Seiten geschärft und an der Spitze etwas krumm gebogen; mitunter war auch ein sogenannter Colter (Sech) vor der Pflugspitze befestigt; dieses Instrument wühlte bloß, kehrte das Land aber nicht um; Schaufelpflüge, die dem eben beschriebenen Pflug sehr ähnlich waren, kamen auch in Gebrauch und leisteten zum Reinhalten vom Unkraut in den Maisfeldern sehr gute Dienste. Zum Verdruß Solcher, die gern Alles beim Alten lassen und deßhalb die alten Bar-shears noch immer mit großer Ehrfurcht betrachteten, bürgerten sich doch bald Wendepflüge ein; sie waren erst ziemlich plump, hatten aber geschwungene hölzerne Streichbretter; wenige Jahre darauf aber wurden alle diese, ihren Zweck nicht mehr vollständig erfüllenden Ackergeräthe durch gute Fabrikpflüge verdrängt, (die ersten waren die alten Pea-cock-ploughs); diese waren stark gebaut und liefen dabei doch leichter für das Zugvieh als die alten unförmlichen Gestelle. Von Jahr zu Jahr wurden Verbesserungen und neue, allen nur möglichen Agricultur-Zwecken entsprechende Erfindungen gemacht, und heutiges Tages kann man selbst am Fuße der Felsengebirge solche Patent-Pflüge finden.

Eggen waren in unserer ersten Zeit gar nicht im Gebrauch, und den wenigen Hafer, der damals gesäet wurde, schleifte man mit einem schweren Dornbusch, an welchen Pferde oder Ochsen gespannt waren, unter den Boden.

Das Umpflügen des Landes wurde sehr liederlich betrieben; man ließ den Pflug selten drei Zoll tief im Boden gehen, und auch nicht aller Ackerboden wurde durch den Pflug berührt, denn wenn nur auf dem ganzen Feld der Boden mit Schollen und loser Erde bedeckt war, so hielt man es für ganz unwesentlich, ob der darunter liegende Grund umgebrochen war oder nicht.

Mais war das am meisten angebaute Getreide und der Cultur desselben wurde auch der größte Fleiß und die meiste Aufmerksamkeit gewidmet; durch das häufige Durchpflügen der Maisfelder, bis die Pflanzen eine Höhe von etwa 6—8 Fuß erreicht hatten, wurde das erste oberflächliche Umbrechen einigermaßen wieder gut gemacht und man erzielte so auf dem meist noch sehr neuen und frischen Boden oft sehr reichliche Ernten.

Hafer und Weizen galten nur als Nebendinge, und der Anbau dieser Halmfrüchte wurde wo möglich noch nachläßiger betrieben als der des Welschkorns.

Von keiner Art dieser Cerealien wurde viel gebaut.

Alles Vieh, welches nicht zur Arbeit gebraucht wurde, lief das ganze Jahr über frei im Walde herum und wurde nur, wenn tiefer Schnee lag und bei strenger Kälte gefüttert, deßwegen bekamen nur die Arbeitspferde, wenn sie zum Kornpflügen gebraucht wurden, neben ihren Maiskolben einige Bündel Hafer aufgesteckt.

Wenn das Kornpflügen vorüber war, wurden auch die letzten Arbeitspferde in den Wald entlassen, und nur wenn sie wieder gebraucht werden sollten, wurden sie gesucht und beigetrieben. Das war keine zu schwere Aufgabe, denn man kannte ihre Gänge und eines der Pferde hatte gewöhnlich eine Schelle am Halse hängen.

Dieses Pferdesuchen war immer eine sehr erwünschte Gelegenheit für die heranwachsenden jungen Bursche, um die Büchse ihres Vaters in die Hände zu bekommen, und hin und wieder hatten sie einem der Pferde einen geschossenen Hirsch quer über den Rücken gelegt, wenn sie heimkamen.

Der Weizen, der jetzt eines der wichtigsten und einträglichsten Producte geworden ist, wurde ebenfalls in keiner nachahmungswürdigen Weise bestellt. Die Meisten säeten ihn in die Maisfelder, weil sie, außer den kleinen Haferfeldern, kein Stoppelland hatten und eine sehr gewöhnliche Methode war die, daß sich Einer auf ein Pferd setzte, einen großen, mit Weizen gefüllten Korb auf den Schooß nahm, und vom Pferd herunter die Saat in die Kornreihen warf; ein Anderer fuhr mit einem Pflug, an den ein Pferd gespannt war, in jeder Reihe ein paar Mal auf und ab und damit war die Bestellung fertig. Im Winter, wenn die Maiskolben ausgebrochen und eingebracht waren, wurden die trockenen Maisstengel dicht am Boden abgehauen und blieben auf dem Felde liegen, wo die junge Weizen-Saat dazwischen aufwuchs. Daß auf diese Weise nur sehr schwache Ernten erzielt werden konnten, ist wohl Jedem klar, der nur einigermaßen etwas von der Landwirthschaft versteht.

Diese alten Farmer waren allerdings nur sehr mittelmäßige Landwirthe, aber sie hatten auch wenig Veranlassung, es besser zu machen, wenn sie es auch verstanden hätten, denn, wie schon in einem früheren Kapitel erzählt ist, war fast gar keine Nachfrage da und der Transport in vielen Fällen gar nicht ausführbar; wenn man nur genug für den Hausbedarf gebaut hatte, so war man zufrieden und es blieb sich ganz gleich, ob dieser Bedarf auf fünf oder auf zehn Acker gewachsen war.

Zehn Bushel (à 60 Pfund) wurde eine gute Ernte genannt, aber Viele erzielten einen weit geringeren Ertrag. Die Zeiten haben sich seitdem sehr geändert, denn jetzt wird häufig auf denselben Feldern, welche damals schon für ausgebaut und unbrauchbar gehalten wurden, durch eine rationellere Cultur der Ertrag auf 20 Bushel per Acker gebracht, und gutes Land bringt in besonders günstigen Jahren auch wohl 30 Bushel per Acker und noch darüber.

In unseren Wäldern hatte man sonst ganz merkwürdige Begriffe vom Welthandel. Einst wurde es als etwas Außerordentliches betrachtet, daß ein Farmer in der Nachbarschaft nahezu 100 Bushel, sage einhundert, gedroschen habe, da meinte Einer, dann sei es auch gar kein Wunder, daß die Preise so niedrig wären, wenn der Markt auf diese Weise überfüllt würde.

Eine sehr unangenehme Arbeit war das Dreschen des Weizens; fast Niemand hatte eine Scheune, doch fingen die Deutschen sehr bald an, welche zu bauen. Die Meisten reinigten ihr Getreide daher in der alten Weise, bis nach und nach Dresch-Maschinen in allgemeinen Gebrauch kamen.

Diese alte Weise war aber sehr mühsam und umständlich; es wurde nämlich im Felde eine kreisrunde Tenne geebnet, eine Arbeit, die fast jedes Jahr von Neuem vorgenommen werden mußte, da der Weizen nicht immer in demselben Felde gezogen wurde; dann wurde das Getreide auf hölzernen Schlitten herbeigefahren, auf eine gewisse Weise im Kreis herum angelegt, und dann wurde mit vier, sechs oder auch acht Pferden, die je zwei und zwei nebeneinander gingen, so lange auf dem Weizen im Kreis herumgetrabt, bis wenigstens die meiste Frucht aus dem Stroh getreten war. Manchmal stand Einer in der Mitte der Tenne und hielt durch Leinen und die Peitsche die Pferde auf dem rechten Platz, sehr häufig aber setzte man auf jedes Sattelpferd einen kleinen Jungen, und wer selbst nicht genug eigene hatte, der borgte sich die fehlenden aus dem jungen Nachwuchs in der Nachbarschaft zusammen. Die Scheidung des leeren Strohes von dem Gemisch von Weizen und Spreu war eine mühselige Arbeit und erforderte Uebung und Geschicklichkeit, und wer sie nicht verstand, der warf viele Körner mit dem Stroh von der Tenne.

So lange das Wetter trocken blieb, mochte diese Dreschmethode angehen, aber es kam auch nicht selten vor, daß ein heftiger Regenschauer in den vielleicht kaum halb ausgerittenen Weizen fiel, und in diesem Falle waren empfindliche Verluste ganz unvermeidlich.

Ziemlich unvollkommene Fege-Mühlen verrichteten die Sonderung des Weizens von der Spreu; diese Mühlen mußten mit der Hand gedreht werden, aber ihre Arbeit ließ in der Regel viel zu wünschen übrig, und man konnte mitunter ein greuliches Gemisch von gutem und schlechtem Weizen, Spreu und Strohresten und Unkrautsamen vieler Art durch die Mühlen laufen sehen.

Kartoffeln, Kraut und Rüben wurden nur in kleinen Quantitäten, die eben für den Hausbedarf hinreichten, gebaut; Stangenbohnen wurden und werden heute noch in die Maisfelder gepflanzt, wo sie an den Kornstengeln hinauf ranken; Kürbisse wuchsen in den neu urbar gemachten Feldern in großer Menge ohne alle Pflege, und nur den Wasser- und Zucker-Melonen wurde etwas mehr Aufmerksamkeit geschenkt.

Der Gartenbau lag noch sehr im Argen; ein kleines Stückchen Land, so nahe wie möglich am Hause, wurde einfach umgepflügt und in diesem rohen Zustande mit Zwiebeln, etwas Salat, einigen Zierpflanzen und Blumen angepflanzt und das war Alles; kaum das Unkraut wurde entfernt.

Baumwolle wurde nur von Wenigen gebaut und ebenfalls nur für den eigenen Bedarf. Das Klima in Missouri ist dem Baumwollenbau nicht günstig genug, um den Anbau dieser Pflanze im Großen zu empfehlen; nur der Südosten des Staates macht eine Ausnahme, dort wird, vorzüglich seit dem Eintritt friedlicher Zeiten, der Cultur dieser schönen und nützlichen Pflanze viel Aufmerksamkeit geschenkt und ihr Anbau wird dort mit Vortheil betrieben.

Die damals noch vortreffliche wilde Weide in den Wäldern machte den Wiesenbau fast ganz entbehrlich; nur sehr Wenige hatten solche angelegt, und eigentliche Futterkräuter, wie z. B. Klee, wurden noch gar nicht cultivirt.

Auch die Viehzucht wurde lässig betrieben, und Pferde, Rindvieh, Schafe und Schweine waren sich so ziemlich das ganze Jahr über selbst überlassen.

Die wilde Weide war noch vor dreißig Jahren sehr gut, doch nicht annähernd mehr so reichlich, als sie, nach der Beschreibung der ältesten Ansiedler, im Anfang dieses Jahrhunderts gewesen sein mag; zu jener Zeit sollen alle Niederungen dicht mit Schachtelhalm (rushes) überwachsen gewesen sein, der den ganzen Winter über grün bleibt, für Pferde und Rindvieh außerordentlich nahrhaft sein soll und auch sehr gern von ihnen gefressen wird; diese Pflanze findet man zwar noch immer an feuchten Stellen, doch nur in kleinen einzeln stehenden Partien.

Zur Zeit unserer Niederlassung fand das Vieh selbst noch zwischen dichteren Ansiedlungen reichlich Nahrung im Walde, um so mehr außerhalb dieser Settlements, wo die Wohnplätze immer vereinzelter wurden, dort war aller freier Boden zwischen den Bäumen mit kurzem und langem Gras bewachsen.

Viele Amerikaner trieben daher im Frühjahr, sobald das erste Gras sproßte, ihre Zucht-Stuten, ihre jungen Pferde und Maulesel und ebenso das Rindvieh, mit Ausnahme der Milchkühe, welche junge Kälber hatten, oft 20—30 Meilen weit von der Heimath in die wilde Weide (range), wie man zu sagen pflegte. Dort bekamen sie von Zeit zu Zeit Salz, aber immer an einer und derselben Stelle; an diesen Ort kamen sie immer wieder zurück und entfernten sich niemals weit davon. Einige der älteren Thiere trugen Schellen am Halse und die jüngeren Thiere entfernten sich niemals über die Schallweite hinaus von der Heerde. Hier blieben sie ohne weitere Aufsicht, bis man sie oft erst gegen Weihnachten wieder heim trieb. Nur selten ging ein Stück Vieh dabei verloren.

Das für das Vieh nöthige Salz wurde zuweilen einem der nächsten Ansiedler übergeben, der aus Gefälligkeit oder gegen eine kleine Vergütung die regelmäßige Verabreichung übernahm; oft aber auch besorgte der Eigenthümer oder seine ältesten Söhne dieses Geschäft selbst; die häufigen und weiten Ritte dabei boten ihnen zu gleicher Zeit Gelegenheit zur Jagd, und nicht sehr oft kamen sie ohne frisches Fleisch nach Hause. Oft schossen sie Hirsche gerade zwischen ihren Pferden oder Rindern, denn das Wild besuchte diese Salzlecken fast ebenso regelmäßig wie das Vieh.

Die Schafe mußten in der Nähe der Farmen gehalten werden; in den früheren Zeiten der Wölfe wegen und später der vielen Hunde halber, welche auf eigene Rechnung und ohne das Wissen und den Willen ihrer Herren im Walde herumliefen. Diese nichtsnutzigen Bestien thaten den Schafheerden größeren Schaden als die Wölfe; sie wurden aber auch mit derselben Münze bezahlt wie jene, d. h. sie wurden, wo man sie herrenlos herumstrolchen fand, ohne weitere Umstände über den Haufen geschossen, und da man die alten Settler außerhalb ihrer Hofstelle selten ohne Büchse auf der Schulter zu sehen bekam, so mag man sich denken, daß jene gemeinschädlichen Herumstreicher niemals lange auf das Ende ihrer Laufbahn zu warten brauchten.

Die Schweine-Race, die in der alten Zeit am weitesten verbreitet war, paßte sehr gut in die Wildniß; aber von den Eigenschaften, die man von einem Schwein verlangt, welches in einer Zeit der Civilisation lebt, hatten jene Thiere keine einzige; sie waren kurz und schmal, hatten sehr lange Beine, einen hohen, scharfen Rücken, einen unverhältnißmäßig großen Kopf mit einer langen, dünnen Schnauze und spitzigen, aufrechtstehenden Ohren; bei ihnen war fast der ganze Körper unter den langen, groben Borsten mit dichter, harter Wolle überwachsen, und wenn beim Schlachten und Abbrühen die Temperatur des heißen Wassers nicht sehr gut getroffen wurde, so machte ihre Reinigung viele Mühe.

Sie waren scheu und wild und wurden niemals sehr zahm; wenn sie nicht regelmäßig an der Hofstelle gefüttert wurden, so ließen sie sich oft Monate lang nicht sehen, und nur großer Hunger bei starker Kälte trieb sie manchmal nach der Farm; wenn aber eine reichliche Eichelmast im Walde lag, kümmerten sie sich um ihre Heimath gar nicht und verwilderten oft ganz und gar. Wenn sie von der Eichelmast fett geworden waren und sich kräftig fühlten, war gar nichts mit ihnen anzufangen; locken ließen sie sich nicht, treiben ebenso wenig, und so bald sie einen Menschen erblickten, stoben sie schnaubend nach allen Richtungen auseinander.

Wenn sie im Winter abgethan werden sollten, mußte man einen guten Spür-Schnee abwarten. Sie lagerten oft lange Zeit auf einem bestimmten Platze, wo sie in ganzen Haufen beisammen lagen. Es galt dann, das Lager aufzufinden, eine Jagd, die ganz nach dem Geschmack von uns jungen Burschen war. Man mußte früh aufbrechen, ehe sich die Schweine noch weit von ihrem Lager entfernt hatten und auseinander gelaufen waren; die Hunde wurden auf die Spur gebracht und gewöhnlich dauerte es nicht lange, bis sie eine Sau bei den Ohren hatten, wo dann ein fürchterliches Zetergeschrei losging. Jetzt galt es aber, flink zu sein, denn die anderen Schweine kamen wuthschnaubend und schäumend auf die Hunde losgestürzt; sie wollten ihrem festgehaltenen Kameraden beistehen und ihn freibeißen; öfters gelang ihnen das auch, wenn die Hunde nicht sehr gut Stand hielten. Während dieses Herumbeißens wurden von den Schützen in der Regel eine Anzahl Schweine durch den Kopf geschossen, aber nur wenige Schüsse reichten hin, um sie wieder auseinander zu treiben. Man ließ ihnen nun Zeit, sich wieder zu sammeln, dann aber ging die Hetze von Neuem los, und wieder blieben Todte auf dem Platze liegen; wenn aber nach der dritten oder vierten Wiederholung nicht Alles todtgeschossen war, was man haben wollte, so kam den Wenigen, die noch übrig sein mochten, die Sache doch zu bedenklich vor, und sie suchten das Weite und zwar nicht selten auf Nimmerwiedersehen.

Solche Schweine, über welche wahrscheinlich noch niemals so viele Worte verloren wurden, und welche sich vermuthlich niemals träumen ließen, daß sie in einer Cultur-Geschichte von Missouri eine Rolle spielen würden, nannte man sehr häufig und sehr bezeichnend "hazel splitters."

Dieses Wort läßt sich zwar sehr leicht übersetzen, aber wer den Ursprung dieser Benennung nicht kennt, versteht weder das englische Wort noch die Uebersetzung.

Viele von den kleinen Bottoms längs der zahllosen kleinen Bäche waren sonst häufig mit großen und stellenweise fast undurchdringlichen Hasel-Dickichten bedeckt, und zu der Zeit, wenn die Nüsse reif sind und aus den Hülsen fallen, waren diese Dickichte ein Lieblings-Aufenthalt für die Schweine, und während größere Thiere sich nur mit großer Anstrengung durch ein solches Dickicht durchdrängen konnten, schlüpften diese Schweine mit ihren dünnen Leibern und spitzen Rüsseln überall mit Leichtigkeit durch und erhielten dieser Eigenschaft wegen den Namen „Hasel-Spalter."

Die Periode dieser hazel-splitters ist nun auch vorüber, denn die Zucht der Schweine hat jetzt durch unzählige Kreuzungen einen solchen Grad von Vollkommenheit erreicht, daß die gegenwärtige Generation dieser Thiere wahre Muster von Schönheit und Nützlichkeit sind im Vergleich mit ihren Urahnen, und ein Farmer, der heute noch ein solches obsoletes Exemplar sein Eigenthum nennt, wird nicht für einen Freund des Fortschritts gehalten.

11. Das Hauswesen der alten Amerikaner.

Fast ebenso einfach wie der Betrieb der Landwirthschaft und Viehzucht war auch das Hauswesen. Solche, welche einigen Sinn und das Bedürfniß nach häuslicher Bequemlichkeit hatten und wohlhabend genug geworden waren, wohnten in guten, soliden Blockhäusern von beschlagenem Holz, und hatten dem Hause eine oder mehrere Kammern angehängt, welche meistentheils zu Schlafräumen benutzt wurden; dicht neben dem eigentlichen Wohnhause, welches gewöhnlich nur einen Raum hatte und selten mehr als anderthalb Stock hoch war, war meistens noch ein kleineres Haus errichtet, welches als Küche diente, und in welchem der Webstuhl stand, der in keiner ordentlichen Haushaltung fehlen durfte. Viele hatten auch zwei Blockhäuser von gleicher Höhe nebeneinander gebaut und den dazwischen liegenden Raum von 10 bis 15 Fuß mit unter das gleiche Dach gebracht. Ein breites Vordach längs des ganzen Hauses und zuweilen an beiden Seiten des Gebäudes wurde, und zwar mit großem Recht, für eine unentbehrliche Bequemlichkeit gehalten, und während der heißen Sommermonate waren diese Verandas den ganzen Tag über der Aufenthalt der Familie; man saß im Schatten und konnte sich in der Mittagshitze jedes frischen Lüftchens freuen.

Von diesen besten der damaligen Farmer-Wohnungen ging es stufenweise abwärts, bis man endlich an den erbärmlichsten Hütten anlangte, die man sich denken kann, und welche kaum noch eine menschliche Wohnung genannt zu werden verdienen. Allerdings konnten neue Ansiedler mitten im Walde, die erst Land urbar machen mußten, damit sie die Ihrigen ernähren konnten, nicht zuerst an den Bau geräumiger Wohnungen denken, noch dazu, da die meisten dieser Anfänger ganz unbemittelte Leute waren, aber dicht machen konnte doch Jeder sein Haus und zwar ohne große Mühe und Kostenaufwand, damit er mit den Seinigen wenigstens einen sicheren Schutz gegen die Witterung hatte und wohnlich und gemüthlich konnte man auch das bescheidenste Häuschen machen; aber bei der schon früher erwähnten Klasse von verkommenen Subjecten überwog die stumpfsinnigste Indolenz jeden Versuch, sich wenigstens so weit zur Thätigkeit aufzuraffen, um Weib und Kind gegen das Ungestüm des Wetters zu schützen. Es gab Leute unter ihnen, die sich von einer Ecke zur andern drückten, wenn es regnete, aber dennoch das Dach nicht ausbesserten; die sich lieber in ihre Decken wickelten, um nicht zu frieren, als daß sie ihre Wände dicht machten; und die nicht eher an das Holzmachen dachten, als bis der letzte Span auf dem Feuer lag.

Eine kleine Anekdote wird die Lebensanschauung dieser Klasse von amerikanischen Bürgern besser illustriren als unerquickliche Schilderungen.

Ein Reisender, der von einem Regenschauer überrascht wurde, kam an eine elende Hütte, die er für unbewohnt hielt, weil sie halb verfallen war und nur noch ein Stück Dach hatte; doch als er vorüber reiten wollte, rief ihm eine Stimme aus der alten Spelunke zu: „Steigt ab und kommt aus dem Regen in's Haus." Verwundert über diese Einladung hielt er sein Pferd an, und die Neugierde trieb ihn in das Loch, welches man soeben ein Haus genannt hatte. Dort kauerten ein Mann, eine Frau und einige Kinder unter dem Fragment von einem Dach am Boden. Mit echter Hinterwäldler-Courtoisie wurde er begrüßt und zum Sitzen eingeladen, und er nahm auch neben seinem Wirth einen Sitz auf dem Boden ein.

Nach einer Weile konnte der Fremde die Frage nicht unterdrücken: „Aber, guter Freund, warum macht Ihr denn kein Dach auf Euer Haus?"

„Weil es jetzt regnet," war die lakonische Antwort.

Nach einer längeren Pause bemerkte der Fremde: „Aber es regnet doch nicht immer!"

„Wenn es nicht regnet, brauche ich kein Dach."

Mit dieser Erwiederung des genügsamen Mannes war das Thema abgebrochen.

Diesen Kerl hätte man für einen modernen Diogenes halten können, wenn ihm eine überspannte, grundsätzliche Genügsamkeit diese ganz triftigen Antworten dictirt hätte, aber seine Argumente waren nur der Ausdruck grenzenloser Faulheit.

In den meisten amerikanischen Haushaltungen herrschte durchschnittlich große Reinlichkeit und Ausnahmen von dieser Regel waren nur selten; selbst in den bescheidensten und ärmlichsten Wohnungen konnte man sich nicht über Unsauberkeit und Unordnung beklagen. Von Menschen, deren unmittelbare Vorfahren ihr ganzes Leben in Strapazen, Entbehrungen und Lebensgefahren verbracht hatten, kann man vernünftiger Weise keine sehr verfeinerte Kochkunst erwarten; die Küche der alten Amerikaner war daher sehr einfach und die Zubereitung der Speisen war nicht immer für einen verwöhnten europäischen Geschmack, aber sobald man sich nur einigermaßen an ihre Lebensweise gewöhnt hatte, mundeten Einem ihre Speisen sehr gut.

Es wurde unmittelbar vor und auf dem Heerdfeuer gekocht, gebacken und gebraten, denn Kochöfen kannte man damals noch nicht, und das ganze Küchengeräthe bestand nur aus einigen gußeisernen Töpfen, Tiegeln und Pfannen, und diese wenigen Geräthe wurden in sehr verschiedener Weise gebraucht. Die deutschen Hausfrauen, die nur ihre eigene, zum Theil ziemlich umständliche Kochweise kannten, waren oft ganz erstaunt darüber, daß ihre amerikanischen Nachbarinnen in so unglaublich kurzer Zeit im Stande waren, den Tisch mit einer Menge von verschiedenen und doch wohlzubereiteten Gerichten zu besetzen.

Der Einfluß, den in dieser Beziehung Amerikanerinnen und deutsche Frauen gegenseitig auf einander ausübten, war für beide Theile vortheilhaft und führte zu culinarischen Fortschritten, die auch von den Männern in gebührender Weise anerkannt wurden.

Man hatte überhaupt öfter Gelegenheit, zu bemerken, daß gerade die gebildetsten deutschen Frauen oft die vorzüglichsten Farmerfrauen wurden; sie waren die anspruchslosesten und bescheidensten und verlangten von ihren Männern niemals Bequemlichkeiten und unwesentliche Annehmlichkeiten, an die sie zwar gewöhnt waren, welche aber die finanziellen Kräfte ihrer Gatten überstiegen; diese Frauen, welche die Wahrung ihrer echten weiblichen Würde niemals aus dem Auge verloren, hielten es für keine Schande, eigenhändig zu waschen, zu scheuern und Kühe zu melken, mit einem Wort, Arbeiten zu verrichten, die sie früher nie zu leisten brauchten. Sie verloren dadurch niemals an der allgemeinen Achtung; im Gegentheil, vernünftige Leute, welche ihre früheren Verhältnisse gekannt hatten, und welche mit den amerikanischen vertraut waren, achteten sie nur um so höher.

Da es mir nicht in den Sinn kommt, ein Hinterwäldler-Kochbuch schreiben zu wollen, so will ich nur das Wenige bemerken, was mir in der ersten Zeit am meisten aufgefallen ist.

Suppen waren fast gar nicht gebräuchlich und das, was man Suppe nannte, war meistens nur ein ziemlich dickes Gemisch von Fleischbrühe und Brod; es wurde nicht am Anfang der Mahlzeit servirt, sondern neben jeden Teller wurde ein Napf voll von diesem Gericht gesetzt, und wie man bei einem guten deutschen Mahle hin und wieder einen Schluck Wein nimmt, so nahm man in derselben Weise zwischendurch eine paar Löffel voll sogenannter Suppe.

Der Salat kam ohne jede Zuthat auf den Tisch, gewöhnlich in Begleitung von jungen rohen Zwiebeln, und Jeder präparirte sich seinen Salat mit etwas Speckfett und Salz nach eigenem Geschmack.

Kaffee war das regelmäßige Getränk zum Frühstück, aber in vielen Haushaltungen war es gebräuchlich, vorzüglich wenn Gäste da waren, auch Mittags und Abends bei den Mahlzeiten Kaffee, und zwar sehr starken, zu reichen.

Unsere Landsleute, hauptsächlich die aus dem nördlichen Teutschland, haben es in dieser Beziehung viel weiter gebracht als ihre amerikanischen Nachbarn; sie trinken wenigstens in den langen Tagen und in der Erntezeit, fünf Mal des Tages Kaffee, aber er ist in der Regel nicht so stark, daß er Schwindel erregt.

Die ersten Ansiedler, die vermuthlich sehr häufig keinen Kaffee hatten, kochten als Surrogat Thee aus verschiedenen Wurzeln und Waldkräutern; dieser alte Gebrauch hat sich in manchen Familien noch bis jetzt erhalten, und auch viele Deutsche haben sich an den Genuß dieser verschiedenen Theesorten gewöhnt. Sassafras-Thee war der allgemeinste und wurde bei vielen Amerikanern als ein Blutreinigungsmittel in jedem Frühjahr längere Zeit hindurch gebraucht. Außerdem wurde Spice- und Tidney-Thee getrunken.

Da ich kein Botaniker bin und deßhalb die wissenschaftlichen Namen nicht kenne, so muß ich die landesüblichen Benennungen anwenden. Der Spice-Busch ist ein Strauchgewächs, welches man nur auf sehr reichem Boden antrifft; das junge Holz und die Blätter davon haben einen nicht unangenehmen Geruch und Geschmack. Die dünnen Ende der kleinen Zweige, die sehr spröde sind, werden in kurze Stückchen gebrochen, welche wie der gewöhnliche Thee abgebrüht werden.

Tidney ist eine niedrige, gegen 18 Zoll hohe Pflanze; sie hat kleine lanzettförmige Blätter und eine kleine weißblaue Blüthe; die Blätter werden zur Theebereitung gebraucht. Diese Pflanze hat eine merkwürdige Eigenschaft, die mir noch bei keinem anderen Gewächs aufgefallen ist. Im Winter, gewöhnlich kurz vor einem Schneefall, wachsen schöne große Eisblasen um die dünnen Pflanzenstiele herum und zuweilen sogar sind die Kronen der Pflanzen mit solchen Blasen überzogen.

Die viele Zeit, welche die Besorgung der einfachen Küche und die Reinhaltung der Wäsche und der wenigen Zimmer den Frauen übrig ließ, wurde aber keineswegs in Müßiggang hingebracht; sie kartätschten ihre Wolle und ihre Baumwolle fast alle mit den bekannten kleinen Hand-Kartätschen, denn Maschinen, welche durch Pferde- oder Wasserkraft getrieben wurden, waren damals noch sehr selten und oft sehr weit entfernt. Der Flachs wurde auf den kleinen, gewöhnlichen Spinnrädern gesponnen, aber die zum Spinnen vorbereitete Schaf- und Baumwolle auf großen Spinnrädern, deren Reif wohl einen Durchmesser von 4–5 Fuß haben mochte. Das Rad wurde dabei mit einem kurzen Stock, der besonders zu diesem Zweck gedreht oder geschnitzt war, in Schwung gebracht, und die jungen Mädchen entwickelten bei dem beständigen Vor- und Rückwärtsschreiten und den lebhaften Armbewegungen oft sehr viel natürliche Grazie. Das Färben verstanden sie ebenfalls sehr gut. Zum Blaufärben brauchten sie Indigo, aber andere Farbstoffe zum Schwarz, Grau oder Braunfärben wurden aus der Rinde von gewissen Waldbäumen gewonnen.

Die meisten Frauen und erwachsenen Mädchen verstanden das Weben, und wenn ihre Webereien auch nicht so schön waren wie Maschinen-Fabrikate, so galten sie doch allgemein für dauerhafter.

Die Kleider für Groß und Klein beiderlei Geschlechts wurden ebenfalls in der Familie gemacht, und nur selten bekam ein Schneider einen Männer-Rock zu nähen.

Es gab damals noch keine Sclaven und Sclavinnen der Mode, sondern der Kleiderschnitt aus dem Ende des vorigen Jahrhunderts, der allerdings nicht sehr geschmackvoll war, war noch bis weit in das jetzige Jahrhundert hinein gebräuchlich.

Die Männer, welche sich viel mit der Jagd beschäftigten, trugen häufig sogenannte Jagdhemden (hunting shirts); diese waren auf der vorderen Seite offen wie ein Rock, sie reichten bis zum halben Schenkel hinab und hatten einen Kragen, der nur eben über die Schultern hinabfiel; die äußeren Näthe daran waren der Zierde wegen ausgefranzt. Der Stoff zu diesen Jagdhemden war entweder starkes Wollenzeug (Jeans), welches die braune Farbe des trockenen Wald-Laubes hatte, oder es war auch Hirschleder.

Auch leggings und moccassins waren früher bei den Jägern stark im Gebrauch. Leggings waren hirschlederne Hosen oder eigentlich Gamaschen; sie wurden über den gewöhnlichen Hosen getragen und reichten vom Fuß bis hoch an den Schenkel hinauf; um den Fuß herum und unter dem Knie wurden sie mit hirschledernen Riemen befestigt, und durch einen Gürtel wurden sie um die Hüften herum festgehalten. Moccassins sind hirschlederne Schuhe, die ihrer Leichtigkeit und Geschmeidigkeit wegen eine unübertreffliche Fußbekleidung für die Jäger waren.

Man kann sich mit solchen moccassins an den Füßen einen fast unhörbaren Gang angewöhnen und ich habe oft gelächelt, wenn ich sah, wie ein Nachbar, der keine Ahnung von der Annäherung eines Menschen hatte, erschrocken zurückfuhr, als ihm plötzlich eine Hand auf die Schulter gelegt und ein „guter Morgen" zugerufen wurde.

Jene halbe Indianer-Tracht, die wohlgebauten Männern ein sehr kräftiges Ansehen gibt, ist fast ganz verschwunden, aber sonst war sie bei den Jägern ganz gewöhnlich.

An Regentagen und mitunter Abends machten die Väter und die ältesten Söhne auch die Schuhe für die ganze Familie; Männer-, Frauen- und Kinderschuhe wurden alle nach einem Muster gemacht; sie waren ziemlich dauerhaft, zeichneten sich aber keineswegs durch Eleganz aus.

Die Abende wurden im Sommer unter den großen Vordächern und im Winter vor dem Kaminfeuer zugebracht, und häufig fanden sich einige der jüngeren Leute aus der Nachbarschaft dabei ein, vorzüglich wenn heirathsfähige Töchter im Hause waren.

Die Matrone des Hauses saß dann gewöhnlich in einer bestimmten Ecke am Kamin, schweigend und Tabak rauchend, und nur selten mischte sie sich in's Gespräch, aber der Alte, der neben ihr saß, erzählte, wenn er redseliger Laune war, oft stundenlang meist sehr interessante Episoden aus seinem früheren Leben oder dem seiner Freunde und Nachbarn, und viele dieser kleinen Erzählungen wären es werth, aufgezeichnet und der Nachwelt überliefert zu werden.

12. Die Amerikaner als Nachbarn.

In der Regel waren die gegenseitigen nachbarlichen Verhältnisse sehr freundlicher Art, und die Deutschen waren keineswegs davon ausgeschlossen; im Gegentheil, man sah es gern, trotz ihrer anfänglichen Unkenntniß der englischen Sprache, wenn sie sich dem Verkehr mit ihren amerikanischen Nachbarn nicht entzogen.

Nach hiesigem Gebrauch ist es üblich, daß die Einheimischen ihre neuen Nachbarn zuerst besuchen und sie zum Wiederbesuch einladen; wenn dann die Leute bei ihrem ersten Zusammentreffen Gefallen an einander fanden, so war das nachbarliche Verhältniß für immer eingeleitet.

Jedoch bestanden in manchen Localitäten alte Zwistigkeiten, die zwar zuweilen lange Zeit nur unter der Asche fortglimmten, aber wenn es einmal durch irgend eine Veranlaſſung zum Ausbruch kam, ſo erfolgten oft blutige Händel, die, wenn auch ſcheinbar geſchlichtet, doch einen ſtillen Groll zurückließen, bis ein abermaliger Ausbruch erfolgte; nur der Tod oder das Weiterziehen des einen Theils ſicherte dem Zurückbleibenden vollkommene Ruhe.

In einer ſolchen Nachbarſchaft war es für einen gänzlich Unbetheiligten nicht gut ſein, und wenn ein Fremder ohne ſein Wiſſen zufällig in eine ſolche Gegend gerathen war, ſo war ſtrenges Schweigen über jedes nachbarliche Ereigniß ſeine ſicherſte Politik, ſobald er ſolche gegenſeitig feindſelige Geſinnungen in ſeiner Umgebung erkannt hatte; denn die unſchuldigſte Aeußerung ſeinerſeits konnte mißverſtanden werden und ihn ſelbſt mit der einen oder der anderen Partei ganz gegen ſeinen Willen in Conflict bringen.

Gegen Fremde war man artig und rückſichtsvoll, wenn man anſtändige Leute vor ſich zu haben glaubte, man beläſtigte ſie niemals durch neugierige oder gar indiskrete Fragen; ſolche aber, die alte, abſurde Standes-Vorurtheile noch nicht abgeſtreift hatten und eingebildete Ueberlegenheit geltend zu machen ſuchten, oder ſolche, welche unter amerikaniſcher Freiheit ein Privilegium für Ungeſchliffenheit und unanſtändiger Dreiſtigkeit verſtanden, wurden ſehr kühl behandelt, und man legte ihrem Abſchied nie das mindeſte Hinderniß in den Weg.

Die ſonſt ſo gebräuchliche und ſo gut gemeinte Einladung "stay all night" (Bleibt die ganze Nacht hier) verurſachte den erſten Deutſchen, die, was die engliſche Sprache anbetrifft, noch nicht weit über die erſten Schwierigkeiten hinausgekommen waren, im Anfang viel Kopfzerbrechen; da ſie die Worte "stay" und "all" nur nach dem Wortlaut mit „ſtehen" und „alle" überſetzten, ſo konnten ſie gar nicht begreifen, warum ſie „alle Nächte ſtehen" und ſich nicht lieber in's Bett legen ſollten.

Dieſe, den Deutſchen anfänglich ſo auffallende Form dieſer Einladung, ſtammt auch noch aus früheren Zeiten. Als die Anſiedlungen noch ſehr vereinzelt und oft durch weite Strecken Wald von einander getrennt waren, konnte man nicht wohl kurze, nur ſtundenlange Beſuche machen, ebenſo war es auch zeitweiſe zu unſicher, um eine Frau mit kleinen Kindern Tage lang allein zu laſſen; dieſe Beſuche wurden deßhalb meiſt mit Kind und Kegel unternommen und dauerten gewöhnlich einige Tage lang.

Die Zeit war damals noch nicht ſo koſtbar wie heutiges Tages, denn wenn das kleine Maisfeld im Juni oder Juli zum letzten Mal durchgepflügt war, konnte man Wochen und Monate lang Beſuche machen, ohne etwas dadurch zu verſäumen. Die Vorbereitungen dazu waren ſehr ſchnell gemacht; die Kälber, die man in einer Umzäunung hielt, damit die Kühe Morgens und Abends an die Hofſtelle zum Melken kommen ſollten, wurden mit den Kühen in den Wald gejagt, das Feuer auf dem Herd wurde ausgelöſcht, die Thür ohne Schloß nothdürftig zugemacht; und wenn das Haus in dieſer Weiſe beſtellt war, ſo ſetzten ſich Mann und Frau zu Pferde; die größeren Kinder ſetzten ſich auf die Kruppe des Pferdes hinter den Vater oder die Mutter, die kleineren Kinder wurden auf den Schooß genommen, und ſo wurde die Beſuchsreiſe angetreten, die nicht ſelten 30 bis 40 Meilen weit ging.

Es traf ſich manchmal, daß mehrere Familien zufällig in demſelben Hauſe zuſammentrafen, aber das genirte nicht im Geringſten, und der zahlreichſte Beſuch brachte eine alte Amerikanerin nicht außer Faſſung; an Fleiſch und Brod fehlte es nicht, und da in der einzigen und mitunter noch einer zweiten Bettſtelle kein Platz für alle Gäſte war, ſo wurden Decken und Felle auf dem Fußboden ausgebreitet, wo Groß und Klein auf demſelben Lager bis zum Morgen ſchnarchte.

Dieſer Gebrauch war, als die erſten Deutſchen in's Land kamen, noch in vollem

Schwung, obgleich damals weder im Hause noch im Walde Gefahren drohten, jetzt aber verschwindet diese Sitte immer mehr und mehr, und ist fast nur noch zwischen nahen Verwandten gebräuchlich.

Die Ansiedler waren bei schweren Arbeiten, wozu die Kraft Einzelner nicht ausreichte, auf gegenseitige Hülfe angewiesen und die Bitte um eine solche Unterstützung wurde fast nie abgewiesen. Unsere ältesten Nachbarn erzählten oft, daß sie, als sie ihre ersten größeren Häuser aufrichten wollten, die Nachbarn auf zwanzig Meilen in der Runde zusammenrufen mußten, um die schweren Balken in die Höhe zu bringen; zu unserer ersten Zeit konnte man schon auf drei bis vier Meilen im Umkreis genug hülfreiche Hände finden. Ebenso mußte man auf die Gefälligkeit der Nachbarn Anspruch machen, wenn man das viele überflüssige und hinderliche Holz in den neuen Land-Klärungen auf große Haufen bringen wollte, um es verbrennen zu können. Diese log-rollings mehrten sich von Jahr zu Jahr, wie eben die Ansiedlungen immer dichter wurden, und man verlor in der That viele Zeit damit. Es gab eine Zeit, in der ich in jedem Frühjahr zu mehr als zwanzig solcher log-rollings eingeladen wurde, und obgleich ich lange Jahre hindurch der einzige Arbeiter auf unserer Farm war und während meiner Abwesenheit alle Arbeit stille stand, so durfte ich solche Einladungen dennoch nicht abschlagen, weil ich in jedem Jahr die Hülfe meiner Nachbarn selbst brauchte.

Diese Zeit der log-rollings ist in dem größten Theil von Missouri auch vorüber; die schönsten Waldungen sind abgeholzt und in Felder verwandelt und Viele müssen anfangen, sehr sparsam mit ihrem Holz umzugehen, denn die Wälder sind in Sorge erregender Weise gelichtet. Wenn man von einer Anhöhe die Gegend überschaut, so mag ein Unerfahrener die Gegend leicht noch für einen fast ununterbrochenen Wald ansehen, aber wenn ein Holzkundiger durch den Wald geht, so wird er wenig brauchbare Nutzbäume mehr finden.

Auch die Frauen beanspruchten gegenseitige Hülfe; wenn z. B. eine Bettdecke durchnäht werden sollte, so wurden die Nachbarinnen dazu eingeladen; ebenso, jedoch viel seltener, hielt man cotton pickings, denn da nur sehr wenig Baumwolle gebaut wurde, so hatte man in Missouri nicht jene großen auf südlichen Plantagen üblichen Maschinen, um die Baumwolle von den Samenkernen zu befreien (cotton gins).

Hin und wieder hatte sich wohl ein Farmer eine kleine Hand-Maschine selbst gemacht, aber in den meisten Fällen wurden die Kerne aus der wenigen Baumwolle, die man hatte, mit den bloßen Fingern herausgezupft; es war eine höchst langweilige und mühsame Arbeit, bei der die Fingerspitzen oft sehr empfindlich schmerzten. Diese Zustände gehören nun auch zu den vergangenen; die jetzt lebenden Frauen und Mädchen werden wohl niemals zu einem cotton picking eingeladen werden.

Da hier die Rede von der Bereitwilligkeit ist, sich gegenseitig nachbarlich beizustehen, so mag auch, seiner Seltenheit wegen, ein Zug von Menschenfreundlichkeit und Besonnenheit erzählt werden, der gewiß große Herzensgüte gepaart mit Menschenkenntniß verräth, wenn auch die Handlung selbst in ein etwas rauhes Gewand gehüllt war.

Ein ziemlich wohlstehender alter Farmer bemerkte einst, daß aus dem hinteren Theil seiner corncrib (lange, schmale Loghäuser zur Aufbewahrung des Welschkorns) Korn entwendet war; die Korn-Aehren mußten allem Anschein nach, mit der Hand an einer Stelle herausgezogen worden sein, an welcher zwischen zwei Balken eine etwas größere Oeffnung geblieben war. Um den Thäter ausfindig zu machen, stellte unser Farmer an der einzigen Stelle, welche groß genug war, um eine Hand hindurch zu lassen, eine kleine Raccoon-Falle in die corncrib.

Diese Fallen sind ganz ähnlich construirt wie die bekannten Fuchseisen oder Schwanenhälse; aber da sie nur zum Fang kleinerer und schwächerer Thiere bestimmt sind, so sind sie nicht so stark und folglich auch nicht so gefährlich.

Von der Wohnung aus konnte man die verhängnißvolle Stelle sehen, und die mondhellen Nächte erleichterten noch obendrein dem Farmer sein Auflauern; wirklich sah er auch in einer der folgenden Nächte, als er gegen Mitternacht aus der Thür getreten war, eine menschliche Figur hinter der corncrib stehen. Er machte keinen Lärm, sondern legte sich ruhig wieder nieder; noch ein paar Mal stand er auf, um nachzusehen und immer stand die Gestalt noch an derselben Stelle.

Zur gewöhnlichen Stunde am Morgen stand der Farmer auf und ging nach den Ställen, um seine Pferde zu füttern, und endlich ging er auch hinter die corncrib. Dort sah er einen seiner nächsten Nachbarn stehen, der sich erst ganz kurze Zeit vorher auf Congreßland niedergelassen hatte.

Mit einem „Guten Morgen, Nachbar" trat er auf ihn zu und reichte ihm die Hand. Der Gefangene rührte sich nicht, schlug die Augen nieder und schwieg.

„Nun wollt Ihr mir die Hand nicht geben?"

„Ich kann nicht, ich bin gefangen", war die leise Antwort.

„Warum seid Ihr denn gefangen?"

In großer Verlegenheit, stotternd und unter Thränen erzählte nun der Mann, er sei arm, aber er habe bis jetzt redlich und fleißig gearbeitet, nun wäre seine Frau so krank geworden, daß er sie nicht verlassen und nichts verdienen könne; das Wenige, was er gehabt habe, sei aufgezehrt und er habe kein Geld und auch kein Brod mehr für seine Kinder."

„Aber warum seid Ihr denn nicht zu Euren Nachbarn gekommen?"

„Ich bin noch ganz fremd hier und habe geglaubt, daß einem so armen Manne Niemand etwas borgen würde, aber ich sehe ein, daß ich unrecht gehandelt und mich für mein ganzes Leben unglücklich gemacht habe."

„Nun, nun, recht habt Ihr freilich nicht gehandelt, aber so groß als Ihr glaubt, ist das Unglück doch noch nicht."

Damit befreite er seine Hand, die stark angeschwollen war, aus der Falle und lud ihn ein nach dem Hause zu kommen; der Mann weigerte sich, weil er sich so schämte, daß er die Augen kaum aufschlagen konnte, aber seine Weigerung wurde nicht beachtet.

„Ach was, nach Eurer Nachtwache hier im Hofe wird Euch ein tüchtiger Schluck nicht schaden und das Frühstück wird nun wohl auch auf dem Tisch stehen."

Widerstrebend begleitete der Arme nun seinen freundlichen Nachbar, der keine Ausflucht gelten ließ, endlich nach dem Hause und sein Wirth that so unbefangen, als wenn gar nichts vorgefallen wäre. Nach dem Frühstück forderte der Wirth seinen Gast auf: „Nun nehmt einmal Euren Sack, jetzt gehen wir wieder nach der corncrib, aber dieses Mal nach der richtigen Thür." Nachdem er ihm seinen Sack gefüllt und ihm denselben auf die Schulter geholfen hatte, reichte er ihm die Hand und bemerkte dabei: „Wenn Ihr wieder in Noth seid, so kommt nur zu mir, aber in's Haus; übrigens meine Frau oder meine Mädels werden heute noch Eure Frau besuchen und zusehen, wie da zu helfen ist." Damit entließ er ihn und die Sache war abgemacht.

Dieser Mann, der aus Noth und gegen seine bessere Ueberzeugung zum Dieb geworden war, war geheilt für immer und sein menschenfreundlicher Wohlthäter hatte in späterer Zeit niemals einen ergebneren und treueren Freund als diesen Verirrten, den er auf den rechten Weg zurückgeführt hatte.

* * *

In gewöhnlichen Krankheitsfällen behalf man sich häufig mit Abkochungen von Wurzeln und Waldkräutern, und da, außer den klimatischen Wechselfiebern, nicht viele ernste Krankheitsfälle vorkamen, so reichten jene Hausmittel, die den alten Ansiedlern theils ihre eigene Erfahrung und theils die Tradition in die Hand gegeben hatte, meistens aus. So lange der Patient noch nicht an das Lager gefesselt war, äußerte sich die nachbarliche Theilnahme noch nicht besonders lebhaft, sowie aber der Doctor geholt wurde, so hielt man die Sache für bedenklich und wenn sie es noch nicht war, so wurde sie es doch leider zu häufig bald nachher; die Nachbarn kamen, fragten nach dem Befinden und boten ihre Hülfe an, und wenn es so schlimm wurde, daß die Nacht bei dem Patienten gewacht werden mußte, so fehlte es niemals an Nachbarn, die sich jede Nacht am Krankenbett ablösten, bis sich der Patient entweder erholt hatte oder gestorben war. Daß die Frauen geduldige, umsichtige und liebenswürdige Krankenpflegerinnen waren, darf nicht auffallen, denn den Ruf dieser Eigenschaften haben die Frauen bei allen civilisirten Nationen, aber ich hatte auch oft Gelegenheit, zu bemerken und zu bewundern, daß die äußerlich oft so rauhen und harten Männer des Waldes an dem Bett eines Schwerkranken so viel Geschick, Geduld und Rücksicht zu entwickeln im Stande waren.

Die thatkräftige Sympathie der Nachbarn war den Angehörigen eines Kranken gewiß sehr wohlthuend und zerstreuend, aber diese Theilnahme wurde auch häufig, sehr zum Nachtheil des Patienten übertrieben; denn in den oft kleinen Blockhäusern, die bloß einen einzigen Raum hatten, also zugleich Krankenstube waren, gingen die Besuchenden häufig den ganzen Tag über aus und ein wie in einem Taubenschlag. An den Kranken wurden dabei nur die nöthigsten Fragen gerichtet, es wurde nicht laut im Zimmer gesprochen und alles laute und störende Geräusch wurde so viel wie möglich vermieden, aber dennoch konnte der Patient in einer solchen Umgebung die ihm zu seiner Genesung so unentbehrliche Ruhe nicht finden. Dieses unaufhörliche Oeffnen und Schließen der Thüre, dieses Herausschleichen, die vielen ungewohnten Gesichter und das ununterbrochene halblaute Geflüster war hinreichend, um einen Nervenkranken zur Raserei zu bringen, und wer weiß, ob nicht Mancher wieder gesund geworden wäre, wenn ihm anstatt dieser Unruhe und dieser so schädlichen Aufregung ungestörte Stille und Ruhe vergönnt gewesen wäre.

Die liebreiche Theilnahme der Nachbarn war gewiß anerkennungswerth, aber ihre große Unwissenheit in Bezug auf menschlichen Organismus ließ sie nicht erkennen, daß falsch verstandene und übertriebene Theilnahme an einem Krankenlager nur schaden, aber niemals nützen kann.

*   *   *

Die Herren Doctoren waren in jener frühen Zeit, und noch viel später, größtentheils eine höchst gefährliche Klasse von Mitbürgern. Es gab allerdings schon Ausnahmen von dieser Regel und einige alte und lang ansässige Aerzte erfreuten sich eines sehr guten Rufes, aber auch diese hatten ihre glücklichen Erfolge weniger ihren wissenschaftlichen Kenntnissen zu danken als vielmehr ihrem natürlichen Verstand, ihrer Gewissenhaftigkeit, die sie nicht tölpelhaft darauf los mediziniren ließ, wo sie ihrer Sache nicht gewiß waren, und ihrer langjährigen Erfahrung.

Die anderen zahlreichen Aerzte aber, die bald hier bald da auftauchten und wieder verschwanden, waren nicht von gleich gutem Kaliber. Die Art und Weise, wie solche sogenannte Doctoren, die ohne schwere Arbeit gern reich werden wollten, „studirt" hatten, wird die geringe Meinung, die jeder vernünftige Mensch von ihnen hatte, rechtfertigen. Wenn ein Jüngling das Zeug zu einem berühmten Mann in sich zu verspüren glaubte und die Menschheit als Heilkünstler beglücken wollte, so ging er, mit der Weisheit eines Elementar-Schülers ausgerüstet, aber ohne andere Vorkenntnisse zu einem älteren Arzt auf kürzere oder längere Zeit in die Lehre, d. h. er las die medicinischen Werke seines Lehrers, aber leider ganz ohne Verständniß. Mit einer solchen Vorbereitung, bei welcher einige unverstandene Brocken Latein mitunter eine große Rolle spielten, besuchte er ein Semester lang eine Universität, hielt sich dort in den Hörsälen auf, sah einige Sectionen und Operationen mit an, und-nun war er fertig. Aber es gab auch Solche, die sich schon für tief gelehrte Aerzte hielten, wenn sie nur eine alte Scharteke, welche von der Heilkunde handelte, mühsam durchbuchstabirt hatten.

Wenn man die zahllosen mißrathenen Kuren dieser Doctoren aufzeichnen wollte, so könnte man Folianten füllen, ohne daß man das Material dazu sehr weit oder sehr mühsam zusammen zu suchen brauchte.

Nur wenige Beispiele werden genügen, den wissenschaftlichen Standpunkt dieser Aerzte zu veranschaulichen. Eine sehr glaubwürdige und erfahrene Frau erzählte mir einmal, daß sie einst eine Nachbarin besucht habe, deren jüngstes Kind sehr krank war und wie man leicht bemerken konnte, nur noch wenige Stunden zu leben hatte. Der Arzt, der das Kind in Behandlung hatte, war im Hause und schien am Ende seiner Weisheit angekommen zu sein; plötzlich nahm er das sterbende Kind aus der Wiege, rannte damit in der Stube auf und ab und rüttelte und schüttelte den armen Wurm auf eine unbarmherzige Weise; die erschrockenen Frauen nahmen ihm natürlicherweise das Kind ab, und auf ihre Frage, was er denn eigentlich mit dieser Behandlung bezwecke? erwiderte er: „Ich wollte nur noch einen letzten Versuch machen, das Blut wieder in Circulation zu bringen."

Ferner: ein alter Amerikaner, den ich sehr gut gekannt aber in längerer Zeit nicht mehr gesehen hatte, begegnete mir einst zufällig in Washington auf der Straße. Wir begrüßten uns und als ich ihn, wie es üblich ist, nach dem Befinden seiner Familie befragte, erzählte er mir, daß seine Frau vor einiger Zeit gestorben sei; natürlich fragte ich nach der Ursache ihres Todes und erhielt folgenden merkwürdigen Bescheid: Die Krankheit seiner Frau sei ein sehr sonderbarer Fall gewesen, der Doctor habe ihm gesagt, daß sie von zwei Krankheiten zu gleicher Zeit befallen gewesen sei und als er die eine fast curirt gehabt habe, sei sie an der anderen gestorben. Commentare sind wohl überflüssig.

Auch in dieser Beziehung haben sich die Zeiten sehr geändert; es fehlt zwar noch immer nicht an Pfuschern und Quacksalbern, zu denen auch die Deutschen ihr Contingent stellen, aber wer verständig genug ist, einen Quacksalber von einem gewissenhaften und wissenschaftlich gebildeten Arzt zu unterscheiden, kann jetzt immer einen amerikanischen oder deutschen Arzt finden, dem er seine Heilung ruhig anvertrauen darf, wenn diese nämlich im Bereich der Möglichkeit liegt. Solche Heilkünstler, wie die oben geschilderten, können im größten Theil von Missouri keine lohnende Praxis von längerer Dauer mehr finden, und sobald ihre Unwissenheit und ihre Unfähigkeit erkannt werden, müssen sie sich nach Regionen zurückziehen, wo die lederne Tasche mit den Arzneigläsern und Salbenbüchsen allein schon für eine genügende Beglaubigung dafür gilt, daß der Reiter, der eine solche Tasche auf dem Sattel mit herumträgt, ein guter Arzt ist.

* * *

Wenn Jemand mit oder ohne Hilfe eines Doctors gestorben war, kam die ganze Nachbarschaft auf die Beine. Leute, die das Reinigen und Ankleiden der Todten zu ihrem Berufe gemacht hatten, gab es nicht, deßwegen leisteten die Nachbarn dem Verstorbenen diesen Dienst; die Frauen besorgten die Leichen der Frauen; die Männer die Männerleichen, und in jeder Nachbarschaft waren einige, welche einen kleinen Vorrath von

Wallnuß- oder Kirschbaum-Brettern in Bereitschaft hatten, um im eintretenden Fall den Sarg machen zu können; die englische Form eines solchen war die allgemein gebräuchliche.

Die Todten wurden eigentlich zu früh bestattet, denn oft schon schlief der Verblichene vierundzwanzig Stunden nach dem Verscheiden unter dem kühlen Hügel. Im heißen Sommer zeigten sich die Verwesungs-Symptome gewöhnlich schon wenige Stunden nach eingetretenem Tode, und wenn ein Patient wochenlang mit Quecksilber-Präparaten maltraitirt worden war, bis ihm die Zähne ausgefallen und der Gaumen durchgefressen waren, so mag Scheintod allerdings außer aller Frage sein; aber man hielt einen Menschen schon für todt, wenn er blaß aussah und sich nicht mehr regte, und ich habe öfter davon erzählen hören, daß der Verstorbene beim Begräbniß gar nicht richtig ausgesehen habe, daß die Hände noch nicht kalt und steif gewesen seien und daß man auf der Herzgrube noch einen röthlichen Fleck bemerkt habe; aber Niemand habe gewagt, die Beerdigung zu unterbrechen.

Es ist möglich, daß man sich hierbei oft Täuschungen hingab, aber ebenso möglich ist es, daß in einem solchen Falle aus Unverstand und Aberglauben ein Unglücklicher lebendig begraben wurde.

Wenn ein Todter die Nacht über im Hause liegen bleiben mußte, so hielten mehrere Nachbarn Wache im Zimmer; Schmausereien oder gar Schwelgereien wurden nicht gehalten, nur gegen Mitternacht nahm man eine Tasse starken Kaffee, um sich den Schlaf aus den Augen zu halten.

Während man im Hause die Leiche zum Begräbniß vorbereitete, machten Andere das Grab.

Manche hatten auf ihrem eigenen Grund-Eigenthum ein passendes Stück Land ausgesucht, wohin die Verstorbenen aus der ganzen Verwandtschaft gebracht wurden, aber es gab auch sogenannte Nachbarschafts-Kirchhöfe, auf welchen nicht allein Nachbarn, sondern auch Fremde und neue Ankömmlinge, die noch kein eigenes Land besessen hatten, begraben wurden. Die Gräber wurden mit vieler Sorgfalt und großer Accuratesse gemacht. Das Grab wurde wo möglich so gerichtet, daß das Gesicht des Todten nach Osten sah, und wurde vier Fuß tief gemacht; aber wenn diese Tiefe erreicht und der Boden wohl geebnet war, wurde noch ein besonderes Loch tiefer gegraben, welches die genaue Form des Sarges haben und doch so weit sein mußte, daß dieser an keiner Stelle den Erdboden berührte; auf den Boden desselben wurden dann zwei Hölzer quer gelegt, damit der Sarg nicht unmittelbar auf die bloße Erde zu stehen kam.

Wenn die Leiche eingesenkt werden sollte, sprangen ein paar Männer in die Grube und dirigirten den langsam hinabgleitenden Sarg vorsichtig in das eigentliche Grab (vault); dann wurden Bretter quer über dasselbe gelegt und diese wurden mit so wenig Geräusch als möglich mit Erde bedeckt und dann erst wurde das Grab zugeworfen, ein Erdhügel darüber geformt, und an dem Kopf- und Fußende wurde ein kleines Brett in den Boden geschlagen.

Alle diese Verrichtungen wurden mit großer Ruhe und tiefem Ernst vorgenommen, und außer dem Weinen und Schluchzen der Angehörigen, die das Grab umstanden, hörte man bei einer solchen Beerdigung fast keinen Laut.

*   *   *

In auffallender Weise contrastirte mit diesem Decorum der Amerikaner eine Beerdigung, der ich einst vor langen Jahren beizuwohnen hatte; und obwohl schon mehr als dreißig Jahre seitdem vergangen sind, so erinnere ich mich doch dieses Begräbnisses mit allen seinen Einzelnheiten noch sehr gut.

Nur ein paar Meilen von unserer Ansiedlung hatte sich ein Deutscher, der keine Familie hatte, niedergelassen; er hatte mit einem Anderen zusammen ein kleines, ziemlich verwahrlostes Färmchen von einer amerikanischen Familie gekauft und es vor der Hand allein bezogen. Diese kleine Farm lag in einem engen Thal und war ein wahres Bild der Oede und Einsamkeit; die paar alten, kaum bewohnbaren Baracken standen zwischen einigen verwilderten Obstbäumen nahe an einem kleinen Bach, der im größten Theil des Jahres schönes, klares Wasser hatte. Auf der einen Seite des Baches zog sich eine ziemlich steile, bewaldete Bergwand im Thal hinauf, auf der anderen Seite sah man einige alte, größtentheils wüst liegende Felder und im Hintergrund wieder Wald; da kein Weg ganz nahe an dem Hause vorbeiführte, so sah man oft wochenlang keine menschliche Seele in diesem Thal. Ich kannte dieses und die umliegenden Thäler sehr gut, denn sie lieferten mir immer von Zeit zu Zeit einen Hirsch in's Haus.

Der neue Bewohner dieses Platzes hieß Münch und war aus dem Lande Hannover; er betrieb das Sattler-Handwerk, hatte aber meistens nur Flickereien zu machen. Bei meinen Streifereien durch jene Thäler sprach ich öfter bei ihm vor und fand einen ganz umgänglichen Mann an ihm. Bald aber fing er an zu kränkeln, und als er immer schwächer und hülfloser wurde, nahm ihn sein nächster deutscher Nachbar, Namens W. Wurl, in sein Haus auf.

Im darauffolgenden Winter, bei tiefem Schnee und ziemlicher Kälte, kam Wurl eines Morgens sehr früh, als wir noch beim Frühstück saßen, zu mir, meldete, daß Münch in der vergangenen Nacht gestorben sei und bat mich zu gleicher Zeit, ihm beim Begräbniß zu helfen; Münch müsse noch an demselben Tage begraben werden, denn er wolle die Leiche nicht länger im Hause haben.

Solche Eile bei der Beerdigung konnte man Wurl durchaus nicht verargen, denn er war damals noch ein sehr unbemittelter Anfänger und hatte nur ein kleines Blockhaus, welches Küche und Schlafzimmer zu gleicher Zeit vorstellte; nun war es auch noch Kranken- und Sterbezimmer gewesen und sogar Todtenzimmer geworden, also war es sehr natürlich, daß Wurl seinen todten Gast so schnell wie möglich los sein wollte.

„Aber wo willst Du ihn denn begraben?" fragte ich.

„Auf dem alten Gottesacker beim alten Larimore, gehe nur hinauf zum Alten, wenn Du mir helfen willst; dort wirst Du noch einige Nachbarn und auch Handwerkszeug finden und gegen Mittag, wenn Ihr das Grab fertig haben werdet, komme ich selbst und bringe die Leiche gleich mit; wenn er dann begraben ist, kommt Ihr Alle mit mir nach Hause zu Tisch."

Damit bestieg er sein Pferd und ritt weg, und da es mir zu kalt zum Reiten war, nahm ich die Büchse von der Wand und machte den fast drei Meilen weiten Weg auf den nächsten Waldpfaden, die aber eingeschneit waren, zu Fuß.

Dieses Programm Wurls wurde aber durch allerhand Hindernisse sehr unerwarteten Veränderungen unterworfen, ehe man zum Schluß kam.

Als ich an dem bestimmten Ort angekommen war, fand ich drei oder vier Andere, welche ebenfalls zur Hilfe aufgefordert worden waren, und wir gingen, nachdem wir uns etwas gewärmt hatten, in Begleitung des alten Larimore nach dem Begräbnißplatz. Dieser war ein trauriger Ort; er war nie gepflegt und gereinigt worden und, da lange Zeit Niemand dort begraben worden war, so waren die eingesunkenen Gräber unter der Schneedecke gar nicht zu erkennen; übrigens war der ganze Platz mit wilden Rosen, Brombeeren und jungem Eichen- und Hickory-Gestrüpp vollständig überwuchert. Der alte Larimore stockerte eine Weile mit einem Stock im Schnee herum und bezeichnete endlich eine Stelle, wo wir nicht auf ein anderes Grab stoßen würden. Das Handwerkszeug, welches wir vorfanden, war ganz erbärmlich und in der That gar nicht brauchbar; es war eine stumpfe, schartige Roadhacke (mattock) und ein alter Spaten mit theilweis umgelegter Schneide und einem zerbrochenem Stiel. Trotzdem machten wir uns an die Arbeit, reinigten den bezeichneten Platz von Schnee und Gebüsch und wollten nun einschlagen. Aber der Boden war gefroren und wir konnten mit unserem jämmerlichen Werkzeug nicht eindringen, und nachdem wir uns über eine Stunde lang gequält hatten, war das Grab noch keine sechs Zoll tief. Die Geduld war Allen ausgegangen, denn mit solchem Plunder von Werkzeugen, den man nicht auf der Straße aufgelesen haben würde, war es unmöglich, ein Grab in gefrorenem und steinigem Boden zu machen.

Es wurde also beschlossen, in corpore nach Wurl zu gehen, um ihn mit der Sachlage bekannt zu machen. Die Entfernung war nicht weiter als eine Meile, und es führte ein bequemer Waldpfad fast bis zu seinem Hause. Wir waren noch nicht weit gegangen, als wir ihm schon begegneten; er saß auf einem Pferde, welches an einem alten Holz-Schlitten gespannt war, und auf diesem war der Sarg mit einem Strick festgebunden. Als Wurl uns bemerkte, glaubte er erst, wir seien mit unserer Arbeit fertig und beabsichtigten ihn abzuholen, aber als er die wahre Ursache unserer Begegnung erfuhr, wurde er unwillig und beschuldigte uns der Trägheit; da darauf von unserer Seite ebenfalls anzügliche Gegenreden fielen, so gab es einen kleinen Wortwechsel, der aber damit endigte, daß er ruhiger wurde und uns einlud, mit nach seinem Hause zu kommen und erst zu Mittag zu essen; während der Mahlzeit sollten seine Jungen besseres Werkzeug in der Nachbarschaft leihen, und dann sollte das Begräbniß von Neuem in Angriff genommen werden. „Na," setzte er noch hinzu, „meine Frau wird große Augen machen, wenn ich den Münch wieder mitbringe."

In dieser Beziehung hatte er sich nicht getäuscht, denn das Erstaunen der Frau Wurl, als sie unseren Einzug in den Hof sah, hatte auch keine entfernte Aehnlichkeit mit einer freudigen Ueberraschung; wir Alle schienen ihr willkommen zu sein, nur nicht der, den wir auf dem Schlitten mitbrachten.

Nach einigen beruhigenden Erklärungen der Hausfrau gegenüber, setzten wir uns zu Tisch, während das Pferd mit seinem Anhängsel unangebunden vor der Hausthür stehen gelassen wurde; es war ein altes, frommes Thier, welches die Kinderschuhe längst ausgetreten hatte, und Freund Wurl hatte ein unbedingtes Vertrauen in seine Diskretion.

Wir saßen Alle ruhig und ahnungslos am Tisch und ließen den Gerichten der Hausfrau volle Ehre und Anerkennung angedeihen, während sie selbst aufmerksam ihre Gäste bediente und ab und zu ging, um überall nach dem Rechten zu sehen. Plötzlich erscholl ihr Ruf von der offenen Thür her: „Um Gottes Willen, Wurl, der Münch ist fort."

Alles fuhr erschrocken in die Höhe und stürzte nach der Thür und — die Stelle, wo der Schlitten gestanden hatte, war wirklich leer; die Umstehenden sahen sich mit verblüfften Gesichtern und ziemlich rathlos an, und Keiner wußte noch recht, wie ihm geschehen war; da rief Einer „Seht, seht, da oben sind sie miteinander" (unser Freund hatte im Plural gesprochen, weil er, allen Regeln der Rechenkunst zuwider, zwei ungleichartige Gegenstände zusammen addirt hatte). Alle Augen fuhren suchend in die Höhe, als ob eine leibhaftige Himmelfahrt angemeldet worden wäre, aber diesen Cours hatte unser Fuhrwerk nicht eingeschlagen; sondern der alte Gaul, der wahrscheinlich Langeweile und Hunger bekommen hatte, war dem Maisfeld, welches noch durch keine Fenz von dem Hofraum getrennt war, zugelaufen und suchte nach den wenigen trockenen Blättern, die noch an den Stengeln herumhingen. Als das Pferd erblickt wurde, war es schon bis in den obersten Theil des

Feldes gerathen und schleppte dabei in großer Gemüthsruhe den Schlitten mit dem todten Mann darauf, Schritt vor Schritt hinter sich her.

Jetzt wurde also das Pferd wieder herbeigeholt, und da Wurls Söhne wirklich bessere Werkzeuge herbeigeschafft hatten, setzte sich die Procession wieder in Marsch; Wurl mit seiner Equipage voran und wir Anderen mit Hacke und Schaufel auf der Schulter hinterdrein.

Es war ein schweres Stück Arbeit, was noch vollbracht werden mußte, und da Mittag längst vorüber war, mußten wir eilen und sehr fleißig sein, wenn wir bis zum Abend fertig werden wollten. Obwohl es Kelner an Eifer und Fleiß fehlen ließ, ging es doch nicht vorwärts; der Boden war oben gefroren und unter dem Frost stießen wir auf zähen, harten Thon, der noch dazu mit kleinen und großen Steinen durchsetzt war. Zuletzt, als das Grab noch keine zwei Fuß Tiefe hatte, waren wir auf solidem Felsen angelangt. An ein Tiefergraben war nun nicht mehr zu denken und wir waren eigentlich froh darüber, denn die Sonne war schon längst unter dem Horizont verschwunden und etwas Mondschein war außer dem Schnee die ganze Beleuchtung bei unserer Arbeit. Der Sarg wurde also in dieses seichte Grab gesetzt und alle Steine und Erde, die wir mit so vieler Mühe herausgearbeitet hatten, packten wir auf demselben zu einem großen Haufen zusammen.

Nachdem der letzte Spaten voll Erde auf den Grabhügel geworfen war, hielten wir uns keine Minute länger auf; wir riefen einander ein kurzes „gute Nacht" zu und Jeder eilte seinem Heim zu. Ich hatte den weitesten Weg zu machen, ging aber trotz der Dunkelheit doch wieder auf den verschneiten Waldpfaden, und da ich nur meine eigene Spur, die ich am Morgen getreten hatte, zu beobachten hatte, kam ich, wenn auch schon sehr spät, doch wohlbehalten zu Hause an; als ich meine Hunde anschlagen hörte und den Lichtschimmer durch das Schlüsselloch sah, war es mir wohler zu Muthe als zu irgend einer Stunde dieses Tages.

Freund Münch scheint ungestört in seiner letzten Ruhestätte geschlafen zu haben; ich befürchtete längere Zeit, daß der Sarg wieder theilweis zu Tage kommen würde, weil er eben nicht viel mehr als den Grabhügel zur Decke hatte, aber Niemand hat jemals etwas davon bemerkt und der Sarg mag wohl unter dem einsinkenden Hügel zusammengebrochen sein.

13. Feste und Vergnügungen.

In jener früheren Zeit und noch viel später wurden nur der 4. Juli, als der Tag, an welchem anno 1776 die Unabhängigkeits-Erklärung der Vereinigten Staaten unterzeichnet wurde, und Weihnachten allgemein gefeiert; andere kirchliche Feiertage, wie z. B. Charfreitag, Ostern und Pfingsten waren wohl in den Kalendern angegeben, wurden aber nicht weiter beachtet; der Charfreitag galt jedoch als ein sehr glücklicher Tag, um Flachs zu säen.

In den damals sehr wenigen Städten von einiger Bedeutung, hauptsächlich in der Staats Hauptstadt, Jefferson City, wurde auch der 8. Januar und der 22. Februar gefeiert. Der erstere Tag galt dem Andenken an die Schlacht von New-Orleans, wo die Engländer im Jahr 1812 vom General Andrew Jackson total geschlagen wurden, und welche Schlacht den Krieg damals beendigte; am 22. Februar wurde der Geburtstag von Georg Washington gefeiert. Noch in den sechziger Jahren wurde in Jefferson City die Feier dieser Tage streng inne gehalten; sie bestand aber in nicht viel mehr, als daß die

Legislatur an diesen beiden Tagen keine Sitzung hielt und daß in der Mittagsstunde 13 Kanonenschüsse vor dem Kapitol abgefeuert wurden.

Am 4. Juli jedes Jahres vereinigten sich im ganzen Lande die Nachbarn aus einem größeren Umkreis zu einem allgemeinen Picnic und barbecue.

Zu diesen Picnics wurde ein schöner, schattiger und von Unterholz möglichst freier Platz irgendwo in der Nähe einer Farm oder wenigstens nicht weit von einer guten Quelle ausgesucht; dort schlug man rohe Bänke und Tische und auch eine Art Rednerbühne auf, mitunter aber entsprach auch schon ein dicker Baumstumpf diesem letzteren Zwecke; wenn eine National-Flagge aufzutreiben war, so wurde sie aufgezogen und ebenso feuerte man, in Ermangelung von Kanonen, aus Schmiede-Ambossen und alten Böllern Freudenschüsse. Gegen Mittag, wenn sich die meisten Gäste eingefunden hatten, wurde die Versammlung zur Ordnung gerufen, dann nach eingetretener Stille von der Rednerbühne aus die Unabhängigkeits-Erklärung vorgelesen, und nachdem die Gesellschaft noch einige patriotische Reden mit angehört hatte, theilte sie sich in kleinere oder größere Gruppen, die sich in der ihnen am besten zusagenden Weise amüsirten. Die Jüngeren trieben allerhand Gesellschaftsspiele, die Aelteren lagerten sich unter den Bäumen zur geselligen Unterhaltung, während die Frauen den Inhalt ihrer reichlich gefüllten Körbe auf dem Grase ausbreiteten. Junge Leute oder Fremde, die nichts mitgebracht hatten, brauchten deßwegen keine Noth zu leiden, denn von allen Seiten wurden ihnen freundliche Einladungen zugerufen.

Den Meisten galt aber das barbecue als der Glanzpunkt des Festes. Um sich den Genuß eines barbecue zu verschaffen, wurden, je nach Bedürfniß, eine oder mehrere lange und ziemlich tiefe Gruben ausgeworfen, und nachdem die Wände glatt abgestochen waren, verbrannte man Holz darin, bis die Grube zu einer gewissen Höhe mit glühenden Kohlen angefüllt war. Ueber dieser Gluth wurde ein ganzes Rind oder ein paar Schafe oder junge Schweine am Spieß gebraten. Eine Anzahl Neger besorgte gewöhnlich diesen Küchendienst, und man muß ihnen nachrühmen, daß sie in der Regel ihre Sache sehr gut machten. Wenn keine allgemeine Tafel gedeckt war, so ließ sich jeder nach Bedürfniß abschneiden und ergänzte damit die Vorräthe, welche die Hausfrau mitgebracht hatte.

Von Getränken gab es nichts als Whiskey, Kaffee und frisches Wasser; Wein und Bier kannten die alten Amerikaner eigentlich nur dem Namen nach. Die Reste jener alten Ansiedler, welche entfernt von den lebhafteren Verkehrsplätzen wohnen, können sich bis auf den heutigen Tag noch nicht mit Wein und Bier befreunden. Das Bier ist ihnen zu bitter und dem besten Rheinwein ziehen sie einen Schluck Rachenputzer oder ein Glas ungegohrenen, süßen und trüben Aepfelmost vor, weil ihnen der Wein zu „sauer" ist; die jetzt lebende Generation aber, die viel mit den Deutschen verkehrt und oft in die zahlreichen Städte kommt, hat das Wein- und Biertrinken aus dem Fundament gelernt.

Die Weihnachtsfeier war noch viel einfacher; von einer kirchlichen Feier war keine Rede, und Geschenke wurden auch nicht gemacht, und noch viel weniger kannte man die schöne deutsche Sitte, einen Christbaum zu schmücken; es wurde bloß geschossen. Am Christabend rottete sich eine Anzahl junger Bursche aus der Nachbarschaft zusammen, und nachdem außer ihren Jagdbüchsen alte Musketen und Reiterpistolen aus dem Revolutionskrieg zusammengesucht und fast bis zum Bersten geladen waren, zogen sie von Haus zu Haus. Man näherte sich dem Hause so leise wie möglich, feuerte dann zum Schrecken der Frauen und Kinder eine tüchtige Salve, und wenn sich darauf nicht bald Jemand zeigte, so folgte auch wohl noch eine zweite; aber gewöhnlich öffnete der Hausherr sogleich die Thür, schoß sein eigenes Gewehr zum Gruß ab und lud die ganze Gesellschaft ein, in's Haus zu kommen. Dort machte dann der Whiskeykrug die Runde, auch wurde einiges

Gebäck herumgereicht, und nachdem man ein Weilchen geplaudert hatte, brach die ganze Rotte wieder auf nach der nächsten Farm, wo derselbe Spektakel von Neuem losging. Auf diese Weise wurde der Unfug bis zum Morgen getrieben, und da in der Regel eine Menge solcher Banden auf den Beinen waren, so konnte man nicht selten die ganze Nacht hindurch das Donnern und Krachen in allen Richtungen hören.

Einige bohrten auch Baumstöcke und alte herumliegende, aber noch unverfaulte Stämme an, füllten die Löcher mit Pulver und trieben einen Pflock fest hinein; in diesen bohrten sie mit einem Nagelbohrer ein Zündloch und nachdem auch dieses gefüllt war, zettelte man Werg vom Zündloch an bis auf drei bis vier Fuß Entfernung aus; dieses wurde angezündet und dann hieß es „Ausreißen" und gewöhnlich dauerte es nur wenige Secunden, bis der Boden von einem fürchterlichen Krach dröhnte.

Mein alter Nachbar Bailey hatte sich, wie mehrere der ältesten Ansiedler, selbst Pulver gemacht, wenn ihm sein Schießbedarf ausgegangen war, ehe er von St. Louis aus frischen Vorrath beziehen konnte. Die Mischung mag wohl die richtige gewesen sein, es war zwar nicht gekörnt, sondern bestand nur aus schwarzem Staub, aber er hatte dieses Pulver dennoch oft auf der Jagd mit Erfolg gebraucht. Von diesem Zeug hatten seine Buben einst noch einen nicht gar großen Sack voll im Hause gefunden, und diesen ganzen Vorrath, der allerdings nicht mehr zur Jagd gebraucht wurde, verdonnerten wir jungen Bursche einst in einer einzigen Nacht.

Das Anfeuchten des Pulverstaubes zum Zweck des Körnens war für solche selbstständigen Pulvermüller ein etwas prekäres Experiment, welches nicht immer nach Wunsch gerieth, und es wurde in jener Zeit oft der Scherz erzählt, daß Einer von seinem Nachbar gefragt wurde:

„Nun, wie ist denn Euer neues Pulver gerathen?"

„O, es brennt recht gut, beim Trocknen hat es Feuer gefangen und es ist viel verbrannt, ehe ich es löschen konnte."

Der Gebrauch, in der Weihnachtsnacht zu schießen, hat in den ländlichen Distrikten sehr nachgelassen, doch die Straßenjugend in den Städten treibt es noch immer toll genug.

Die jungen Bursche suchten sich auch zu jenen Zeiten im Ringen, Springen und Laufen zu überbieten und Viele hatten es zu einer bedeutenden Gewandtheit gebracht; auch das „Hufeisenwerfen" (horse-shoe pitching) war zeitweise sehr im Schwung. Bei diesem Spiel wurden zwei Pfählchen etwa zehn Schritt weit von einander in den Boden getrieben und die Mitspielenden, von denen Jeder zwei Hufeisen hatte, stellten sich alle an den einen Pfahl und suchten, Einer nach dem Anderen, ihre Hufeisen so nahe wie möglich an den andern Pfahl zu schleudern; die beiden Hufeisen, welche zuletzt dem Pfahl am nächsten lagen, zählten je Eins und ein Hufeisen, welches den Pfahl umklammert hatte zählte doppelt. Wenn dann Alle geworfen hatten, stellte man sich an den Pfahl, nach dem man geworfen hatte, und warf wieder auf dieselbe Weise nach dem ersten Pfahl zurück u. s. f.; wer zuerst zehn zählte, hatte gewonnen.

Aber auch das Tanzen wurde nicht vernachläßigt, doch da nur Quadrillen und dergleichen üblich waren und ich diesen Tänzen niemals Geschmack abgewinnen konnte, und auch nie selbst Theil daran nahm, so kann mein Bericht darüber keineswegs ein sehr gründlicher sein.

Ich sah nur, daß die Mädchen sehr kleine Schritte machten und meistens nur sittsam auf und nieder tauchten, während die jungen Bursche etwas steifbeinig allerhand mir ganz unverständliche Schwenkungen um sie herum machten, und wenn hin und wieder Einer einige ganz besondere und seltene Entrechats, oder wie man es nennen mag, ausführen wollte, so sahen seine verwegenen Sprünge einem verunglückten Purzelbaum nicht ganz unähnlich.

Das Betragen bei diesen kleinen Tanz-Partieen war ein sehr anständiges; die Frauen wurden von den Männern mit vieler Artigkeit und Rücksicht behandelt, und niemals bemerkte man, daß sich Einer die geringste unpassende Freiheit gegen eine Tänzerin erlaubt hätte.

Das, was man in jener Zeit Musik nannte, würde wahrscheinlich in keinem Theil des civilisirten Europa für Musik gehalten werden. Die wenigen Nationalhymnen, Märsche und Tanz-Melodien, die man hatte, klingen gar nicht übel, wenn sie richtig und mit dem gehörigen Ausdruck vorgetragen werden; wenn diese Musikstücke aber auf einer verstimmten Geige mit einer rasenden Schnelligkeit, und ohne dem Tact besondere Aufmerksamkeit zu schenken, durchgekratzt werden, so bekommt man stumpfe Zähne beim Anhören.

Von der Theorie der Musik hatte man damals hier im fernen Westen noch keine Idee, und also auch ebenso wenig von den Gesetzen der Harmonie; von einer Tonart, einer Tonleiter oder von einem Accord hatte man gar keinen Begriff und Noten kannte man auch nicht; die wenigen Musikstücke, welche gespielt wurden, waren durch eine Art Ohren-Tradition auf die damalige Generation übergegangen und wurden noch immer nur nach dem Gehör gespielt.

Gerechter und vernünftiger Weise konnte man diese musikalische Unwissenheit jenen alten Ansiedlern nicht übel nehmen, denn Musik ist eine Kunst, welche einen höheren Grad von Cultur voraussetzt als den, welcher in einem Lande gefunden werden kann, wo man über ein Menschenalter lang das Leben und die Existenz der Wildniß abringen mußte, und wo die Bewohner nie etwas gehört hatten, was man nur annähernd gute Musik nennen kann; aber ebenso natürlich ist es, daß die musikalischen Productionen jener Zeit reichen Stoff zu humoristischen Bemerkungen geben konnten.

Einem an Harmonie gewöhnten Ohre war diese alte Musik allerdings eine Qual, aber trotz aller Mißtöne befriedigte sie doch die tanzlustige Jugend der damaligen Zeit. Gewöhnlich bestand das Orchester nur aus einer einzigen Geige und ich freute mich deßwegen, als ich einst zwei Violinspieler sich zum Aufspielen rüsten sah; dann natürlich erwartete ich, daß die eine Geige die Melodie spielen und die andere secundiren würde. Aber diese Erwartung war sehr voreilig gewesen und ich war, was Kunstgenuß betrifft, vom Regen unter die Traufe gekommen.

Nachdem diese beiden Künstler ihre Instrumente annähernd übereingestimmt hatten, setzten die Beiden so nahe als möglich in demselben Ton ein und suchten die Melodie unisono zu spielen; eine Weile ging es so ziemlich, aber als die Quadrille zum ersten Mal durchgespielt und nun wiederholt werden sollte, konnte die Fingerfertigkeit des einen Spielers nicht mehr mit, und die eine Geige fing an, zurück zu bleiben; eine Kleinigkeit, welche die Tänzer ebensowenig als die Musikanten genirte. Der schnelle Spieler hielt deßwegen nicht an, sondern, sobald er seine Ueberlegenheit bemerkt hatte, raste er nur um so toller darauf los und war bald weit voraus; endlich gab er durch einen schrillen Riß über alle vier Saiten in einer ganz undefinirbaren Tonart das Signal, daß er fertig sei und vielleicht eine halbe Minute später spielte die andere Geige ein ähnliches Finale.

Nach dem Urtheil der Gesellschaft war der Geiger No. 1 der beste Spieler.

Eine kleine Erzählung wird das Musik-Verständniß in der alten Zeit womöglich noch besser veranschaulichen.

Vor etwa zwanzig Jahren hatten sich mehrere ausübende Musikfreunde in Washington zu einem kleinen Orchester vereinigt, welches eine erste und zweite Violine, eine Bratsche, Cello und Flöte umfaßte. Es wurden meistens Auszüge aus den damals populärsten Opern gespielt, und wenn auch die meisten der Spieler Dilettanten waren, so bereiteten sie ihren Zuhörern doch manchen sehr angenehmen und genußreichen Abend durch ihre Vorträge.

Unter den Zuhörern befand sich auch zuweilen ein alter amerikanischer Doctor, ein Virginier, und nach der Beendigung eines solchen Vortrags ließ er sich einst folgendermaßen vernehmen: „Ihr Deutsche seid doch sonderbare Leute; Ihr macht keine Musik wie wir Amerikaner; wenn von uns auch Mehrere zu gleicher Zeit spielen, so spielen sie doch Alle dasselbe Stück, aber von Euch Fünfen hat Jeder sein besonderes Stück gespielt."

Diesem geistreichen Musik Kritiker war es auf keine Weise begreiflich zu machen, daß nicht Jeder eine besondere Melodie gespielt habe, sondern, daß sich nur die Stimmen aller Instrumente zu einem einzigen Musikstück ergänzt hätten.

* * *

Eine angenehme Erinnerung aus früheren Jahren ist ein Vogelschießen, welches am 4. Juli 1840 in der Nähe von Washington abgehalten wurde. Es war wahrscheinlich eines der ersten Schießen dieser Art, welches westlich vom Mississippi die Verwunderung der Amerikaner erregte, und wenn ein Mitglied einer deutschen Schützengilde als Berichterstatter gegenwärtig gewesen wäre, so würde er nicht wenige Unregelmäßigkeiten zu verzeichnen gehabt haben, welche der pedantischen Etiquette eines deutschen Vogelschießens geradezu in's Gesicht geschlagen hätten.

Der Schießplatz war nicht weit hinter der jetzigen Brauerei von John B. Busch ausgesucht, und die alte katholische Kirche, welche nur ein bescheidenes Blockhaus war, stand ungefähr eben so weit davon auf der anderen Seite.

Der Vogel war ganz ordnungsgemäß mit Krone, Ring, Scepter, Reichsapfel und Fahne ausgerüstet, lauter Dinge, die den Amerikanern ganz unverständlich waren; etwa 70 bis 80 Schritte davon war ein roher Schießstand aufgerichtet, und unter den Bäumen waren Bänke für die Zuschauer errichtet; ein besonderer Anziehungspunkt aber war ein Faß Bier, welches aufgelegt war und von welchem, wie die Fama erzählt, kein Tropfen sauer geworden sein soll.

Die Gesellschaft konnte man für jene Zeit sehr zahlreich nennen und auch Amerikaner hatten sich eingefunden, denn ein Vogelschießen war ihnen jedenfalls etwas Neues. Die Gewehre, die man benutzte, waren zu einem Schießen dieser Art nicht viel werth; es waren, außer einigen alten Kugelbüchsen ohne Stechschlössern, meistens Doppelflinten, die mit Kugeln geladen wurden, und mit diesen Dingen hätten auch wohl bessere Schützen, als die Meisten der Anwesenden waren, nicht viel ausgerichtet. Anfangs wurde ziemlich gut Ordnung gehalten; die Namen der Schützen waren registrirt und numerirt, und Keiner durfte eher schießen, als bis seine Nummer aufgerufen wurde; aber diese Disciplin dauerte nicht lange, denn wenn auch hin und wieder von einer Kugel ein Stück vom Vogel abgerissen wurde, so ging es diesen Schützen doch viel zu langsam, hegten doch die Meisten von ihnen die stille Hoffnung, noch vor Sonnenuntergang Schützenkönig zu werden. Man ging näher und immer näher und zuletzt bis fast an die Vogelstange hinan und Jeder, der eben geladen hatte, donnerte hinauf, ja manchmal fielen zwei und auch wohl drei Schüsse zu gleicher Zeit, und wenn dann ein Stück des Vogels herunterfiel, so wußte Niemand, wessen Kugel getroffen hatte. Endlich war aber doch Alles bis auf den Corpus heruntergeschossen, aber dieser hielt Stand und gab nicht nach; um dem Ding ein Ende zu machen, wurde die Vogelſtange niedergelaſſen und das Stück Eiſenblech, welches die Bruſt des Vogels gegen vorzeitige Zertrümmerung geſchützt hatte, wurde abgenommen; mehrere Kugeln hatten durchgeſchlagen und hatten die ſchwarze Farbe, mit der der Vogel angeſtrichen war, mit weggeriſſen, ſo daß die dunkle Schraubenmutter auf der weißen Bruſt, wo der Vogel auf der Stange befeſtigt war, ſcharf und deutlich ſichtbar war, und nun wurde mit erneutem Eifer darauf losgeſchoſſen, aber ohne beſſeren Erfolg; der Corpus flog zwar zuweilen im Kreis herum, wenn ihn eine Kugel geſtreift hatte, blieb aber ſonſt ſcheinbar unverſehrt.

Ich ſelbſt hatte das Schießen ſchon längſt eingeſtellt und hatte mich, als alle Ordnung aufgehört hatte, unter einen Baum geſetzt und dem Unfug ruhig zugeſehen. Da trat ein alter Schmied, Bleckmann, an mich heran und ſagte: „Willſt Du denn gar nicht mehr ſchießen? Mache dem Ding doch ein Ende, denn dieſe Kerle bringen den Vogel nicht herunter."

Mein beſtändiger Umgang mit den älteſten und beſten Jägern in der Gegend war wohl bekannt, und da mein Name ſehr häufig in Verbindung mit den Namen jener Jäger genannt wurde, ſo mag man mich leicht für einen beſſeren Schützen gehalten haben, als ich wirklich war. Auf die Erwiederung: „Mein Schießen, Alter, wird vielleicht auch nicht viel helfen," meinte er: „ich will Dir was ſagen; ich habe den Vogel beſchlagen und weiß, wie das Holz beſchaffen iſt; es iſt eine zähe Linden-Maſer, aber ſie hat mittendurch einen alten Froſt-Riß, und wenn Du eine Kugel gerade unter die Schraube ſetzſt, ſo muß der Corpus auseinander; probir's einmal." Ich führte damals noch eine kurze, deutſche Pirſchbüchſe, die ſehr gut ſchoß und an die ich durch eine faſt tägliche Uebung gewöhnt war.

Auf das Zureden des Alten war ich aufgeſtanden und ohne ein Wort zu ſagen oder einen Schritt näher zu gehen, hatte ich den Stutzen an die Backe gezogen, und in der nächſten Sekunde knallte es; der Alte hatte Recht gehabt; der Corpus flog unter der Schraube weit klaffend auseinander, blieb aber hängen.

Jetzt aber erhob ſich ein Gejohle, welches faſt die Schüſſe, die nun Dutzendweiſe zu gleicher Zeit fielen, überdröhnte; Jeder hielt ſich nun ſchon für den Schützenkönig, denn der Corpus ſchlotterte nur noch an der Stange, aber die Kugeln gingen faſt alle fehl und keine einzige traf auch nur annähernd das richtige Fleckchen. Aber ich hatte auch wieder geladen und ſetzte eben ein friſches Zündhütchen auf, als mir der Alte, der dicht neben mir ſtehen geblieben war, einen derben Schlag auf die Schulter gab: „Nun, mein Junge, nimm Dich zuſammen; ſetze Deine Kugel dießmal dicht über die Schraube und ich ſage Dir, er muß herunter."

Und ſo war es auch, als ich drückte, flogen die beiden Hälften weit ab von der Stange auf den Boden.

Nachdem der ärgſte Beifallsſturm ausgetobt hatte, wollten die Gratulationen und das Händeſchütteln gar kein Ende nehmen, und es wurde mir ein Kranz umgehängt, der faſt ſo groß war wie ein Wagenrad, denn er reichte von der Schulter bis unter das Knie herab. Wiewohl Viele nach dieſer Ehre geſtrebt hatten, ſo war doch weder Neid noch Mißgunſt zu bemerken, als das Glück einen Andern begünſtigt hatte, und man war froh, daß nun der letzte Theil des Programms, nämlich der Tanz, ſeinen Anfang nehmen ſollte.

Jetzt gerieth ich in eine andere Verlegenheit; man verlangte nämlich, daß ich nun eine Schützenkönigin namhaft machen ſollte, eine berittene Deputation ſei bereit, ſie zur Stelle zu holen, wo ſie auch ſein möge.

Dieſer Aufgabe fühlte ich mich nicht gewachſen und mag einfältig genug ausgeſehen haben, als ich mich nur, ſtumm wie ein Fiſch, hinter den Ohren kratzte und es wäre mir in der That viel lieber gewesen, wenn man anstatt dieses Unsinnes, noch ein paar gute Kernschüsse verlangt hätte.

Da ich keine Sylbe herausbrachte, half man nach; eine Stimme rief „Ist Dir's recht, wenn wir die Minna holen?" „oder das Lottchen?" hörte man von einer andern Seite her.

Ich war froh, daß ich Namen gehört hatte, und rief mit großer Erleichterung: „Ja, ja, ich bin's zufrieden, aber Ihr müßt sie Beide holen."

Es waren ein paar sehr hübsche Müllerstöchter, deren Eltern nur wenige Meilen entfernt wohnten.

Nach dieser Entscheidung schwangen sich mehrere junge Bursche auf ihre Pferde und sprengten davon.

Die Dämmerung war schon vorgerückt, die Familienväter mit ihren Frauen und Kindern hatten sich nach Hause begeben, und die meisten der jungen Leute waren auch weggeritten, um sich ihre Tänzerinnen zu holen und nur noch eine kleine Anzahl hatte sich mit mir unter den Bäumen gelagert, um den Erfolg unserer Deputation abzuwarten.

Endlich, nach etwa einer guten Stunde, sah man durch den tiefen Schatten der Bäume eine Cavalkade die Richtung nach dem Schießplatze nehmen, und die beiden schneeweißen Gestalten zwischen den Reitern ließen keinen Zweifel mehr aufkommen, daß die beiden Königinnen erobert waren.

Der Empfang der erlauchten Würdenträgerinnen war kein sehr ceremonieuser und feierlicher; sie waren nicht in einer vierspännigen Carrosse vorgefahren, sondern Jede hatte, wie es in der schönen alten Zeit üblich war, auf der Kruppe des Pferdes hinter einem der Reiter Platz genommen, und als die Pferde im Kreis der harrenden Schützen angehalten wurden, legte sich um die schlanke Taille einer Jeden der beiden Mädchen ein kräftiger Arm und ließ sie sanft und sicher auf den Boden gleiten; unter freundlichen Scherzen und Neckereien wurden sie nach dem Tanzlokal geführt.

Dieses war in einem großen, neuen Blockhause, ganz nahe bei der katholischen Kirche. Das Haus war noch nicht fertig und bewohnbar, aber der Fußboden im oberen Stock war gelegt und eine Leiter erleichterte den Zugang zu demselben, weil man den Tänzerinnen doch nicht zumuthen konnte, an den Wänden hinauf zu klettern. Mitten durch das Haus war ein großer, sehr umfangreicher Stein-Kamin gebaut, und die ganze Beleuchtung des Raumes ward auf der einen Seite dieses Kamins durch eine kleine Oellampe besorgt; die andere Seite war stockfinster. In einer Ecke der hellen Seite hatte die Capelle Platz genommen und bestand aus einer Klarinette und einer Geige. Quadrillen wurden nicht gespielt und auch nicht verlangt, sondern nur Walzer, Schottisch und Galopaden, denn Polkas und Polka Mazurkas waren damals noch nicht bekannt.

Es wurde flott um den Schornstein getanzt; auf der hellen Seite desselben konnte man seine Tänzerin erkennen, auf der finsteren mußte die Ueberzeugung genügen, daß man unterwegs nicht gewechselt hatte. Daß auf der dunklen Seite die Carambolagen der Paare von der Ausnahme zur Regel übergingen, ist wohl leicht zu begreifen; diese unvermeidlichen und unbeabsichtigten Zusammenstöße führten aber zu keinem Zank und Streit, sondern man rief sich einen Scherz zu und tanzte weiter. So ging es um diesen Kamin herum unermüdlich die ganze Nacht fort, bis die Sonne die dunkle Seite des Hauses heller bestrahlte als die Oellampe vorher die andere erleuchtet hatte.

Nachdem wir am Morgen, es war ein Sonntag, nach Washington gezogen waren und uns bei Freunden und Bekannten etwas restaurirt hatten, ging es heimwärts. Daß die Königinnen unter einem anständigen Geleit ihren Angehörigen wieder zugeführt wurden, war wohl selbstverständlich, und auch mir wurde die Ehre, den Stutzen quer über den Schooß gelegt, die jüngste Königin hinter mir auf dem Pferde nach der Wohnung ihrer Eltern zu bringen und sie in's Haus zu geleiten.

Dort wurde das ganze Geleite noch einmal mit einem tüchtigen Kaffee bewirthet, bei welchem die Königinnen die Rolle liebenswürdiger Wirthinnen übernahmen, dann aber zog Jeder wieder seinem einsamen Blockhause im Walde zu.

Die Zeiten haben sich sehr geändert, sind aber darum nicht schöner geworden.

Wie würden die vielen anspruchsvollen und doch so verdienstlosen Modedämchen der Jetztzeit, mit ihren seichten und blasirten Mode-Gecken am Arm, entrüstet gewesen sein, wenn ihnen zugemuthet würde, auf einer Leiter einen mit nur einem einzigen Oellämpchen nothdürftig erhellten Tanzplatz zu ersteigen, anstatt durch weit geöffnete Flügelthüren in den durch Kronleuchter zur Tageshelle erleuchteten Prunksaal zu rauschen! Der einzige denkbare Vortheil für die modernen Mode-Helden und -Heldinnen wäre der, daß man in solchem Dämmerlicht nicht unterscheiden könnte, was echt oder was unecht an ihnen ist.

Die Mädchen jener vergangenen Tage hatten aber nichts Unrechtes zu verbergen, sie waren sehr tüchtig in der Haushaltung und lagen niemals schmachtend im Wiegestuhl, während die Mutter am Herdfeuer schwitzte; sie waren einfach und bescheiden, beanspruchten niemals Anerkennung für Verdienste, die sie in der Wirklichkeit gar nicht hatten und sie waren verständig genug, um das Wesentliche vom Unwesentlichen unterscheiden zu können; deßwegen wiesen sie auch eine wohlgemeinte Einladung zu einem so einfachen, ja ärmlichen Vergnügen nicht hochmüthig von sich, sondern nahmen gern Theil daran, und amüsirten sich dabei, weil sie gut genug fühlten, daß die Aufmerksamkeit und die Achtung, die ihnen gezollt wurde, nicht eine geheuchelte war.

Mode-Journale hatten sich vor dreißig Jahren noch nicht so weit von den großen Städten verirrt, sie waren hier bei den Amerikanern so gut wie gar nicht bekannt und bei den Deutschen aus den gebildeteren Ständen lebten sie nur in der Erinnerung an die alte Heimath.

Die Tracht der Männer und Frauen jener Zeit war sehr einfach, wenn auch vielleicht nicht immer sehr geschmackvoll und kleidsam; aber wirklich schöne Körperformen wurden niemals verborgen und ebenso wenig auf eine anstößige Art entblößt.

Bei den Männern der alten Zeit sah man niemals pechschwarze Haare mit grauen oder weißen Spitzen, oder bei den jungen Burschen impertinent blonden Haarwuchs neben einem kohlschwarzen Schnauzbärtchen, und die so häufigen prachtvollen schweren Flechten, die um die Köpfe der Frauen und Mädchen geschlungen waren, waren der Haartracht der heutigen Damen sehr ungleich, bei denen durch Brennen, Beizen, Parfümiren u. s. w. die Lockenfülle meist auf ein kümmerliches Rattenschwänzchen reducirt ist. Das Bekleckern der Gesichter mit Farben kannte man damals nur als einen indianischen Gebrauch, und da man nicht zu der Culturstufe der Indianer herabsteigen wollte, so galt die Farbe, welche Gesundheit, frische Luft und ein thätiges Leben den Gesichtern verlieh, für die schönste.

Die jungen Mädchen schienen in ihrer Unerfahrenheit und Natürlichkeit zu glauben, daß sie durch ihren unentstellten schönen Wuchs, durch ihr blühendes, gesundes Aussehen und durch ihren Ruf des Fleißes und häuslicher Tüchtigkeit einen günstigen Eindruck auf die junge Männerwelt machen würden, und sie hatten sich darin auch gar nicht geirrt, denn es gab in damaliger Zeit gar lange nicht so viele alte Jungfern wie heutigen Tages.

Aber auch an die heirathsfähigen jungen Männer wurden damals andere Anforderungen gestellt als jetzt; ein junger Mann, dem der Ruf der Strebsamkeit, der Rechtschaffenheit und eines sittlichen Lebenswandels voranging, brauchte nicht lange nach einem braven Weibe zu suchen, wenn er auch arm war; aber die heutigen sogenannten Löwen der Gesellschaft, die lüderlichen Tagediebe, die auf nichts in der Welt zu pochen haben als auf das Geld ihrer Väter, und die in ihrer Aufgeblasenheit ihre Erzeuger darum für beneidenswerth halten, weil sie so herrliche Söhne haben, hätten von solchen einfachen Mädchen Körbe heimgetragen.

Daß Menschen dieser oben geschilderten Art oft nie heirathen, ist kein Unglück, denn die stete Vergrößerung ihrer Zahl durch die Mode-Thorheiten und ihre Consequenzen macht eine direkte Vermehrung ganz überflüssig; es ist doch zu bedauern, daß in der jetzigen Zeit manches liebliche Veilchen einsam verblühen muß und daß mancher brave junge Mann zum Hagestolz wird, weil er das bescheidene Blümchen unter dem wuchernden Unkraut nicht finden kann.

14. Betrachtungen und die alten Scheibenschießen.

Eine eingehende Schilderung der Jagd, wie sie in alten Zeiten getrieben wurde, paßt nicht in dieses kleine Werkchen, denn eine ausführliche Behandlung dieses Themas würde höchstens für Jagdfreunde einiges Interesse haben und andere Leser vielleicht nur langweilen; aber da die Geschicklichkeit im Schießen einem echten Hinterwäldler nicht fehlen durfte, so kann auch das Kapitel vom Schießen nicht ganz übergangen werden.

Wer seine Kenntniß der ersten Zustände in den Territorien und jungen Staaten nur aus Novellen geschöpft hat, der mag leicht in den Irrthum verfallen, die Amerikaner im Allgemeinen für die besten Schützen der Welt zu halten; das wäre unrichtig, denn die Gebirgsjäger in allen Theilen von Europa sind wahrscheinlich durchschnittlich eben so gute Schützen.

Hier sind jetzt Solche, welche allen Anforderungen an einen guten Schützen entsprechen, ziemlich selten geworden, aber in entlegenen Theilen der westlichen Staaten und in den noch wenig gekannten Wildnissen der Territorien sind noch immer vortreffliche Schützen zu finden, und diese schießen in der That mit einer schauderhaften Sicherheit; aber vor 30 oder 40 Jahren waren solche Schützen auch in denjenigen Counties keine Seltenheit, in welchen heute Eichhörnchen und Kaninchen (rabbits) zum Hochwild zählen.

Gute Augen und ein richtiges Augenmaß haben viele Menschen, aber die unentbehrlichsten Eigenschaften eines Schützen, der sich unter allen Umständen auf sich selbst verlassen kann, nämlich Ruhe und Kaltblütigkeit, sind viel seltenere Eigenschaften. Jäger, welche beim Erblicken des Wildes ängstlich und nervös werden, kann man nicht zu den zuverlässigen Schützen zählen, wenn sie auch bei jedem Scheibenschießen Preise davontragen.

Ruhe und Kaltblütigkeit kann nicht nach festgestellten Regeln angelernt, sondern muß durch lange fortgesetzte Uebung erworben werden. Von einem sicheren Versteck aus oder von einem Hochstand herab auf ein gefährliches Raubthier zu schießen ist keine Hexerei, denn wenn auch nicht gut getroffen wird, so ist der Schütze doch nicht in Gefahr, aber es erfordert einen Jäger von ganz anderem Kaliber, um eine gereizte Bestie selbst in kurzer Entfernung so zu treffen, daß der Tod augenblicklich eintreten muß; denn wenn er seine Fassung verliert und das Raubthier nur verwundet, so ist das Messer seine einzige Rettung und der Ausgang eines solchen Kampfes ist immer zweifelhaft.

Die unerschütterliche Ruhe und Besonnenheit der alten amerikanischen Jäger, die sie auch in der dringendsten Gefahr nicht verläßt, hat ihnen den Ruf der besten Schützen erworben, und in diesem Sinn verdienen sie ihn auch in vollem Maße. Bei dem ganz gefahrlosen Scheibenschießen gibt es unter allen Nationen Schützen, die ihnen ebenbürtig sind.

Die Gewehre, welche in jener Zeit in allgemeinem Gebrauch waren, waren lange, sehr schwere, einläufige, gezogene Kugelbüchsen (rifles) von kleinen Kalibern. Kugeln, von welchen 60 auf's Pfund gingen, waren sehr selten; für Hochwild und Truthühner galten Kugeln von 75 bis 90 pr. Pfund für ausreichend, und für kleines Wild brauchte man Büchsen, die so kleine Kugeln schossen, daß 100 bis 150 und wohl noch mehr von ihnen auf ein Pfund gingen. Die Läufe der Gewehre waren $3\frac{1}{2}$ bis 4 Fuß lang und das Eisen derselben hatte eine Dicke von $\frac{3}{8}$ bis $\frac{1}{2}$ Zoll. Das Schießen aus freier Hand erforderte wegen der Schwere dieser Büchsen eine ganz besondere Körperstellung, eine bedeutende Muskelkraft im Arm und viele Uebung. Die Züge in den Läufen waren mit großer Geschicklichkeit und Sorgfalt gearbeitet; wer sich daher erst an diese Gewehre gewöhnt hatte, schoß mit großer Sicherheit. Die Percussionsschlösser, die hier erst allgemeiner bekannt wurden, als die ersten Deutschen in's Land kamen, erfreuten sich anfänglich durchaus nicht der Gunst der alten Amerikaner; es ging ihnen „zu schnell" los. Bei diesen, ihnen noch fremden Schlössern, zuckten sie anfänglich beim Abdrücken, während sie bei ihren alten Steinschlössern keineswegs feuerscheu waren und oft noch eine Weile im Anschlag blieben, wenn es auch nachgebrannt hatte. Auf die kurzen, leichten deutschen Gewehre, vorzüglich auf die Schrotflinten, sahen sie mit souverainer Verachtung herab.

Gute Lauf- und Flug-Schützen gab es nur ausnahmsweise oder eigentlich gar nicht, und das war auch ganz natürlich, denn in den mehr oder weniger dichten Laubholzwäldern hatte man gar keine Gelegenheit zu solchen Uebungen. Das Wild wurde nicht getrieben, sondern bei der Aetzung, bei seiner Ausschau und von geschickten und erfahrenen Jägern sogar im Lager gesucht, gefunden und geschossen. Wenn man Wild kommen sah oder hörte, so konnte es, wenn der Wind nicht ungünstig war, leicht durch einen tiefen Ruf oder Pfiff zum Stehen gebracht werden, wenn es in Schußweite war.

Die Tragweite der amerikanischen Büchsen mit starken Kalibern ist ungefähr dieselbe wie die guter, deutscher Pirschbüchsen, und diese ist auch für alle vernünftigen Erwartungen hinreichend.

Hin und wieder hört man einen bramarbasirenden Sonntagsjäger von sich rühmen, daß er in einer Entfernung von 5—600 Schritten einen Hirsch nie fehlen würde, aber solche Prahlereien sind nur leeres, albernes Gewäsch; denn wer die möglichen Leistungen des unbewaffneten menschlichen Auges kennt und nicht überschätzt, wird auch wissen, daß man auf eine solche Entfernung ein ruhig stehendes Stück Wild gar nicht mit Sicherheit von einem anderen Gegenstand unterscheiden kann, und wer schon oft auf Wild geschossen hat, weiß auch, daß das Blatt eines Hirsches von gewöhnlicher Größe in einer Entfernung von 150 Schritten ganz verschwindend klein aussieht, wenn man mit Visir und Korn nach dem rechten Fleckchen sucht, und es gehört sehr ruhiges Blut und ziemliche Uebung dazu, im rechten Moment abzudrücken und zu treffen.

Es mag auffallen, daß die alten Hinterwäldler, die doch mit Recht den Ruf sicherer Schützen hatten, bei ihren Scheibenschießen so kurze Distanzen wählten; es wurde nämlich in der Regel nicht weiter als 40 Schritte (120 Fuß) aus freier Hand und 60 Schritte (180 Fuß) mit Auflegen geschossen, und wer in letzterer Weise schießen wollte, der legte sich mit dem Bauch auf die Erde, legte das Ende der Büchse kurz hinter der Mündung auf einen in rechter Höhe quergelegten Fenzriegel und stützte sich auf beide Ellenbogen.

Scheibenschießen wurden sonst von der Mitte Juli bis in den September hinein fast regelmäßig jeden Samstag abgehalten, und man versammelte sich dazu entweder in der Nähe eines kleinen Städtchens oder auch auf der Farm Desjenigen, der bereitwillig war, ein Rind ausschießen zu lassen.

Wenn man sich über den Kaufpreis dafür geeinigt hatte, wurden die Namen derer verzeichnet, welche Antheil nehmen wollten, und ebenso wurde die Anzahl von Schüssen notirt, für welche jeder Theilnehmer bezahlt hatte. Nach einem ganz alten Gebrauch galt jeder Schuß einen Schilling (16⅔ Cents); wiewohl diese englische Münze gar nicht in Circulation war, so rechnete man dennoch der Bequemlichkeit wegen darnach, weil sechs Schillinge einen Dollar ausmachten und man also für einen Dollar sechsmal schießen durfte.

Jeder Schütze machte sich seine eigene Scheibe; man nahm ein Brettchen, gewöhnlich eine alte Schindel, schüttete ein wenig Pulver auf ein Häufchen, befeuchtete es und zerrieb es dann, bis ein kleiner, runder, schwarzer Fleck hergestellt war. Ueber diesen Fleck heftete man ein kleines Stückchen weißes Papier, welchem Jeder die Größe und die Gestalt gab, die er wünschte; meistens wählte man die Form des Vierecks, und schnitt aus diesem einen engeren oder weiteren Winkel heraus, so daß das Papier eine gabelförmige Gestalt bekam; in diese Gabel, die sich scharf auf dem schwarzen Fleck abzeichnete, kratzte man mit einer Messerspitze ein liegendes Kreuz ein, und der Schnittpunkt war die Stelle, von welcher ab die Kugellöcher gemessen wurden. Dieses Kreuz konnte jeder Schütze ganz nach eigenem Gutbefinden machen, wohin es ihm beliebte, der Schnittpunkt galt unter allen Umständen als sein Centrum.

Aus den Versammelten wurden dann zwei unparteiische Männer, die in keiner Weise Theilnehmer waren, als Preisrichter gewählt; diese suchten einen möglichst ebenen und schattigen Platz aus, schritten die Distanzen gewissenhaft ab, und nachdem ihnen sämmtliche Scheiben übergeben waren, nahm das Schießen seinen Anfang.

Es galt keine Rangordnung; Jeder, der schießen wollte, rief nach seiner Scheibe, einer der Preisrichter stellte sie auf, meistens gegen einen Baum, und rückte sie so lange hin und her, bis sie der Schütze in das möglichst günstige Licht dirigirt hatte; dann trat er wenige Schritte auf die Seite und wenn der Schuß gefallen war, wurde die Scheibe weggenommen und die folgende aufgestellt, nach der eben gerufen worden war. Nach jedem Schuß rief man nach dem Schützenstand hinüber, wo die Kugel eingeschlagen hatte, und es war mitunter ergötzlich, zu beobachten, welche Nervosität sich bei den jüngeren Schützen bemerklich machte, wenn ein "centre broke" oder gar ein "dead centre" gerufen wurde; („Centrum eingebrochen" oder „Centrum rein heraus") denn ein solcher Schuß war ein sicherer Gewinn. In dieser Weise ging es fort bis der letzte Schuß gefeuert war, dann nahmen die Richter sämmtliche Scheiben und gingen damit auf die Seite, und nun wurde sehr gewissenhaft mit Stückchen Grashalmen so lange gemessen, bis man die fünf besten Schüsse ermittelt hatte. Diese Entscheidung wurde den Schützen mitgetheilt und in der Regel ohne Widerrede und ohne Murren angenommen.

Während des Schießens wurde geschlachtet; das Rind wurde an eine geeignete Stelle getrieben, niedergeschossen und auf demselben Fleck abgezogen, ausgeweidet und in die vier Viertel getheilt; jedes Viertel war ein Gewinn, Haut und Talg bildete den fünften. Die Gewinne wurden choices (Auswahlen) genannt, weil Derjenige, dem man den besten Schuß zuerkannt hatte, sich zuerst aus diesen fünf Gewinnen aussuchte, welchen er wollte, dann wählte der nächstbeste Schuß und s. f.; der Fünfte hatte allerdings keine Wahl mehr, sondern mußte nehmen, was ihm die Anderen übrig gelassen hatten. Es kam aber auch vor, daß ein besonders guter Schütze zwei bis drei Gewinne davontrug, und es ist sogar vorgekommen, daß Einer, zum Verdruß der übrigen Schützen, das ganze Rind gewann; aber Fälle dieser Art waren selten; und es ist sehr erklärlich, daß solche Schützen, so hoch man ihre Geschicklichkeit auch schätzte, doch nicht gern als regelmäßige Gäste auf dem Scheibenstand gesehen wurden.

Es ging bei dem Scheibenschießen wie bei allen dergleichen Uebungen; es wurde mitunter sehr gut aber auch zuweilen sehr mittelmäßig geschossen, vorzüglich wenn das Licht und der Wind ungünstig waren; aber selbst wenn nicht sehr gut geschossen wurde, erhielt ein Schuß, der mehr als einen einzigen Zoll vom Centrum eingeschlagen hatte, nicht leicht einen Gewinn. Wenn aber gut geschossen wurde, so war oft schon ½ Zoll vom Centrum nicht immer gewinnbringend.

Deutsche nahmen oft an diesen Schießübungen Theil und wurden gern dabei gesehen. Ich stellte oft meine stillen Betrachtungen über Solche an, welche in ihrer früheren Heimath renommirte Schützen gewesen sein wollten und vielleicht auch waren; diese hielten meistens das Schießen auf solche, im Vergleich mit europäischen Schießständen, kurze Distanzen nur für eine Bagatelle, gingen aber in der Regel leer aus; man konnte nicht geradezu von ihnen sagen, daß sie schlecht geschossen hätten, aber sie konnten ihre Kugeln doch nicht nahe genug an dieses winzige Pünktchen bringen.

Das Büchsenschießen war überhaupt unter den jungen Amerikanern ein sehr beliebter Zeitvertreib, und wo auch mehrere zusammentrafen, im Walde, auf einer Straße oder auf einer Farm, dauerte es gewöhnlich nicht lange, bis der Eine oder der Andere den Vorschlag machte, zu versuchen, wer wohl am besten schießen würde; ein passender Platz war dann bald gefunden, in Ermangelung einer Scheibe wurde eine Marke an einen Baum gemacht, und es dauerte nicht selten stundenlang, bis das Knallen wieder aufhörte.

So vorsichtig die jungen Bursche auch sonst mit ihren Gewehren umgingen und niemals die Mündung einer Büchse in einer Richtung hielten, wo Unglück angerichtet werden konnte, so selbstvertrauend und verwegen waren sie oft bei kleinen, zufälligen Uebungen. Wenn nach einer Scheibe geschossen werden sollte, wie in diesem Kapitel beschrieben wurde, und es war kein Baum oder anderer Gegenstand zum Anlehnen der Scheibe zu finden, so hielt sie oft Einer dem Anderen mit der Hand dar. Einer nahm die Schindel mit der Scheibe darauf, stellte das eine Ende auf den Boden und richtete sie nach der Anweisung der Anderen; und wenn ihm zugerufen wurde „Nun ist's recht", so ließ er mit ausgestrecktem Arm ein paar Finger auf dem aufrecht gestellten Brett ruhen und blieb daneben stehen, bis Alle geschossen hatten; dann wurde ihm selbst die Scheibe von einem Anderen gehalten. Es versteht sich von selbst, daß nur Solche dergleichen Scheibenschießen abhielten, von denen Jeder den Grad der Geschicklichkeit des Anderen genau kannte.

Diese Scheibenschießen sind in den dicht besiedelten Counties, in welchen alle Veranlassung zum Büchsenschießen aufgehört hat, fast ganz in Verfall und Vergessenheit gerathen.

---

15. Die alte Miliz.

Man würde die Amerikaner sehr ungerecht beurtheilen, wenn man ihnen die wesentlichen Eigenschaften eines guten Soldaten absprechen wollte; daß sie diese Eigenschaften besitzen, haben sie in jedem Kriege bewiesen, den sie geführt haben.

Der Patriotismus, die Tapferkeit und die zähe Ausdauer der alten Milizen ermöglichte es schon dem General Washington, den Engländern die Anerkennung der Unabhängigkeit der Colonieen abzuzwingen; General A. Jackson vernichtete fast die ihm an Zahl weit überlegene englische Armee im Jahre 1812 bei New Orleans mit seinen Scharfschützen aus Kentucky und Tennessee. General W. Scott war 1846 der Sieger gegen Mexiko und im letzten Rebellionskrieg waren die Niederlagen, welche die Unionstruppen sowohl als die Conföderirten abwechselnd erlitten, wohl der schlechten und unfähigen Führung und anderen ungünstigen Umständen zuzuschreiben, aber niemals dem Mangel an Tapferkeit der Soldaten.

Beim Ausbruch von keinem dieser Kriege hatte man über eine wohlgeübte Armee zu verfügen; im Augenblick der Landesgefahr verließ der Handwerker seine Werkstatt und der Landmann seinen Pflug und stellte sich in Reih' und Glied. Den pedantischen Gamaschendienst lernten diese freiwilligen Landes Vertheidiger allerdings niemals, denn da sie nur einberufen wurden, wenn es die Nothwendigkeit gebot, so entwickelten sich bei ihnen nur die wirklich wesentlichen soldatischen Eigenschaften, aber nichts von dem, was zum bloßen, leeren Paradedienst gehört. Es ist daher leicht erklärlich, daß in einer Compagnie, einem Bataillon oder einem Regiment von Leuten, von denen die Offiziere sowohl als die Mannschaft nur selten, und Viele nie, einen ausgerüsteten Soldaten gesehen hatten, zahlreiche Lächerlichkeiten zu erwarten waren, wenn sie im tiefen Frieden auf einmal militärische Evolutionen machen sollten.

So war es auch bei der alten Miliz. Nach einem alten Gesetz, wahrscheinlich dem ersten, welches nach der Aufnahme von Missouri in den Vereinigten Staatenbund über die Organisation der Miliz passirt worden war, sollten in jedem County sämmtliche waffenfähige Männer von 18 bis 45 Jahren jährlich vier Mal zusammenkommen, um eingeübt zu werden.

Ob im ganzen Staat diesem Gesetz streng Folge geleistet wurde, ist mir nicht bekannt, aber hier in Franklin County waren diese Musterungen noch üblich, als wir in's Land kamen.

Im April und September trat in jedem Township die Compagnie zusammen; im Mai exercirten die beiden Bataillone und im October das ganze Regiment; außerdem suchten die höheren Officiere im Mai die Officiere niederer Grade, vom Capitän bis zum Corporal, während eines dreitägigen Exercitiums noch besonders vorzubereiten.

Die höheren Officiere vom Major aufwärts wurden vom Gouverneur ernannt; die Officiere vom Capitän abwärts wählten die respectiven Compagnien.

Einige der höheren Officiere scheinen wenigstens einen Begriff von militärischer Taktik gehabt zu haben, aber die meisten der niederen Officiere wußten so gut wie gar nichts davon; den Hauptleuten hatte man wohl einen kleinen Leitfaden gegeben, worin die Commandos und die Bewegungen der Truppenkörper verzeichnet waren; aber da die Meisten von ihnen nur nothdürftig oder gar nicht lesen konnten, so schöpften sie nicht viel Aufklärung aus ihren "tactics."

Anfangs April 1835, als ich das militärpflichtige Alter noch nicht lange erreicht hatte, erhielt ich die erste Vorladung, mich an einem bestimmten Tage in Newport zum Exerciren einzufinden.

In der Vorladung hieß es zwar "to come armed and equiped, as the law directs" (bewaffnet und ausgerüstet zu kommen, wie es das Gesetz vorschreibt), aber da Niemand wußte, was das Gesetz vorschrieb, so kam Jeder, wie er Lust hatte. Einige der Fernwohnenden hatten zwar ihre Gewehre mitgebracht, weil sie eben an das Tragen ihrer Büchsen gewöhnt waren; diese Gewehre wurden aber nicht zum Exerciren gebraucht, sondern man stellte sie in eine Fenzecke, und dort blieben sie bis nach dem Ende der Musterung stehen.

Einer meiner Nachbarn, der im gewöhnlichen Leben ein ganz achtbarer und sehr gutmüthiger Mann war, war damals Capitän. Er war ein langer, sehr magerer Kerl, der in seinem Aeußeren auch nicht den entferntesten militärischen Anstand hatte; an seiner Seite trug er, und zwar gewöhnlich an der richtigen Seite, einen alten Infanterie-Säbel in einer ledernen Scheide; dieses Instrument war ihm aber sehr im Wege, denn beim Marschiren gerieth ihm hin und wieder die Scheide von hinten zwischen die langen Beine, und dieser Umstand erhöhte seine militärische Grazie keineswegs.

Endlich hieß es „Antreten"; aber es dauerte lange, bis Alle zusammengerufen und zusammengeholt waren; denn die kleinen Gruppen, die mit einander plauderten, ließen sich durch das Commando durchaus nicht in ihrer Unterhaltung stören. Nach einiger Zeit aber standen die 50 bis 60 Mann, die unsere Compagnie bildeten, doch einigermaßen nebeneinander; aber es war ein buntes Chor. Manche hatten Röcke an, Andere waren in Hemdärmeln, wieder Andere trugen Jagdhemden u. s. w., aber Keiner hatte eine Waffe.

Jetzt versuchten der Capitän und die Lieutenants die Compagnie in eine gerade Linie zu bringen, aber es gelang erst nach vieler Mühe; der Eine wurde sanft zurückgedrückt und ein Anderer am Hemdknopf in die Linie herausgezogen; aber Einer, den die Natur mit einer ungewöhnlichen Corpulenz bedacht hatte, störte die Symmetrie, wie man ihn auch placiren mochte. Wenn er genau in der Linie stand, so hinderte der dicke Bauch die Uebersicht der Front, und trat er soweit zurück, daß die Front wieder eine gerade Linie bildete, so drängte er seinen Hintermann aus dem Glied. Nach manchen vergeblichen Ausgleichungs-Versuchen stellte man ihn endlich in das zweite Glied, denn dort hatte seine Corpulenz wenigstens nach hinten zu freien Spielraum.

Nachdem alle diese Schwierigkeiten glücklich überwunden waren, hielt der Capitän eine lange Vorlesung über das „rechts um" und „links um"; nachdem die Theorie dieser Commandos abgehandelt war, kam die praktische Anwendung an die Reihe, und als die Compagnie nun so weit cultivirt war, daß sich bei jedem Commando wenigstens die Meisten nach der richtigen Seite zuschwenkten, schenkte man ihr das Vertrauen, nun nach dem eigentlichen Ercercirplatz marschiren zu können, ohne unterwegs alle Fühlung zu verlieren. Diese vorläufigen Vorstudien waren nämlich in der einzigen Straße von Newport vorgenommen worden.

Da die ganze Mannschaft wußte, nach welcher Richtung hin der Ercercierplatz lag, so wurde dem Commando „links um" prompt entsprochen; das nächste Commando hieß „Musik" und endlich hieß es „Marsch".

Die Musik bestand aus einer Trommel und einer Querpfeife; aber den heillosen Lärm, der mit diesen Instrumenten gemacht wurde, konnte man unmöglich Musik nennen, wenn man der Wahrheit die Ehre geben wollte. Es waren nichts als ohrzerreißende, unzusammenhängende Mißtöne, mit einem Trommel-Gepolter ohne den mindesten Takt als Begleitung. Der Capitän schrie sich fast heiser "keep time, boys, keep time," (haltet Schritt, Jungens, haltet Schritt), aber diese Zumuthung war zu stark für eine Mannschaft, von der die Meisten zum ersten Mal in ihrem Leben in Reih' und Glied standen, und bei solchem Höllen-Spektakel hätte auch wohl ein Veteranen-Regiment den Schritt verloren.

Aber es wurde dennoch, im Schritt und außer dem Schritt, weiter marschirt. Der Weg führte vom Ende der Straße einen Hügel hinunter und an einer Quelle vorbei. Dort stellte plötzlich der Tambour seine Trommel auf den Boden und rief der Compagnie zu "hold on, boys, I am dry" (Haltet an, Jungens, ich bin durstig); der Pfeifer legte sein Jammerholz neben die Trommelschlägel und ging ebenfalls der Quelle zu; die Compagnie war ruhig stehen geblieben und der Hauptmann, der es sehr natürlich finden mochte, daß man bei warmem trocknem Wetter durstig werden konnte, blieb auch stehen. Aber um die Zeit zu benutzen, holte er sein Messer und seinen Kautabak aus der Tasche, schnitt sich ein Primchen ab und schob es in den Mund, da ihm jedoch der Säbel bei dieser Beschäftigung hinderlich war, so klemmte er ihn derweile zwischen den Knieen fest. Fast die halbe Compagnie war ausgetreten und hatte getrunken; dann nahm Jeder wieder seinen Platz im Glied ein, der Tambour rief "come on, boys," und um diesem Aufruf die rechte Autorität zu geben, schrie der Hauptmann „Marsch"; und in großer Gemüthlichkeit ging es weiter, bis auf einem weiten Grasplatz, der theilweise recht gut von großen Eichen beschattet war, „Halt" commandirt wurde.

Da die Front sehr bedeutend von einer geraden Linie abwich und auch mehrere Lücken zeigte, so wurde wieder gerichtet und zusammengeschoben und dann abermals gezählt, weil die Compagnie in vier Pelotons getheilt werden sollte. Dieses Divisions-Exempel schien keine ganz leichte Aufgabe für das Officier-Corps zu sein, denn es dauerte ziemlich lange, bis man sich über einen Quotienten geeinigt hatte. Nachdem die Pelotons abgezählt waren, wurden weitere Instructionen gegeben. Der eine Flügelmann blieb stehen, und das erste Peloton schwenkte herum, bis es im rechten Winkel mit der Front stand; die drei anderen Pelotons machten der Reihe nach dieselbe Schwenkung; jedem Peloton ging ein Sergeant voraus und ein Corporal hinterdrein, und nun wurden Märsche mit verschiedenen Schwenkungen ausgeführt. Aber da unsere Janitscharen-Musik die Leute confus machte, so hielten die Pelotons die Distanz nicht ein, denn so oft auch wieder in eine Front geschwenkt wurde, so gab es entweder große Lücken, oder die Pelotons waren in einen Knäuel zusammengeschoben. Auch mehrere Contre-Märsche wurden versucht, aber die Front-Märsche geriethen gar nicht; denn schon nach zwanzig Schritten war die Linie sehr krumm, und wenn nach weiteren zwanzig Schritten nicht „Halt" gerufen worden wäre, so hätte sich die Compagnie sehr bald in ihre einzelnen Theile aufgelöst.

Endlich wurden die vier Pelotons, so gut es gehen wollte, zu einem Quarré formirt; es wurde Front nach innen gemacht und der Capitän sprach seine Zufriedenheit mit den Leistungen der Mannschaft aus. Dieses Quarré diente auch zu gleicher Zeit als eine Art Auskunfts-Büreau, denn Solche, denen Pferde oder anderes Vieh entlaufen waren, fanden sich häufig bei diesen Musterungen ein, weil dort Leute aus einem weiten Umkreis versammelt waren. Ehe also das Quarré aufgelöst wurde, stellte der Capitän die betreffenden Fragen an seine Mannschaft, und nicht selten wurde die gewünschte Auskunft gegeben.

Eine nur einigermaßen gute, unter allen Umständen aber streng taktfeste Musik hat einen bedeutenden Einfluß auf die Präcision militärischer Bewegungen, und es zeigte sich bei einer Gelegenheit, daß eine solche Musik selbst auf diese gänzlich unerfahrenen und ungeschulten Milizen einen sehr günstigen Einfluß haben konnte.

Einst wurde in der Nähe von Union eine größere Musterung abgehalten, und da der Pfeifer sowohl als auch der Trommler aus irgend einem Grunde abwesend waren, so wandte man sich an ein paar Deutsche, von denen der Eine etwas Flöte blies und der Andere in seiner Jugend Tambour gewesen war.

Die ganze Mannschaft wurde von den einfachen, aber streng taktfesten Märschen, die aufgespielt wurden, vollständig electrisirt, und weder vorher noch nachher soll jemals mit mehr Lust und Ordnung exercirt worden sein. Als am Schluß der Musterung das übliche Quarré formirt war, sprach einer der höheren Officiere in einer wohlgesetzten Rede den beiden Musikern den Dank des ganzen Bataillons aus, und veranstaltete zu gleicher Zeit eine Collecte, welche sehr bald fünfzehn Dollars zusammenbrachte, und diese Summe wurde den Musikern eingehändigt. Fünfzehn Dollars waren in jener Zeit viel Geld, und da unsere deutschen Freunde auch noch Anfänger im Walde waren, so kam ihnen diese zufällige und ganz unerwartete Einnahme sehr zu Statten.

Jener Flötenbläser lebt heute noch und ist einer meiner ältesten Freunde.

Von Disciplin und militärischem Decorum war nur sehr wenig zu bemerken; Verstöße gegen die allergewöhnlichste Disciplin, die bei europäischem Militär ganz undenkbar gewesen wären, gehörten bei unserer alten Miliz zu den Regelmäßigkeiten. Den Grund zu militärischen Sünden durfte man man aber nicht in beabsichtigtem und bewußtem Ungehorsam oder Widersetzlichkeit suchen, sondern nur darin, daß die Leute so gut wie gar keinen Begriff von Disciplin hatten, und selbst die Officiere betrachteten diese Vergehen als etwas ganz natürliches und behandelten sie in der liberalsten Weise.

Es sind Dinge vorgekommen, die in den Annalen europäischer Militärzucht nirgends zu finden sind und die ihrer Originalität wegen wohl einer Erwähnung verdienen.

Die Revue des einen Bataillons, aus vier Compagnien bestehend, wurde einmal ziemlich weit oben im St. Johns Thal, in den sogenannten "barrens" abgehalten. Diese barrons, die schon früher flüchtig geschildert sind, hatten, weil sie in der Nähe des Flüßchens lagen, sehr fruchtbaren und fast ganz ebenen Boden; auf eine weite Strecke, die nur sehr spärlich bewaldet war, sah man nichts als hohes Gras, hin und wieder mit niedrigem Haselgebüsch unterbrochen, und in dieser Jahreszeit, Ende Mai, war der Boden stellenweis mit wilden Erdbeeren fast ganz übersäet.

Dort also sollte exercirt werden. Außer den Compagnie-Officieren waren noch ein Major, Obristlieutenant, Obrist, mehrere Adjutanten und sogar ein General anwesend. Genannte hohe Officiere waren beritten, trugen Säbel und rothe Schärpen, zeichneten sich aber sonst nur sehr wenig in ihrem Aeußeren vor der Mannschaft aus. Das Bataillon war angetreten und ein paar Officiere ritten der Front entlang, um die Mannschaft zu zählen, damit die Eintheilung in acht Pelotons vorgenommen werden konnte. Am Ende der Linie stimmten die Rechnungen aber nicht, denn der vorderste Officier hatte eine größere Zahl herausgebracht, als der ihm folgende; die Pferde wurden also gewendet, und nun ging das Zählen von Neuem an; aber am Ende der Linie stimmten die Zahlen wieder nicht, und zwar war der Unterschied diesmal viel größer als das erste Mal. Man betrachtete sich nun die Linie etwas genauer und bemerkte ohne große Mühe größere und kleinere Lücken darin. Nur eine sehr geringe Umschau genügte, um die Ursache dieser bedeutenden Decimirung zu entdecken; so weit man sehen konnte, lauerten und lagen nämlich diese unabhängigen Milizen zwischen den Haselbüschen herum und pflückten Erdbeeren.

Die Officiere, weit entfernt, darüber entrüstet zu sein, lachten und der Obrist rief einem Adjutanten zu: "Adjutant, go and drive up these strawberry hunters" (Adjutant geht und treibt diese Erdbeerensucher zusammen). Als endlich diese strawberry hunters zusammengetrieben und wieder in Reih' und Glied gebracht waren, hieß es bloß: "Now, boys, behave yourselves, also we wont get through with our exercises." (Jetzt, Jungens, führt Euch ordentlich auf, sonst werden wir mit unserem Exerciren nicht fertig).

Die Musterung verlief, trotz einer Menge anderer Ungereimtheiten, dennoch ganz gemüthlich, und als am Schluß das übliche Quarré formirt war, wurde die Mannschaft gar wegen ihrer musterhaften Aufführung belobt.

Einige Versuche, eine Cavallerie-Compagnie einzuüben, mißlangen vollständig. Die alten Hinterwäldler waren durchaus keine schlechten Reiter; um Schwierigkeiten des Terrains kümmerten sie sich sehr wenig, und selbst durch ziemlich dichtes Stangenholz, mit der langen Büchse auf der Schulter, und unter die quer in den Weg hängenden Ranken und Zweige gebückt, wanden sie sich mit schlangenartiger Behändigkeit hindurch, aber „Schule" kannten sie nicht und die Pferde ebenso wenig. Thiere, die sich nur an das gewöhnt hatten, was sie im Wald zu hören und zu sehen bekommen hatten, waren auf einem solchen Exercierplatz häufig sehr unbändig; der Anblick der vielen Leute, das Geschrei und der Lärm, vor Allem aber der gräßliche Spektakel, den die sogenannte Musik machte, brachte sie ganz außer sich und viele Reiter hatten genug zu thun, um nur im Sattel zu bleiben, folglich war ein ordentliches Reiten in Reih' und Glied, selbst ohne Waffen irgend einer Art, gar nicht ausführbar.

Wer die damaligen Musterungen mit weniger Unbefangenheit und Sachkenntniß beobachtete, mußte leicht begreifen, daß auf diese Weise kein kampftüchtiges Militär heranzubilden war; die Uebungen hörten auch schon nach wenigen Jahren auf, und die seit jener Zeit herangewachsene Generation weiß nichts mehr davon.

Einen wesentlichen militärischen Werth hatten jene Musterungen freilich nicht, auch wurden sie eigentlich nur als eine Art Volksfest betrachtet; wer aber die Vertheidigungsfähigkeit der Amerikaner nach diesen alten Milizen allein beurtheilen wollte, würde sich sehr täuschen.

In dem Befreiungskriege vor hundert Jahren hatte man den englischen Armeen keine wohlgeübten Soldaten entgegen zu stellen, und darum waren die Niederlagen der Amerikaner, besonders im Anfang des Krieges, häufiger als ihre Siege; aber der glühende Patriotismus und die hohe geistige Begabung vieler amerikanischen Führer gaben ihnen jenen moralischen und intellectuellen Halt, der von der Cadettenschulweisheit der englischen Officiere nicht aufgewogen werden konnte, und die mangelhaft geschulten und ungeübten Milizen, die für ihre Unabhängigkeit, ihre Hausehre und ihren Herd in das Feld zogen, hatten wohlbegründetere Motive zum Kampf auf Leben und Tod als die wohleinexercirten, bezahlten Söldlinge der Engländer und noch weit mehr als unsere deutschen Landsleute, die von ihren menschenfreundlichen Landesvätern wie Schlachtvieh verkauft worden waren.

Auch im zweiten Kriege gegen England konnten die mustergültigen englischen Garde-Regimenter den alten Hinterwäldlern mit ihren langen, fast nie fehlenden Büchsen nicht Stand halten. Der sehr verdienstvolle General Andrew Jackson, der selbst Hinterwäldler war, wußte sehr gut, daß er seine Scharfschützen aus Kentucky und Tennessee keinen Bajonettangriffen fest geschlossener Kolonnen im freien Feld aussetzen dürfe, aber er kannte auch die Kaltblütigkeit und die tödtliche Sicherheit, mit der seine Leute schossen und postirte sie deßwegen hinter Barrikaden von Baumwollenballen, mit dem Befehl, nicht eher zu schießen, als bis sie das Weiße im Auge des Feindes erkennen könnten. Durch dieses Manöver überwand er die Engländer beim Sturmangriff in geschlossenen Reihen.

Ein alter Amerikaner, Samuel Philips, der in meiner Nachbarschaft wohnte und die Schlacht bei New Orleans als junger Mann mitgemacht hatte, erzählte mir, daß man nach jeder Salve aus den langen Büchsen fast die ganze Front des Feindes sich auf dem Boden habe wälzen sehen.

Der Krieg mit Mexiko 1846 kann weniger in Betracht kommen, denn die Mexikaner waren den Amerikanern gegenüber kaum ebenbürtige Gegner zu nennen, und im letzten großen Bürgerkrieg, dessen Verlauf fast Jedermann kennt, waren die Qualifikationen beider Armeen in vieler Beziehung fast gleich, und vom Anfang bis zum Ende war fast immer die eine Armee die Lehrmeisterin der anderen.

16. Dritte Prophezeihung:

„Wegen der reißenden Thiere und giftigen Schlangen kann man kaum zum Hause heraus."

Daß in einem Staate, der einen Flächeninhalt von ungefähr 2700 geographischen Quadratmeilen enthält, der aber im Jahre 1834 noch keine 100,000 Einwohner zählte und der zum größten Theil mit ununterbrochenen Wäldern bedeckt war, noch viele Raubthiere ungestört ihr Wesen treiben konnten, braucht wohl keines besonderen Beweises, aber die größeren reißenden Thiere, Wölfe, Bären und Panther, waren in der Nähe der dichteren Ansiedelungen schon ziemlich selten geworden.

Wölfe konnte man allerdings in den ersten Jahren fast jeden Abend heulen hören, aber zu sehen bekam man fast nie einen, denn sie sind sehr scheu, und ihre scharfen Sinne verrathen ihnen die Nähe eines Menschen viel früher, als ihnen diese Nähe gefährlich werden kann. Die alten Jäger behaupteten, daß diese Thiere den Tag über auf hohen Bergrücken im Grase lägen, und wenn sie die Annäherung von irgend etwas Verdächtigem bemerkten, ungesehen davon schlichen. Diese Behauptung mag nicht ganz ohne Grund sein, denn Jäger, die hier in den Wäldern geboren und aufgewachsen waren, versicherten mir, daß sie niemals einen lebendigen Wolf in der Freiheit gesehen hätten, sondern nur solche, welche von Hunden gehetzt oder in einer Falle gefangen gewesen wären. Dennoch wurde mancher Wolf von einem Jäger, dem der Zufall wohl wollte, überrascht und niedergeschossen, und auch fast in jedem Frühjahr wurde bald hier, bald dort ein Nest mit jungen Wölfen, die sich durch ihr Gewinsel verrathen hatten, in einem Dickicht, in einem hohlen Baum oder unter einem überhängenden Felsen gefunden.

Es ist sonderbar, aber doch sehr erklärlich, daß Frauen öfter Wölfe gesehen haben als ihre Männer. Mehr als eine alte Amerikanerin erzählte mir, daß ein Wolf die wenigen Schafe, die man damals hielt, bis vor den Hof hin verfolgt habe, oder daß sie einen Wolf mit den Hunden von einem schreienden Ferkel vertrieben habe. Auch die zur ungewöhnlichen Zeit mit Zetergeschrei hereneilenden Gänse verriethen manchmal die Nähe eines Wolfes, oft aber auch war nur ein Fuchs hinter das Geflügel gerathen. Wenn in der unmittelbaren Nähe der einsamen Blockhütten nicht gearbeitet wurde, und die Frau mit ihren kleinen Kindern allein im Hause war, so herrschte gewöhnlich eine Grabesstille um die Hofstelle herum; das Raubzeug hielt sich dann für sicher und wurde dreist; gefährlich waren aber solche Besuche durchaus nicht, denn man hat nie davon gehört, daß ein Wolf einen Menschen angefallen habe.

Wölfe wie Hirsche auf dem Pirschgang schießen zu wollen, fiel keinem Jäger ein, denn solche Jagden wären ganz vergeblich gewesen. Wenn der Wolf auf Pflanzennahrung angewiesen wäre wie der Hirsch, so möchte einem geschickten Jäger ein gelegentliches Anschleichen wohl gelingen, aber da der Wolf nie botanisiren geht, so ist ihm auf diese Weise nicht beizukommen, und nur der reine Zufall bringt ihn mitunter in den Bereich einer Büchse; wenn aber seine Nähe durch ein zerrissenes Schaf oder durch ein fehlendes junges Schwein verrathen ward, oder wenn man nur seine Spur im weichen Boden, im Staub oder im Schnee gefunden hatte, so war bei den alten Ansiedlern seine Verfolgung mit Hunden sicher, jedoch nicht immer seine Erlegung.

Eine Wolfsspur ist von einer großen Hundespur sehr leicht zu unterscheiden; die vier Zehen am Fuße eines Hundes bilden einen ziemlich allmäligen Halbkreis, bei dem Wolf aber stehen die beiden mittleren Zehen weit voraus, und gute Abdrücke zeigen auch längere Krallen.

Mitunter legte man Tellereisen, um einen Wolf zu fangen, am häufigsten aber baute man sogenannte Wolfsfallen (wolf-traps); d. h. es wurde von 6—7 Fuß langen, runden Baumstämmen ein ganz niedriges, 2—3 Fuß hohes Blockhaus mit einer Fallthür errichtet, und ein Stück rohes Fleisch irgend einer Art diente als Lockspeise. Ein Wolf, der in eine solche Falle gerathen war, konnte sich glücklich schätzen, wenn ihm nur einfach eine Büchsenkugel zwischen die Augen gesetzt wurde; nicht selten erlaubte man sich aber auch ein grausames Vergnügen mit solchen armen Thieren, indem man mit einem, an einem langen Stock befestigten Messer ihm die großen Flechsen an den beiden Hinterläufen durchschnitt, dann die Falle öffnete und Hunde auf ihn hetzte. Die abscheuliche Verstümmelung machte dann dem Wolf allerdings die Flucht unmöglich, aber er wehrte sich und verbiß die Hunde zuweilen dermaßen, daß dem Kampf zuletzt doch noch durch eine Büchsenkugel ein Ende gemacht werden mußte.

Manche von den neu angekommenen Deutschen waren anfänglich enragirte Jäger, aber ihrer Unerfahrenheit und ihrer Leidenschaftlichkeit wegen hatten sie nur selten den gewünschten Erfolg; ein Hirsch fiel ihnen hin und wieder zur Beute, aber ihr höchster Wunsch war, einen von den Wölfen zu schießen, die sie fast allnächtlich heulen hören konnten; sie versuchten alle möglichen Mittel, um ihnen beizukommen, aber bekamen fast niemals einen zu sehen.

Eine sehr ähnliche Wolfsjagd, wie sie Gerstäcker von einem deutschen Baron in Arkansas erzählt, wurde auch einst hier an der Bourbois in Scene gesetzt.

Zwei der wüthendsten deutschen Nimrode, die beim Anblick des Wildes fast immer außer sich geriethen, hatten beschlossen, einen Versuch zu machen, die Wölfe in der Begattungszeit im Februar zu locken. Sie hatten nämlich gehört, daß man die Wölfe in dieser Zeit an irgend eine beliebige Stelle locken könne, wenn man sich die Schuhsohlen mit asa foetida bestreiche und dann einen weiten Rundgang durch den Wald mache bis an den Platz, den man zu seinem Zweck für geeignet hielt.

Eine alte verfallene und längst verlassene Blockhütte, die ganz einsam in einer der Biegungen der Bourbois stand, war zum Rendezvous auserfehen worden, und aus dieser Hütte heraus, sollte auf die Wölfe geschossen werden. Der Jüngere der beiden Jäger machte den Rundgang und fand gegen Abend seinen Kameraden in der besagten Hütte auf ihn wartend.

Die einzige Oeffnung, welche sonst eine Thür geschlossen hatte, wurde mit alten Fenzriegeln, Baumästen u. s. w. fest verbarrikadirt und die Jäger stiegen durch das defecte Dach in die Hütte, zwischen deren Baumstämmen hindurch man nach allen Seiten hin bequem schießen konnte. Wiewohl es empfindlich kalt war, hatte man doch kein Holz in der Hütte zusammengetragen, weil man die Wölfe durch den Feuerschein nicht scheu machen wollte.

Durch ihre Arbeit waren unsere Jäger etwas warm geworden; und da sie sich auch einen Imbiß mitgebracht hatten, fühlten sie sich vor der Hand noch ganz comfortabel. Es fing an zu dämmern, und die Jäger, die auf dem Boden dicht nebeneinander saßen, lauschten mit der gespanntesten Aufmerksamkeit; plötzlich stieß der Eine den Anderen mit dem Ellenbogen an — „Hörst Du sie?" Aber nur ein sehr ernsthaftes Kopfnicken war die Antwort.

7

Wirklich hörte man in weiter Entfernung hin und wieder einen traurigen langgezogenen Ton, bald darauf in einer anderen Richtung wieder einen, dann noch einen und noch einen, und es schien sogar, als ob diese Töne von allen Seiten her immer näher kämen.

Ob es Freude oder sonst Etwas war, was unsere Jäger so stumm machte, ist schwer zu sagen; die Büchsenhähne hatten zwar schon geknackt, als das Geheul noch über eine Meile weit entfernt war, aber die offenbare Annäherung der Wölfe schien die Jäger nicht electrisirt, sondern paralisirt zu haben. Das grauenhafte Concert kam der Hütte immer näher, und endlich konnten die Jäger, wenn der Mond für ein paar Augenblicke zwischen dem vorüberziehenden Gewölk hindurchleuchtete, auch zuweilen eine dunkle Gestalt über die offenen Stellen um die Hütte vorüber huschen sehen. Die Wölfe waren da, aber die Jäger saßen regungslos dicht nebeneinander, und nur die leisen Rippenstöße, die sie sich von Zeit zu Zeit applicirten, gaben Jedem die Ueberzeugung, daß der Andere noch am Leben sei.

Nach einiger Zeit, die den verbarrikadirten Jägern wie eine Ewigkeit vorgekommen sein mag, entfernte sich das Geheul wieder und endlich wurde es ganz ruhig. Die beiden Jäger, die während ihrer Aufregung die Kälte kaum gefühlt hatten, waren in der That fast steif gefroren; aber ein Feuer konnten sie nicht anmachen, weil sie, um die Wölfe nicht scheu zu machen, kein Holz in die Hütte geschafft hatten, und es war ihnen noch immer zu bedenklich, die Barrikade niederzureißen. Deßwegen tanzten und stampften sie hinter ihrer Schanze herum, bis ihnen das Tageslicht zum Heimweg leuchtete; die Lust zu den Wolfsjagden war ihnen aber vergangen.

Ob der Geruch von asa foetida wirklich diese Anziehungskraft auf Wölfe ausübt, will ich nicht behaupten, aber auch nicht geradezu verneinen, denn ich habe niemals selbst die Probe gemacht. In den Bergen längs der Bourbois gab es damals viele Wölfe, und da sie in der Begattungszeit ohnedem sehr mobil sind, so kann dieses Zusammentreffen an der Hütte möglicherweise auch ein zufälliges gewesen sein.

Bei diesem Wolfsgeheul in der Nacht wird es wohl jedem Neuling unheimlich, wenn ihm noch dazu die vielen Geschichten von den polnischen und russischen Wölfen im Kopf spuken. Es ging mir im Anfang auch nicht besser; denn wenn ich manchmal in einer mondhellen Nacht an einer Salzlecke saß, so fühlte ich mich keineswegs sehr gemüthlich, wenn plötzlich, kaum einen Büchsenschuß weit von mir, eine solche Bestie ihre Litanei anstimmte. Es ist jedoch nicht die mindeste Gefahr dabei und man gewöhnt sich bald daran, denn sobald der Wolf Witterung von einem Menschen bekommt, sucht er das Weite.

Die beiden Wolfsjäger, von denen oben die Rede war, sind längst todt. Beide waren redliche und achtbare Männer, ritten aber ihr Steckenpferd, die Jagd, mit einer sonderbaren Grazie, die ihre vielen Freunde oft ergötzte. Vorzüglich der Jüngere, ein Bauernsohn aus einem Dorfe im Thüringer Wald, war eine treuherzige, grundehrliche Seele. Die Schilderungen seiner Jagd-Abenteuer (fast alle seine Jagden wurden abenteuerlich) von ihm selbst vorgetragen, waren köstlich in ihrer Art; er behandelte die geringfügigsten Umstände mit tiefem Ernst und einem grimmigen Humor, der mit allen Kraftausdrücken seiner Dorfschaft gespickt war, und dabei schnitt er noch die fürchterlichsten Grimassen.

Er erzählte öfter noch ein kleines Abenteuer, welches er mit einem Wolf gehabt hatte, und so oft er diese Erzählung zum Besten gab, versicherte er jedesmal am Schluß „daß er sell mol ein Esel gewesen sei."

Einst war er im Hochsommer an eine Salzlecke gegangen, kam aber noch lange vor Sonnen-Untergang ziemlich verdrießlich wieder nach Hause und erzählte dort einem Amerikaner, der eben nach seiner Wohnung gekommen war, daß ihm ein großer Hund die Jagd verdorben habe. Der Amerikaner, der ein sehr erfahrener Jäger war, wurde aufmerksam und fragte weiter, und nun berichtete mein junger Freund, daß er noch niemals in seinem Leben einen solchen Hund gesehen habe; er sei sehr groß gewesen, habe einen zottigen, dunkelbraunen Pelz und einen langen buschigen Schwanz gehabt und auf seinem langen, spitzen Kopf hätten die Ohren steif aufrecht gestanden; er sei durch das Gebüsch geschlichen gekommen, habe längere Zeit nicht weit von der Lecke still gestanden und habe sich dann im Gras niedergelegt.

Der Amerikaner lachte ihn aus und sagte: „Aber, John, Du bist mir ein schöner Jäger, das ist ja gar kein Hund gewesen, sondern wahrscheinlich der große Wolf, der in den letzten Wochen die Schafe in der Nachbarschaft zerrissen hat."

John konnte vor Erstaunen und Verwunderung kein Wort herausbringen, plötzlich aber riß er das Gewehr von der Wand und rannte fort. Natürlich kam er wieder — der „große Hund" hatte nicht mehr im Gras gelegen, und niemals sah er ihn wieder.

* * *

Die Bären mögen zur Zeit der ersten Ansiedelungen in Missouri und noch längere Zeit nachher ziemlich zahlreich gewesen sein; es war damals auch Alles im Uebermaß vorhanden, was zur Wohlfahrt eines Bären gehört, und wenn sie sich eine Vorstellung von einem künftigen Leben hätten machen können, so hätten sie sich kein schöneres Himmelreich ausmalen können als Missouri.

Die unermeßlichen Eichenwälder, die jeden Herbst und Winter den Boden auf weite Strecken mit einer unvertilgbaren Masse von Eichelmast bedeckten, die vielen Erdbeeren, Brombeeren, Heidelbeeren, wilden Pflaumen, Persimonen, Weintrauben u. s. w., der wilde Honig, zu dem sie aber nicht immer gelangen konnten, und viele andere Kräuter und Wurzeln, die jetzt fast ganz durch eine andere Vegetation verdrängt sind, boten ihnen reichliche Nahrung; zur Abwechslung holten sie sich zuweilen ein fettes Schwein, oder fingen ein junges Hirschkalb; außerdem machten die vielen, fast undurchdringlichen Dickichte längst der Bäche, die zahlreichen Höhlen und Schluchten und die ungestörte Ruhe und tiefe Stille in den Wäldern ihre Glückseligkeit vollkommen.

Die von Jahr zu Jahr zunehmenden Ansiedelungen mögen ihren Beifall nicht gehabt haben; denn die alten Hinterwäldler störten sie in ihrem gemüthlichen Stillleben in höchst unangenehmer Weise.

Viele unserer ersten Nachbarn waren früher Bärenjäger gewesen, aber zur Zeit unserer Niederlassung waren in der Nähe der Ansiedelungen keine Bären mehr zu finden. Doch 20 bis 30 Meilen weiter, wo nur sehr vereinzelt kleine Farmen zu finden waren, wurden von guten Jägern noch alljährlich welche erlegt. Wenn auch in der Nähe der Ansiedelungen die Bären nicht mehr heimisch waren, so passirten sie dieselben doch noch zuweilen, vorzüglich im Anfang des Winters, ehe sie ihre Winterquartiere bezogen. In den ersten Jahren habe ich öfter ihre Spuren in der unmittelbaren Nähe der Hofstellen gesehen.

Die alten Amerikaner nannten solche Bären ebenso wie die nur durchziehenden Hirsche, nämlich Reisende (travellers). Wenn man die Spur eines solchen Bären entdeckte, ehe er einen zu großen Vorsprung hatte, so wurde er in einzelnen Fällen von Hunden eingeholt, gestellt und von nacheilenden Jägern geschossen; aber die meisten dieser travellers kamen mit heiler Haut davon. Es ist auch vorgekommen, daß Hunde nur zufällig auf eine frische Bärenspur geriethen. Wenn eine Bärin mit einem oder zwei Jungen so verfolgt wurde, so ging das schwächste der Letzteren gewöhnlich sehr bald auf einen Baum, und wenn das heftige und unaufhörliche Hundegebell in der Nachbarschaft beachtet und nach der Ursache gesehen wurde, so wurde das Thier auch gewöhnlich geschossen. Eine solche Neuigkeit verbreitete sich dann mit Blitzesschnelle in der ganzen Umgegend, und es gelang zuweilen, daß auch die anderen Bären eingeholt und erlegt wurden.

Selbst jetzt noch wird mitunter in den alten besiedelten Counties in irgend einem entlegenen Winkel ein solcher verirrter oder versprengter „Reisender" gefunden und erlegt. Der Ausdruck „verirrt" ist eigentlich nicht ganz richtig, obwohl es nicht leicht ist, eine bessere Bezeichnung zu finden; ein wildes Thier verirrt sich nie, es kennt sein Ziel ganz genau und verliert weder bei Tag noch bei Nacht die gerade Richtung dahin; aber wenn sein Ziel weit entfernt ist, so ist das Thier nicht im Stande zu beurtheilen, ob es in der eingeschlagenen Richtung Gefahren und Hindernissen entgegengeht oder nicht. Der Bär ist, wo er sich noch in größerer Zahl aufhält, leichter auf dem Pirschgang zu erlegen als andere Raubthiere; seine Größe, seine Farbe und seine immerwährenden plumpen Bewegungen, wenn er nicht liegt, verrathen ihn dem Auge des Jägers bald, und wenn der Bär den Jäger auch sieht, ohne ihn zu riechen, so stört ihn dessen Annäherung nicht in seiner Gleichgültigkeit. Sobald ihm aber sein überaus feiner Geruch selbst in großer Entfernung die Nähe eines Menschen verräth, so ist an ein Beikommen nicht mehr zu denken, deßwegen ist seine Jagd gar nicht so leicht, wie man sich vorstellen mag. Wer seine Gewohnheiten und seine liebsten Aufenthaltsorte nicht genau kennt und dabei immer unter dem Wind zu bleiben versteht, der bekommt niemals einen zu sehen, wenn ihm nicht einmal ein besonders günstiger Zufall wohl will.

Die Bärenjagd mit großen, starken und einigermaßen dazu dressirten Hunden war die häufigste und beliebteste, aber auch dabei durfte man nicht blind in's Geschirr gehen, wenn man nicht von vornherein den Erfolg unmöglich machen wollte. Bis eine verfolgbare Spur gefunden war, mußte die möglichste Ruhe und Stille beobachtet werden; die Hunde mußten beständig beisammen und im Auge behalten werden, damit keiner vor der Zeit laut wurde; es durfte kein Schuß fallen, auch wenn die Verlockung dazu noch so groß war, und man vermied sogar alles laute und unnöthige Sprechen; sobald aber eine frische Spur gefunden war, wurde es laut genug. Die Erlegung von Bärinnen und jungen Bären machte gewöhnlich nicht viele Schwierigkeiten, wenn sie nicht auf ihrer Flucht ein größeres Gewässer durchschwommen hatten, aber mit den großen, alten Stammhaltern gab es oft schwere Kämpfe und mancher werthvolle Hund verlor das Leben dabei. Wenn ein solcher Geselle bei einer starken Eichelmast sehr fett und schwer geworden war, so war er zu unbeholfen, um sich durch die Flucht retten zu können und in einem solchen Falle nahm er den Kampf mit den Hunden bald auf. Die Jäger, die den Werth ihrer Hunde und auch ihre Gefahr sehr gut kannten, eilten dann dem Kampf ein Ende zu machen, aber es ging nicht immer so schnell, als man wünschte. Der Bär hieb und biß wüthend um sich und war in beständiger Bewegung, und die Hunde, die bald hinten, bald vorn und bald von der Seite faßten, waren in ebenso großer Gefahr von der Kugel getroffen zu werden wie der Bär selbst, wenn die Schützen voreilig waren; es gehörte eben die Ruhe und Kaltblütigkeit eines Hinterwäldlers dazu, den richtigen Moment mit Besonnenheit abzuwarten, dann aber tödtlich zu treffen.

Der alte Roark, der schon in der Einleitung erwähnt ist, erzählte öfter, daß er es probat gefunden habe, dem Bären die Mündung der Büchse dicht hinter das Blatt, aber nur einen Zoll weit vom Leibe abzuhalten und dann abzudrücken; er behauptete, der Pulverdampf, der ihm nach einen solchen Schuß zum Rachen heraus käme, tödte ihn fast augenblicklich. Er rieth aber sehr wohlmeinend Solchen, die seine Methode probiren wollten, flink auf die Seite zu springen, wenn sie auf diese Weise geschossen hätten, denn der Bär schnappe gewöhnlich sehr schnell nach dieser Seite, und um den Grund dieses

Schnappens zu erklären, fügte er in seiner ruhigen Redeweise und mit einem sehr ernsthaften Gesicht noch hinzu: "You see, they dont like to be shot that way" (Seht, sie haben es nicht gern auf diese Weise geschossen zu werden).

Der hiesige Bär ist dem Menschen nur gefährlich, wenn man sich an seinen Jungen vergreift, oder zu nahe an ihn heran geht, wenn er verwundet ist und nicht mehr fort kann, aber unter solchen Umständen wehrt sich auch das schwächste Thier.

Die frühesten Jugend-Erinnerungen eines Hinterwäldlers sind doch ganz anderer Art als die eines Menschen, der in der sogenannten civilisirten Welt aufgewachsen ist.

Im ersten oder zweiten Jahrzehnt dieses Jahrhunderts baute sich ein gewisser John Cantley ziemlich weit ab von anderen Ansiedelungen am oberen Lauf des Boeuf Creeks seine erste Hütte. Er stand bei seinen Nachbarn, die sich nach und nach in seiner Nähe angebaut hatten, seiner Redlichkeit und Nachbarlichkeit wegen in einem sehr guten Ruf und galt außerdem weit und breit für einen ausgezeichneten Jäger. Sein ältester Sohn, Lewis, mit dem ich schon seit länger als vierzig Jahren befreundet bin, war eben in den Jahren, in welchem kleine Buben anfangen, ihren Vätern in den Wald nach zu laufen, und so hatte ihn der Alte auch einmal mitgenommen, als ihn irgend ein kleines Geschäft veranlaßte, sich vielleicht eine halbe Meile weit von seiner Wohnung zu entfernen, aber noch ehe die Beiden den halben Weg zurückgelegt hatten, kam ihnen, scheinbar in schwere Gedanken vertieft und vor sich hin brummend, ein Bär entgegen.

Der Alte blieb ruhig stehen, machte sich schußfertig und ließ den nichts ahnenden Burschen so nahe kommen, wie er ihn haben wollte und dann erst rief er ihn an.

Der Bär stutzte und richtete sich zu seiner ganzen Höhe auf, wahrscheinlich um die Situation besser übersehen zu können; lange Zeit hatte er aber nicht zu gemächlichen Betrachtungen, denn schon nach wenigen Augenblicken krachte es aus der Büchse des Alten, und der Bär rannte schwergetroffen einem nahen Dickicht zu. Während der Alte eine frische Kugel in die Büchse schob, kamen die Hunde, die den Schuß ihres Herrn gehört und gekannt hatten, angerannt, rochen, mit der Nase auf der Erde, in einem immer größerem Kreise herum und als sie die Fährte gefunden hatten, stürzten sie in wilder Hast hinterher.

Was sollte der Vater nun mit seinem Jungen anfangen? Auf der wilden Hetze durch Dick und Dünn hinter dem Bären her konnte er den Kleinen nicht mitnehmen. Hätte er ihn erst nach Hause gebracht, so hätte er möglicher Weise die Jagd aus dem Gehör verloren und er konnte auch nicht wagen, ihn allein nach Hause zu schicken; denn wenn es auch nicht weit war, so hätte sich der kleine vier- oder fünfjährige Junge in dem pfadlosen Wald doch vielleicht verirrt; also was thun?

Der Alte hatte aber bald einen Ausweg gefunden; er betrachtete sich die umstehenden Bäume und hob nach dieser Inspection den kleinen Burschen auf einen starken querherausragenden Ast mit dem Gebot, hier ruhig sitzen zu bleiben, bis er ihn abholen würde.

Bis der Bär eingeholt und erlegt war, war mehr als eine Stunde vergangen; aber als der Alte endlich zurückkam, saß der kleine Kerl noch heiter und guter Dinge auf seinem Ast.

* * *

Im Sommer 1835, ehe ich noch ein volles Jahr in Missouri gelebt hatte, machte ich in Gesellschaft eines jungen Amerikaners ganz zufälliger Weise ein Jagdabenteuer mit, welches unter Umständen einen sehr bedenklichen Ausgang hätte nehmen können; wir Jungen und noch sehr unerfahrenen Bursche aber hatten während des ganzen Vorgangs gar keine Ahnung von der Gefährlichkeit unserer Lage gehabt.

Zwei Nachbarssöhne und ich selbst wollten versuchen einen Hirsch zu schießen und waren deßhalb eines Samstags Nachmittags 7 bis 8 Meilen weit nach dem Hause einer kürzlich verheiratheten Schwester meiner Kameraden geritten. Der Mann hatte sich, wie fast alle Anfänger, mitten im Wald niedergelassen, seine erste Hütte war noch nicht einmal vollendet, und weiter hinaus konnte man damals noch in vielen Richtungen Tage lang reiten, ohne ein Haus anzutreffen.

Wir alle Drei waren noch sehr ungeschickte Jäger, aber wir hofften wenigstens, daß von Dreien doch vielleicht Einer zum Schuß kommen würde; der Aeltere meiner Begleiter, der ungefähr in meinem Alter war, hatte schon mehrere Hirsche geschossen, von uns beiden Anderen aber Jeder nur einen einzigen, und diesen Erfolg hatten wir mehr günstigen Umständen als unserer Geschicklichkeit zu danken.

Am nächsten Morgen sehr früh, zogen wir aus; Thomas Bailey und sein Schwager gingen zu Fuß weg; Bill Bailey aber und ich selbst nahmen unsere Pferde mit, weil wir weiter hinaus wollten und außerdem begleitete uns ein sehr guter Spürhund.

Die Gegend war uns ganz fremd; da wir noch nicht gelernt hatten, aus ganz untrüglichen Merkmalen die Wassergebiete von einander zu unterscheiden, so befanden wir uns eben in einem Labyrinth von bewaldeten Hügeln. Nach der Sonne konnten wir uns allerdings einigermaßen orientiren, aber unsere Pferde waren unsere zuverlässigsten Führer; denn diese, die beständig während des Reitens im hohen Gras weideten, so lange sie gelenkt wurden, hörten plötzlich auf zu fressen und nahmen eine schnurgerade Richtung nach ihrer Heimath zu, so bald sie merkten, daß ihnen die Zügel überlassen worden waren.

Wie und wo man Hirsche zu suchen habe, verstanden wir damals auch noch nicht und mußten es ganz dem Zufall überlassen, ob wir überhaupt Wild finden würden, wiewohl es nicht daran fehlte.

Als wir uns schon mehrere Stunden lang in diesen Hügeln herumgetrieben hatten, ohne etwas gesehen zu haben, bemerkten wir, daß der Hund unruhig wurde und doch nicht recht vorwärts wollte; als wir ihn aber hetzten, fing er an zu suchen und bald darauf sahen wir ein geflecktes Thier vor uns durch das hohe Gras schlüpfen, welches wir anfänglich für ein junges Hirschkalb hielten; aber das Thier kletterte mit großer Gewandtheit an einem Baum hinauf und legte sich dann auf einen quer herausgewachsenen Ast flach auf den Bauch. Der nicht sehr lange Schwanz bewegte sich hin und her wie bei einer lauernden Katze, die kurzen Ohren waren dicht an den dicken Kopf gekniffen und zähnefletschend knurrte das Thier den unter dem Baum lärmenden Hund an.

Wir beiden Bursche waren durch diesen Vorgang so in Anspruch genommen, daß noch Keiner ein Wort gesprochen hatte; immer noch schweigend, sprangen wir gleichzeitig von den Pferden, nahmen die Büchsen an die Backe und im nächsten Augenblick krachten beide Schüsse fast mit einem Schlag.

Das Thier schauerte zusammen; der Schwanz, der ganz borstig geworden war, beschrieb langsam einen Kreis und hing dann schlaff herab, die hintere Hälfte des Thieres rutschte allmälig herunter; nach einer kleinen Weile ließ auch eine Vorderpfote los und der Kopf fiel auf die Schulter herab, und nur die eine Pfote hielt noch fest; aber bald war auch die letzte Muskel erschlafft und das Thier fiel, ohne eine Spur von Leben, senkrecht in das Gras herab. Beide Kugeln hatten dicht neben einander mitten durch das Blatt geschlagen. Aber was war es für ein Thier? wir kannten es nicht.

Es war etwa noch einmal so schwer als ein recht großer Kater, hatte im Verhältniß kürzere aber viel stärkere Beine, breite Pfoten mit ganz anständigen Krallen und der unförmlich dicke Katzenkopf hatte ein fürchterliches Gebiß, die Farbe war dunkelgelb mit weiß gefleckt wie bei einem Hirschkalb.

Bei mir war noch so viel von den Schulbänken her hängen geblieben, daß ich wenigstens den Versuch zu einer Analyse machte. Das Thier war offenbar noch sehr jung, mußte aber seiner Stärke und Gestalt nach einer sehr großen Katzenart angehören, und da es mit keinem der mancherlei Raubthiere, die wir kannten, Aehnlichkeit hatte, so sprach ich die Vermuthung aus, daß es vielleicht ein junger Panther sein möge.

Mein Kamerad schalt mich einen Narren; er meinte, Panther seien schon lange nicht mehr in der Gegend, er sei noch ein sehr kleiner Junge gewesen, als sein Vater den letzten geschossen habe. Ein besseres Argument konnte man von Bill nicht erwarten; er hatte vermutblich niemals die inneren Wände eines Schulhauses zu sehen bekommen und konnte sich gar nicht vorstellen, wie man etwas wissen könne ohne es vorher gesehen zu haben; eben so wenig wußte er, daß es überhaupt eine Naturgeschichte gab. Seine Eintheilung des Thierreichs war deßhalb höchst einfach: alle größeren Thiere, die er nicht kannte, waren "animals" und alle kleineren schlechtweg Ungeziefer ("vermins").

Um allem ferneren Disputiren ein Ende zu machen, schlug ich ihm vor, unser unbekanntes Thier vorsichtig abzuziehen und die Haut seinem Vater zur Entscheidung vorzulegen. Auf diesen Vorschlag ging er ein, und wir machten uns an die Arbeit. Aber die Haut war so dünn und mürbe, daß alle Augenblicke Löcher hineinrissen und ungeduldig darüber, sagte ich ihm, ich wolle nur das Gesicht bis hinter die Ohren abziehen, der Alte würde das Thier wohl daran erkennen.

Während wir auf diese Weise beschäftigt waren, hatte der Hund fortwährend in den Baum hinein gebellt, der unten am Stamm eine große Höhlung hatte. Bill überließ mir das Scalpiren allein und stellte Untersuchungen an; da etwas Hasenwolle vor dem Loch lag, glaubte er, es sei ein Kaninchen (rabbit) darin und wollte es mit einer Hickoryruthe herausdrehen; plötzlich aber hielt er inne und fragte: „Hast Du schon jemals einen Hasen knurren hören?" Als ich es verneinte, rief er mich an seine Seite, stieß wieder in den hohlen Baum hinauf und nun hörte ich das Knurren auch.

Jetzt hieß es: „Das Vieh muß heraus, was es auch sein mag!" und da wir keine Art hatten, blieb uns nur das Herausräuchern übrig.

Streichhölzer gab es damals noch nicht, deßwegen versuchten wir Feuer zu machen, wie es zu jener Zeit alle Jäger thaten. Es wurde dazu etwas Werg ausgezupft und das eine Ende davon zwischen Batterie und Zündpfanne geklemmt und abgedrückt; der Pulverblitz entzündete das Werg und mit bereit gehaltenem trockenen Gras, mürber Baumrinde und dürren Aesten war gewöhnlich ein gutes Feuer bald im Gang.

Uns aber wollte es gerade jetzt gar nicht gerathen; höchst leichtsinniger Weise hatte Kelner von uns sein Gewehr wieder geladen, und um sich die Zündversuche bequemer zu machen, hatte Bill noch obendrein das Schloß von seiner Büchse abgeschraubt und saß damit im Grase, während ich nach jedem verunglückten Versuch wieder frisches Pulver auf die Pfanne schüttete.

Mit vieler Mühe und Geduld bekamen wir zuletzt doch Feuer. Es wurde dicht an die Höhlung hinangeschoben, und als erst grünes Laub und Gras in die Flamme gelegt war, zog bald ein dicker Qualm in den Baum hinein; das Niesen, Husten und Schnaufen im Baum verrieth uns, daß der Rauch die gewünschte Wirkung that; bald aber wurde es wieder still und wir hörten einen schweren Gegenstand im Baum herabfallen. Nachdem das Feuer auf die Seite geräumt war, sahen wir gerade so ein Thier, wie wir schon erlegt hatten, in der Höhlung liegen; wir zogen es heraus und weil wir nicht wußten, ob es todt oder nur betäubt sei, schlugen wir ihm der Sicherheit wegen den Schädel ein.

Auch dieser Kopf wurde vorsichtig scalpirt, dann aber luden wir unsere Büchsen wieder, holten die Pferde herbei, die sich auf der guten Weide sehr wohl befunden hatten und nahmen den Cours nach unserem letzten Nachtquartier, um uns etwas zu restauriren, ehe wir den Heimweg antraten.

Wir zeigten unsere Trophäen vor, erhielten aber nicht viel Aufklärung darüber, jedoch sagte Bills Schwager nach einigem Besinnen, als ich auch gegen ihn meine Vermuthung ausgesprochen hatte: „Mein Nachbar da drüben über dem Berg hat in letzter Woche in der Richtung, in welcher wir Eure Schüsse gehört haben, seine Pferde gesucht und hat erzählt, daß er einen zerrissenen Hirsch gefunden habe, der von einem Panther zugedeckt gewesen sei."

Gegen Abend kamen wir wohlbehalten aber ohne Wildpret in unserer Heimath an, und als uns der Alte unseres Ungeschicks halber eine Zeitlang genect hatte, fragte er: „Habt Ihr denn gar nichts gefunden?" Nun zogen wir unsere Scalps aus der Kugeltasche, legten sie ihm auf's Knie und fragten, ob er uns sagen könne, was das für Thiere gewesen wären? Der Alte fuhr in die Höhe und rief: „Jungens, um Gottes Willen, wie seid Ihr zu diesen Scalps gekommen?"

Wir erzählten nun ausführlich und wahrheitsgetreu den ganzen Hergang vom Anfang bis zum Ende; der Alte hörte schweigend zu und schwieg noch eine Weile, nachdem wir mit unserem Bericht fertig waren; endlich sagte er: „Ihr könnt von Glück sagen, daß Ihr wieder heil hier seid; es waren junge Panther, die Ihr scalpirt habt und die Alten, die sich nie weit von ihren Jungen entfernen, so lange sie noch klein sind, waren wahrscheinlich ganz in der Nähe; wer weiß, ob sie nicht in einem dichten Baumgipfel gehockt oder im hohen Gras gelegen und Euren Unfug mit angesehen haben; der Spectakel, den Ihr gemacht habt und das Hundegebell hat sie fern gehalten, aber wenn ein Junges nur einen einzigen Laut hätte hören lassen, so würdet Ihr sie auf dem Halse gehabt haben, und was hättet Ihr dummen Jungen dann mit Euren ungeladenen Gewehren machen wollen?"

In dieser Weise fuhr er noch eine ganze Weile fort; wir Pantherjäger aber wurden sehr nachdenklich und schweigsam; und dachten nicht daran, ihm seine derbe Strafpredigt übel zu nehmen. Den einen dieser Scalps nagelte ich über unsere Hausthür und dort blieb er hängen, bis er durch Mottenfraß zerstört war.

Die Richtigkeit der Behauptung vieler alten Jäger, daß nämlich kein anderes Raubthier ein todtes Stück Wild berühre, welches von einem Panther zugedeckt worden sei, ist wohl nicht ganz bestimmt zu beweisen, jedoch auch nicht als ganz unbegründet zu verwerfen. Ich kann in dieser Beziehung nur das anführen, was ich selbst öfter gesehen habe.

Als mich mein beständiger Umgang mit alten renommirten Wildschützen nach und nach selbst zu einem besseren Jäger erzogen hatte, jagte ich manchmal im Spätherbst oder im Winter mit solchen Jägern in Gegenden, welche damals noch sehr spärlich besiedelt waren. Wenn wir zu Fuße jagten, was meistens der Fall war, und einen Hirsch geschossen hatten, konnten wir ihn nicht mit uns schleppen, wenn wir weiter jagen wollten; deßwegen wurde das ausgeweidete Wild öfters nur mit Aesten und Reisern leicht überdeckt und liegen gelassen, und wenn manchmal erst nach einigen Tagen das geschossene Wild zusammengeholt wurde, fanden wir die zugedeckten Hirsche unversehrt, wiewohl es damals an Wölfen und Füchsen nicht fehlte. In der Nähe einer Hofstätte aber that man jedenfalls besser daran, ein erlegtes Wild außer dem Bereich der Schweine aufzuhängen, denn diese kümmerten sich wenig darum, von wem ein Hirsch zugedeckt war. Noch in weit späteren Jahren, wenn ich in der Nähe unserer Ansiedlung mitunter sehr spät Abends beim letzten Büchsenlicht ein Stück Wild schwer getroffen hatte, aber erst am nächsten Morgen fand, war es bisweilen schon von einem Fuchs angefressen.

Kämpfe zwischen Jägern und größeren Raubthieren haben schon oft stattgefunden, aber es ist mir kein Fall bekannt, in welchem das Raubthier angegriffen hätte, ohne vorher verwundet oder sonst gereizt gewesen zu sein; einige Beispiele zeigen, daß der Panther, wenn sich eine Gelegenheit bietet, wenigstens große Lust an den Tag legt, auch einen unprovocirten Angriff zu machen, aber, wenn seine Absicht rechtzeitig bemerkt wird, so reicht eine geringe Störung hin, ihn davon abzuhalten.

Ein Jäger meiner Bekanntschaft saß einst in einer schönen, mondhellen Nacht an einer der vielen natürlichen Salzlecken, um sich einen Hirsch zu holen; er hatte sich der Lecke gegenüber in das Gras gesetzt und mit dem Rücken an einen Baum gelehnt; lange Zeit ließ sich nichts sehen und hören. Endlich hörte er ein leises Rascheln im alten Laube hinter sich; aber da er bald genug hören konnte, daß es keine Hirschtritte waren, kümmerte er sich nicht weiter darum, weil er glaubte, daß entweder ein Fuchs oder ein Raccoon oder ein Opossum auf seiner nächtlichen Wanderung sei. Zuletzt, als das sonderbare Geräusch immer näher kam, wurde er aufmerksam, und als er gar ein leises Klopfen im Laube hörte, wurde ihm die Sache doch bedenklich; als er sich nun vorsichtig herumdrehte, so daß er hinter den Baum sehen konnte, der ihm zur Rücklehne gedient hatte, leuchteten ihm aus der Dunkelheit und zwar nahe am Boden ein paar helle Sterne entgegen, und daß diese keinem Sternenbild der Astronomen angehörten, konnte er sich leicht vorstellen. Der Mond schien zwar ziemlich hell in die Salzlecke, aber unter den Bäumen und im Unterholz hinter ihm war es dunkel, und er konnte nur vermuthen, wen er zum Nachbar bekommen hatte. Jedenfalls mußte dieser Situation auf irgend eine Weise ein Ende gemacht werden; in die Finsterniß hinein konnte er nicht mit Sicherheit zielen, also nahm er die Richtung so genau er konnte und drückte ab. Der Schuß dröhnte durch den Wald, die Sterne waren verschwunden und das Brechen im Unterholz verrieth, daß ein großes Thier durch den Wald flüchtete. Die Lust zum längeren Ansitzen in dieser Nacht war unserem Jäger für diesen Abend vergangen; aber am nächsten Morgen ergab eine angestellte Untersuchung, daß sich ein Panther entweder an die Lecke oder an ihn selbst angeschlichen hatte.

Mein alter Nachbar Bailey, der in früheren Jahren öfter Panther geschossen hat, welche von den Hunden auf die Bäume getrieben worden waren, oder die in eine Wolfsfalle gerathen waren, erzählte, daß er einst von einem Panther in eine sehr bedenkliche Lage gebracht worden sei.

Er sei einmal im Herbst weit von seiner Farm, außerhalb der Settlements, auf der Jagd gewesen; von zwei schönen Böcken, die er beisammen angetroffen habe, sei der eine auf seinen Schuß im Feuer liegen geblieben, den anderen aber, der, wie sie es oft thun, in der Nähe seines gefallenen Kameraden stehen geblieben war, habe er nur verwundet. Er habe darauf wieder geladen und die blutige Spur bis über die nächste Höhe verfolgt. Diese Spur habe ihn über eine große, kahle und steinige Stelle geführt und unmittelbar unter den weit hervorspringenden Felsenplatten, am Saum dieses Steinhügels, habe sich ein niedriges Dickicht bis in ein kleines Thal hinab erstreckt. Von diesem erhöhten Standpunkt aus habe er den Kopf und Hals des Hirsches aus dem Gebüsch heraus ragen sehen und noch einmal nach ihm geschossen. Während er, mit der eben abgefeuerten Büchse in der Hand, dem abermals getroffenen Hirsch nachsah, hörte er ein verdächtiges Wischen und Klopfen im trockenen Laube dicht hinter sich, und als er sich umsah, lag ein Panther von ungeheurer Größe sprungfertig keine fünf Schritte von ihm in einem schmalen Rinnsal. Hier hieß es ruhig Blut behalten; denn ein Fluchtversuch in dieser Lage wäre wahrscheinlich sicherer Tod gewesen. Der Alte erzählte weiter, er habe das Jagdmesser zwischen die Zähne genommen, den Panther fest im Auge behalten, die wenige Zeit, die ihm vielleicht noch übrig gewesen sei, habe er zum schleunigen Laden benutzt, und als er eben Zündkraut aufgeschüttet gehabt habe, sei der Panther mit einem weiten Satz dicht an ihm vorüber gesprungen und unter den vorspringenden Felsenplatten verschwunden. Der Alte war ehrlich und offenherzig genug einzugestehen, daß er zwar ruhig und gefaßt gewesen sei, so lange die Gefahr gedauert habe, als diese aber vorüber gewesen und er seine Lage überdacht habe, sei er so nervös geworden, daß er geschüttelt habe wie im Fieber, und das wird ihm wenigstens jeder wirkliche Jäger glauben.

Vor mehr als dreißig Jahren brachten einige Jäger aus unserer Gegend, die einen weiten Jagdzug bis in die Nähe der Quellen des Gasconade unternommen hatten, die Nachricht mit, daß man dort einen todten Jäger, einen todten Panther und einen todten Hirsch nahe beisammen gefunden habe, aber Niemand wußte etwas Näheres darüber. Man muthmaßte nur, daß der Jäger den Hirsch angeschossen und verfolgt habe und vielleicht mit dem Panther bei dem verendeten Wild zu gleicher Zeit zusammengetroffen sei.

Dies ist der einzige Fall, welcher mir zu Ohren gekommen ist, daß ein Mensch im Kampf mit einem Raubthier das Leben verloren hat. Wem aber Gelegenheit geboten wäre, den Schicksalen der Jäger nachzuforschen, vorzüglich im südlichen Theil des Staates, der würde diesen Fall wahrscheinlich nicht lange vereinzelt finden.

Ein sehr starkes Raubthier ist der Catamount; er gehört in das Geschlecht der Luchse und ist nicht sehr zahlreich, doch kommt er häufiger vor als der Panther. Wenn seine Nähe bemerkt wird, vorzüglich wenn er den Farmern junge Schweine geraubt hat, wird er, wie alles Raubzeug, mit Hunden gejagt und gewöhnlich von einem Baum herunter geschossen; doch legen ihm Jäger auch Fallen, wenn sie seinen Schlupfwinkel und seine Gänge entdeckt haben.

Einer meiner ältesten deutschen Freunde, der durchaus keinen Anspruch auf das Prädicat „Jäger" machte, hatte vor mehr als zwanzig Jahren das Glück, einen zu erlegen. Er wohnte damals an einem der Gewässer des Meramec im östlichsten Theil dieses Countys. In jener Gegend findet man viele größere und kleinere trichterförmige Vertiefungen in der Erdoberfläche, die unter dem Namen „Sinklöcher" bekannt sind. Die Entstehung dieser Sinklöcher wird vulkanischen Eruptionen zugeschrieben; zuweilen führen sie in unterirdische Höhlen, die in früheren Zeiten vielem wilden Raubzeug zum Zufluchtsort dienten, und oft sind solche Höhlen heute noch die Winterquartiere von Schlangen aller Art.

Ein Geräusch in einem solchen Sinkloch erregte die Aufmerksamkeit meines Freundes, und als er an den Rand trat, sah er, daß sich ein ihm unbekanntes Thier in einer Teller-Falle gefangen hatte. Beim Anblick eines Menschen machte das Thier wüthende Anstrengungen gegen ihn anzuspringen, aber es war fest.

Ein glücklicher Schuß durch den Kopf machte aller weiteren Gefahr ein Ende; aber es war sehr gut, daß mein Freund, der nicht zu den zuverlässigsten Schützen gehörte, dieses Mal richtig getroffen hatte; denn das Thier hatte sich nur mit einer einzigen Zehe gefangen, und wenn diese abgerissen wäre, so hätte diese wüthende Bestie ihren Angreifer übel zurichten können.

Das erlegte Thier war ein großer Catamount, und ein benachbarter Amerikaner, der sich mit dem Fang von Raub- und Pelzthieren beschäftigte, hatte die Falle gelegt.

Die Beschreibung der kleineren Raubthiere, so wie eine ausführliche Schilderung der alten Jagd nach Hirschen und Truthühnern, würde in diesem kleinen Werk zu viel Raum wegnehmen und auch nur für Jagdfreunde einiges Interesse haben, deßwegen mögen vielleicht späterhin nachträgliche Aufsätze darüber erscheinen.

An Schlangen, giftigen wie unschädlichen, fehlte es in früheren Zeiten allerdings nicht, aber die Vorstellungen von den Gefahren, denen man der Schlangen wegen ausgesetzt sei, waren sehr übertrieben. In der Nähe der Orte, wo sie in Masse ihren Winterschlaf gehalten hatten, waren sie, bis sie sich im Verlauf mehrerer Wochen mehr zerstreut hatten, sehr zahlreich, und auf den Farmen, welche zufälliger Weise in der Nähe solcher Orte angelegt waren, mußten im Anfang des warmen Wetters mehr Schlangen todtgeschlagen werden als anderwärts; in der unmittelbaren Nähe des Hauses, ja sogar zuweilen im Hause selbst mußten dort solche Executionen vorgenommen werden; aber es wurden wohl eben so viele unschädliche wie giftige Schlangen getödtet, weil man eben ein Vorurtheil gegen alle Schlangen im Allgemeinen hat, und weil die Wenigsten die unschädlichen von den giftigen unterscheiden können.

Trotz der vielen Schlangen kam es doch sehr selten vor, daß ein Mensch von ihnen gebissen wurde, häufiger aber war das im Wald frei herumlaufende Vieh den Schlangenbissen ausgesetzt, doch kann ich mich nicht entsinnen, gehört zu haben, daß ein solcher Fall einen tödtlichen Verlauf gehabt habe.

Whiskey wird von Vielen für ein probates Mittel gegen den Schlangenbiß gehalten. Man wäscht dem Patienten die Wunde mit Whiskey aus und läßt ihn dann heißen, starken Kaffee mit Whiskey so lange trinken, bis er tüchtig berauscht ist; dann legt man ihn in's Bett, deckt ihn gut zu und wenn der Patient ordentlich geschwitzt und seinen Rausch ausgeschlafen hat, ist er beim Erwachen gewöhnlich wieder gesund. Man erzählt sich sogar, daß ein total Betrunkener auf eine Klapperschlange gefallen und von ihr gebissen worden sei, ohne schlimme Folgen von dieser Verwundung verspürt zu haben.

Auch bei gebissenen Thieren wendet man Whiskey an, wenn es rechtzeitig möglich ist; alte Bisse aber hinterlassen häufig eine verhärtete Geschwulst.

Einst, während die Arbeiter in einem Weizenfeld eines meiner nächsten Nachbarn sich im Schatten abkühlten und ausruhten und, wie es allgemein gebräuchlich war, zuweilen einen Schluck Branntwein und Wasser nahmen, hatte ein Hund sehr eifrig an einen Schwad herumgerochen; plötzlich fuhr er mit einem Aufschrei zurück und winselte jämmerlich. Man untersuchte die Stelle und fand bald eine mittelgroße Klapperschlange, die prompt todtgeschlagen wurde. Der arme Hund befand sich sehr schlecht; der Kopf war in ganz kurzer Zeit fast zur doppelten Größe angeschwollen, und das Thier schien große Schmerzen zu haben; man wusch ihm nun die kleine Wunde an der Nase tüchtig mit Whiskey und schüttete ihm mit Gewalt soviel davon ein, bis er taumelte, dann überließ man ihn sich selbst. Er verkroch sich im dichten Unkraut und ließ sich mehrere Stunden lang nicht sehen; als er sich aber wieder zeigte, war die Geschwulst fast ganz weg, und er schien sich ziemlich wohl zu befinden.

Die bedeutendste unter den giftigen Schlangen ist jedenfalls die Klapperschlange; diese ist aber schon so oft in Menagerien gesehen und schon so oft beschrieben worden, daß wohl eine Wiederholung unterbleiben kann. In anderen heißen Ländern, in denen sie heimisch sind, mögen sie wohl größer werden, die hiesigen erreichen selten eine Länge von mehr als vier Fuß. Eine eben so große und vielleicht längere Schlange ist die „Wasser-Mocassin"; diese sieht man aber fast nur im Wasser, oder wenigstens nicht weit davon, und es wird ihr nachgesagt, daß sie sehr giftig sei.

Ich habe mir, als ich die Jagd noch betrieb, häufig den Spaß gemacht, mit der Büchse nach ihr zu schießen, wenn ich sie in dem Boeuf-Creek entweder auf dem Wasser oder dicht unter der Oberfläche schwimmen sah; in der Regel schnellte dann die eine Hälfte rechts die andere links aus dem Wasser heraus, oder, wenn die Kugel etwas zu tief geschlagen hatte, sah man, daß ihr der durch die Kugel verursachte Luftdruck das Rückgrat gebrochen hatte; denn wenn sie durch den Schuß aus dem Wasser in die Höhe geschnellt wurde, zeigte der Schlangenkörper jedesmal einen spitzen Winkel.

Die Kupfer-Otter ist der in Deutschland unter demselben Namen bekannten Schlange sehr ähnlich, wird aber nicht oft gefunden. Die häufigste und jedenfalls die häßlichste Schlange ist aber die gewöhnliche Viper, die man hier unter dem Namen spreading viper kennt. Sie hat den Namen erhalten, weil sie, wenn sie gereizt wird, den Hals dicht hinter dem Kopf zu einer beträchtlichen Weite aufbläht, so daß man ihr mehrere Zoll tief in den hellrothen Rachen hinabsehen kann. Diese Vipern sind auf dem Rücken einfarbig schmutzig grau und auf dem Bauche gelblich und erreichen selten eine Länge von zwei Fuß; es sind aber ganz abscheuliche, zornige Bestien, die von Jedermann, der sie findet, ohne Schonung getödtet werden.

Ein alter Amerikaner behauptete einst, man könne die Vipern so ärgern und reizen, daß sie vor Wuth crepirten. Ich habe dieses Experiment niemals versucht, sondern habe bei den vielen Begegnungen, die ich früher mit ihnen hatte, allemal sehr kurzen Prozeß mit ihnen gemacht.

Unter den unschädlichen Schlangen sind die sogenannten schwarzen Schlangen die größten und zahlreichsten; durchschnittlich sind sie 4—6 Fuß lang, erreichen aber zuweilen eine Länge von 10 Fuß und darüber. Die größte, die ich gesehen habe, fand ich auf einem dicken, trockenen Baum in einem Felde des Herrn Friedrich Münch; leider hatte ich kein Gewehr bei der Hand, als ich von einigen Arbeitern auf dieses kolossale Thier aufmerksam gemacht wurde, und während ich die Büchse holte, war die Schlange vom Baum herabgekommen und entwischt. Die Arbeiter waren ängstlich geworden und waren ihr aus dem Wege gegangen anstatt sie aufzuhalten.

So-lange sich die schwarze Schlange in den Feldern und im Walde aufhält, nützt sie durch die Vertilgung kleiner Thiere z. B. der Mäuse, Maulwürfe u. s. w.; leider sind aber auch Vogelnester nicht sicher vor ihr, und wenn sie in die Nähe von Farmen kommt, macht sie sich bisweilen sehr lästig. Vorzüglich ist sie den Hausfrauen ein sehr unangenehmer Gast, denn sie leert alle Hühnernester aus, die sie in den Fenzecken, im hohen Unkraut und selbst in den Hühnerställen finden kann, und sie verschlingt auch junge Hühner, wenn sie noch nicht zu groß sind. Da sie aber durch eine solche Aufführung ihre Gegenwart sehr bald verräth, so dauert es selten lange, bis diesem Unfug ein gründliches Ende gemacht wird.

Eine sehr schön roth und schwarz gezeichnete und 3 bis 4 Fuß lange Schlange wird von den Amerikanern manchmal Königsschlange und auch wohl Hausschlange genannt. Die letztere Benennung ist eigentlich die passendere; denn dieses Thier hält sich gern in Ställen, Heuböden, Kornkribs und auch wohl in den Häusern auf und sollte von Rechts wegen geschont werden, denn es ist ganz harmlos und macht sich durch seinen geschickten und eifrigen Mäusefang nur nützlich. Auf ihren Jagden ist diese Schlange ebenso geräuschlos wie die Katze, kann aber ihres dünnen und geschmeidigen Leibes wegen in Löcher und Winkel eindringen, die für die Katze unzugänglich sind.

In meiner Kornkrib hat sich schon öfter eine solche Schlange den ganzen Sommer über aufgehalten, aber ich duldete niemals, daß ihr etwas zu Leide gethan werde.

Durch die immer dichter werdenden Ansiedelungen haben sich die Schlangen sehr vermindert, denn überall wurden sie vertilgt, wo sie gesehen wurden; viele Schlangeneier wurden jeden Sommer beim Stoppelpflügen gefunden und zerstört und auch die Schweine fraßen viele Eier. Wenn mit dem Eintritt des warmen Frühlingswetters zuweilen eine sogenannte snako-don (Aufenthaltsort größerer Massen von Schlangen im Winter) entdeckt wurde, so erschlug man wohl Hundert und noch mehr in wenigen Stunden.

In den wilden und ganz unkultivirbaren Bergen, welche sich im Süden von Missouri über weite Strecken verbreiten, mögen sich die schlimmsten dieser Reptilien noch ungestörter Ruhe erfreuen, innerhalb der Settlements haben sie aber ihre schönsten Tage gehabt.

17. Die Eichhörner als Landplage.

Das Eichhörnchen, dieses kleine, muntere Thierchen, welches in Deutschland im Allgemeinen nicht besonders beachtet wird, hat den Ansiedlern im fernen Westen oft vielen Schaden und Verdruß gemacht und vielen Zeitaufwand verursacht.

Es gibt zwei Hauptarten derselben; die kleinere, aber zahlreichere Art ist schön dunkelgrau mit weißem Bauch, jedoch stärker und schwerer als das deutsche Eichhorn; die größere Art sind die Fuchs=Eichhörner (fox squirrels), die fast genau die Farbe der hiesigen Füchse haben; Kopf und Rücken sind gelbschimmernd dunkelgrau, Kehle und Bauch aber dunkelgelb und beide Arten haben kurze, kahle Mauseohren.

Der bewaldete Westen, vorzüglich Missouri, war früher ein wahres Himmelreich für die Eichhörner; hunderte von Meilen ununterbrochener Wald, der ihnen fast zu jeder Jahreszeit die reichlichste und angenehmste Nahrung bot, und die Farmer, die auf den Strecken, von denen sie die Bäume weggehauen, Welschkorn pflanzten, erhöhten noch die Glückseligkeit der Eichhörner.

Im Frühjahr fraßen sie junge Baumknospen und kratzten den Farmern das frisch= gepflanzte Korn aus der Erde, wenn sich eben die Keime über dem Boden zeigten; etwas später plünderten sie die wilden Maulbeerbäume und gingen in die Weizenfelder; dann, noch ehe die Maiskolben ganz ausgewachsen waren, ruinirten sie die dem Wald zunächst stehenden Korn=Reihen vollständig, wenn sie nicht tagtäglich mit der Büchse decimirt wurden; noch etwas später ließen sie die Felder auf kurze Zeit in Ruhe und wirthschafteten in den Hickorybäumen, bis sie keine Nuß mehr fanden; dann kamen sie aber wieder in die Kornfelder, und wenn es ihnen in einem Felde gar zu heiß gemacht wurde, gingen sie um so zahlreicher zu einem Nachbar, der sie glimpflicher behandelte. Da vieles Korn fast den ganzen Winter über im Feld stehen blieb, ging ihnen diese Nahrung fast gar nicht aus, aber der Abwechselung wegen versuchten sie auch die Eichelmast und trugen große Vorräthe davon in ihre Wohnungen in hohlen Bäumen. Im Winter sah ich sie oft dünne Rinde von den Weiß=Eichen abblättern und fressen. Eigenthümlich ist es, daß sie auch die abgeworfenen Geweihe der Hirsche benagen, und ich habe schon solche Geweihe gefunden, von denen alle Enden abgefressen waren. Einst sah ich einem Eichhorn längere Zeit zu, wie es etwas, was ich der Entfernung wegen nicht recht erkennen konnte, im Laube hin und her schleppte und endlich versuchte, dasselbe mit auf einen Baum zu nehmen; nach vieler vergeblicher Mühe ließ es den Gegenstand zuletzt doch liegen und ging allein auf den Baum. Als ich nachsah, fand ich, daß es ein Stück Hirschgeweih war, welches es wahrscheinlich heim tragen wollte.

Wer in jener Zeit nicht fleißig Eichhörner schoß, dem thaten sie ziemlich bedeutenden Schaden, und ich habe öfter gesehen, daß in den kleinen Feldern neu angekommener Deut=

scher, die vielleicht kein Gewehr hatten und auch oft nicht gut schießen konnten, alte Frauen und Kinder herumgingen und durch Lärm die Eichhörner zu verscheuchen suchten. An diese ungefährliche Jagd gewöhnten sich bald die kleinen Bestien sehr bald, denn wenn sie den Lärm auf der einen Seite des Feldes hörten, fraßen sie ganz ruhig auf der anderen Seite. Kugeln und Hunde waren die wirksamsten Mittel, und diese wurden auch von den meisten Farmern nichts weniger als sparsam angewendet. In der Zeit, in welcher das Welschkorn anfing zu reifen, knallte es jeden Morgen und Abend nach jeder Richtung hin und vorzüglich am Samstag, der als ein halber Feiertag betrachtet wurde, hätte man das unaufhörliche Schießen für ein Vorposten-Gefecht halten können, wenn man die wirkliche Ursache nicht gekannt hätte.

Für die jungen Bursche war die Jagd nach Eichhörnern eine ausgezeichnete Uebung im Büchsenschießen, und Manche brachten es zu einer so großen Geschicklichkeit, daß sie selten den Kopf des Thieres fehlten. Junge gebratene Eichhörner galten allgemein für ein sehr schmackhaftes Gericht; die alten aber sind so hart und zäh, daß man sie damals gewöhnlich wegwarf, nur in deutschen Haushaltungen wurden häufig sehr kräftige Fleischbrühsuppen daraus gekocht.

In der Regel waren die Eichhörner in der Nähe der Ansiedelungen sehr zahlreich, aber zeitweise fand man sie auch plötzlich nur vereinzelt, und dieser Umstand ist ihren Wanderungen zuzuschreiben. Eingetretener Futtermangel in den Gegenden, die sie sich eben zu ihrem Aufenthaltsort erkoren hatten, oder auch im bevorstehenden sehr strengen Winter, den ihnen ihr Instinkt in Aussicht stellte, waren wohl die hauptsächlichsten Veranlassungen zu ihren Zügen. Wenn sie sich einzeln oder nur in kleinen Partieen auf die Wanderschaft begaben, so wurde weder ihr Gehen noch ihr Kommen in auffälliger Weise bemerkt; anders aber war es, wenn sie in großen, geschlossenen Massen weiter zogen, sie streiften dann nicht planlos durch die Wälder, sondern hielten in gedrängten Massen eine schnurgerade Richtung nach ihrem Ziel ein und auf ihrem Zuge ließen sie sich durch Nichts beirren, und selbst ein Fluß wie der Missouri hielt sie nicht auf. Der Uebergang über einen so großen Strom ward dann nicht selten Tausenden von ihnen zum Verderben. Schon beim Durchschwimmen mag manches Eichhorn im Gedränge unter das Wasser gedrückt und ertränkt worden sein, aber das zweifelhafteste Schicksal erwartet sie bei ihrer Landung; denn die Wahl ihres Landungsplatzes stand durchaus nicht in ihrer Macht, sondern hing ganz vom Wind und der Strömung ab. Wenn sie an ein festes Ufer getrieben wurden, kamen wohl die Meisten glücklich heraus, aber wenn sie der Strom gegen die Mündung eines größeren oder kleineren Nebenflusses trieb, fanden Tausende und Tausende ihr Grab im Schlamm.

Die Mündungen fast aller Zweige des Missouri sind versandet und verschlammt und wenn der Wasserstand im Hauptstrom niedrig ist, so laufen viele dieser Nebenflüsse nur sehr spärlich durch einen dünnen Schlammbrei ab, der nicht einmal einem Eichhorn genügendes Wasser zum Schwimmen bietet. Die Ersten, die in eine so verhängnißvolle Stelle geriethen, wurden durch die Nachdrängenden in den Schlamm gedrückt, und erst nachdem sich auf diese Weise allmälig eine Brücke von erstickten Eichhörnern gebildet hatte, erreichte der Rest das sichere Ufer.

Vom Frühjahr bis zum Herbst 1839 schienen die Ansiedelungen südlich von Missouri auf eine weite Strecke flußaufwärts und flußabwärts das Ziel solcher Eichhörner-Wanderungen zu sein; unsere Gäste waren in ungeheuren Massen von Norden her über den Missouri gekommen.

Schon im Frühjahr, als eben der Mais gepflanzt war, bemerkte man, daß die grauen

Eichhörner zahlreicher als gewöhnlich waren, und die Klagen über den Schaden, den sie anrichteten, wurden von Tag zu Tag allgemeiner. In jener Zeit war Newport an jedem Samstag der Sammelplatz für viele umwohnende Farmer, und bei einer solchen Zusammenkunft wurde eine sogenannte „Eichhornjagd" beschlossen. Die Organisation dieser Jagd war sehr einfach. Es wurden aus den Anwesenden zwei Hauptleute gewählt; von diesen warb jeder so viele Schützen als er Lust hatte, und diese hatten keine andere Verbindlichkeit, als an dem dazu bestimmten Tage die Scalps (Kopfhaut) der Eichhörner abzuliefern, die sie während der festgesetzten Jagdzeit von zwei bis drei Wochen geschossen hatten. Diese Scalps wurden gezählt und der Hauptmann, dessen Schützen die kleinere Anzahl aufzuweisen hatte, mußte eine oder zwei Gallonen Whiskey für die ganze Gesellschaft zum Besten geben. Die Scalps bestanden in einem fingerbreiten Streifen Stirnhaut sammt den beiden Ohren; sie wurden, wie die Eichhörner eben geschossen worden waren, an Faden gereiht und getrocknet, und sahen daher getrockneten Pfirsichschnitzen nicht ganz unähnlich.

Nach Verlauf von zwei Wochen fand sich auch unsere ganze Jagd-Gesellschaft wieder in Newport zusammen und die Zahl der eingebrachten Scalps betrug über 2000 Stück.

Während der paar nächsten Monate konnten die Eichhörner keinen besonderen Schaden in den Feldern thun, weil eben die Frucht noch nicht reif genug für sie war, dennoch aber wurde zum Zeitvertreib und um junges, zartes Fleisch auf den Tisch zu bringen, fortgeschossen, und weitere Tausende von ihnen mögen gefallen sein. Aber im August, als das Korn anfing zu reifen, waren die Eichhörner dennoch zahlreicher als je; aber merkwürdiger Weise waren die grauen, welche im Hochwald immer die häufigsten zu sein pflegten, seltener geworden, an ihrer Stelle waren die großen rothen Fuchs-Eichhörner eingerückt, und zwar in solcher Unzahl, daß der Wald und vorzüglich die Felder in der Nähe des Missouri fast buchstäblich von ihnen wimmelten.

Unsere kleine Jagd-Gesellschaft organisirte sich abermals, und nach zwei Wochen wurden über 4000 Scalps eingeliefert. Aber noch ehe die Gesellschaft auseinander ging, wurde beschlossen, nach weiteren zwei Wochen noch eine Lieferung zu machen, und bei dieser wurden die Scalps in solcher Masse eingebracht, daß man das Zählen für zu mühsam und zeitraubend hielt und deßwegen das Bushelmaß entschied, welche von den beiden Schützen-Compagnien den Sieg davongetragen hatte.

Trotz allem Schießen konnte man dennoch keine wesentliche Abnahme bemerken. Im Spätherbst aber waren die Eichhörner plötzlich verschwunden und waren für eine Zeit lang seltener geworden, als es gewöhnlich der Fall war.

Man wußte nur, daß die Eichhörner von Norden her über den Fluß gekommen waren, wo sie sich gesammelt hatten und wo sie hingezogen waren, wußte Niemand.

Es ist unmöglich, ihre Zahl auch nur annähernd zu bestimmen, aber sie muß ganz ungeheuer gewesen sein. Von den großen Colonnen, welche nach und nach den Uebergang über den Fluß gewagt hatten, mögen Hunderttausende den Strom und in den Mündungen der Bäche verunglückt sein, und die Zahl der geschossenen Eichhörner mag auch eine ungeheure gewesen sein, denn das, was unsere kleine Jagd-Gesellschaft in der Vertilgung dieser Landplage geleistet hat, verschwindet zu Nichts gegen das, was in der ganzen Breite des Counties von mehreren Hunderten von Schützen Monate lang tagtäglich geschah.

Wir selbst hatten in jener Zeit nur zwei nicht sehr große Felder mitten im Walde, und ich mußte regelmäßig schießen, wenn wir unsere kleine Maisernte nicht gänzlich ruinirt haben wollten. Die Zahl der erlegten Eichhörner bei den zwei oder drei Umgängen, die ich täglich zu machen hatte, schwankte immer zwischen 10 und 20 Stück; aber Viele trieben diese Jagd viel eifriger als ich, denn sie schossen nicht selten vom Morgen bis zum Abend und erlegten zuweilen die doppelte und dreifache Zahl. Wenn man nun bedenkt, daß dieser Krieg mit den Eichhörnern mehrere Monate lang dauerte, so kann man sich einen beiläufigen Begriff davon machen, in welcher ungeheuren Zahl diese Thiere dagewesen sein mögen.

Dieses naturgeschichtliche Phänomen wird in Missouri wohl nicht wieder in einem solchen Grade sichtbar werden; unsere, in trauriger Weise gelichteten schönen Wälder bieten auswandernden Eichhörnern keine Verlockung mehr zur Niederlassung.

* * *

Ehe wir dieses Capitel vom Thierreich beschließen, muß noch ein sehr schöner Vogel erwähnt werden, welcher Mittel=Missouri schon seit vielen Jahren gänzlich verlassen hat. Bis gegen das Ende der dreißiger Jahre kamen in jedem Herbst große Schwärme von Papageien in unsere Gegend und blieben häufig bis zum Frühjahr. Es war eine kleine Art; sie waren von der Größe einer Taube aber kurz geschwänzt, ihre Farbe war ein schönes Hellgrün und sie hatten orangengelbe Köpfe. Diese Papageienschwärme waren eine wirkliche Zierde für die entlaubten Wälder im Winter; vorzüglich gewährte es einen prachtvollen Anblick, wenn sich ein Schwarm von mehreren Hunderten auf einer der großen Sykamoren niedergelassen hatte, wo die grüne Farbe der Vögel durch die blendendweiße Rinde des Baumes noch mehr hervorgehoben wurde; und wenn die Sonne hell gegen einen so bevölkerten Baumgipfel schien, sahen die vielen goldgelben Köpfe aus wie ebenso viele Lichter.

Dieser Anblick erinnert mich immer lebhaft an eine Art Christbäume, wie sie in manchen Bürgerfamilien in meiner Vaterstadt gebräuchlich waren; man setzte dort einige Wochen vor dem Weihnachtsfest ein junges Birkenstämmchen in einen Kübel mit Wasser, und in der warmen Stube trieb dieses Stämmchen nach einiger Zeit schwaches, zartes Laub; wenn es dann am Christabend mit vergoldeten und versilberten Aepfeln und Nüssen und mit Lichtern geschmückt war, so sah es einem mit Papageien bevölkerten Baumgipfel gar nicht unähnlich, nur sahen diese colossalen Christbäume im Walde imposanter aus als die kleinen Birkenstämmchen in den engen Stuben.

Daß uns die Papageien schon seit einem Menschenalter nicht mehr besuchen, ist ihnen durchaus nicht zu verdenken; wer an ein mildes Klima gewöhnt ist und seinen Umzug so leicht bewerkstelligen kann wie ein Vogel, der thut wohl daran, der gar zu häufigen Strenge unseres Winters, die wenigstens zum Theil der bedauerlichen Verwüstung der Wälder zuzuschreiben sein mag, auszuweichen; und wer sich an die tiefe Stille in den alten Forsten gewöhnt hatte, der kann sich nicht mehr mit dem Lärm und dem Spektakel, den man jetzt vom Morgen bis zum Abend zwischen den dichten Ansiedelungen hört, befreunden.

Die wenigen alten Settler, die noch aus der Papageienzeit übrig geblieben sind, fühlen sich hier ebenso wenig mehr heimisch wie jene Vögel und sehnen sich nach ungestörter Ruhe, ob über oder unter der Erde, bleibt sich gleich.

―――

18. Verirrte Kinder.

Es ist eigentlich zu verwundern, daß zu einer Zeit, in welcher häufig die Hofstellen bis dicht an das hohe und niedere Holz stießen, und meistens nur schmale Fußpfade die zerstreuten neuen Ansiedelungen mit einander verbanden, nicht mehr kleine Kinder in der Irre umkamen. Es scheint, als ob in diesen Verhältnissen durch die natürliche Liebe der

Eltern zu den Kindern, speciell bei den Müttern die Aufmerksamkeit, ihnen selbst vielleicht unklar und unbewußt, geschärft wurde, denn die Kleinen wurden nie aus den Augen oder ohne Aufsicht gelassen, und wenn dennoch in einem unbewachten Augenblick ein Kleines über die Hofstelle hinausgerathen war, so blieb seine Abwesenheit keine Viertelstunde lang unbemerkt, und da solche kleine Kinder, welche gar nicht die Absicht haben, fortzulaufen, in so kurzer Zeit nicht weit kommen konnten, so wurden sie in der Regel sehr bald spielend oder schlafend unter den nächsten Bäumen gefunden. Die Angst aber, welche die Eltern während des Suchens ausstanden, verschärfte ihre Aufmerksamkeit für die Zukunft um so mehr.

Ganz unvorhersehbare und deßwegen uncontrollirbare Umstände können aber dennoch die Ursache zu einem Unglück sein.

Im Jahre 1842 war die Stadt Washington noch ein sehr kleiner und unbedeutender Ort; seine 40 oder 50 Häuser standen längst eines Hügelabhangs nach dem Missouri zu; auf einem Höhenzug, der sich südlich von der Stadt von Osten nach Westen hin erstreckte, hatte man auch schon ziemlich viel Holz geschlagen, aber eine kleine Viertelmeile weiter südlich lief ein kleiner Bach, der an beiden Seiten dicht bewaldet war.

In der Stadt wohnte damals ein deutscher Schuhmacher, Namens D. Hammerstein mit seiner Frau und zwei kleinen Kindern.

Eines Morgens, in den ersten Tagen des April wollte Frau H. etwas trockenes Holz zusammensuchen. Ihr Mann war abwesend, sie gebot also ihrem kleinen drei- oder vierjährigen Jungen, der ihr nachlaufen wollte, zu Hause zu bleiben und auf das Schwesterchen, welches eben anfing zu laufen, aufzupassen. Da dicht hinter dem Städtchen die trockenen Aeste in Menge herumlagen, so blieb die Frau nicht lange aus, aber dennoch leider zu lange, denn bei ihrer Zurückkunft fand sie das kleine Mädchen mit dem Kopf in einem Waschzuber liegen und der Junge war nicht zu sehen. Das Kind mußte eben in's Wasser gefallen sein, denn es lebte noch und kam bald wieder zu sich, aber der Junge war und blieb fort. Die nächsten Hausnachbarn hatten ihn nicht gesehen, halfen aber suchen; das ganze Städtchen wurde ausgefragt, aber Niemand wußte etwas von ihm. Man vermuthete, daß er dem Flusse zugelaufen sei und suchte auf eine weite Strecke das Flußufer ab, fand aber nirgends eine Spur. Als man anfing im Wald südlich vom Städtchen zu suchen, erzählte eine Frau, daß sie gesehen habe, wie ein kleiner Junge ganz allein längs der Straße von den ersten Frühlingsblumen einen Strauß gepflückt habe; es war um dieselbe Zeit gewesen, in welcher Frau H. Holz gesammelt hatte.

Im Verlauf des Tages war das Städtchen und die ganze Umgegend in Aufregung gerathen; Amerikaner und Deutsche waren zu Pferde und zu Fuß herbeigeströmt und weit und breit blieb kein Busch und kein Strauch, keine Fenzecke und kein Graben ununtersucht, aber das Kind blieb verschwunden.

Am Abend dieses Tages, Donnerstag, fing es an zu regnen und regnete zwei Tage lang fast ununterbrochen fort, aber das Suchen wurde dennoch fortgesetzt, leider eben so erfolglos wie früher. Der kleine Bach, südlich von der Stadt, dessen Bett fast jederzeit trockenen Fußes durchschritten werden konnte, fing bald an, rasch zu steigen, und machte selbst für Reiter den Uebergang beschwerlich; jenseits dieses Bachs wurde nicht gesucht, weil man meinte, daß das Kind nicht hinüber kommen konnte.

Am Sonntag Morgen endlich, drei volle Tage nach dem Verschwinden des Kindes, gab man die fernere Nachsuchung als hoffnungslos auf, und suchte die jammernden Eltern damit zu beruhigen, daß ihr Kleiner doch wohl im Fluß oder im Bach ertrunken sei; der anhaltende Regen habe die schwachen Kinderspuren zu schnell verwaschen, um die Stelle erkennen zu laſſen, von welcher aus er in das Waſſer gerathen ſein mochte. Es war ein ſehr unzureichender Troſt für die verzweifelnden Eltern, aber die Ueberzeugung von dem Tode des Kindes war doch nicht ſo peinigend als der Gedanke, daß der Kleine hülflos im Walde verſchmachten müſſe.

Die Leute fingen nun an ſich langſam zu zerſtreuen, und auch ein alter Amerikaner, Namens Hunter, der einen ſehr thätigen Antheil am Suchen des Kindes genommen hatte, trat ſeinen Heimweg an. Er wohnte nur eine kleine Meile von Waſhington, aber jenſeits dieſes ſchon öfter erwähnten Baches. Bald nachdem er das wieder niedrig gewordene Gewäſſer durchritten hatte, ſchlug er einen näheren Seitenpfad ein; plötzlich ſtutzte das Pferd und ſprang ſcheu zur Seite — nur ein paar Schritte neben dem Pfad lag der arme Kleine regungslos im Graſe. Hunter ſprang vom Pferde, nahm das Kind auf und trug es zur nächſten Farm; es war bewußtlos aber noch nicht erkaltet.

Die Kunde: „das Kind iſt gefunden" verbreitete ſich mit Blitzesſchnelle, und in kurzer Zeit hatten ſich die Eltern in Begleitung einer großen Menſchenmenge, die dieſe Nachricht erreicht hatte, ehe ſie ſich noch zerſtreuten, auf der Farm eingefunden. Dr. Jacobs ſtellte Belebungsverſuche an, und es gelang ihm auch, das Kind für eine kleine Weile wieder zum Bewußtſein zu bringen, aber die Hülfe war zu ſpät gekommen, denn durch die Näſſe, Kälte, Hunger und auch wohl Angſt hatte das Kind zu viel gelitten.

Der arme Kleine ſchien ſich während der wenigen lichten Momente, die er noch hatte, ſeines Ungehorſams gegen das Gebot ſeiner Mutter ſehr wohl bewußt zu ſein, denn er betheuerte noch, „daß er es nicht wieder thun wolle" — er hat es auch nicht wieder gethan, denn wenige Minuten darauf verſchied er.

Es iſt zu bedauern, daß Niemand daran dachte, daß der Kleine möglicher Weiſe noch vor dem Regen den Bach überſchritten haben konnte, denn hätte man mit demſelben Eifer auf der rechten Seite des Baches geſucht wie auf der linken, ſo hätte man das Kind früher finden müſſen und es wahrſcheinlich noch retten können.

Im Verlauf der nächſten ſechs oder acht Jahre kam es noch zweimal vor, daß ſich in unſerer Gegend kleine Kinder verirrten, aber in beiden Fällen geriethen die Verirrten rechtzeitig zu Menſchen, die ſich ihrer annahmen und ſie behüteten, bis ſie von den Ihrigen abgeholt wurden.

Das eine Kind war ein kleiner Junge, der noch nicht hoſenreif war. Er war Abends in der Dämmerung einem Kalb nachgelaufen, welches über eine niedrige Fenz geſprungen war. Natürlicher Weiſe konnte er das Kalb, welches bald genug von ſelbſt wieder gekommen wäre, nicht einholen, und als ihm daſſelbe aus den Augen war, hatte er auch die Richtung nach dem Hauſe verloren; zufälliger Weiſe gerieth er in einen Weg, der nach Waſhington führte, und zum Glück blieb er auf der Straße. Am nächſten Morgen, noch vor Sonnen=Aufgang marſchirte das Kind ganz wohlgemuth in die Stadt ein, wo es von einer Frau, die ihn bemerkt, aufgefangen und bis auf Weiteres behalten wurde; ſehr bald nachher kam die Mutter mit aufgelöſtem Haar und laut jammernd auf derſelben Straße daher und ſuchte einen kleinen Jungen. Selbſtverſtändlicher Weiſe hatte nun aller Kummer ein Ende. Die Eltern dieſes Jungen wohnten vier Meilen von Waſhington, alſo mußte der kleine Kerl ſo ziemlich die ganze Nacht hindurch auf dem Marſch geweſen ſein. Vermuthlich hat er nachher einen guten Schlaf gethan, als er nach Hauſe gebracht worden war.

Ein drittes verirrtes Kind fand ich in meinem Viehhof, als ich einſt nach dem Mittageſſen meinen Pferden noch einmal Futter geben wollte. Ich kannte das Kind nicht und meine Frau, der ich es zuführte, vermuthete nur, daß es dem Nachbar Heinminger gehöre.

Auf meinem sofort angetretenen Wege nach seinem Hause fand ich ihn, wie er die Krümmungen eines Baches sehr aufmerksam absuchte; ich rief ihm daher zu, er möge nur mit mir kommen; das kleine Mädchen, welches er suche, würde er nicht im Bach finden.

Diese Kleine hatte noch gar nichts gelitten, sondern nur eine Mahlzeit versäumt, und das Stück Kuchen, welches ihr meine Frau gegeben hatte, entschädigte sie auch für diesen Verlust. Sie war, wie sie es öfter gethan hatte, ihrem Vater nachgelaufen, der im Walde hinter seinem Felde Schindeln zu machen hatte; wenn es ihr sonst dabei zu langweilig wurde, war sie immer auf dem Wege, den sie gekommen war, allein nach Hause gegangen, deßwegen war ihre Abwesenheit ihrem Vater nicht eher aufgefallen, und sie wurde erst mehrere Stunden später, zur Mittagszeit, vermißt, so lange hatte der Vater geglaubt, sie sei bei ihrer Mutter und diese, sie sei noch bei dem Vater. Das Kind hatte nun dieses Mal eine andere Richtung eingeschlagen, und zwar zufälliger Weise ohne Weg und Steg die allerglücklichste, denn wenn sie nicht an meine Fenz gekommen wäre, so wäre sie in hochbewaldete Hügel gerathen, aus denen sich ein so junges Kind nicht allein wieder herausgefunden hätte, wiewohl es nach mehreren Richtungen hin nicht viel mehr als eine Meile weit bis zu einem Hause war.

Wer nun glauben wollte, daß das Verirren jetzt darum nicht mehr gefährlich für Kinder sei, weil die Wälder nicht mehr so groß sind, wie früher, würde sich sehr irren; diese Gefahr ist heute noch ebenso groß wie vor 30 oder 40 Jahren; denn im hohen Unkraut, in wüstliegenden Feldern, oder in großen Maisfeldern wird ein Kind viel leichter übersehen als im wilden Walde; große Raubthiere, die es früher gab, waren den Menschen, die sie nicht reizten, niemals gefährlich; wohl aber sind es jetzt die alten Zuchtsäue, die ein schlafendes Kind ohne Weiteres anpacken würden, und von einer Viper kann ein Mensch gerade so gut innerhalb als außerhalb eines Feldes gebissen werden.

So lange junge Kinder noch keine Ahnung davon haben, daß sie verirrt sind, mögen sie wohl antworten, wenn sie gerufen werden; sobald sie aber begriffen haben, daß sie verlassen sind, so scheint bei ihnen der gewöhnliche, thierische Instinkt zur Geltung zu kommen; nämlich, sich zu verbergen, wenn sie etwas sehen oder hören, was sie für eine Gefahr halten; deßwegen muß das Suchen nach einem verlorenen Kinde mit möglichster Ruhe und Stille vorgenommen werden; lautes Rufen und Schreien würde das Auffinden nur erschweren und unter Umständen unmöglich machen.

19. Wieder ein Mord.

Im Winter von 1841 auf 1842 wurden die Ansiedelungen auf beiden Seiten des Missouri, in den Counties Warren und Franklin, abermals in eine wilde Aufregung versetzt; denn der damals sehr wohl bekannte Arzt, John Jones, war auf seiner Farm in der Nähe des Städtchens Marthasville in Warren Co. meuchlings erschossen worden. Der Zufall hatte ihm ein Mitglied einer Falschmünzerbande verrathen, und da der sehr Verdächtige eingezogen worden war, um einer gerichtlichen Untersuchung Rede zu stehen, so entledigte man sich dieses unbequemen Zeugen durch eine Büchsenkugel. Die Aussagen, welche der Doktor gemacht haben würde, waren so gravirend, und die allgemeine Achtung, in welcher er stand, würde das Gewicht seines Zeugnisses so verstärkt haben, daß der Angeklagte sehr wahrscheinlich dem Zuchthaus nicht entgangen wäre und daß auch wohl noch Andere in eine sehr unangenehme Stellung gekommen wären.

Schon längst circulirte ein Gerücht, daß irgendwo in den wilden Bergen zwischen der Wasserscheide des Femme Osage Creeks und dem Missouri eine Falschmünzerbande ihr Wesen treibe; Niemand wußte etwas Bestimmtes darüber, aber allerhand Umstände deuteten darauf hin, daß in jener Gegend Etwas getrieben wurde, was man der Oeffentlichkeit nicht preisgeben durfte. Auch wurde es bemerkt, daß öfter Fremde zu gewissen Leuten kamen und plötzlich wieder verschwunden waren, ohne daß man erfahren konnte, wer sie waren, woher sie gekommen, oder wohin sie gegangen waren. Da indessen durch diese geheimnißvollen und verdächtigen Besucher Niemand weiter belästigt wurde, so blieb die Sache eben ein Gerede, und wenn man auch gegen Einen, der in jener Gegend wohnte, besonders starken Verdacht hatte, daß er ein Mitglied der Bande sei, so hatte man doch keinen genügenden Anhalt, um ihn geradezu anzuklagen. Einst kam ein junger Mann, ebenfalls in jener Gegend wohnhaft, zu Dr. Jones um eine Rechnung zu bezahlen oder eine Note einzulösen, und entrichtete den ganzen Betrag in neugeprägtem Gelde. Der Doctor, wiewohl er Argwohn geschöpft hatte, ließ den jungen Mann vor der Hand ruhig wieder nach Hause gehen, aber als eine gründliche Prüfung, die er mit dem Gelde anstellen ließ, feststellte, daß jeder Dollar davon falsches Geld sei, so ließ er den jungen Mann festnehmen, der dann beim Verhör erklärte, daß ihm sein Nachbar das Geld gegeben habe. Er nannte dabei den Namen dessen, welcher der Falschmünzerei wegen schon längst verdächtig war, und dieser wurde nun festgenommen, und sein Prozeß sollte bei der nächsten Sitzung des Kreisgerichts entschieden werden.

Soviel mir bewußt ist, lebt jener Verdächtige heute noch, jedenfalls aber seine nächsten Nachkommen, und die Rücksicht auf diese Unschuldigen gebietet, daß der Name ihres Vaters hier nicht genannt werde, wenn er auch in der Gegend bekannt ist.

Ein kleines Häuschen, welches der Doctor als Office benutzte, stand eine kleine Strecke weit vom Wohnhause entfernt, aber noch innerhalb des Hofes, und in diesem Local hielt sich Jones gewöhnlich auf, wenn er keine Krankenbesuche zu machen hatte.

Eines Nachmittags, kurz vor der anberaumten Gerichtssitzung, kam ein Fremder zu Fuß zu ihm und fragte, ob er keine Arbeit bekommen könne. Der Doctor, der ein wohlhabender Sclavenbesitzer war, sagte ihm, er selbst habe Arbeitshände genug, aber er glaube gehört zu haben, daß einer seiner Nachbarn im Bottom noch Arbeiter zum Holzschlagen brauche; er beschrieb ihm den Weg zu dessen Hause, und nachdem man noch eine Weile über scheinbar gleichgültige Dinge gesprochen hatte, entfernte sich der Fremde.

Es scheint nicht, daß der Doctor etwas Auffälliges an dem fremden Mann bemerkt hatte, desto mehr aber hatte dieser die Aufmerksamkeit eines noch ziemlich jungen Sohnes des Doctors erregt. Dieser junge Bursche hatte eine für sein Alter merkwürdig rege und scharfe Beobachtungsgabe, und wenn er irgend Etwas mit Interesse betrachtet hatte, so konnte er noch lange Zeit nachher die kleinsten Details genau angeben. Dieser junge Mensch hatte den Fremden während seiner Unterhaltung mit seinem Vater nicht aus den Augen gelassen und hatte ihm beim Weggehen noch nachgesehen.

Als der Doctor gegen Abend aus seinem Häuschen heraustrat, um sich zu seiner Familie zu begeben, fiel von der Fenz her ein Schuß, und auf den Tod getroffen, brach Jones auf dem Fleck zusammen.

Bald war die ganze Nachbarschaft weit und breit alarmirt und das Nächste und Natürlichste war, daß man nach dem Thäter forschte. Der junge Jones sprach seinen Verdacht gegen den Fremden aus, der am Nachmittag bei seinem Vater gewesen war und beschrieb ihn auf das Allergenaueste, sogar eine gewisse Unsicherheit des Trittes mit dem einen Fuß hatte er bemerkt. Die Spur des Fremden im Schnee wurde verfolgt, und diese führte nicht lange in der Richtung nach dem Hause des Nachbars, welches ihm der Doctor beschrieben hatte, sondern sie wendete sich bald einer Hügelseite hinter der Hofstelle zu bis zu einem dicken Baum, von welchem man aus gerade nach der Thür des Häuschens sehen konnte. Dort schien der Mörder gesessen zu haben, bis er den Zeitpunkt abgepaßt hatte, wo er unbemerkt an die Fenz gelangen konnte; und dort erkannte man die Stelle, von welcher aus geschossen worden war.

Die Personalbeschreibung, welche der junge Jones gegeben hatte, war so genau und bestimmt, daß der Mörder erkannt werden mußte, wenn er gefunden wurde; Kleidung, Haare und Bart konnte er wohl unkenntlich machen, aber seine Statur und seine Gesichtszüge konnte er nicht ändern und ebenso wenig konnte er eine ganz genau beschriebene Narbe im Gesicht und eine andere an einem bestimmten Finger verwischen. Nun bemächtigte sich der Scharfsinn und Spürsinn so wie die Ausdauer und die Geduld der alten Hinterwäldler der Sache. Eisenbahnen und Telegraphendrähte gab es damals noch nicht, man konnte also nicht binnen wenigen Stunden Detectivs nach allen Richtungen hin auf die Beine bringen, sondern mußte die Verfolgung zu Pferde machen, und durfte die Spur nicht verlieren. Nach vielen Kreuz- und Querzügen durch Missouri, Arkansas und sogar Texas, aber immer auf der Spur, gelang es endlich, den Mörder zu erreichen und einzubringen.

Eine Schilderung dieser Verfolgung, die aber durchaus nicht vereinzelt dasteht, würde eine sehr interessante Skizze liefern, wenn die Verfolger, unter denen sich ein gewisser Logan auszeichnete, noch lebten und ihre Abenteuer mittheilen könnten.

Der eingefangene Mörder war ein berüchtigter Desperado, der sich damals zu seinen anderen Aliasses den Namen „Bill Whiskers" beigelegt hatte; er wurde auch vor Gericht von dem jungen Jones identificirt, aber leider war dieser der einzige Zeuge von Bedeutung gegen den Angeklagten, und da er noch sehr jung und der Sohn des Gemordeten war, so glaubte man der Aussage von mehreren Zeugen, die man von Tennessee herbeigeholt hatte, und welche ein Alibi schwuren, mehr Gewicht beilegen zu müssen; kurzum die Geschworenen sprachen ihr „Nichtschuldig" aus und der Angeklagte wurde freigesprochen.

Hätten die Verfolger des Mörders eine Ahnung von d i e s e m Ausgang des Prozesses gehabt, so hätten sie den Mann wahrscheinlich nicht mitgebracht, denn es ist nicht gar zu selten vorgekommen, daß man wohl gestohlene Pferde zurückbrachte, aber nicht immer den Dieb, und wenn auf eine Frage nach diesem die lakonische Antwort erfolgte: „der stiehlt nicht wieder," so fragte Niemand weiter, denn Jeder wußte das „Warum" ohne weiteren Commentar.

Die Freisprechung dieses Menschen, den Jeder für den Mörder gehalten und dessen Verurtheilung man darum mit Zuversicht entgegengesehen hatte, diente keineswegs dazu, die Gemüther zu beruhigen. Die Aufregung hatte sich vor dem Mord-Prozeß einigermaßen gelegt, weil man solchen schlagenden Beweisen gegenüber allgemein ein Strafurtheil erwartete; und wäre ein solches gesprochen und vollstreckt worden, so wäre man zufrieden gewesen, da aber gerade das Gegentheil eintrat, so verbreitete sich die Indignation darüber in weiteren Kreisen als vorher.

Man glaubte zu bemerken, daß öfter als früher fremde Fußgänger in den großen Bottoms bald hier, bald dort auftauchten und wieder verschwanden, meistens gaben sie vor, Arbeit zu suchen, aber selten arbeitete einer von ihnen, und wenn er es that, so verließ er gewöhnlich seine Arbeit sehr bald wieder unter irgend einem nichtigen Vorwand. Das Aussehen dieser Kerle mag nicht sehr Vertrauen erweckend gewesen sein und ihr Benehmen ebensowenig; Manche hielten sie für Mitgenossen des Mörders, Andere vermutheten in ihnen spionirende Pferdediebe, und noch Andere brachten sie mit Falschmünzern in Verbindung; mit einem Wort, der Verdacht gegen diese Strolche erreichte einen so hohen Grad, daß die Settler auf der Nordseite des Flusses beschlossen, die großen Bottoms von der Mündung des L'ontre Creeks bis nach St. Charles hinab von diesem Gesindel gründlich zu säubern.

Es sollen in jener Zeit weitverzweigte Vigilanz-Organisationen bestanden haben, in denen die Counties St. Charles, Warren, Montgomery und Callaway vertreten gewesen sein sollen. Von glaubwürdigen Leuten wird erzählt, daß anfänglich zahlreiche Patrouillen zu Pferde diese weiten Bottoms bei Tag und bei Nacht durchstrichen hätten, daß man jeden Fußgänger, den man nicht kannte, angehalten und einem scharfen Verhör unterzogen habe; wenn dieser keine zufriedenstellende Auskunft über seine Persönlichkeit geben konnte oder sich sonst verdächtig gemacht hatte, so habe man solche Unglückliche an Bäume gebunden und fast zu Tode gepeitscht, und auch noch andere und schlimmere Dinge wurden berichtet.

Es mag schwer sein, zu ermitteln, wie viel Wahres und wie viel Eingebildetes an diesen Erzählungen sein mag, daß aber solche Vigilanz-Patrouillen im Hochsommer von 1842 noch in voller Activität waren, weiß ich aus eigener Erfahrung, denn zu dieser Zeit fiel ich einer solchen Patrouille selbst in die Hände.

Ich hatte mir drüben in St. Charles County ein braves, deutsches Mädchen zum Weibe auserkoren und hatte im Frühjahr 1842 Hochzeit mit ihr gemacht, aber erst im Spätsommer konnte ich dazu kommen, eine Kuh, die meine Schwiegereltern nach üblicher Landessitte ihrer Tochter als einen Theil ihrer Mitgift geschenkt hatten, nach Hause zu holen. Das Thier war sehr zahm und hatte die gute Eigenschaft, sich ohne Widerstand führen zu lassen, deßwegen nahm ich mir einen starken Strick und einen Stock mit und machte mich zu Fuß auf den Weg, denn ein Marsch von 20—30 Meilen genirte mich in jener Zeit nicht im Geringsten. Bei Washington mußte ich den Missouri passiren, aber ich hatte dabei eine kleine Verzögerung, denn als der Fährmann eben seinen Kahn besteigen wollte, gab ein Dampfboot, dessen Annäherung wir nicht beachtet hatten, das Signal zum Landen, und um dem Boot nicht gerade in den Cours zu laufen, warteten wir, bis es angelegt hatte und der stärkste Wellenschlag vorüber war und fuhren dann, hinter dem Boot weg, der nächsten großen Sandbank zu, die bei dem sehr niedrigen Wasserstand des Flusses mehr wie die halbe Breite des Stromes einnahm und sich bis an das jenseitige, eigentliche Flußufer erstreckte. Als ich den Kahn verließ, bemerkte ich wohl in einer Entfernung von ungefähr einer Meile am oberen Ende der Bank einen Trupp Reiter, aber da mir dieser Umstand durchaus nicht auffiel, so ging ich ruhig über die breite Bank hinweg, bestieg das wirkliche Ufer und schritt auf einem Waldwege weiter. Als ich die Brücke, welche damals über den Jaque Creek führte eine kurze Strecke hinter mir hatte, hörte ich Pferdegetrappel auf der Brücke und zu gleicher Zeit wurde mir wiederholt „Halt" zugerufen. Verwundert, aber nicht erschrocken, drehte ich mich um und sah sieben oder acht bewaffnete Reiter über die Brücke auf mich zusprengen; im Nu war ich umringt und wo ich die Augen auch hinwenden mochte, sah ich nur, entweder in ein sehr ernstes, fremdes Gesicht oder in die Mündung eines Gewehrlaufs. Ich wurde nun einem scharfen Kreuzverhör unterworfen; bald fragte der Eine bald ein Anderer, man wollte wissen: wer ich sei, wo ich wohne, wie lange ich schon dort wohne, was ich mit dem Strick wolle, wie mein Schwiegervater heiße, ob ich von dem Boot abgestiegen sei; vorzüglich dieser letzte Punkt schien ihnen sehr wichtig zu sein, denn sie schienen einen Widerspruch in meinen Aussagen provociren zu wollen, aber da ich ihnen ganz einfach und ruhig Auskunft gab, wurden auch sie weniger eifrig mit ihren Fragen. Endlich sagte ein älterer, etwas freundlicherer Mann, wenn ich schon so lange da drüben wohne, so würde ich ihm doch wohl einige bekannte Namen nennen können, und als ich ihnen dann die damalige halbe amerikanische Bevölkerung von Washington an den Fingern herzählte, fingen sie an zu lächeln und mit einander zu flüstern. Nun aber frug ich meinerseits, was denn dieses Aufhalten auf dem offenen Wege eigentlich zu bedeuten habe, und was man von mir wolle. Nach einer kleinen Pause antwortete endlich Einer: "Well, Sir, wir suchen Einen, aber Ihr seid es nicht — Ihr könnt ruhig Eures Weges ziehen, wenn Ihr aber **heute** Jemandem begegnet, so sagt nichts davon, daß Ihr uns gesehen habt, good byo." Damit wendete der ganze Trupp seine Pferde und sprengte waldeinwärts und war in der nächsten Minute verschwunden.

Ich erzählte den kleinen Vorfall wohl im Hause meiner Schwiegereltern, aber dort konnte mir Niemand eine Erklärung geben, erst am Nachmittag des nächsten Tages, als ich mit meiner Kuh ohne ein zweites Abenteuer wieder am Fluß angekommen war, und den Fährleuten, zwei Amerikanern, mein Erlebniß mittheilte, sagten mir diese: „Da seid Ihr gut davon gekommen, das waren Regulatoren;" und dabei erzählten sie mir mehrere Fälle, wo Solchen, die keine befriedigende Auskunft geben konnten, übel mitgespielt worden sein soll.

Hätte ich nur eine leise Ahnung von einer derartigen Gefahr gehabt, so wäre ich wahrscheinlich nicht so unbefangen geblieben, aber da ich auf alle Kreuz- und Quer-Fragen ohne die geringste Verlegenheit und ohne Ausweichen Bescheid gab, so mögen die Herren Regulatoren doch wohl begriffen haben, daß sie einen friedlichen Bürger und nicht einen abenteuernden Vagabunden in ihrer Mitte hatten, und nur auf die letztere Sorte war es abgesehen.

Ich habe weder früher noch später davon gehört, daß hier in diesen ältesten Counties friedliche Bürger oder überhaupt anständige Reisende, ob zu Fuß oder zu Pferd, von solchen allerdings ungesetzlichen Patrouillen insultirt oder mißhandelt worden wären, und auch in diesem Falle hatte nur die laxe und unbefriedigende Ausführung der Gesetze die Veranlassung dazu gegeben.

20. Die Ueberschwemmung im Jahre 1848.

In gewöhnlichen Jahrgängen fängt der Missouri im Anfang des Monats Juni an, zu steigen, wird allmälig höher bis zum Ende des Monats, und fällt dann wieder rascher als er gewachsen war. In solchen Jahren überfluthet er wohl alle Sandbänke, erreicht aber nicht die Höhe der eigentlichen Uferbank. Dieses regelmäßige Steigen des Flusses zu gewissen Perioden wird durch das Schmelzen des Schnees in den Felsengebirgen veranlaßt.

Wer eine genaue Karte von Nordamerika mit Aufmerksamkeit betrachtet, wird sehen, daß das Wassergebiet des Missouri bis zu seinen ersten Quellen mit Einschluß der Wassergebiete seiner zahllosen und zum Theil großen, schiffbaren Nebenflüsse ein unermeßliches Terrain ist, welches Tausende von Meilen nach jeder Richtung hin mißt. Viele der Nebenströme des Missouri entspringen ebenfalls in den verschiedenen Zweigen der Felsengebirge, und wenn der Schneefall während des Winters auch kein ungewöhnlich starker ist, so würden dennoch die Bewohner am unteren Missouri in jedem Jahr von einer Ueberschwemmung bedroht werden, wenn das Schneewasser nicht erst ungeheure Strecken zu durchlaufen hätte, wodurch große Wassermassen absorbirt werden, ehe der Rest den Mississippi erreicht. Wenn man bedenkt, daß das Schneewasser aus den Gebirgen wenigstens zehn Tage braucht, bis es die westliche Grenze des Staates erreicht, so kann man sich nicht nur einigermaßen einen Begriff von der Ausdehnung der Landstriche machen, welche dieses Wasser zu durchströmen hat, sondern man wird auch leicht begreifen, daß durch das Austreten der unzähligen kleineren Flüsse und Bäche ein sehr großer Theil des Wassers zurückbleibt, verdunstet und gar nicht bis an die Staatsgrenze gelangt.

Ganz anders aber gestaltet sich die Sache, wenn in einem sehr strengen Winter der Schnee in den Gebirgen sehr hoch liegt, wenn das Schmelzen nicht allmälig durch die Sonne, sondern in Verbindung mit Regengüssen vor sich geht und wenn zum Unglück noch zu gleicher Zeit die größeren Ströme, welche sich innerhalb des Staates in den Missouri ergießen, durch lang anhaltende Landregen angeschwellt, diesen ohnehin schon zu einer ungewöhnlichen Höhe gebracht haben; in einem solchen Falle kann die Ueberschwemmung der Ufer nicht ausbleiben, wenn das Schneewasser noch dazu kommt. So war es im Sommer 1844. Schon im Mai, kurze Zeit nachdem das Welschkorn gepflanzt war, stellten sich häufige Gewitterschauer und bald darauf Landregen ein, es regnete fast jeden Tag mehr oder weniger, so daß an das Durchpflügen der Kornfelder nicht zu denken war. Noch zur Zeit der Weizenernte, Ende Juni, regnete es so viel, daß man kaum die Weizenfelder, so klein damals dieselben auch durchschnittlich waren, abernten konnte. Ein Nachbar und ich, wir halfen uns gegenseitig, aber wir mußten barfuß und mit aufgekrämpten Hosen in's Feld, denn mit Schuhen oder Stiefeln wären wir stecken geblieben und dabei wurden wir noch alle paar Stunden durch ein Gewitterschauer nach dem Hause getrieben.

Schon zu Anfang des Juni war der Missouri höher, als in gewöhnlichen Jahren sein höchster Wasserstand war und er stieg noch von Tag zu Tag; das Wasser in den Nebenflüssen war acht bis zehn Meilen weit hinauf gestaut und trat oberhalb der Mündungen aus den Ufern, aber der Fluß stieg immer noch.

Durch die alten Nebenarme des Missouri (sloughs), die vielleicht noch den vorhistorischen Lauf des Flusses andeuten mögen, ergoß sich nun das Wasser von hinten her in die Bottoms, und bald war, bis auf einige wenige ausnahmsweise hohe Stellen, das ganze Land zwischen den Hügeln auf beiden Seiten des Flusses überschwemmt.

Ganz ähnliche Witterungs-Verhältnisse hatten auch den Mississippi zu einer seltenen Höhe angeschwellt, und nun tobten diese vereinigten Ströme, die zu den größten der Welt zählen, mit furchtbarer und unwiderstehlicher Gewalt dem Golf von Mexico zu, Alles verheerend und vor sich niederwerfend, was in ihrem Bereich war.

Als der Missouri nahezu seinen höchsten Stand erreicht hatte, bot er einen schreckhaft imposanten Anblick. Viele Leute betrachteten von den hohen, sicheren Bluffs aus den Fluß Stunden und sogar Tage lang, denn es gewährte einen fast unwiderstehlichen Reiz, Zeuge der ununterbrochenen Veränderungen und Abwechselungen auf der Oberfläche des Stroms zu sein.

Soweit das Auge reichte, sah man unter dem Horizont nichts als Baumgipfel und Wasser; weithin zwischen den Stämmen der Bäume glitzerte das Wasser im Sonenschein und die großen und kleinen Lücken zwischen den Bäumen deuteten an, daß dort unter dem Wasserspiegel Felder seien, und ein aus dem Wasser ragendes Dach oder ein Schornstein, bezeichnete die Hofstelle der Farm. Die Betrachtung des eigentlichen Stromes aber bot die vielseitigste Unterhaltung. Ein ganz eigenthümliches Rauschen und Brausen verrieth schon in ziemlicher Entfernung, daß der Fluß nicht mehr der gewöhnliche Missouri sei, und man näherte sich ihm mit einer gewissen Befangenheit; dichter, schmutziger Schaum wälzte sich in großen Flächen flußabwärts, und aufquellende Wasserblasen zertheilten diese großen Felder in viele kleinere; dazwischen drängten sich dichte Massen von Treibholz aller Art, Fenzriegel, Klafterholz, auch Hausgeräthe, Tische, Bettstellen, Wiegen und sogar mitunter ein ganzes Blockhaus; und die großen, über hundert Fuß langen Baumriesen mit dem ganzen, fast haushohen Wurzelstock und dem vollständigen Gipfel trieben so leicht im Strom hinab, als ob es Schwefelhölzer wären.

In einzelnen dunklen Punkten, deren Annäherung die Aufmerksamkeit der Zuschauer ganz besonders in Anspruch nahm, erkannte man, als sie vorbeitrieben, ertrunkene Pferde und Rinder; aber man sah auch zuweilen lebendige Thiere im Strom schwimmen, und einigen gelang es auch, sich an das Ufer zu retten.

Die Ansiedler an den Ufern des Missouri, so weit diese letzteren damals bewohnt waren, wurden durch diese Ueberschwemmung nicht überrascht, denn die Nachrichten, welche an die Pelzhändler-Firmen in St. Louis aus ihren Handelsposten am oberen Missouri gelangt waren, und die Berichte aus den entferntesten Militär-Forts hatten bereits Nachricht von den ungeheuren Schneemassen in den Gebirgen gegeben, und die kleinen Dampfboote, welche den Fluß so weit hinauf befuhren, als er schiffbar war, machten rechtzeitig auf das kommende Hochwasser aufmerksam. Die alten erfahrenen Settler in den Bottoms, welche die Launen und Eigenschaften des Missouri sehr genau kannten, retteten daher ihre Familien, ihr Vieh und einen großen Theil ihrer Habseligkeiten in die Hügel, sobald der Strom eine gefahrdrohende Gestalt annahm; Unerfahrene aber und Saumselige, welche leichtsinniger Weise den wirklichen Moment der Gefahr abwarten wollten, retteten wohl die Ihrigen, verloren aber fast ihr ganzes Hausgeräth und einen großen Theil ihres Viehes, weil sie es nicht zur rechten Zeit aus den Bottoms getrieben hatten.

Es kamen allerdings auch Menschen in den Fluthen um, aber längs dieser mehrere tausend Meilen langen Strecke, welche der Missouri durchströmt, gingen doch im Verhältniß lange nicht so viele Menschenleben verloren, als es zuweilen in Europa der Fall ist, wenn ein enges, dichtbevölkertes Gebirgsthal durch einen Wolkenbruch überrascht wird.

Nachdem der Schnee in den Gebirgen geschmolzen war und anhaltend trockenes Wetter eingetreten war, fiel das Wasser in den Flüssen schneller, als es gestiegen war; schon im August verunzierten die öden Sandbänke den Missouri wieder wie gewöhnlich, und nun konnte man erst die Verwüstung, die das hohe Wasser angerichtet hatte, übersehen. Der Schaden war beträchtlich; sämmtliche Ernten in den fruchtbaren Bottoms waren ruinirt, und viele Felder waren versandet; die Fenzriegel, welche die Felder umzäunt hatten, waren fast alle weggetrieben; allein nicht alle hatte der eigentliche Strom mitgenommen, sondern viele Tausende waren im Unterholz und zwischen den Bäumen hängen geblieben und stellenweise hatten sich haushohe Massen davon aufgethürmt. Diese Fenzriegel wurden zwar gesammelt und weggefahren, als der Boden trocken genug dazu war, aber die wenigsten davon kamen wieder in die Hände der rechtmäßigen Eigenthümer; wer solche Haufen zunächst erreichen konnte, holte seinen Bedarf weg, denn es war Niemand im Stande zu sagen, von welchen Feldern diese Riegel gekommen waren. Ebenso waren viele der leichten Blockhäuser und Stallungen spurlos verschwunden. Vieles Vieh jeder Art war in den Fluthen umgekommen, aber manches Stück, welches seinen Weg zu die Hügel gefunden hatte, stellte sich später an seiner alten Hofstelle wieder ein. Auf einzelnen kleinen, erhabenen Stellen im Bottom hatten Pferde Zuflucht gesucht und gefunden; diese armen Thiere mußten viel gelitten haben, alle erreichbaren Zweige bis zur Dicke eines Fingers waren rings herum abgefressen, und man will gesehen haben, daß, als das Wasser über solche höchste Stellen gestiegen war, die erwachsenen Pferde dicht zusammengedrängt, bis an den Leib im Wasser standen, während die Fohlen um sie herum schwammen.

Während einer so großartigen Katastrophe, wie es diese Ueberschwemmung war, trugen sich viele Ereignisse zu, welche sich noch lange Jahre nachher in der Erinnerung der Menschen erhalten; so wurde unter Anderem auch damals erzählt: daß ein Dampfboot den Missouri herabkam, als die Fluth im raschen Fallen begriffen war. In der Region, in welcher die Pairien von beiden Seiten dicht an den Fluß herantreten und die Wasserfläche einer unabsehbaren See glich, gerieth das Boot während der Nacht aus dem richtigen Fahrwasser und saß am nächsten Morgen, weit ab vom Strom, auf der Prairie fest.

Alte Leute erzählten zur Zeit des Hochwassers, daß der Missouri in den siebenziger oder achtziger Jahren des vorigen Jahrhunderts weit höher gewesen sei als 1844. Es mag schwierig sein, die Richtigkeit dieser Behauptung positiv nachzuweisen, denn in jenen Zeiten war der weiße Mann noch nicht an den Ufern der Ströme im fernen Westen seßhaft; die Spanier und später die Franzosen hatten wohl einzelne Handelsposten am Missouri, von welchen aus sie mit den Indianern Pelzhandel trieben, aber sie bewohnten dieselben nicht dauernd; wenn man also später an Bäumen oder an Felswänden am Missouri Wasserstandsmarken gefunden haben mag, so konnte doch Niemand mit Bestimmtheit sagen, von wem diese Zeichen herrührten, oder zu welcher Zeit sie gemacht wurden, und man kann bloß vermuthen, daß sie in einer früheren Periode den Wasserstand des Flusses angedeutet haben mögen.

Es ist übrigens durchaus unwesentlich, ob jene alte Behauptung begründet ist oder nicht, denn in einer menschenleeren Wildniß konnte auch die größte Ueberschwemmung weder Menschenleben noch Eigenthum gefährden; anders war es aber im Jahre 1844 und noch ganz anders würde es heute sein. In jenem Jahr war selbst in den am dichtesten besiedelten Bottoms vielleicht kaum der zehnte Theil des Landes urbar gemacht, jetzt aber ist es gerade umgekehrt; die schönen Wälder sind verschwunden, unabsehbare Mais- und Weizenfelder nehmen ihre Stelle ein, und anstatt der alten bescheidenen Blockhütten sieht man heutiges Tages meistens geräumige, solide Farmer-Wohnungen. Das Hochwasser im vergangenen und in diesem Sommer hat noch lange nicht die Höhe von 1844 erreicht, und dennoch hat es größeren Schaden angerichtet als das Wasser vor 32 Jahren. Eine Ueberschwemmung wie die in dem benannten Jahre würde jetzt unberechenbare Verluste zur Folge haben; die ganze Jahresernte würde vernichtet werden und die großen, fruchtbaren Felder würden größtentheils durch Gräben zerrissen oder versandet werden.

Da der Veredlung der Vieh-Racen aller Art schon seit Jahren viele Aufmerksamkeit gewidmet wird, so würde der Verlust von solchem Vieh viel empfindlicher sein als der von den früheren unansehnlichen und halb wilden Racen, und ebenso würden die weggewaschenen Umzäunungen heutiges Tages weit schwerer zu ersetzen sein als zu einer Zeit, in welcher das nöthige Holz dazu im Ueberfluß vorhanden war.

Den schwersten Verlust aber würde das ganze Land und speciell die Stadt St. Louis durch die Zerstörung eines großen Theils der Pacific-Eisenbahn zu erleiden haben, denn diese liegt, was man auch sagen mag, nicht ü b e r, sondern bedeutend u n t e r dem höchsten Wasserstand von 1844.

Etwas unterhalb des Eisenbahn-Depots in Washington standen früher in gleicher Höhe mit der Eisenbahn einige Parsimon-Bäume, deren unterste Aeste man mit der Hand eben erreichen konnte, wenn man zu Pferde darunter weg ritt, und es ist mir noch in lebhafter Erinnerung, daß diese untersten Zweige durch den Luftzug ab und zu in das Wasser getaucht wurden, als der Missouri b e i n a h e seinen höchsten Stand erreicht hatte. Dieser an sich ganz unbedeutende Umstand ist vielleicht, eben seiner Unbedeutendheit wegen, von Wenigen bemerkt worden, aber da ich als junger Bursche oft unter diesen Bäumen hindurchritt und muthwilliger Weise manchmal ein paar Blätter von den Zweigen abriß, ist mir das Eintauchen dieser Zweige aufgefallen, und schon oft habe ich dieses Umstand erwähnt, wenn jene große Ueberschwemmung das Gesprächs-Thema war.

Eisenbahn-Reparaturen von einiger Bedeutung verursachen unter allen Umständen große Kosten, selbst wenn die Bahn weit ab von einem großen Strom durch das Land führt; wenn sich aber eine solche verheerende Fluth früher oder später einmal wiederholen sollte, so müßten ganz unberechenbare Verluste für die Eisenbahn die unvermeidliche Folge davon sein; die weggeführten Schwellen und Schienen könnten wohl bald wieder ersetzt werden, aber da der Missouri auf lange Strecken keinen Steinwurf weit an der Bahn vorbeifließt, so würden die Uferbauten, welche für das zerrissene und unterminirte Bahnbett zu einer unumgänglichen Nothwendigkeit werden würden, vielleicht Millionen verschlingen. Die Verluste aber, welche aus einer längeren Unterbrechung der Communication auf einer der großen Lebensadern einer Weltstadt wie St. Louis dem Handelsstand erwachsen würden, mögen Geschäftsleute richtiger zu beurtheilen verstehen, als ich es zu thun im Stande bin.

Hoffen wir daher, daß sich der Missouri zum Wohl der Menschheit von nun an in vernünftigen Schranken halten möge.

21. Gefährliche Straßen. Ein Lynchgericht.

In einem früheren Kapitel sind die Gründe angegeben, warum in diesem kleinen Werke nicht viel von der Stadt St. Louis die Rede sein kann, aber eine kleine Schilderung, welche den Contrast zwischen Sonst und Jetzt veranschaulichen wird, mag dennoch hier einen Platz finden.

Von der Zeit an, in welcher an der Stelle, wo jetzt St. Louis steht, die ersten Häuser oder vielmehr Hütten gebaut wurden, bis zu der Zeit, in welcher dieser Häusercomplex den Namen einer Stadt verdiente, mag wohl ein halbes Jahrhundert verflossen sein. So lange an diesem vorgeschobenen Posten, den man St. Louis nannte, Häute und Pelze die einzigen Handelsartikel waren, welche ausgeführt wurden und die wenigen Bedürfnisse, welche den Jägern zu ihrem Gewerbe unentbehrlich sind, die einzigen Artikel waren, welche man einführte, fehlten alle Bedingungen, auf welchen das Wachsthum einer Stadt beruht; sobald aber nur ein schwacher Anfang gemacht war, sobald außer den Indianern auch Menschen dahin kamen, welche einen Begriff von Cultur und Industrie hatten, konnten die unermeßlichen natürlichen Hülfsquellen der Länder auf beiden Seiten des Mississippi und Missouri nicht lange verborgen bleiben. Die unerschöpfliche Fruchtbarkeit des Bodens, die endlosen Waldungen und der staunenerregende Mineral-Reichthum, der sich an vielen Orten durch das fast ganz reine und offen zu Tage liegende Erz verrieth, mußten die Aufmerksamkeit der ersten vielleicht nur abenteuernden Einwanderer erregen und ihren Unternehmungsgeist wecken. So langsam auch die Einwanderung in den ersten Decennien einrückte, so unaufhaltsam und in immer wachsenden Progressionen ergoß sich in späteren Jahren der Strom der neuen Ansiedler über die von der Natur so gesegneten Fluren von Illinois und Missouri.

St. Louis war im Jahr 1834 allerdings schon eine Stadt, aber was für eine im Vergleich mit dem heutigen St. Louis?

Den ältesten, jetzt lebenden Bürgern von St. Louis mag es vielleicht interessant sein, einmal wieder an den Zustand der Straßen erinnert zu werden, wie sie noch vor dreißig Jahren waren.

Im Jahr 1846 hatte man angefangen, eine der großen Hauptstraßen nach Westen zu, die sogenannte Manchester-Straße, zu macadamisiren, aber man war beim Anfang des Winters 1847 mit dem Straßenbau noch nicht sehr weit über das alte „Camp Spring" hinausgekommen.

Dieses „Camp Spring" lag etwa eine Meile weit westlich von dem heutigen Courthaus; es war ein kleiner natürlicher Waldpark mit einer Gastwirthschaft, welche in den damaligen Zeiten häufig von Bürgern der Stadt besucht wurde, wenn sie mit ihren Familien eine kleine Excursion machen wollten; schräg gegenüber auf der anderen Seite der Straße hatte ein Deutscher, Namens Knecht, ein ziemlich geräumiges Gasthaus gebaut und beherbergte meistens Farmer, welche von dieser Seite her nach der Stadt kamen. Der Verkehr auf dieser Straße war ein sehr lebhafter; Milch- und Fleischwagen, Holz- und Kohlenwagen, ganze Karavanen von Farmer-Fuhrwerken und große Heerden Schlachtvieh passirten diese Straße vom frühen Morgen bis zum späten Abend, und es ist daher leicht zu begreifen, daß bei einer solchen Frequenz die tiefgefrorenen Wege grundlos werden mußten, wenn im Frühjahr der Boden aufthauete.

In den letzten Tagen des Februar 1847 wollte ich meine Eltern, die damals in St. Louis wohnten, besuchen, weil so früh im Jahr die Arbeit auf den Feldern ihren Anfang noch nicht genommen hatte und ein Freund, welchen Geschäfte nach der Stadt führten, ritt mit mir.

Schon in Washington, 54 Meilen von St. Louis, rieth man uns, unsere Reise aufzuschieben, denn die Wege in der Nähe von St. Louis seien grundlos und unpassirbar und fast alle Communication mit der Stadt sei unterbrochen. Da wir diese Gerüchte für übertrieben hielten, ritten wir weiter und fanden die Straße stellenweise allerdings sehr morastig, aber nicht schlimmer als es sonst in dieser Jahreszeit der Fall zu sein pflegte; jedoch fiel es uns gegen Abend doch auf, daß wir den ganzen Tag über auf dieser sonst so lebhaften Straße keinem Fuhrwerk begegnet waren und auch keines eingeholt hatten. Für die Nacht kehrten wir im Hause des schon früher erwähnten Hrn. Brückerhoff ein. Der Hausherr, der nach der Stadt geritten war, wurde schon seit vierundzwanzig Stunden vergeblich erwartet, und Frau Brückerhoff war in großer Sorge, daß ihrem Manne auf den fürchterlichen Wegen irgend ein Unfall zugestoßen sein möchte.

Am anderen Morgen, als wir vor dem Hofthor unsere Pferde zur Weiterreise bestiegen, ritten zwei junge Amerikaner vorbei, die nahebei in einem englischen Hause logirt hatten; da es ein paar freundliche junge Männer waren, so wurden wir sehr bald bekannt mit einander. Gesprächsweise erfuhren wir von ihnen, daß sie aus dem Südwesten des Staates kamen und nach St. Louis wollten, und somit erklärten wir uns gegenseitig in freundlichster Weise als Reisegefährten und beschlossen, die uns in Aussicht gestellten Gefahren gemeinschaftlich zu bestehen.

In lebhafter Unterhaltung ging es bis in die Nähe von Manchester, zwanzig Meilen von der Stadt, ganz leidlich, aber nun wurde der Weg mit jeder Meile schlimmer. Hin und wieder flog nicht weit von der Straße ein Schwarm Krähen auf, und Aasgeier hockten auf den Zweigen trockner Bäume; wir hatten sie jedesmal in ihrer Mahlzeit gestört, die sie an einem gefallenen Pferd oder Ochsen gehalten hatten; auch einige leere Fuhrwerke begegneten uns, aber man konnte kaum unterscheiden, ob Pferde oder Ochsen vorgespannt waren und allenfalls am Kopf die Farbe der Thiere erkennen, denn der ganze übrige Körper war mit einsarbigem Schlamm dick überzogen. Der Weg über die lange Ebene jenseits von Manchester war schauderhaft; der reiche und zum Theil quellenreiche Lehmboden war fast eine einzige unergründliche Schlammmasse, in welche die armen Pferde oft bis an die Brust einsanken. Endlich hatten wir uns durchgearbeitet und der Weg führte über höheren und weniger morastigen Boden, aber da die Sonne nicht mehr sehr hoch stand, beschlossen wir, in einem vielgerühmten Hause eines Amerikaners, etwa acht Meilen von St. Louis, zu übernachten, und die Reise über den gefährlichsten Theil des Weges lieber bei hellem Tageslicht als in der Nacht zu wagen. Aber noch ehe wir dieses Haus erreichten, wurden wir von einem jungen Burschen eingeholt, in dem wir an seiner großen ledernen, stark verketteten und verschlossenen Satteltasche einen Postreiter erkannten. Dieser wurde in's Verhör genommen, und er sagte, es seien allerdings Stellen auf dem Wege, welche Solchen, die sie nicht kannten, sehr gefährlich werden könnten, aber er, der diesen Weg alle Tage zu machen habe, kenne die bösen Stellen ganz genau und er wolle unser Führer sein, wenn wir ihm hin und wieder einen guten Schluck zukommen lassen wollten. Auf diesen Vorschlag gingen wir einstimmig ein, und es schien fast, als ob auch unsere Pferde die Bedingungen dieses Contrakts verstanden hätten, denn sie trabten nun, ihrer fünf, munter vorwärts. In der nächsten Kneipe am Wege wurde eine tüchtige Flasche Whiskey gekauft, und nachdem diese die Runde gemacht hatte, ging es weiter. Bei Anbruch der Dämmerung bemerkten wir, daß wir uns in der Nähe der Stadt befanden, denn plötzlich hatten die Pferde Chaussee unter den Hufen, und nun glaubten wir natürlich, daß jetzt alle Gefahr überstanden sei; aber unser Führer bedeutete uns, daß die wirkliche Gefahr jetzt erst ihren Anfang nehme. Die Steinstraße, auf die wir gekommen waren, hatte schon nach wenigen hundert Schritten wieder ein Ende, denn man hatte nur eine besonders sumpfige Stelle überbaut. Jetzt bog der Postreiter links von der Straße ab, und wir ritten einer kleinen, fast ganz trockenen Anhöhe zu, von der man die Umgebung und einen Theil der Stadt übersehen konnte. So weit man in der Dämmerung sehen konnte, waren fast alle Bretterumzäunungen um die vielen Gärten und Felder niedergerissen, denn Lebensbedürfnisse aller Art mußten in die Stadt gebracht werden, und da die einzige eigentliche Straße nicht mehr passirbar war, so suchte man sich einen Weg, wo man eben durchzukommen glaubte; auf einer Strecke von vielleicht einer Viertelmeile konnte man erkennen, daß überall Fuhrwerke versucht hatten, sich durchzuarbeiten, aber nicht allen war es gelungen, denn mehrere Wagen standen verlassen und bis über die Vorderräder im Schlamm versunken in den Feldern herum. Von einem so versunkenen Wagen suchte man eben, die Pferde, von denen nur die Hälse und Köpfe noch sichtbar waren, abzuspannen, und die armen Fuhrleute standen bis an die Hüften im Koth.

Das letzte, kurze Ende der Straße, welches schnurgerade in die Stadt führte, war an beiden Seiten mit einem Bretterzaune eingefaßt; hier stieg unser Führer ab, warf Einem von uns die Büffeldecke zu, die er auf dem Sattel gehabt hatte, und einem Anderen den Postsack und nun gab er uns Verhaltungsregeln: Wir sollten, Einer hinter dem Andern, seinem Pferde nachreiten, sollten aber ziemliche Zwischenräume einhalten, damit wir uns im Nothfall gegenseitig beispringen könnten und nicht Alle auf einmal im Morast stecken blieben; er selbst hing sich den Zügel seines Pferdes über den rechten Arm und schritt auf der scharfen Kante des untersten Bretts des einen Zaunes hin, während er den linken Arm über das oberste Zaunbrett schlug und sich auf diese Weise fortschob. Wir Anderen ritten seiner Vorschrift gemäß hinterdrein, wären aber nicht durchgekommen, wenn unsere Pferde nicht sehr kräftige Thiere gewesen wären, denn sie brachen Schritt um Schritt bis an die Brust ein, aber Zeit zum Verschnaufen durften wir ihnen nicht geben, wenn wir nicht riskiren wollten, ganz und gar zu versinken.

Während sich unser Führer mühsam auf dem Zaune weiterarbeitete, deutete er auf eine Stelle mitten in der Straße, wo man die Spitzen von ein paar Ochsenhörnern aus dem Morast ragen sah, und unser Führer sagte uns: „in dem Loch dort stecken noch Mehrere, die man nicht mehr sieht." Nach etwa zehn Minuten, die uns aber sehr lang geworden waren, hatten wir wieder feste Steinstraße unter den Füßen und die Gefahr war glücklich überstanden. In der Stadt hatte man schon die Lichter angezündet. Bei Hrn. Knecht stiegen wir ab, gingen in das Schenkzimmer und tractirten unseren Geleitsmann noch einmal; denn unsere Flasche hatte die Runde so oft gemacht, bis sie leer geworden war. Die gemeinsame Gefahr hatte uns zu guten Freunden gemacht, wenigstens zeugte das wiederholte Händeschütteln von vieler Herzlichkeit. Der Postreiter ritt dem Postamt zu, und die beiden Amerikaner suchten ein Gasthaus in der eigentlichen Stadt auf; mein Freund und ich hatten unsere Pferde bei Hrn. Knecht untergebracht und suchten dann die Wohnung meiner Eltern auf. Der Gedanke an die Heimreise machte uns Sorge, aber in der Nacht vor unserer Abreise war wieder sehr harter Frost eingetreten — und gerade an der verhängnißvollen Stelle begegnete uns eine große Heerde Ochsen, die in die Stadt getrieben wurden, und als wir diese schweren Bursche in einer gedrängten Colonne sicher über den gefrorenen Boden marschiren sahen, fürchteten auch wir keine Gefahr mehr. An diesem Abend kehrten wir wieder bei Hrn. Brückerhoff ein, der auch glücklich nach Hause gekommen war, und am nächsten Abend wärmten wir uns wieder am eigenen Heerdfeuer.

Während dieser Koth-Periode war in St. Louis zwar keine Hungersnoth, aber doch eine vorübergehende Theuerung eingetreten. Fast alle frischen Lebensmittel waren um das Doppelte im Preise gestiegen und für Holz und Kohlen wurden ganz enorme Preise bezahlt; aber schon nach einigen Wochen gingen Handel und Wandel wieder im alten Geleise.

Wer das heutige St. Louis mit seinen vielen Eisenbahnen, seiner Mississippi-Brücke, seinen Chausseen durch alle Theile des Counties, seinen meilenlangen, durch Gas beleuchteten Straßen, seinen breiten Trottoirs und seinen Straßen-Eisenbahnen sieht, dem mag es wohl unglaublich scheinen, daß man noch vor dreißig Jahren eine Meile weit vom Courthaus im Morast stecken bleiben konnte.

* * *

Zu derselben Zeit, in welcher mein Freund und ich unseren Besuch in St. Louis machten, wurde an der Straße zwischen Washington und Newport ein scheußliches Verbrechen begangen, und als wir von unserer Reise zurückkamen, befand sich die ganze Umgegend noch in wilder Aufregung; erst als sich diese etwas gelegt hatte, konnte man den Vorfall in einem ordentlichen Zusammenhang erfahren.

Etwa zwei Meilen von Washington und dicht an der Straße nach Newport hatte ein Deutscher, Namens I......, einen Store gebaut, und weil er ein sehr reeller Mann war, ging sein kleines Geschäft recht gut. Gerade als wir in St. Louis waren, war auch er in der Stadt, um frische Waaren einzukaufen, und während seiner Abwesenheit besorgte seine Frau mit einem etwa zehnjährigen Sohn den Store und brachten auch dort in einem kleinen angehängten Anbau die Nächte zu.

In einer Nacht vom Samstag auf den Sonntag wurde spät an die Thür gepocht. Die Frau weigerte sich zwar zu öffnen; aber die schwache Thür leistete dem Einbrecher nur geringen Widerstand, sie wurde aufgebrochen und ein baumstarker Neger trat in den Raum. Der Hallunke hatte es auf die Frau abgesehen, und da sie sich nicht fügen wollte, brauchte er Gewalt. Er schlug sie mit einem Holzschlägel ein paar Mal über den Kopf, schleifte sie vor die Thür und schändete sie, während sie ganz bewußtlos war. Aber auch den Jungen wollte er aus dem Wege räumen. Dieser war vor Angst und Schrecken unter die Bettdecke gekrochen, doch der Unmensch fühlte in der Dunkelheit nach dem Kopfe desselben und zog ihm ein großes Schlachtmesser, seiner Meinung nach, quer über den Hals. Da sich darauf das Kind nicht mehr regte und er das warme Blut über die Hand laufen fühlte, hielt er den Knaben sowie seine Mutter für todt und suchte das Weite. Ob Todesangst oder Geistesgegenwart den Jungen so schweigsam gemacht hatte, mag schwer zu bestimmen sein, aber er war nicht todt, denn der fürchterliche Schnitt war nicht durch den Hals, sondern nur quer über das ganze Gesicht gegangen, dennoch wagte er nicht, sich zu rühren und ebensowenig einen Laut von sich zu geben. Als endlich der Junge nach stundenlangem, ängstlichem Horchen überzeugt war, daß Niemand mehr in der Nähe sei, wagte er es, beim ersten Grauen des Morgens aufzustehen; seine Mutter lag still und regungslos in der Straße, und da er kein Lebenszeichen mehr an ihr bemerken konnte, rannte er nach der nur ein paar hundert Schritte entfernten Tebbe's Mühle und machte Lärm. Die Frau war noch warm, als man zu ihr kam, aber ganz besinnungslos und das aufgelöste Haar war in einem Wagengeleise festgefroren; man trug sie in das Haus und holte den Arzt, Dr. Jacob, dem es gelang, sie wieder zum Bewußtsein zu bringen.

Die Nachricht von dieser Schandthat hatte sich mit unglaublicher Schnelligkeit in einem weiten Umkreise verbreitet, und die Menschen strömten massenweise von allen Seiten herbei. Die Entrüstung war allgemein, und hätte man in dieser Stimmung den Thäter zur Hand gehabt, so wäre er in Stücke gerissen worden.

Der Junge hatte erzählt, daß ein Neger die That verübt habe, aber er konnte nicht mit Gewißheit sagen, welcher es gewesen sei; man holte nun von weit und breit her so viele Neger zusammen, als man ihrer habhaft werden konnte, damit die Frau selbst ihren Schänder erkennen und bezeichnen könne. Es wurden nun die Neger einzeln, einer nach dem andern, vor das Bett der Kranken geführt, die zwar wieder bei Bewußtsein, aber noch immer sprachlos war; man hatte ihr schon mehr als ein Dutzend vor die Augen geführt, aber sie hatte Alle nur ganz gleichgültig angestarrt, — endlich aber, als man wieder einen riesenhaften Kerl vor ihr Bett geschoben hatte, konnte man an dem plötzlichen Schrecken und dem Abscheu auf ihren Gesichtszügen leicht bemerken, daß sie den Thäter erkannt hatte.

Dieser Neger war ein höchst übelberüchtigter Kerl, und hatte schon in der kurzen Zeit, die er im County war, einige — zum Glück gänzlich mißlungene Attentate auf weiße Frauen gemacht. Eine alte Amerikanerin, die bei Newport wohnte, hatte ihn gegen den Rath und zum Verdruß der ganzen Nachbarschaft vor nicht gar langer Zeit gekauft, denn sie brauchte einen Feldarbeiter, und da für den großen, starken Neger nur ein Spottpreis gefordert wurde, so kümmerte sie sich mit ächter Sklavenhalter-Rücksichtslosigkeit nichts um die Warnungen, Abmahnungen und vernünftigen Wünsche ihrer Nachbarn und kaufte ihn.

Dieser Geselle war aus einem der weiter westlich liegenden Counties, in welchen die Sclaven viel zahlreicher waren, als in den östlicheren Counties; er war in seiner früheren Heimath seiner Wildheit und Bösartigkeit wegen, der Schrecken der Gegend gewesen, und sein Herr suchte sich seiner durch List und Gewalt zu entledigen, d. h. ihn irgend wohin und um jeden Preis zu verkaufen.

Wenn man diese Bestie nach irgend einer seiner zahlreichen Missethaten todtgeschlagen hätte, so wäre es eine Wohlthat für die ganze Gegend gewesen, in der er sein Wesen trieb, denn seine Nähe war lebensgefährlich; aber in der damaligen Zeit galt es für einen Eingriff in die geheiligten Rechte eines Sclavenhalters, sich auf eine solche Weise an seinem Eigenthum zu vergreifen, denn die paar hundert Dollars, die der Kerl noch einbringen konnte, durften nicht geopfert werden, selbst wenn noch mehrere Menschenleben geopfert werden sollten.

Hier in Franklin County aber waren zum Glück auch noch andere Ansichten und Begriffe maßgebend.

In der ersten Aufregung und Wuth wollte man den Neger allerdings auf der Stelle lynchen, doch drang der Wille der Besonneneren durch; er wurde im County-Gefängniß eingesperrt und gut bewacht, um nach dem Tode der Fräu, der mit Sicherheit erwartet wurde, gesetzlich verurtheilt und hingerichtet zu werden. Aber gegen alle Erwartungen erholte sich die Frau wieder, und eine Anklage auf Mord im ersten Grad, war darum nicht statthaft.

Nach den damaligen Gesetzen konnte ein des Mordes überführter Sclave allerdings zum Tode verurtheilt werden, aber für irgend ein geringeres Verbrechen konnte ein Sclave nicht in's Zuchthaus geschickt werden, sondern erhielt nur eine gewisse Anzahl Peitschenhiebe, und nach Erduldung dieser Strafe konnte der Missethäter wieder so frei herumgehen wie vorher.

Dieses wäre das Schicksal dieses Negers gewesen, wenn man den Gesetzen den gewöhnlichen Lauf gelassen hätte, aber damit begnügten sich die Bürger dieses County's nicht.

Eines Tages versammelte sich eine große Menschenmenge in Union, dem Countysitz; dem Sheriff wurde pro forma eine wahrscheinlich nicht geladene Pistole vorgehalten, und ihm die Gefängnißschlüssel abverlangt, und dann holte man den Neger aus seiner Zelle. Bei diesem ganzen Vorgang zeigte der Neger eine so stumpfe Gleichgültigkeit, als ob ihn die ganze Sache gar nichts anginge, und auf Fragen, die ihm nicht gefielen, gab er gar keine Antwort. Man setzte ihn vorläufig unter ein großes Tabaksfaß und berieth, ob er lebendig verbrannt oder gehangen werden sollte; das Menschlichkeitsgefühl siegt über die Rohheit, die Entscheidung wurde für den Strang gegeben, und in der nächsten Viertelstunde baumelte er an einem Baumast.

Es fiel Niemandem ein, wegen dieses ungesetzlichen Verfahrens Klage erheben zu wollen, im Gegentheil, man fühlte sich erleichtert, daß dieses gefährliche Subject so prompt aus dem Wege geräumt worden war. Nur die Besitzerin des Negers und ihre Verwandten waren durchaus nicht mit dieser summarischen Execution zufrieden; sie beklagten keineswegs den Tod des Negers, wohl aber den Verlust des Geldes, welches für ihn bezahlt worden war, und sie waren auch unverschämt genug, Entschädigung zu verlangen.

Viele der alten Sclavenhalter huldigten nämlich einer ganz merkwürdigen Logik: wenn z. B. ein scheu gewordenes Gespann Pferde einen Menschen niedergerannt und beschädigt hatte, so hielt man es für recht und billig, daß der Eigenthümer der Pferde den angerichteten Schaden so weit wie möglich vergüte; wenn aber ein Sclave, der doch nur als Eigenthum, nicht aber als Mensch in Betracht kam, noch schlimmer als eine wilde, unvernünftige Bestie gehaust hatte und in Folge davon zu Tode gekommen war, so sollte nicht der an Gesundheit und Ehre Verletzte, sondern der Besitzer jenes gemeinschädlichen Subjects entschädigt werden.

Solche ungerechte und unsinnige Vorurtheile gehören nun auch zu den überwundenen Standpunkten, ein Unterschied zwischen den Menschen verschiedener Racen wird wenigstens nicht mehr durch das Gesetz anerkannt, und wenn auch solcher Unsinn noch hin und wieder in den Köpfen einiger der einstmaligen Sclavenbesitzer spuken mag, so werden wohl alle dergleichen Vorurtheile mit der jetzt lebenden Generation zugleich aussterben, und kommende Geschlechter mögen es unbegreiflich finden, daß ihre Vorfahren, die doch einer civilisirten Nation angehörten, noch so beschränkt waren, das Recht auf Sclavenbesitz zu den göttlichen Rechten zu zählen.

Solche unserer Landsleute, welche die Verhältnisse und die Entwickelung der Cultur in den neuen Staaten und Territorien nicht aus eigener, unbefangener Anschauung kennen und noch dazu an Ereignisse, die ihnen bekannt werden, einen europäischen Maßstab anlegen, werden solchen Act der directen Volksjustiz allerdings mißbilligen, und wenn man ihren moralischen Standpunkt und ihre unzulänglichen Kenntnisse der hiesigen Verhältnisse berücksichtigt, so ist ihnen ein solches Urtheil auch gar nicht zu verargen, obwohl es nicht unter allen Umständen richtig ist; aber auch viele unserer eigenen Advokaten und Rechtsbeflissenen sprechen ihr unbedingtes Verdammungsurtheil aus, wenn das Volk einmal zur Selbsthülfe schreitet; und doch sind sie es gerade selbst, welche leider nur gar zu häufig auf indirecte Weise den Gerechtigkeitssinn des Volkes beleidigen und dasselbe dadurch zwingen, die Justiz selbstständig zu handhaben. In der Theorie haben diese Herren vollkommen Recht, aber wie steht es mit der Praxis?

Ein armer Teufel, der weder Geld noch Freunde hat, wird, wenn er eines Frevels überwiesen ist, nach dem Buchstaben des Gesetzes verurtheilt und bestraft, aber es gehört nicht zu den Seltenheiten, daß ein Reicher, der einen unprovicirten Mord oder sonst ein schweres Verbrechen begangen hat, und dessen Schuld so klar vor Augen liegt, wie das Tageslicht, dennoch freigesprochen wird, oder wenn eine Freisprechung außer dem Bereich der Möglichkeit liegt, so wird ihm der Weg zur Flucht gebahnt, sofern er nur Mittel genug und einflußreiche Freunde hat, die ihm den Rücken decken.

Der Wege, einem reichen Verbrecher Straflosigkeit zu sichern, gibt es viele; man findet z. B. in der Anklageschrift einen kleinen, unwesentlichen Formfehler, und der blinde oder blind gemachte Richter verwirft daraufhin die Anklage als unstatthaft; oder man findet Zeugen, die ein „Alibi" beschwören; ebenso sucht man sehr häufig die Unzurechnungsfähigkeit des Delinquenten einem Irrsinn zuzuschreiben, von dem bis zum Moment des begangenen Verbrechens kein Mensch jemals eine Spur bemerkt hat; oder man sucht eine Anzahl Geschworene zusammen, deren Begriffsvermögen unter dem gewöhnlichen Niveau steht, und denen einige gewandte Zungendrescher durch ihre Sophismen leicht ein X für ein U machen können. Und wenn alle diese Mittelchen nicht ausreichen wollen, so wird auch wohl die Gefängnißthür in dunkler Nacht mit einem goldenen Schlüssel geöffnet. Wenn die Herren Advokaten reformiren wollen, so mögen sie nur den Anfang bei sich selbst machen, und sobald sie dem Volk durch die That beweisen werden, daß sie Rechtsvertreter aber keine Rechtsverdreher sind, so werden die Bürger bald genug aufhören, die Wahrung der öffentlichen Sicherheit selbst in die Hand zu nehmen.

Uebrigens kommen diese Lynchgerichte ausschließlich nur dann zur Anwendung, wenn ganz grobe, gemeine Verbrechen, wie Mord, Nothzucht oder Pferdediebstahl begangen worden sind; wenn vornehme Diebe entschlüpfen oder nur mit einem blauen Auge davon kommen, wird bloß geschimpft aber nicht gehandelt.

Das Ende unserer kleinen Erzählung ist sehr kurz. Man wollte für den gehangenen Neger entschädigt sein, aber die Frage: „Wer soll die Entschädigung bezahlen?" war leichter gestellt wie beantwortet. Da Niemand mit Bestimmtheit wußte, wer die eigentlichen Anstifter gewesen waren, so verklagte man auf gut Glück hin einige hervorragende und, was die Hauptsache war, zahlungsfähige Bürger, welche bei der Execution zugegen gewesen waren; und da leicht vorauszusehen war, daß man in Franklin County nicht leicht Geschworne finden konnte, welche einen rothen Heller Entschädigung bewilligen würden, so verlegte man den Proceß nach Gasconade County; aber an der gesunden Vernunft und dem Rechtssinn der dortigen Bürger scheiterte diese Entschädigungs-Speculation ebenfalls und die ganze Geschichte war bald im Sande verlaufen.

22. Ein Kapitel über Städte.

Diejenigen Ansiedelungen in dem weiten Mississippi-Thal, aus welchen im Lauf der Zeit Städte wurden, entstanden begreiflicher Weise zuerst längs den großen Wasserstraßen, denn ein Motiv für Anlegung von Städten inmitten einer unermeßlichen, menschenleeren Wildniß gibt es nicht. Aller Wahrscheinlichkeit nach nahm die Anlage von Handelsposten von unten herauf ihren Anfang, sowie die alten Spanier und Franzosen von der Mündung des Mississippi heraufgekommen sind, während sich später die anglo-sächsische Einwanderung von der Mündung des Ohio aus über den oberen Theil des Mississippi- und Missouri-Thales verbreitete. Es mögen also wohl, wenn doch nur von Missouri die Rede sein soll, die Städte Cape Girardeau und St. Genevieve früher existirt haben als St. Louis oder St. Charles, aber die frühere Gründung dieser Städtlein konnte nicht lange ein wesentlicher Vorzug derselben bleiben, denn die überaus günstige Lage von St. Louis, welches Alles bietet, was das Wachsthum und das Gedeihen einer Weltstadt bedingt, mußte nothwendiger Weise sehr bald erkannt werden, und St. Louis wurde deßwegen ein starker Anziehungspunkt für Unternehmungsgeist, Capital und Intelligenz. In der Nähe einer Stadt, welche das Wachsthum eines Riesen hat, können nicht wohl andere Städte entstehen und mit ihr rivalisiren, aber die immer rascher zunehmende Bevölkerung und vorzüglich die starke deutsche Einwanderung, welche sich von der Mitte der dreißiger Jahre bis zum Ausbruch des Rebellions-Krieges über den ganzen Staat ergoß, ließ doch längs des Missouri manches freundliche Landstädtchen entstehen, wenn die Lage am Fluß eine günstige war und die Bodenbeschaffenheit der Umgegend zur dichteren Besiedelung einlud.

Zur Zeit als St. Louis anfing einen raschen Aufschwung zu nehmen, wurden für Bauplätze Preise gefordert und auch bezahlt, welche in jener Zeit für ganz enorm galten, heutiges Tages aber für lächerlich unbedeutend gehalten werden; damals grassirte eine Zeitlang eine Art Städte-Gründungs-Manie. Viele, welche längs des Missouri Ländereien besaßen, Deutsche sowohl wie Amerikaner, bildeten sich plötzlich ein, daß speciell ihre Lage ganz vorzüglich für die Anlage einer Weltstadt geeignet sei und legten sofort eine Stadt aus; sie ließen nämlich ein Stück ihres Landes in Bauplätze und Straßen ausmessen und diese letzteren erhielten die Namen von allen möglichen großen Männern und Frauen, bekannt oder unbekannt; dann wurde ein schön gezeichneter Abriß der neuen Stadt lithographirt, nach allen Himmelsgegenden hin verschickt, und durch erklärende Beilagen und anpreisende Zeitungs-Annoncen wurde zum Ankauf von Bauplätzen aufgefordert.

Nur sehr wenige jener damaligen Städte-Gründer haben reüssirt. Einige wenige dieser projectirten Städte, in deren Nähe sich ein zahlreiches, betriebsames und fleißiges deutsches Element niedergelassen hatte und von welchen aus die Communciation mit St. Louis nicht zu beschwerlich war, sind allerdings mit der Zeit ganz ansehnliche und blühende Ortschaften geworden; aber bei Weitem die Mehrzahl konnte sich niemals über die Ausdehnung eines kleinen Weilers erheben und schweben noch heute beständig zwischen Sein und Nichtsein. Noch andere dieser lithographirten Städte sind niemals über ihren Embryo-Zustand hinausgewachsen, denn wenn der letzte Pflock an den Ecken der Bauplätze umgefallen war, so war in der That die erste und die letzte Spur von der Absicht, eine Stadt zu gründen, verschwunden.

Die Städte am Missouri westlich von St. Louis waren von ihrer Entstehung an, wenn die Gründer auch Amerikaner waren, doch sehr bald in der Mehrzahl von Deutschen bevölkert und auch die Bevölkerung der bedeutenderen Städte noch weiter am Missouri hinauf, wie z. B. Jefferson City, Boonville, Glasgow, Brunswick und Lexington, bekamen von Jahr zu Jahr eine stärkere Beimischung von Deutschen.

Jene westlichen Counties auf beiden Seiten des Flusses erfreuen sich des reichsten Ackerbodens im ganzen Staate, aber vor der Rebellion war dieses von der Natur so gesegnete Land fast ausschließlich im Besitz von reichen Sclavenhaltern; die Deutschen hatten dort außerhalb der Städte nur sehr geringen Halt und geschlossene deutsche Settlements waren dort nur sehr vereinzelt. Die Deutschen in jenen westlichen Städten hatten sich größtentheils dem Handel gewidmet, oder sie betrieben irgend ein Handwerk; sie waren, ehe die Sclavenfrage auf's Tapet kam, von ihren Sclaven haltenden Nachbarn nicht allein geduldet, sondern wurden von ihnen gern gesehen, denn als Kaufleute hatten sie durchschnittlich den Ruf der Redlichkeit, und als Handwerker waren sie als fleißige, prompte und geschickte Arbeiter bekannt, Eigenschaften, die auch gebührend anerkannt wurden.

Als wir 1834 nach Missouri kamen, wurden an den Stellen, wo jetzt Kansas City und St. Joseph stehen, noch Büffel und Elks gejagt, aber kaum zehn Jahre später wuchsen dort aus den endlosen Prairien jene beiden Städte heraus, welche heute, zunächst St. Louis, die blühendsten und volkreichsten im ganzen Staate sind.

* * *

Möge mir hier eine kleine Abschweifung erlaubt sein.

Es ist wohl nicht möglich, daß irgend ein Mensch, wenn er auch mehr als ein gewöhnliches Menschenalter lang in einem Staate von der Ausdehnung wie Missouri zugebracht hat, dennoch alle Einzelheiten, die der Entwickelung des Landes vorausgegangen sind, so genau kennen kann wie die Verhältnisse in seiner eigentlichen und unmittelbaren Heimath; deßwegen möchte ich es vermeiden, um der Wahrheit in keinem wesentlichen Punkt untreu zu werden, hier in diesem kleinen Werkchen, eine eingehende Schilderung des Nordwestens unseres Staates zu versuchen.

Eine ausführliche und streng wahre Geschichte des Nordwestens läßt sich heute noch mit großer Sicherheit schreiben, und wenn eine gewandtere Feder, als die meinige ist, sich dieser Arbeit unterziehen wollte, so könnte eine höchst interessante Lectüre für alle Diejenigen geschaffen werden, welche an der culturhistorischen Entwickelung dieses Landes Interesse finden.

Da die Gründung von Kansas City und St. Joseph ungefähr in die Mitte der vierziger Jahre fällt, so läßt sich Alles, was auf die ersten Stadtpläne und die frühesten Anbauer Bezug hat, urkundlich nachweisen, auch leben zu dieser Stunde noch Manche der alten Pioniere, welche im Stande sind, zuverlässige Auskunft über das Leben mit den Indianern an der Grenze, so wie über die Ausrüstung der großen Handels-Caravanen nach Santa-Fee zu geben; denn ehe durch John C. Fremont ein Landweg über die Felsengebirge nach dem stillen Ocean gefunden war, gingen jene alten Caravanen selten über Santa-Fee und Chihuahua hinaus in das mexikanische Gebiet. Ebenso mögen heute noch viele Umstände und Einzelheiten daselbst gesammelt werden können, welche eine ziemlich genaue Schilderung der Ansiedelung der Mormonen bei Judependenz und ihre spätere Vertreibung am Ende der dreißiger Jahre ermöglichen.

Was ich hier von dem Nordwesten sage, gilt auch von dem Südosten des Staates.

Das Innere dieses Theils des Staates war, ehe noch das große Eisenbahnnetz, welches jetzt fast den ganzen Staat überzogen hat, seine Fäden auch durch jene Gegenden gesponnen hatte, mehr oder weniger eine Terra incognita.

Jenes Land war noch sehr wild und nur sehr dünn bevölkert, und es wohnte früher eine Klasse von Menschen dort, die man durchschnittlich eben nicht zu den allernützlichsten Staatsbürgern zählen konnte. Jetzt ist auch dort Alles ganz anders und zwar besser geworden. Auch in jenen Gegenden lebt heute noch mancher vertrauenswürdige Veteran der Wälder, aus dessen Mund sehr interessante Nachrichten über das abenteuerliche Leben der alten Spanier und Franzosen zu erhalten wären, und es lassen sich auch jetzt noch Augenzeugen des großen Erdbebens im Jahr 1812 finden, welches eine ungeheure Strecke Landes von einem unerschöpflichen Bodenreichthum plötzlich in ein unermeßliches Labyrinth von Sümpfen verwandelte.

Wer über die ursprünglichen Zustände eines Landes eine eingehende und wahrheitsgetreue Schilderung liefern will, der muß seine Nachforschungen an Ort und Stelle machen, so lange eine directe mündliche und sichere Auskunft noch möglich ist; da aber das, was ich über jene Gegenden aus eigener Anschauung weiß, nicht hinreicht, um eine zuverlässige historische Skizze wagen zu können und mir jetzt jede Gelegenheit fehlt, persönlich Nachforschungen anstellen zu können, so ziehe ich es vor, lieber Vieles ungesagt zu lassen als nur Phantasiebilder zusammenzustellen.

* * *

Weiter landeinwärts von den beiden großen Strömen, dem Mississippi und Missouri, gab es vor dem Bürgerkriege und vor der Eisenbahn-Epoche nur sehr wenige Ortschaften, welche den Namen „Stadt" verdienten. Allerdings hatte jedes County seinen Regierungssitz, welcher eine Stadt genannt wurde, aber die allermeisten dieser "towns" hatten außer dem Courthaus, welches in vielen Fällen nur ein gewöhnliches Blockhaus war, einen oder höchstens ein paar, oft sehr mangelhaft ausgestattete Kaufläden, eine Schmiede, eine sehr bescheidene Herberge für den Richter und die Advokaten, während der Kreis-Gerichtssitzungen und manchmal noch ein paar andere Privathäuser.

Springfield in Südwest-Missouri zeichnete sich aber sehr zu seinem Vortheil von den anderen ganz unbedeutenden Landstädtchen aus; es liegt in einer sehr fruchtbaren Gegend und die alte große Straße, welche schon seit langer Zeit in südwestlicher Richtung nach Texas und dem Indianer-Territorium im Gebrauch war, führte durch diese Stadt.

Es war mit der Zeit ein ziemlich bedeutender Verkehrsplatz für die umliegenden Counties geworden, denn die Kaufleute in Springfield standen in unmittelbarer Verbindung mit den großen Handlungshäusern in St. Louis und versorgten zum großen Theil die kleineren Landstädte mit den nöthigen Waaren; es war gewissermaßen ein Binnen-Stapelplatz. Aber wie langsam und mühselig war der damalige Verkehr im Vergleich mit dem jetzigen! Sonst brauchte ein sechs- oder achtspänniger Güterwagen, der durch Ochsen befördert wurde, gewöhnlich nicht viel weniger als sechs bis acht Wochen zur Reise von dort nach St. Louis und zurück; während dieser ganzen Zeit campirten die Fuhrleute des Nachts, bei gutem und schlechtem Wetter im Freien, und die Zugthiere weideten des Nachts in den Wäldern oder Prairien, bis sie in die Nähe von St. Louis kamen, wo die wilde Weide aufhörte. Jetzt ist es anders; heute telegraphirt der Kaufmann nach St. Louis und morgen oder übermorgen bringt ihm der Frachtzug die bestellte Waare.

Die Viehzucht, auf welche in früheren Zeiten der Südwesten des Staates fast ausschließlich angewiesen war und der dadurch bedingte Viehhandel trugen viel zur Bereicherung und Belebung von Springfield bei. Auch wurde ein großer Theil der zahllosen Pferde, Maulesel, Rinder und Schafheerden, welche von Texas und dem Indianer-Territorium nach St. Louis und nach dem fernen Osten wanderten, durch diese Stadt getrieben.

Ein weiterer nicht ganz zu übersehender Vortheil für die Ansiedler an jener Straße waren auch die vielen "movers" (ein- oder auswandernde Familien, welche mit ihrem Fuhrwerk durch das Land zogen.) Nachdem Texas, welches früher zu Meriko gehört hatte, nach dem Krieg von 1846 an die Vereinigten Staaten abgetreten und Texas als Staat in den Staatenbund aufgenommen worden war, strömten ganze Schwärme von Auswanderern aus den alten Sclavenstaaten durch Missouri dorthin, und die Lebensbedürfnisse, mit denen sich diese von Zeit zu Zeit versehen mußten, wurden hier zu guten Preisen und selbstverständlich nur gegen baare Bezahlung verkauft.

Trotz aller dieser Vortheile war Springfield selbst noch im Jahr 1867 keine sehr bedeutende Stadt. Der Bau der in Angriff genommenen Eisenbahnen war durch den Ausbruch des Bürgerkrieges unterbrochen worden, und nur eine einzige Bahn im Staat, nämlich die von Hannibal am Mississippi bis nach St. Joseph am Missouri war vollendet; die wichtigste Bahn, die von St. Louis nach Kansas City, war nur bis Sedalia, 190 Meilen westlich von St. Louis, fahrbar und die noch übrigen 100 M. bis nach der westlichen Staatsgrenze wurden erst während der letzten Jahre des Krieges gebaut und die von der Hauptbahn abzweigende Bahn nach Südwesten (S. W. Branch) war beim Ausbruch des Krieges erst bis Rolla, 100 M. östlich von Springfield, fertig. Somit war der ganze Südwesten des Staates, wiewohl sein herrliches Klima, sein fruchtbarer Boden, sein Reichthum an Bleierz und die zahlreichen starken Quellen entströmende Wasserkraft zur Einwanderung und Niederlassung einluden, schon seit mehreren Jahren gewissermaßen von der Welt abgeschlossen, und konnte seine reichen, natürlichen Hülfsquellen während dieser Periode nicht so rasch entwickeln, wie solche Theile des Staates, welche durch Eisenbahnen begünstigt waren.

Sedalia war auf diese Weise für den nicht langen Zeitraum von vier bis fünf Jahren als Terminus einer Eisenbahn zu einer Stadt von großer commerzieller Bedeutung geworden. Diese Stadt liegt ebenfalls in einer sehr fruchtbaren und ebenen Gegend, zu welcher der Zugang von allen Seiten her durch keinerlei Terrain-Schwierigkeiten gehindert ist; der ganze Handel aus dem Westen und Südwesten des Staates, sowie ein beträchtlicher Theil des Viehhandels von Texas zog sich nach diesem Punkt, und in wenigen Jahren war dadurch aus einem kleinen Nest, welches noch im Frühjahr 1863 nur eine einzige Reihe sehr primitiver Bretterbuden aufzuweisen hatte, eine imposante Stadt geworden.

Am Ende der sechsziger Jahre war nun auch die Südwestbahn bis an die westliche Staatsgrenze vollendet; heute aber führt diese Bahn schon weit in das Indianer-Territorium hinein und erst in Galveston am Mexikanischen Meerbusen ist ihr Endpunkt. Noch durch zwei andere Bahnen, welche in südlicher und südwestlicher Richtung von Kansas City und Sedalia aus nach Fort Scott im Staate Kansas führen, ist jetzt der Südwesten mit jedem beliebigen Punkt in den Vereinigten Staaten in Verbindung gebracht, und seitdem hat die Entwickelung in jenem Theil des Staates in jeder Beziehung einen an das Unglaubliche grenzenden Aufschwung genommen.

Im Herbst 1867 verlebte ich mehrere Monate im Südwesten. In Sedalia, wo ich manchen Freund hatte, hielt ich mich mehrere Tage auf; die alten Bretterbuden, welche noch vier Jahre vorher eine Stadt bedeuteten, waren verschwunden und man sah zu beiden Seiten der breiten und schnurgeraden Straßen lange Reihen von vier- und fünfstöckigen Backsteinhäusern, und die zahlreichen Kaufläden waren mit einer Pracht und einer Reichhaltigkeit ausgestattet, welche einer Weltstadt keine Schande gemacht haben würde. Von Sedalia aus ging ich durch die Counties Benton, Hickory, Polk, Cedar und Dade nach Springfield in Green County; nach einem längeren Aufenthalt in dieser Stadt ging ich durch Lawrence nach Newton County und nach einem abermaligen Aufenthalt reiste ich in nördlicher und nordöstlicher Richtung durch die Counties Jasper, Barton, St. Clair und dann wieder durch Benton und Pettis nach Sedalia zurück.

In allen Counties fand ich bei meinen Collegen aus dem Staats-Senat und dem Repräsentantenhause die freundlichste und herzlichste Aufnahme; und durch diese, meine politischen und zum Theil auch meine persönlichen Freunde wurde ich mit vielen der prominentesten Männer des Südwestens bekannt gemacht; und ich konnte durch die Freundlichkeit dieser Herren mancherlei Aufschlüsse erhalten, die einem Fremden vielleicht nicht so bereitwillig gegeben worden wären.

Wiewohl damals schon seit zwei Jahren wieder Friede im Lande war, konnte man doch noch die Spuren des Krieges leider gar zu deutlich sehen, denn die vielen schwarzgeräucherten und einsam stehenden Stein-Kamine bezeichneten in den Prairien wie in den Wäldern nur gar zu häufig, wo früher die Wohnstätten glücklicher Menschen gestanden hatten.

Die Unsicherheit des Lebens und des Besitzes während des Bürgerkrieges hatte die Einwanderung von Missouri zurückgehalten, aber nach eingetretener Ruhe nahm diese dann um so gewaltigere Dimensionen an. Fast von der Stunde an, in welcher Missouri als Freistaat proclamirt worden war, ergoß sich der Strom der Einwanderung in einer nie vorher gesehenen Macht über den ganzen Staat und selbst der, damals noch abgelegene Winkel, der Südwesten, wimmelte von Zuzügen aus allen Theilen der Union; Viele von den Einwanderern gingen allerdings durch Missouri nach dem südlichen Theil von Kansas, aber sehr Viele siedelten sich auch in Missouri an.

In jenem Herbst, 1867, traf man auf jeder Heerstraße mit größeren oder kleineren Zügen von Einwanderer-Wagen zusammen, und man konnte diesen Fuhrwerken leicht ansehen, ob ihre Eigenthümer wohlhabend oder arm waren. Einige Fuhrwerke waren mit einem Paar magerer Pferde bespannt; in dem halb leeren Wagen saß vielleicht eine Frau mit einem Säugling an der Brust und einige halbwüchsige Buben und Mädchen mit unbedecktem Kopf und barfuß trieben ein paar Kühe mit ihren Kälbern hinter dem Wagen her; aber man sah auch nicht selten lange Züge von neuen, starken, hochaufgepackten Wagen, welche von prächtigen Viergespannen gezogen wurden; oft folgte eine kleine Heerde von Racevieh, und mitunter kam sogar eine Kutsche mit den Ladies hinterdrein. An jedem Bach, über den eine so frequentirte Straße führte, konnte man täglich die rauchenden Ueberreste der Lagerfeuer sehen, bei denen während der vergangenen Nacht Einwanderer bivouakirt hatten.

Wohl der größte Theil Derer, welche um diese Zeit nach Missouri übersiedelten, kam aus den alten Freistaaten, vorzüglich aus Ohio und Indiana, aber auch von Jowa, Wisconsin und Michigan kamen Viele, und zwar sehr häufig in der Absicht, das oft sehr rauhe Klima ihrer bisherigen Heimath mit einem anderen zu vertauschen. Die Deutschen waren bei dieser Einwanderung verhältnißmäßig nur schwach vertreten, jedoch ist es wohl keinem Zweifel unterworfen, daß unter den 114 Counties des Staates kein einziges ist, in welchem jetzt nicht wenigstens einige Deutsche zu finden wären; in mehreren Counties längs der größeren Flüsse und in den vielen kleineren Landstädten sind sie häufig in überwiegender Mehrzahl ansässig.

Während meiner erwähnten Reise im Südwesten schrieb ich eine Reihe von kleinen Aufsätzen, theilweise für eine neu gegründete republikanische Zeitung in Jefferson City, den „Fortschritt", und auch zum Theil auf den Wunsch einiger Mitglieder der Staats-Agricultur-Behörde. Diese letzteren kleinen schriftstellerischen Versuche wurden zu ihrer

Zeit in englischer Sprache dem Jahresbericht dieser Behörde an die Legislatur einverleibt und kamen auf diese Weise in die Oeffentlichkeit. Dasjenige, was in diesen Aufsätzen über die Topographie und die Bodenbeschaffenheit des Landes gesagt ist, ist jetzt noch so richtig wie damals, aber die Berichte über die Bevölkerung, die Städte und die Communication stimmen nicht mehr mit der Wirklichkeit überein, denn wo man vor neun Jahren nur nackte Prairie oder Wald sah, so weit das Auge reichte, da kann man jetzt große Farmen zu Dutzenden zählen; kleine Städte, welche damals kaum ein paar hundert Einwohner hatten, sind jetzt von Tausenden bewohnt, und neue Städte, die ebenfalls einige tausend Bewohner aufzuweisen haben, sind an Plätzen entstanden, wo in jener Zeit noch Niemand an eine Stadt dachte.

Eine wahrheitsgetreue Schilderung von den Zuständen, wie sie heute sind, würde nach Verlauf von weiteren zehn Jahren ebenfalls nicht mehr richtig sein.

Aus dem hin- und herwogenden Getümmel der großen Heerstraßen und dem Gedränge der Städte wollen wir uns nun wieder in die ruhige Gemüthlichkeit einiger alten und fast ausschließlich deutschen Städtchen am Missouri zurückziehen, und wenn diese Städte in Bezug auf den Weltverkehr auch keine besondere Bedeutung haben, so mag es doch vielleicht unseren Landsleuten im alten Vaterlande nicht uninteressant sein, zu erfahren, wie in Missouri das Kleinstädterleben beschaffen ist.

Schon zu der Zeit, als man sein Glück und Heil in der Gründung von Städten zu finden glaubte, wurden in St. Charles County, dicht am Flußufer, zwei Städte nebeneinander ausgelegt; die eine hieß „Mount Pleasant" und die andere „Dortmund". Die erstere Stadt wurde von einem Amerikaner „Harold" angelegt und erhielt später den Namen „Augusta"; Dortmund aber gründete ein Deutscher, „Julius Mallinckrodt". Aber es ist mir nicht bekannt, daß dort, außer den Gebäulichkeiten des Herrn Mallinckrodt selbst, jemals ein anderes Haus gebaut worden wäre, und Herr Mallinckrodt fand daher seine Rechnung weit besser in der Anlage einer großen Baumschule, die sich schon seit vielen Jahren einen weitverbreiteten und guten Ruf erworben hat.

Augusta, welches sich damals eines sehr guten Landungsplatzes für Dampfboote zu erfreuen hatte, schien eine Zeitlang einen Anlauf zu einer Stadt nehmen zu wollen, aber da, mit Ausnahme dieses Landungsplatzes, fast alle Bedingungen zum Gedeihen einer Stadt fehlten, so wuchs der Ort nicht viel über hundert Häuser hinaus und ist auch jetzt noch nicht größer. Die Stadt selbst ist auf einem sehr hügeligen, umgebrochenen Terrain gebaut, wo sich von Norden her oberhalb und unterhalb der Stadt mehrere kleine Bäche in den Missouri ergießen; die Thäler längs dieser Bäche sind ziemlich eng, aber sie sind so weit hinauf, als es die Steine und die Steilheit der Berge zulassen, von Deutschen besiedelt, und selbst da, wo man nach alten amerikanischen Begriffen verhungern müßte, haben es viele unserer Landsleute durch ihren beharrlichen Fleiß zu ziemlicher Wohlhabenheit gebracht. Die Verbindung mit der Eisenbahn auf der Südseite des Flusses ist sehr beschwerlich, und zu manchen Jahreszeiten ist der zwei Meilen weite Weg durch den Bottom bis zur nächsten Station des unergründlichen Morastes wegen für beladene Wagen gar nicht passirbar. Zum Unglück ist in den letzten Jahren die früher gute Landung durch eine große Sandbank, die sich grade vor das Städtchen gelegt hat, total verdorben worden und aus diesen Ursachen bringen jetzt die Farmer in den Bottoms oberhalb und unterhalb von Augusta ihren Ueberfluß entweder nach Washington oder nach St. Charles, oder sie verschiffen auch ihre Produkte direct nach St. Louis von einem der verschiedenen Landungsplätze am Missouri. So weit ist Augusta auf sich selbst und eine Umgebung von geringer Ausdehnung angewiesen, und ist jetzt eben nicht mehr als nur ein Verkehrsplatz für die Nachbarschaft.

Solche, welche nicht weiter als an das „Geschäft" denken oder rauschende Vergnügungen
suchen, mögen immerhin von Augusta wegbleiben, denn sie würden sich in ihren Erwartungen nur täuschen; in Augusta werden, nebenbei gesagt, derartige Besuche auch weder
gesucht noch vermißt. Wer aber Sinn für eine verständige und gemüthliche Unterhaltung
hat, wird sich in diesem kleinen Augusta sehr wohl befinden, denn im Vergleich zu der nur
geringen Bevölkerung sind dort unverhältnißmäßig viele sehr intelligente und aufgeklärte
Männer wohnhaft. Wer daher der Erholung und geselliger Gemüthlichkeit wegen Augusta besucht hat, ist noch niemals enttäuscht und unbefriedigt wieder weggegangen; denn
in der Gesellschaft von Männern wie Georg Münch, Dr. Gerling, Senior und Junior,
Wenker, Tiemann und Anderen wird Niemand über Langeweile zu klagen haben, und da
in der Gegend auch ein recht guter Wein wächst, und die Gastfreundschaft nicht zu den
unbekannten Größen gehört, so werden auch in der Regel die Lebensgeister dort frisch und
munter erhalten. Ehe wir Augusta verlassen, ist es billig, noch eines Freundes zu erwähnen, der sich ein ganz besonderes Verdienst um die schöne und edle Kunst, die Musik, erworben hat; dieser Freund ist John Fuhr. Sein Vater kaufte sich schon im Jahre 1837 am
Lake Creek, in der Nachbarschaft von Friedrich Münch, an und betrieb neben seiner
Farmerei das Schuhmachergeschäft. John war der älteste von fünf Brüdern, und wiewohl er noch sehr jung war, zeigte er doch viel Talent und noch mehr Eifer für die Musik;
er selbst hatte in Deutschland den ersten Musik - Unterricht genossen, und hier unterrichtete
er selbst seine sämmtlichen Brüder, einen nach dem andern, so bald sie groß genug waren,
um den Bogen führen zu können. Sein kleines Orchester spielte anfänglich allerdings
nur Tänze, aber wie wohlthuend war es doch, einmal wieder festen Takt, Ausdruck und
reine Töne zu hören, wenn Einem Jahre lang vorher die Ohren durch die Hinterwäldler-
Fideln maltraitirt worden waren. Nachdem sich John verheirathet hatte, ließ er sich in
Augusta nieder und setzte das Geschäft seines Vaters daselbst fort. Aber seine Liebe zur
Musik ließ ihm auch dort keine Ruhe; keinen jungen Mann im Städtchen, bei dem er das
geringste musikalische Talent zu bemerken glaubte, und selbst keinen Gesellen und keinen
Lehrling, bei dem er richtiges Gehör vermuthete, ließ er in Ruhe, bis sie sich entschlossen,
bei ihm Unterricht in der Musik zu nehmen, für den er jedoch jede Entschädigung zurück-
wies. Durch diese unermüdliche Beharrlichkeit brachte er es mit der Zeit dahin, daß er
ein Orchester von 16—18 Mann herangezogen hatte, und es wurden nun neben imposanter Ballmusik auch Concerte gegeben, bei welchen viele und zum Theil schwierige Opern-
Auszüge und Compositionen unserer alten Meister zur Ausführung kamen. In den meisten der vielen Landstädte, in welchen die Deutschen zahlreich vertreten sind, gibt es organisirte Musik-Chöre, aber es wird nicht viele geben, die in künstlerischer Beziehung so viel
leisten, wie diese Fuhr'sche Kapelle in dem kleinen Augusta in ihrer Blüthezeit geleistet hat.
Leider ist Freund Fuhr in den letzten Jahren so schwerhörig geworden, daß er seinen
Dirigentenstab nicht mehr mit der gewohnten Sicherheit führen kann.

Eine solche selbstlose und aufopfernde Liebe zur Kunst, nur um der Kunst willen, ist
selten und John Fuhr hat sich die Anerkennung und die Hochachtung aller Derer erworben, die sein verdienstvolles und uneigennütziges Streben gekannt haben und zu würdigen
verstanden; denn er hat bei Vielen den Sinn für diese schöne und veredelnde Kunst, die
Musik, geweckt und rege erhalten und hat seinen Landsleuten in einem weiten Kreise viele
a n g e n e h m e Stunden bereitet.

Etwa acht Meilen oberhalb Augusta liegt Washington, von dessen erster Gründung
durch den leider ermordeten Wm. Owens schon früher die Rede gewesen ist. Washington
ist schon eine ziemlich bedeutende Stadt und wird von einigen Reisenden für eine der

schönsten am Missouri-Ufer gehalten. So wie Augusta und Dortmund dicht neben einander ausgelegt waren, so war früher die sogenannte Stadt „Bassora" eine unmittelbare Nachbarin von Washington, jetzt aber sind beide Städte durch eine gemeinsame Corporation in eine einzige verschmolzen.

Bassora verspricht mit der Zeit der schönere Theil der Stadt werden zu wollen, denn es liegt viel ebener als das eigentliche Washington, und nach den urkundlichen Bestimmungen des ersten Gründers müssen die Straßen 60 bis 80 Fuß breit sein, während die im übrigen Theil der Stadt nur eine Breite von 50 Fuß haben. Das eigentliche Geschäftsleben ist aber in der ursprünglichen Stadt und wird auch wohl dort bleiben, denn dort ist das Eisenbahn-Depot und ebenso die Landung für Dampfboote. In Bezug auf Handel und Gewerbe hat Washington eine weit günstigere Lage als viele ihrer Nebenbuhlerinnen; das fruchtbare Hügelland auf der Südseite des Flusses ist so dicht besiedelt, als es eben möglich ist, und die Straßen von Süden und Westen her sind zu Zeiten Tag für Tag von Fuhrwerken aller Art belebt. Die Communikation mit den großen reichen Bottoms in Warren County wird durch eine Dampf-Fähre vermittelt, und die beiden großen Dampfmühlen sowie die Schlachthäuser werden von dort aus mit enormen Quantitäten von Weizen, und im Winter mit Tausenden von Schweinen versehen.

Washington kann man mit Fug und Recht ebenfalls eine deutsche Stadt nennen, denn die Geschäfte jeder Art sind fast durchgängig in den Händen von Deutschen, obwohl auch ein anständiges amerikanisches Element in der Stadt lebt. Es gibt noch immer viele Deutsche in der Stadt, die von der englischen Sprache so gut wie Nichts verstehen, aber man findet schon viele Amerikaner, vorzüglich Kinder, die sich ziemlich gut mit der deutschen Sprache forthelfen können.

Die Benennungen der Straßen deuten in Washington das Alter der verschiedenen Stadttheile an; im ältesten Theil tragen die Straßen die Namen von Helden und Staatsmännern aus der alten Revolutionszeit, in einem später angehängten Theil, dem sogenannten „katholischen Hügel," sind die Straßen nach verschiedenen Bäumen benannt, und der Straße endlich, die sich nach und nach in einer Länge von nahezu zwei Meilen von Osten nach Westen angebaut hat und fast nur von Deutschen bewohnt ist, hat man auch außer deren officiellen Namen St. Johns Straße, noch andere, echt deutsche Benennungen gegeben, wobei leider die Aesthetik unberücksichtigt geblieben ist; nämlich der westliche Theil dieser Straße heißt „der lustige Strumpf" und der östliche, „der lange Jammer."

Westlich von dem katholischen Hügel, an einer vom Flußufer allmälig ansteigenden Berglehne, hat man ein größeres Stück Land in Parcellen von verschiedener Größe getheilt, und diese an Kaufliebhaber veräußert, und weil dort außer Obstbäumen auch viele Reben gepflanzt wurden, hat man diesen Stadttheil „Nierstein" genannt; in guten Jahrgängen wächst dort viel und zum Theil recht guter Wein, aber mit dem Niersteiner, der am Rhein wächst, kann er keinen Vergleich aushalten.

Der ganz respectable Turnverein in Washington besitzt eine große geräumige Halle mit einem ziemlich gut ausgestatteten Theater, in welchem während der Wintermonate alle vierzehn Tage Vorstellungen gegeben werden. Nach jeder Vorstellung wird dann noch einige Stunden lang getanzt, und während dieser Zeit ziehen sich die älteren Herren in ein geräumiges Nebenzimmer zu geselliger Unterhaltung zurück, und wer in Washington bekannt werden will, wird dort die beste Gesellschaft finden.

In kleineren Landstädten werden Fremde, welche an irgend eine hervorragendere Persönlichkeit empfohlen sind, gewöhnlich bald in die Familienkreise eingeführt; in Washington aber ist man schon großstädtischer, und dort fehlt es auch nicht an Hotel-Bequemlichseiten; Fremde suchen daher die Leute, welche sie kennen lernen wollen, in ihren respectiven Geschäftslokalen auf, und werden von diesen dann in einer der zahlreichen Trinkstuben gelegentlich der übrigen Gesellschaft, in deren Kreis man gehört, vorgestellt. An Orten, wo sich ein Fremder nicht in Concerten, Theatern, Bibliotheken, Bildergallerien u. s. w. die Zeit vertreiben kann, muß er erst die Leute kennen lernen, ehe er sich wohl fühlen kann.

Washington ist nicht wie ein Pilz aus dem Boden gewachsen, wie es in dieser Zeit der Eisenbahnen so manche Stadt gethan hat, und wer die Stadt in ihrer frühesten Kindheit vor mehr als vierzig Jahren gekannt hat, der ist im Stande ganz interessante Betrachtungen anzustellen.

In der ersten Hälfte der dreißiger Jahre standen kaum ein Dutzend, meist sehr bescheidener Blockhäuser längs einer Hügellehne zerstreut, die nach dem nahen Fluß hinab führte; den Zugang zu diesen Wohnungen bildeten nicht Straßen, sondern nur ausgetretene Fußpfade; der hohe Wald trat damals bis an diese Häusergruppe hinan und selbst zwischen den Häusern standen noch einzelne hohe Waldbäume.

Nicht sehr weit von der heutigen Stadthalle war damals ein kleiner Begräbnißplatz angelegt, und einigen der ersten Deutschen, die auch nicht die entfernteste Anlage zu einem Hinterwäldler hatten, und die im Walde wie verrathen und verkauft waren, wenn sie den Rauch aus ihrem Schornstein nicht mehr sehen konnten, diente dieser kleine Kirchhof als ein Orientirungspunkt, von dem aus sie die Stadt wieder finden konnten, wenn sie sich auf ihren Irrfahrten, die sie Jagden zu nennen beliebten, verirrt und zufällig an diesen Platz gerathen waren. Die dort beerdigten Todten wurden schon vor vielen Jahren ausgegraben und auf dem Bassora-Kirchhof zum zweiten Mal zur Ruhe bestattet, und häufig führt das breite Trottoir einer Straße über den früheren Friedhof weg.

In der jetzigen Stadt ist das alte Washington nicht mehr zu erkennen; die alten Blockhäuser sind längst verschwunden, und da, wo sie einst gestanden haben, steht man jetzt lange Reihen von stattlichen Backsteinhäusern; da, wo man sonst zum Hause eines Nachbars einen Fußpfad einschlug oder sich einen Weg durch das Unterholz suchte, kann man nun auf bequemen Trottoirs spazieren gehen; sonst sah man nichts von der Stadt, als bis man mitten darin war, jetzt aber kann man den Thurm der großen katholischen Kirche, das neue Schulhaus und den hochgelegenen Theil der Stadt von hohen Punkten im County aus, in einer Entfernung von mehr als zehn Meilen weit sehen.

Hier im großen Westen werden viele Städte todtgeboren, in vielen anderen glimmt ein schwaches Lebensfünkchen, aber man weiß nie, ob es erlöschen oder in eine Flamme aufschlagen wird, andere Städte aber, welche einen gesunden Lebenskeim mit auf die Welt bringen, wachsen rascher oder langsamer Generationen hindurch, und auch Washington gehört zu diesen gesunden Kindern.

* * *

Die Stadt Hermann wurde ebenfalls schon früher erwähnt, aber als deutscheste aller deutschen Städte in Missouri verdient sie eine etwas eingehendere Schilderung.

Im Jahre 1837 ließ sich in dem engen Thal des Frain Creek in Gasconade County eine kleine Colonie Deutscher nieder und fing an, eine Stadt zu bauen. Es war die sogenannte Philadelphier Gesellschaft; man hatte einen Agenten vorausgeschickt, um einen für eine Stadt geeigneten Platz auszusuchen, und dieser hatte dieses Thal gewählt.

Was den Mann eigentlich zu dieser Wahl bestimmt haben mag, ist schwer zu sagen, denn zu jener Zeit waren noch fast überall im Staate weit günstigere Localitäten für landwirthschaftliche Zwecke zu finden, und ein großer Theil der Gesellschaft wollte ja Ackerbau treiben.

Es wird von Einigen die Meinung ausgesprochen, daß die vielen günstigen Lagen für den Obstbau den Agenten zu dieser Auswahl beeinflußt hätten; und es ist allerdings wahr, daß im Lauf der Jahre in der Umgebung von Hermann vielleicht das schönste Obst im Staate gebaut wurde; aber es ist eben so wahrscheinlich, daß die nicht allzugroße Entfernung von St. Louis, 80 Meilen, die Nähe anderer deutscher Ansiedelungen und der billige Preis für das, von den Amerikanern für ganz werthlos gehaltene Land die Hauptveranlassung zu diesem Ankauf waren. Es ist auch leicht möglich, daß der Agent das Land weiter westlich gar nicht gekannt hat. Sei dem wie ihm wolle; die Einwanderer waren da, die Stadt wurde ausgelegt und man fing an Häuser zu bauen. So lange das mitgebrachte Geld vorhielt, ging Alles gut, dann aber fingen für Viele traurige Zeiten an, denn es fehlte an Gelegenheit, etwas zu verdienen; nicht Wenige lebten, wie man zu sagen pflegt, von der Hand in den Mund, und wenn es nicht an Mitteln gefehlt hätte, so würde vielleicht Mancher der neuen Stadt den Rücken gekehrt haben. Aber die Folge hat gelehrt, wie gut es war, daß es nicht so weit gekommen ist.

Es dauerte nicht lange, bis sich zahlreiche deutsche Familien an allen den oberen Gewässern des Berger Creeks, in allen Seitenthälern des Frain Creeks und längs der vielen, dem Gasconade zuströmenden Bächen niederließen, und zwar häufig zwischen so steinigen und steilen Bergen, daß zwar keine Amerikaner, wohl aber Bären, Wölfe, Füchse und Wildkatzen vertrieben wurden. Auf diese Weise bekam der nördliche Theil von Gasconade County bald das numerische Uebergewicht der Bevölkerung über den südlichen Theil, der zu jener Zeit nur noch sehr dünn besiedelt war.

Der damalige Countysitz war Mount Sterling am Gasconade und fast im Centrum des Countys gelegen; durch diesen Ort, der aber, das Courthaus mit inbegriffen, nur aus einigen Blockhütten bestand, führte damals wohl noch die alte Poststraße von St. Louis nach Jefferson City, aber mit Ausnahme einiger Amerikaner, welche sich im Gasconade Bottom angesiedelt hatten, war die ganze Gegend noch sehr menschenleer; deßwegen gelang es mit einiger Anstrengung, den Countysitz von Mount Sterling nach Hermann zu verlegen.

Der Regierungssitz eines Countys soll nach dem Gesetz allerdings so nahe als möglich im Centrum eines Countys liegen, wenn aber zufällig das geographische Centrum in eine Wildniß fällt, so ist es wohl natürlich, daß man den Sitz der Regierung dahin verlegt, wo er der Majorität der Bürger am leichtesten erreichbar ist. Durch den Bau des neuen Courthauses in Hermann und durch die Frequenz, welche Gerichtssitzungen veranlassen, wurde der Stadt frisches Leben eingeflößt.

Dieser kleine Sieg der Deutschen über die Amerikaner und bald darauf das unerschrockene, wenn auch noch frühzeitige Auftreten des wackeren Emil Mühl gegen die Sclaverei in dem von ihm herausgegebenen Hermanner Wochenblatt, erregte den Grimm vieler Amerikaner gegen die Deutschen, und es kam mitunter zu blutigen Händeln; aber die Deutschen behaupteten ihren Standpunkt, sie ließen sich nicht einschüchtern und noch viel weniger vertreiben.

Später war der Weinbau, von dem noch in einem besonderen Kapitel die Rede sein wird, eine sehr reiche Einnahmequelle für Hermann und die Umgegend, und noch später, in den fünfziger Jahren, machten die Hermanner während des Baues der Eisenbahn sehr gute Geschäfte. Unterhalb und oberhalb der Stadt machte der Bau dieser Bahn viele Schwierigkeiten und wurde nur langsam gefördert, denn das Absprengen der hohen und meilenlangen Felswände längs des Missouri und der Brückenbau über den an seiner Mündung ziemlich breiten und tiefen Gasconade machte viele Arbeit, und die Ingenieure und viele Arbeiter hatten einige Jahre lang ihr Hauptquartier in Hermann.

Nach dieser Zeit scheint für das Wachsthum der Stadt ein Stillstand eingetreten zu sein und die Gründe dafür sind leicht zu finden. Die nächste Umgebung von Hermann ist so hügelig, steinig und von Schluchten zerrissen, daß, so dicht auch die Bevölkerung ist, doch nicht von einem Getreidebau in größerem Maßstabe, also auch nicht von starker Ausfuhr die Rede sein kann. Oestlich und westlich von der Stadt in der Entfernung von wenigen Meilen kommen einige kleinere Flüsse aus den Bergen herab und münden in den Missouri; dort wird mehr Weizen und Welschkorn gebaut und auch mehr Vieh gezogen, aber alle diese Producte werden nicht von Hermann aus, sondern von den nächstliegenden Eisenbahnstationen aus verschickt, und ebenso werden alle Bodenerzeugnisse vom nördlichen Flußufer meistens direct durch Dampfboote verschifft. Da auch die Verhältnisse in jener Gegend nicht zur Anlage von Fabriken ermuntern, so kann der Verkehr und folglich auch das Wachsthum der Stadt von keiner großen Bedeutung sein. Der Obst- und Weinbau, der in Hermann und in einem weiten Umkreise stark betrieben wird, erlitt in den letzten Jahren durch die ungünstige Witterung ebenfalls beträchtlichen Schaden, denn das Obst verdarb oft schon auf den Bäumen und die in der letzten Zeit in bedauerlicher Weie um sich greifende Traubenfäule vernichtet in der Regel die schönen Hoffnungen, die man alljährlich hegt, wenn in jedem Frühling die Reben in so vielversprechender Weise ansetzen. In Folge dieser Umstände wurde der Ertrag aus diesen, sonst so lohnenden Culturzweigen auf ein Minimum reduzirt.

Nach dieser Reihe von schlechten Jahren werden wohl bessere Zeiten folgen und einige gute Weinlesen werden den Verdruß und die getäuschten Hoffnungen der vergangenen Jahre vergessen lassen. Aus allem Obigen ist leicht zu schließen, daß Hermann niemals eine Großstadt werden kann, aber ein freundliches Landstädtchen wird es wohl immer bleiben.

Der eigentliche Geschäftstheil der Stadt liegt in der Nähe des Flusses und der Eisenbahn; dort ist das Terrain ganz eben, die Häuser stehen dicht beisammen und die Straßen sind gut gepflastert und mit breiten Trottoirs versehen, aber sobald man sich von diesem Stadttheil etwas entfernt, nimmt der Ort einen ländlicheren Anstrich an; die Wohnungen stehen einzelner und sind von einer einfacheren Bauart, und das ganze Grundstück um die Häuser herum ist mit Gemüse, Obstbäumen und Reben bepflanzt. Ein Spaziergang durch die Stadt, womöglich zur Zeit der Obstblüthe, heimelt einen alten Deutschen sehr an, denn er kann sich einbilden, plötzlich in eines der großen, wohlhabenden Dörfer in der alten Heimath versetzt worden zu sein, und ich habe sogar schon manchen Amerikaner, den ich während eines solchen Ganges auf diese einfachen und natürlichen Schönheiten aufmerksam machte, ganz gemüthlich werden sehen, besonders wenn wir erst in den Weinkellern der Herren Georg Hußmann oder Michael Pöschel, die ihren Besuchern ihre stattlichen Keller jederzeit mit der freundlichsten Zuvorkommenheit öffnen, Weinprobe gehalten hatten.

Ein sicherer Beweis für die Aufklärung und den gesunden Menschenverstand der Bürger von Hermann und der Umgebung ist der, daß man, wiewohl es dort eben so viele wohlhabende Leute gibt als in anderen Orten von gleicher Größe, sein Geld nicht für den Bau großer und prunkvoller Kirchen zum Fenster hinausgeworfen hat; es steht dort nur eine bescheidene protestantische und eine eben solche katholische Kirche, und diese bieten hinreichenden Raum für alle Diejenigen, welchen der Kirchenbesuch ein Bedürfniß ist. Dafür hat man aber ein großes geräumiges Schulhaus gebaut, in welchem im größten Theil des Jahres die Jugend durch gute Lehrer unterrichtet wird.

Noch ein anderer Umstand gibt dem gesunden Verständniß der Bürger von Gasconade County im Allgemeinen ein sehr gutes Zeugniß Dort scheint man die so häufig mißdeutete Phrase "rotation in office" (regelmäßiger Beamtenwechsel) in der einzig

richtigen Weise aufzufassen; denn Beamte, welche sich durch ihre gewissenhafte Amts-
verwaltung die allgemeine Zufriedenheit erworben hatten, wurden in vielen Fällen immer
wieder gewählt, wenn ihre gesetzliche Amtszeit abgelaufen war, bis sie entweder resignirten
oder starben.

Das Gesetz, welches die Amtstermine respective auf zwei oder auf vier Jahre bestimmt,
ist in mancher Beziehung ein sehr gutes, denn wenn man das Unglück gehabt hat, einen
unfähigen oder unredlichen Mann gewählt zu haben, so kann dieser bei der nächsten Wahl
sehr leicht entfernt und durch einen besseren ersetzt werden. Nur in Bezug auf den Sheriff,
der in früherer Zeit zugleich Steuer-Collector war, und welchem Amte man eine größere
Verantwortlichkeit zuschrieb, machte das Gesetz eine Ausnahme, und erlaubte nur eine
zweimalige Wahl von je zwei Jahren, alle andern Beamten konnten so oft wiedergewählt
werden als es der Majorität der Stimmgeber beliebte. Die unrichtige aber leider gar zu
allgemeine Auslegung dieses Gesetzes, daß nach jedem Ablauf der Amtstermine tabula
rasa gemacht und ganz neue Beamte gewählt werden müßten, hat in den meisten Fällen
nur nachtheilig auf die respectiven Zweige der Verwaltung gewirkt, denn selbst der kennt-
nißreichste und fähigste Mann muß sich erst mit den Details des Amtes, welches er ver-
walten soll, vertraut machen, ehe er seine Amtspflichten prompt und fehlerlos erfüllen
kann, und darüber verläuft ein guter Theil des Termins; vorzüglich wenn die Archive
durch die Unfähigkeit eines Vorgängers in Unordnung gerathen sein sollten. Wenn er
sich dann endlich tüchtig hineingearbeitet hat und Alles wie am Schnürchen geht, so muß
er erwarten, einem Anderen Platz machen zu müssen.

Unter solchen Umständen wird ein wirklich fähiger und rechtlicher Mann, der einen
für die Erhaltung seiner Familie genügenden Erwerb hat, nicht leicht ein öffentliches Amt
annehmen; denn das, was er möglicher Weise während zwei oder vier Jahren bei einer
streng gewissenhaften Amtsführung erübrigen kann, entschädigt ihn nicht für die
Verluste, welche eine so lange Unterbrechung seines bisherigen Geschäfts unausbleiblich
mit sich bringen muß. So lange man also eine solche Methode der Aemterbesetzung bei-
behält, werden sich meistens nur solche Leute in die Aemter zu drängen suchen, welche kein
anderes Ziel vor Augen haben, als in wenigen Jahren zu machen, was zu machen
ist, und denen es ganz gleichgültig ist, in welchem Zustand sie ihr Amt ihrem Nachfolger
übergeben.

Die Bürger von Gasconade County haben bis jetzt keine Ursache gehabt, ihre Methode zu bereuen und sie werden wohl so vernünftig sein, auf dem eingeschlagenen Wege
weiter zu gehen; denn es gibt wahrscheinlich nur wenige Counties im Staate, welche sich
einer besser geordneten County-Verwaltung rühmen können, als das kleine „deutsche" Gasconade County.

23. Der Weinbau in Missouri.

Hermann kann wohl mit Recht die Wiege des Weinbaues in Missouri genannt werden; denn wenn auch die Catawba-Weinberge des Herrn James Longworth bei Cincinnati schon zehn Jahre früher anfingen, die Aufmerksamkeit der Freunde des Weinbaues
zu erregen, so wuchs dieser Wein eben in Ohio, aber nicht in Missouri.

Es ist sehr begreiflich, daß die ersten deutschen Ansiedler im Frain Thale sehr bald
nach ihrer Niederlassung auf die Idee kamen, Versuche mit der Veredelung des Rebstocks

zu machen; denn überall im Walde und selbst an den steinigtsten Bergwänden wuchsen wilde, sehr rauhe Trauben in Menge, und da die allermeisten dieser frühen Ankömmlinge Süd-Deutsche und Schweizer waren, so mochten sie leicht durch diese wilden Rebhügel an die Weinberge in ihrer alten Heimath am Rhein, Neckar und Main erinnert worden sein, und somit ward der erste Anstoß gegeben.

So wie kein Baum auf den ersten Hieb fällt, so geriethen auch die ersten Versuche mit dem Weinbau nicht. Man machte Proben mit europäischen Reben, aber diese mißlangen fast vollständig; denn entweder blieben diese ganz unfruchtbar, oder die Traube wurde eine ganz andere als die, welche man erwartet hatte. Die ersten Versuche mit einigen einheimischen und einigermaßen veredelten Sorten, der Cape und der Isabella, gelangen zwar besser, aber der Wein, welchen man in ganz unbedeutenden Quantitäten aus diesen Trauben preßte, fand keineswegs den Beifall von erfahrenen Weinkennern und daher ist der Anbau dieser Reben längst wieder aufgegeben worden. Die Virginia Seedling Traube lernte man auch bald kennen, aber der volle Werth dieser Traube wurde erst dann gebührend gewürdigt, als man nach und nach die Behandlung dieses Weines gelernt hatte. Nun wurde die Catawba eingeführt, und als diese Rebstöcke zum ersten Male eine volle Ernte lieferten, war die allgemeine Aufregung so groß, daß man hätte glauben können, der Stein der Weisen sei nun wirklich entdeckt worden.

Ich kann mich des ersten Weinfestes in Hermann im Herbst 1848 noch sehr gut erinnern. Dr. Gerling und ich ritten mit einander zu diesem Feste nach Hermann und als wir gegen Abend dort ankamen, donnerte ein Sechspfünder seine Grüße und Glückwünsche über Berg und Thal. Die Kunde von diesem Erfolg war in Missouri so weit gedrungen, wie damals deutsch gesprochen wurde; und es waren sogar Besucher von St. Louis, Damen und Herren, auf Dampfbooten angekommen. Am nächsten Morgen machte sich eine ganze Cavalcade auf den Weg zu dem Weinberg des Herrn Michael Pöschel, und ich habe es in der That nicht bereut, den weiten Weg von zwanzig Meilen gemacht zu haben, als ich dort die Traubenpracht mit eigenen Augen sah. Herr Pöschel wohnte damals noch drei Meilen von der Stadt in einer engen, etwas unzugänglichen Schlucht, welche in den Coles-Creek und den Missouri hinab führt; sein tragender Weinberg hatte kaum den Flächeninhalt von einem einzigen Acker, aber die Spaliere schienen dort eine Wand von Nichts als Trauben zu sein und darunter war keine einzige faule Beere zu bemerken. Der Ertrag aus der Lese von diesem kleinen Weinberg war ein sehr hoher, denn guter Catawba, der, wenn er richtig behandelt wird, dem Rheinwein sehr nahe kommt, war damals sehr gesucht und wurde gut bezahlt.

Alle Welt wollte nun Wein pflanzen, denn eine Einnahme von 800 — 1000 Dollars von einem einzigen Acker war eine Lockung, der nur Wenige widerstehen konnten. Aber die Freude dauerte nicht lange; die Catawba-Traube fing an, fast in jedem Sommer mehr oder weniger zu faulen und manchmal so stark, daß fast nichts übrig blieb. Man sah sich nun nach andern Sorten um, und bald kamen eine Menge neuer Varietäten auf. Eine Sorte, die sich am allermeisten ausgebreitet hat, ist der Concord; diese Traube liefert zwar keinen sehr feinen, aber doch einen ganz guten gewöhnlichen Tischwein, und da diese Rebe eine ungeheure Tragfähigkeit hat, so nahm ihr Anbau sehr bald ausgedehnte Dimensionen an; aber seit mehreren Jahren fault auch diese Traube, die sonst bei jeder Witterung gesund blieb und neuerdings wo möglich noch stärker als früher der Catawba. Ich habe oft kleine Weinberge von 3—400 Stöcken gesehen, die zur Zeit der Lese kaum eine Handvoll gesunder Beeren aufzuweisen hatten. In den Catawba-Pflanzungen suchte man doch noch in jedem Herbst die wenigen gesunden Trauben und einzelnen Beeren zusammen, aber in vielen Concord-Weinbergen macht man sich diese Mühe nicht einmal und betritt den Weinberg gar nicht.

Außer den schon genannten Rebsorten kennt man jetzt mehrere hundert verschiedene Arten, von den wenigsten aber weiß man mehr als die bloßen Namen, welche man in Preis-Katalogen für Weinpflanzer nachlesen kann.

Mehreren von diesen Sorten hat man aber mehr allgemeine Aufmerksamkeit geschenkt und sich ihrer Cultur wenigstens so weit gewidmet, daß der Wein von diesen Trauben in den Handel gekommen ist; so kennt man z. B. den Delaware, Herbemont, Ruländer, Jowa, Tailor-Pullit als ganz vorzügliche und sehr feine Weißweine; aber auch diese Reben sind allerhand Krankheiten unterworfen, die ihren Anbau im Großen, wenigstens vor der Hand nicht empfehlenswerth machen. Seit mehreren Jahren ist es die „Martha", ein Sämling von Concord, die Rebe, welcher man viel Zutrauen schenkt; sie trägt eine weiße Traube, aus der man in der That einen sehr guten Wein gewinnt. In der ganz letzten Zeit erregte auch die „Elvira", ein Sämling vom Tailor-Pullit, die Aufmerksamkeit der Weinbauer, und aus dem Geschmack der Traube kann man auf einen ganz vortrefflichen Wein schließen. Sollten sich nun die beiden Sorten in der Zukunft bewähren, so wäre allerdings ein Ersatz für die früheren mißrathenen Sorten gefunden, aber mit Bestimmtheit läßt sich nicht darauf rechnen.

Den Ursachen der Traubenfäule ist schon seit vielen Jahren mit großer Beharrlichkeit nachgeforscht worden, unzählige Theorien darüber wurden aufgestellt und Abwendungsmittel in Vorschlag gebracht, aber Alles war bis jetzt vergebliche Mühe, und man fährt noch immer mit der Stange im Nebel herum. Es ist auch schwer zu begreifen, wie man bei der Art und Weise, wie die Fäule auftritt, eine feste Regel aufstellen kann; mitunter verdarben die Trauben in einem Weinberg fast gänzlich, und in einem andern, dicht daneben, blieben die Trauben verhältnißmäßig gesund; der Eine behandelt seinen Weinberg mit großer Sorgfalt, aber die Trauben verfaulen, der nächste Nachbar aber vernachlässigt seine Rebstöcke, und läßt das Unkraut darüber hinwuchern, und macht dennoch eine gute Lese; der Eine bricht seine Weinstöcke stark aus, ein Anderer schwächer und ein Dritter gar nicht, und doch ist der Zustand der Trauben in allen drei Weinbergen derselbe. Wer kann unter solchen Verhältnissen eine sichere Behauptung aufstellen, welche Behandlungsweise die empfehlenswertheste sei?

In Bezug auf die Catawba-Rebe hat sich in den letzten Jahren eine auffallende Erscheinung bemerkbar gemacht; diese Rebe nämlich, welche sonst in 5—6 Jahren, trotz der besten Witterung doch nur vielleicht eine einzige nennenswerthe Ernte brachte, hat die ungewöhnlich nasse Sommerwitterung in den letzten Jahren besser überstanden als die meisten anderen Sorten, und hat ganz erträgliche Ernten gebracht, während der Concord, der früher jeder Witterung Stand hielt, fast total verfaulte.

Es wirft sich hier die Frage auf: sollten die Reben, ehe sie heimisch werden, nicht vorher eine Acclimatisations-Periode durchzumachen haben? Wenn dies der Fall sein sollte, so möchten wohl Geduld und Ausdauer die einzigen Mittel sein, um die dem Weinbau entgegenstehenden Hindernisse zu überwinden.

Man sollte meinen, daß an den Abdachungen des langen Höhenzugs, der sich von Osten nach Westen durch ganz Süd- und Südwest-Missouri hinzieht, und welcher unter dem Namen Ozark-Gebirge bekannt ist, der Weinbau einen sicheren Erfolg haben müßte, aber es scheint doch nicht so zu sein, denn Herr Herrmann Jäger, der sich schon vor zehn Jahren in Newton County niedergelassen und sich dem Weinbau mit ganz besonderem Eifer gewidmet hat, mußte dieselben traurigen Erfahrungen, die man am Missouri gemacht hat, auch dort machen.

Viele Weinbauer, vorzüglich die kleineren, welche diese Cultur nur als Nebensache betrieben, sind jetzt sehr entmuthigt; einige derselben haben ihre Weinberge eingehen lassen, und andere drohen, dasselbe thun zu wollen; aber die richtigen Weinbauer sind heute noch so beharrlich, wie jemals, und sind unermüdlich in ihren Versuchen, durch sorgfältige Zucht von Sämlingen von den verschiedensten Rebsorten mit der Zeit Traubenarten zu entdecken, welche ihren Erwartungen entsprechen. In dieser Beziehung zeichnen sich die Herren Fr. Münch, Langendörfer, Rommel, Reitemeier und Andere aus. Diese Männer sind vollständig zu rechtfertigen in ihren gemeinnützigen Bestrebungen, denn der Weinbau hat sicher in Missouri noch eine große Zukunft. Wenn auch erst nachkommende Geschlechter diese Erbschaft antreten werden, so wird doch den ersten Pionieren dieser edlen Cultur noch nach langen Jahren ein dankbares, wohlverdientes und ehrenvolles Andenken bewahrt bleiben.

Der Weinbau in Europa ist über tausend Jahre alt, und es dürfte schwer festzustellen sein, wie lange es gedauert hat, bis diese Cultur dort den Grad von Vollkommenheit erreicht hat, in dem sie unsere Vorältern fanden. Der Weinbau in Missouri aber ist noch keine 50 Jahre alt, also ist er noch in seiner Wiege; aus welchen vernünftigen Gründen kann man ihm nun schon in seiner frühesten Kindheit die Lebensfähigkeit absprechen?

* * *

Als man hier vor mehr als dreißig Jahren anfing, Wein zu machen, ließ man den reinen Traubensaft gehörig ausgähren, und wenn er sich vollständig geklärt hatte, so war daraus ein angenehmes, gesundes Getränk entstanden, welches von Solchen, die sich schon in ihrer alten Heimath ein competentes Urtheil über guten und schlechten Wein erworben hatten, für einen sehr guten Wein erklärt wurde.

Nach einiger Zeit aber verbreitete sich die Lehre des Prof. Gall über die Verbesserung des Weines. So viel mir bekannt ist, befürwortete Prof. Gall einen Zusatz von Wasser und Zucker nach bestimmten Verhältnissen zu dem Traubensaft, um in ungünstigen Jahrgängen, wenn die Trauben nicht vollständig reif geworden waren, Wein genießbar zu machen. Wenn man diese Methode nur streng im Sinne des Prof. Gall angewandt hätte, so würde wohl Niemand etwas dagegen eingewendet haben, aber leider experimentirte man weiter, wahrscheinlich um zu ermitteln, bis zu welchem Grade der Traubensaft eigentlich dehnbar sei.

Es wird behauptet, daß der Most wenigstens 65° Zuckergehalt haben müsse, wenn man einen haltbaren Wein erhalten wolle; in einem solchen Falle, wenn die Mostwaage unter 65° zeigt, mag eine solche Beimischung von Zucker auch wohl in der Ordnung sein; aber in guten Jahren hat der Most von vielen Rebsorten z. B. Virginia-Seedling, Herbemont u. A. nicht selten einen Zuckergehalt von 100° und darüber, und da gallisirt man nun auch, aber rückwärts, um wieder auf die 65° zu kommen.

Auch noch aus einem anderen Grund sucht man das Gallisiren zu rechtfertigen; nämlich, der sogenannte Fuchsgeschmack soll dem Wein genommen werden. (Unter „Fuchs" wird der eigenthümliche Beigeschmack verstanden, welchen manche Trauben und folglich auch der Wein davon haben.) Diese „Fuchsjagd" wurde nun oft mit einer solchen Energie getrieben, daß der Fuchs allerdings vertrieben ward, aber der Charakter des Weines und seine Eigenthümlichkeit war dabei mitgegangen, so daß zwischen den verschiedenen Weinsorten fast kein anderer Unterschied mehr zu bemerken war, als die rothe oder weiße Farbe.

In Deutschland hat man ja auch eine Menge verschiedener Weinsorten und eine jede hat ihren besonderen Geschmack, und erfahrene Weinkenner können nicht allein den richtigen Namen der Sorte nennen, wenn sie den Wein auf die Zunge genommen haben, sondern sie geben sogar den Jahrgang und den Ort des Weinberges an, — nun dieses Kunststück würden sie wohl bleiben lassen, wenn dem Wein nach hiesiger Methode der Fuchs ausgetrieben worden ist.

Es gibt wohl Keinen, wenn er überhaupt etwas vom Wein versteht, welcher nicht der einen oder der andern Sorte den Vorzug gäbe. Dieser Vorzug kann doch nur im Geschmack liegen, denn der Farbe oder des Geruchs wegen trinkt kein Mensch Wein, hören kann man ihn auch nicht, und fühlen kann man ihn erst, wenn man zu viel getrunken hat. Wenn man sich also eine Flasche von seiner Lieblingssorte bestellt, so will man den Genuß seiner Eigenthümlichkeit haben; aber wenn diese Eigenthümlichkeit heraus gallisirt ist, so kann man bloß g l a u b e n,, daß man seine Sorte vor sich habe, w i s s e n kann man es nicht. Vernünftige Leute halten es aber mit dem Wissen, und nicht mit dem Glauben.

Es ist hier durchaus nicht die Absicht, ein unbedingtes Verdammungs-Urtheil über alles Gallisiren fällen zu wollen; denn es ist bekannt, daß Viele den v e r n ü n f t i g gallisirten Wein lieber trinken, als den unvermischten Saft, weil er immer meistens milder ist, als der reine Wein und weil dieser erst ein gewisses Alter erreicht haben muß, bis er seine natürliche Rauhheit nach und nach abgelegt hat; darum soll hier die verständnißlose Uebertreibung und der Mißbrauch, der mit dieser Wein-Manipulation getrieben wurde und wohl auch noch getrieben wird, gerügt werden. Viele meiner Freunde, die den Weinbau im Großen betreiben, gallisiren auch und stellen es gar nicht in Abrede, aber gegen ein solches Gallisiren ist nicht viel einzuwenden, denn keiner von den vielen Fremden und Freunden, welche durch den Ruf ihrer sehenswürdigen Weinkeller veranlaßt wurden, ihnen einen Besuch abzustatten, wird sagen können, daß ihnen in denselben noch jemals ein schlechtes Glas Wein vorgesetzt worden wäre. Solchen, welche zur Misanthropie geneigt sind, ist übrigens eine Wallfahrt in Hermann von Keller zu Keller durchaus anzurathen, denn nach einem derartigen Rundgang werden diese Leidenden, wenigstens temporär, bedeutende Linderung verspüren, und sie werden die Welt durch eine ganz neue Brille betrachten.

Leider aber gibt es nur gar zu Viele, die ohne das mindeste Verständniß beim Gallisiren zu Werke gehen, und durch ihre mit Unvernunft gepaarte Gewinnsucht artet ihr Verfahren dabei zu einem Gallonisiren aus. In sehr vielen Trinklocalen wird den Gästen oft eine absolut ungenießbare trübe Brühe unter dem Namen „Wein" vorgesetzt, und es ist dem weintrinkenden Publikum durchaus nicht zu verargen, wenn es sich von einem solchen Getränk mit Widerwillen abwendet.

In Europa nennt man eine solche Weinfabrikation „Weinfälschung". Diese ist durch das Gesetz verboten und jede Uebertretung desselben wird, wenn sie nachgewiesen werden kann, streng bestraft. Hier ist die einzige Folge vom Verkauf verpfuschten Weines nur die, daß die Kundschaft verloren geht. Diese Folge hat sich schon vielen Weinhändlern in sehr empfindlicher Weise bemerkbar gemacht, denn der verwässerte Stoff ist nur sehr schwer und oft gar nicht verkäuflich, und er ist auch in der That Nichts werth.

Die frühere, so wohl verdiente Reputation des Missouri-Weines ist durch dieses unverständige und übertriebene Gallisiren arg geschädigt worden und es mögen Jahre darüber hingehen, ehe der gute Ruf des Missouri-Weines seinen alten Glanz wieder erhält; und auch diese Zeit wird wieder kommen; vor der Hand ist nur zu bedauern, daß der Unschuldige so lange mit dem Schuldigen leiden muß.

Aber es sind auch Viele und ihre Zahl scheint sich zu mehren, welche sich mit dem Gallisiren in keiner Weise befreunden können, sie können eben nicht begreifen, warum der reine Wein aus vollkommen gereiften Trauben nicht besser und gehaltreicher sein soll, als der gallifirte, der letztere mag wohl, wenn er richtig behandelt ist, milder, früher trinkbar und deßwegen eher verkäuflich sein, der echte Traubensaft hingegen, wenn er sich selbst überlassen bleibt und nur von Zeit zu Zeit abgezogen wird braucht Jahre, bis er zu seiner höchsten Vollkommenheit gelangt ist, hat aber dann auch einen in jeder Beziehung höheren Werth.

Schon vor Jahrhunderten mögen wohl betrügerische Weinhändler ihren Wein durch allerhand schädliche Ingredienzen gefälscht haben, aber vom Gallisiren hat man damals wahrscheinlich nichts gewußt; die alten Weine in den vielen großen Klosterkellern sprechen nicht für eine Vermischung mit Zuckerwasser, und haben gerade darum einen so hohen Werth, denn sonst würden sie eben nicht in diesen Kellern zu finden sein.

Die gelehrten Dogmen der Pfaffen über Das, was wahr sein oder nicht wahr sein soll, und über Das, was man glauben oder nicht glauben darf, lassen einen vernünftigen Menschen sehr gleichgültig; aber ihr Urtheil in Bezug auf die Freuden der Tafel und vorzüglich über guten Wein, ist keineswegs gering zu schätzen, denn durch eine lebenslängliche Praxis und durch beharrliches Probiren haben sich diese Herren eine beneidenswerthe Sicherheit des Urtheils erworben, und haben in Folge davon, wenigstens in dieser Beziehung, den Worten des Apostels Paulus: „Prüfet Alles und das Beste behaltet," jederzeit strengen Gehorsam geleistet.

Wenn man einmal Rebsorten gefunden haben wird, welche sich mit dem Klima besser vertragen, als die jetzt bekannten Arten, so kann einmal eine Zeit kommen, in welcher längs der größeren Ströme Missouris und auf den vielen Hügeln, welche sich im Südwesten des Staats über die unabsehbaren Prairien erheben, Weinberg an Weinberg sich reihet und dann mag der edle Traubensaft leicht so reichlich fließen, daß, wie am Rhein und Neckar, in guten Herbsten die vorhandenen Fässer den Wein nicht mehr fassen können. In einer solchen Zeit wird sich das Gallisiren überlebt haben und man wird das Zuckerwasser den Temperenzlern überlassen.

24. Die Achtundvierziger und ihre Bedeutung.

Vom Jahre 1849 an und noch eine Reihe von Jahren nachher war die gewöhnliche deutsche Einwanderung noch mit einem ganz besonderen Element vermischt, welches zu bedeutend war, um der großen Masse der Einwanderer ganz unbemerkt bleiben zu können; es waren jene Männer, welche in Folge ihrer Theilnahme an den Kämpfen für deutsche Einheit und Freiheit landesflüchtig werden mußten.

Nachdem die Revolution von '48 niederkartätscht worden war, blieb vielen der tüchtigsten Männer keine andere Wahl, als im Auslande ein Asyl zu suchen, wenn sie nicht riskiren wollten, den Dank für ihre patriotischen Bestrebungen in den Festungsgräben von Rastadt durch ein Peloton preußischer Grenadiere zu erhalten, oder in einer Festungszelle lebenslängliche Betrachtungen über das Wohl des Vaterlandes anstellen zu müssen.

Die deutschen Regierungen vertrieben damals Tausende ihrer tüchtigsten Bürger, und auch hier in den Ver. Staaten dauerte es erst längere Zeit, bis der wirkliche Werth dieses neuen Elements begriffen und gewürdigt wurde.

Den Amerikanern, die meistens von den politischen Verhältnissen Europas entweder gar keine oder nur verkehrte Begriffe hatten, war es nicht übel zu nehmen, daß sie für die

Bestrebungen dieser Achtundvierziger kein rechtes Verständniß hatten, und gleichgültig über sie wegsahen; aber viele unserer eigenen Landsleute sind keineswegs zu loben, daß auch sie nicht im Stande gewesen zu sein schienen, die edlen Motive der Bestrebungen jener politischen Flüchtlinge zu begreifen.

Weil sie selbst in geistiger Beziehung so niedrig standen, daß sie nur schnöden Gelderwerb als das höchste Lebensziel anerkannten, nannten sie in ihrem Unverstand jene Männer, deren Streben eine menschenwürdige Freiheit war, häufig nur „Weltverbesserer" und unpraktische „Faselhänse." Viele dieser Achtundvierziger waren Leute von einer gründlichen Schulbildung, nicht wenige unter ihnen waren Männer, die eine sehr gediegene wissenschaftliche Bildung mitbrachten und schon in dieser Beziehung eine sehr schätzenswerthe Acquisition für dieses Land. Nach einigen Jahren schon konnte man die Wirkungen ihrer Thätigkeit und ihres Einflusses in jeder fortschrittlichen Bewegung deutlicher wahrnehmen, und als sie nach Ablauf der gesetzlich vorgeschriebenen Wartezeit erst stimmberechtigte Bürger geworden waren, machten sich auch die Wirkungen ihrer Intelligenz auf dem Felde der Politik in sehr erfreulicher Weise bemerkbar.

Wenn die Resultate gründlicher Forschung auf allen Gebieten der Wissenschaft, und in Folge davon, die immer weiter um sich greifende Aufklärung in den Kram der Pfaffen und Mucker paßte, so würden diese die Einwanderung der Achtundvierziger als eine directe Fügung des Himmels gepriesen haben, und wenn jene dem Schablonen-Christenthum mehr als den Grundsätzen wahrer Humanität, Gleichheit und Freiheit aller Menschen gehuldigt hätten, so würden sie sogar heilig gesprochen worden sein; aber, so wie jene Männer auftraten, waren sie, und sind sie heute noch, allen Verdummungs-Aposteln und allen Solchen, welche zwar selbst Rechte beanspruchen, aber Andern dieselben Rechte absprechen, ein Dorn im Auge.

Die Freiheits-Bestrebungen dieser Achtundvierziger waren zwar auf der östlichen Hemisphäre für dieses Mal mißlungen, aber sie kamen zur gesegneten Stunde in dieses Land, um auf der westlichen Hemisphäre durch Wort und That mehreren Millionen ihre rein natürlichen Menschenrechte erkämpfen zu helfen; einem Kosmopoliten mag es ganz gleich sein, auf welchem Theil der Erde er seine Humanitäts-Principien zur Geltung bringt, wenn er seinen Bestrebungen zur Beförderung des Wohles aller Menschen nur überhaupt Bahn bricht.

Jenes Einwanderer-Element kam gerade früh genug vor dem Ausbruch der Rebellion, um sich bis zu diesem Zeitpunkt mit den socialen und politischen Verhältnissen des neuen Vaterlandes vertraut zu machen, die Landessprache zu erlernen und das Stimmrecht zu erwerben; ebenso veranschaulichten ihnen die in der Mitte der fünfziger Jahre in Kansas ausbrechenden Unruhen und die Aufführung der Grenzstrolche daselbst in klarster Weise, wie die Sclavenhalter-Partei ihre Macht gebrauchen würde, wenn man ihnen Gelegenheit geben und den Versuch machen sollte, der Ausbreitung der Sclaverei Schranken setzen zu wollen, denn an die Aufhebung dieses gräulichen Instituts dachte damals, außer einigen Fanatikern, noch Niemand.

Bei der Präsidentenwahl im Jahre 1860 fielen daher, mit nur wenigen Ausnahmen, die meisten Stimmen für den unvergeßlichen Abraham Lincoln, und als der Bürgerkrieg endlich ausgebrochen war, standen nicht allein viele der alten Achtundvierziger selbst in den Reihen der Unionsarmeen, sondern auch Hunderte und vielleicht Tausende der herangewachsenen Söhne dieser Patrioten fochten unter dem Sternenbanner.

Die Unionsarmeen hatten keine besseren, wenn auch oft ebenso gute Officiere und Soldaten als diese deutschen Freiheitskämpfer; Viele von ihnen hatten schon die Schlach-

ten in Schleswig-Holstein und die Kämpfe in Baden unter der Führung des braven Franz
Sigel mitgemacht; diese kannten den Pulvergeruch und wurden nicht ängstlich dabei; und
der tüchtige General Franz Sigel hat mit seinen Badenser Artilleristen den Rebellen bei
Carthage am Wilsons Creek in Missouri und bei Pea Ridge in Arkansas unvertilgbare
Stammbuchsblätter geschrieben.

Wenn auch viele dieser Achtundvierziger in den größeren Städten des Ostens blieben,
so kam doch ein ansehnlicher Theil derselben nach dem Westen; auch in Missouri ließen
sich eine Menge nieder, und nach St. Louis kamen sie in großer Zahl; denn da verhältnißmäßig wenig dieser Einwanderer früher zu den arbeitenden Klassen gehört hatten, und
Viele davon bereits in vorgerückteren Jahren waren, so suchten sie sich ihren Unterhalt
häufiger in den Städten als auf dem Lande. Viele von ihnen fanden als gründlich ge-
bildete Aerzte eine lohnende Praxis, Andere, welche Jurisprudenz studirt hatten, widmeten
sich auch hier dem Advokatenstande, noch Andere wurden Mitarbeiter an den größeren deutschen Zeitungen, oder gründeten auch selbstständig Zeitschriften, wieder Andere fanden als
Lehrer Beschäftigung und auch als Zeichner, Lithographen, Architecten und überhaupt
Ingenieure fanden unschwer Anstellungen, weil man sehr bald einen Fond von sehr
eingehenden Kenntnissen bei ihnen bemerken konnte.

Einige derselben, welche sich mit der Landwirthschaft ihr Brod erwerben wollten, gehörten, wenigstens in den ersten Jahren, der Kategorie der sogenannten lateinischen Farmer an; die hatten früher niemals schwere Handarbeiten verrichtet, und wenn sie überhaupt
etwas von Agricultur wußten, so war es nicht viel mehr als Bücherweisheit und vielleicht
einige Jugenderinnerungen an die Bestellung weniger Aecker und Gärten, wie sie das bei
ihrem Großpapa Pastor oder bei ihrem Großonkel Förster mit angesehen hatten.

Wenn diese Klasse von Einwanderern anfänglich auch nicht sehr gut als Farmer pros-
perirten, und wenn ihre guten Zeiten auch erst anfingen, als ihre Kinder, die sich hier von
früher Jugend an an anhaltende Arbeit in Wald und Feld gewöhnt hatten, herangewachsen waren, so wirkten sie doch ganz unabsichtlich, aber dennoch sehr bemerkbar, in einer anderen Beziehung sehr wohlthätig auf ihre weniger intelligente Umgebung.

Die große Masse der Deutschen, welche sich oft in dichter Nachbarschaft bei einander
angesiedelt hatten, waren zwar sehr nützliche Bürger; sie hatten Tausende von Ackern
Wald urbar gemacht und in fruchtbare Felder verwandelt, sie waren gute, gefällige Nachbarn und hatten sich den Ruf der promptesten Steuerzahler erworben, aber das Feld der
Politik war den Meisten fast ganz fremd geblieben, und auch waren ihre Anstrengungen,
sich mit den politischen Verhältnissen einer Republik bekannt zu machen, früher nur
sehr schwache.

Ihre Gleichgültigkeit gegen Alles, was in der Oeffentlichkeit vorging, war hauptsächlich ihrer Unbekanntschaft mit unserm republikanischen Regierungssystem zuzuschreiben,
und so gemeinschädlich auch eine solche Indifferenz sein mochte, so konnte es doch nicht
anders sein, denn in Deutschland hatten diese Leute, außer ihren Steuerzetteln, wenig
andere politischen Documente kennen gelernt, sie waren gewöhnt worden, einen Amtmann,
einen Polizeidiener oder einen Gensdarm mit einer ehrfurchtsvollen Scheu zu betrachten,
und die Sitzungen der Gemeinderäthe in ihren Dörfern waren zu ihrer Zeit die einzigen
öffentlichen Verhandlungen, die sie kannten; wie konnte man da erwarten, daß sie nun
auf einmal mit Interesse und Verständniß hier in die öffentlichen Angelegenheiten ein-
greifen sollten?

Die Früchte ihres Fleißes und ihrer Sparsamkeit hatten ihnen eine sorgenfreie
Existenz gesichert, und da sie ihre Steuern pünktlich bezahlten und nur in seltenen

Fällen Streitigkeiten und Friedensstörungen verursachten, so wurden sie eben in Ruhe gelassen und, von ihrem Standpunkt aus betrachtet, fehlte nichts mehr zu ihrem Glück.

In den Settlements, in denen sich schon früher Deutsche aus den intelligenteren Klassen niedergelassen hatten, herrschte ein etwas regerer Geist, und durch die neuen revolutionären Elemente, welche sich vom Jahre 1849 an über viele Theile des Staates zerstreuten, verbreitete sich, wenn auch nicht allgemein, doch stellenweise eine erfreulichere politische Aufklärung.

Diese unterrichteteren Deutschen drangen Niemandem ihre Ansichten auf und hielten auch keine öffentlichen politischen Vorträge, aber der bloße nachbarliche Verkehr mit ihnen that schon gute Wirkung in weiten Kreisen, und wenn bei irgend einer Gelegenheit, welche das Zusammenkommen Mehrerer veranlaßte (z. B. ein Hausrichten, eine Auction oder dergl.) sich zwischen Einigen dieser Lateiner eine Discussion über die schwebenden Tagesfragen entspann, so bildete sich sehr häufig bald ein Kreis von aufmerksamen Zuhörern um sie herum, denn es wurden da Dinge besprochen, die Vielen, wenn auch nicht ganz fremd, doch noch sehr unklar waren. Viele jener einfachen, schlichten, deutschen Farmer mochten sich wohl Mühe gegeben haben, einen besseren Einblick in das Wesen unserer National- und Staats-Regierung zu bekommen, aber ihre Vorstellungen davon blieben nur sehr mangelhaft und undeutlich, so lange sie nur auf ihr eigenes Nachdenken angewiesen blieben; durch den Umgang mit ihren intelligenteren Nachbarn aber verschwanden nicht selten die trüben Nebelgestalten, die ihnen vor den Augen geflimmert hatten, und sie sahen dafür ein klares Bild vor sich.

Man findet es sehr häufig im Lauf der Geschichte, in Zeiten großer politischer Aufregung, wenn eine Frage entschieden werden soll, deren Lösung, so oder so, eine erschütternde Wirkung über einen ganzen Continent haben muß, daß dann solche, welche kein rechtes Vertrauen zu ihrem eigenen Urtheil haben und nicht an das selbstständige Denken gewöhnt sind, ihr Auge auf die Männer richten, deren politische Ansichten bisher auch für sie maßgebend waren, und deren consequenter Lebenswandel ihnen gewissermaßen eine Garantie dafür bietet, daß auch sie auf dem richtigen Wege wandeln würden, wenn sie dem Beispiel ihrer stillschweigend anerkannten Führer folgen. Deßwegen waren beim Ausbruch der Rebellion die freisinnigen und selbstbewußten Deutschen, zu denen jedenfalls auch die Achtundvierziger gezählt werden müssen, die Signalthürme, nach denen sich die große Masse ihrer Landsleute orientirte. Die große Masse der Deutschen wäre wahrscheinlich auch ohne eine solche Leitung loyal geblieben, und nur Wenige würden ihren geleisteten Bürgereid verletzt und in eine Auflösung der Union gewilligt haben, aber sie hätten vielleicht, so lange sie den Rücken nicht gedeckt gehabt hätten, den wüsten Drohungen der Rebellen gegenüber, nur eine zurückhaltende und schüchterne Haltung angenommen. Aber da sie so viele Beispiele von Entschiedenheit, Unerschrockenheit und lebhafter Parteinahme für die gute Sache vor Augen hatten, wurde ihre passive Loyalität zu einer sehr activen, und in allen den Counties, in welchen die Deutschen in der Mehrheit waren und sich mit den loyalen Amerikanern zur Selbstvertheidigung organisirt hatten, herrschte während der ganzen Kriegszeit eine verhältnißmäßige Sicherheit des Lebens und Eigenthums, wie sie leider in vielen andern Counties nicht zu finden war.

Auch hier nach Franklin County waren einige solcher Achtundvierziger gekommen, und diese wollen wir uns einmal etwas näher betrachten.

Vorzüglich mit Einem derselben schloß ich von der ersten Stunde unserer Bekanntschaft an ein enges Freundschaftsbündniß, welches nun schon seit 27 Jahren in allen Lebenslagen, freudigen wie traurigen, mit immer gleicher Innigkeit bestanden hat, und da wir Beide während dieser langen Zeit bemooste Häupter geworden sind, so wird diese Freundschaft wohl erst mit unserem Tode zu Grabe getragen werden.

Dieser Eine ist Julius Wilhelmi aus Amt Eppingen im Badener Lande. Dieser, ein jüngerer Bruder, Franz, und noch einige Andere waren schon im Anfang des Jahres '49 nach Pennsylvanien gekommen, hatten dort eine kleine Farm gepachtet und hatten Farmerei und Junggesellenwirthschaft betrieben, doch schon im Herbst desselben Jahres siedelten sie nach Missouri über. Einige dieser kleinen Gesellschaft, nämlich John Hermann aus Mannheim und jetzt wohlberufener Arzt in St. Louis und Georg Künzle aus Heidelberg, jetzt öffentlicher Notar in Jefferson City, wurden schon früh im Herbst 1849 in meine Nachbarschaft verschlagen und Julius Wilhelmi, der mit A. Hedäus aus Heidelberg eine Fußtour durch Jowa gemacht hatte, suchte auf seinem Rückweg seine Freunde in meiner Nachbarschaft auf und hatte sich dabei eigentlich nach meinem Hause verirrt. Dort hatten sich gerade mehrere Deutsche, die auch noch neu im Lande waren, zu einem Sonntagsbesuch eingefunden, und er kam daher eben recht zu einem gemüthlichen Nachmittags-Kaffee. Nachdem er sich selbst vorgestellt hatte, wurde er von Allen freundlich bewillkommt, und selbstverständlich an den Kaffeetisch geführt, wo bald die Unterhaltung so lebhaft wurde, daß man leicht bemerken konnte, wie sehr man gegenseitig Gefallen an einander gefunden hatte.

Wilhelmi erzählte in sehr interessanter Weise von seiner Reise und schilderte mit vielem Humor das frühere gemeinschaftliche Junggesellenleben mit seinen Freunden in Pennsylvanien. Als wieder von Jowa die Rede war, sprach er unter Anderen seine Verwunderung darüber aus, in jenem Staate, der damals doch noch so dünn besiedelt war, so wenig Wild gesehen zu haben und meinte, in Missouri gäbe es wohl gar keine Hirsche mehr. Statt aller Antwort führte ich ihn in das Rauchhaus und zeigte ihm zwei stattliche Böcke, von denen ich den einen am Abend zuvor und den anderen am Morgen geschossen hatte. Vorzüglich den Kopf des einen Hirsches, dem beide Augen zirkelrund herausgeschossen waren, betrachtete er mit einigem Erstaunen.

Im Laufe des Gesprächs erzählte uns Wilhelmi, daß er im nächsten Frühjahr seine Eltern, zwei jüngere Schwestern, einen Schwager mit seiner Familie und noch einige Andere erwarte, und daß er deßhalb eine größere Farm zu kaufen beabsichtige. Wirklich kaufte er auch bald darauf eine große, aber alte Farm im östlichen Theil des Counties, nahe bei der heutigen Eisenbahnstation Grey's Summit, und bis zur Ankunft der Eltern wurde diese Farm von sechs bis acht jungen Männern bewohnt und bewirthschaftet. Von diesen suchten allerdings von Zeit zu Zeit Einige ein anderes Unterkommen, aber Andere kamen dafür wieder, und diese fluctuirende Bevölkerung auf jener Farm waren fast lauter Achtundvierziger, von denen sich mehrere der Betheiligung am Hochverrath (?) in so auffallender Weise schuldig gemacht hatten, daß man sie wahrscheinlich füsilirt hätte, wenn sie zu haben gewesen wären.

Damals assistirte ich meinem sel. Vater in seinem Amte als County-Feldmesser, und da ich im Winter von 1849 auf 1850 einige Messungen in der Nachbarschaft Wilhelmi's vorzunehmen hatte, so benutzte ich seine wiederholten, freundlichen Einladungen zu einem Besuche bei ihm.

Der ganze Haushalt Wilhelmi's bestand zu jener Zeit aus etwa sechs jungen, rüstigen und meist sehr intelligenten Männern, sämmtlich ledigen Standes; drei oder vier von ihnen waren gründlich ausgebildete Polytechniker und auch die Uebrigen hatten Hochschulen besucht, so daß ein etwas akademischer Comment unter ihnen herrschte, der sich auch nicht selten in akademischem Ulk äußerte.

Ein gewaltiger Schneesturm, der bald nach meiner Ankunft bei Wilhelmi losbrach, bannte mich mehrere Tage lang in diese merkwürdige Häuslichkeit, aber in dieser heitern Wirthschaft war an keine Langeweile zu denken. Bei diesem fürchterlichen Schneegestöber war natürlich der Aufenthalt im Freien außer Frage, deßwegen war man auf die Unterhaltung in der warmen Stube angewiesen und an Gesprächsstoff fehlte es nicht. Wenn die Unterhaltung eine ernste Richtung nahm, verriethen mehrere dieser jungen Leute ganz ungewöhnliche Kenntnisse und oft überraschten sie mich durch ihre geistreichen Gesprächswendungen. Aber wenn etwa eine zufällige Ungeschicklichkeit des jeweiligen Kochs oder irgend eine unüberlegte Aeußerung Veranlassung zur Heiterkeit gab, so brach ein wahres Kreuzfeuer von guten und schlechten Witzen und einem oft göttlichen Humor über den Unglückseligen los, was selbst einem Karthäuser Mönch aus seiner memento mori-Laune gebracht haben würde.

Vorzüglich Einer dieser kleinen Gesellschaft, den die Natur mit einem wirklich originellen Ungeschick in jeder Beziehung bedacht hatte, war die regelmäßige Zielscheibe für den Humor der Uebrigen; dieser arme Kerl mußte viel leiden, aber aller Spott brachte ihn nur selten aus seinem unerschütterlichen Gleichmuth. Dieser junge Mann hatte keine Spur von Orientirungssinn und wenn er vom nahen Walde aus die Jenz nicht mehr sehen konnte, so hatte er keine Ahnung mehr davon, in welcher Richtung das Haus lag, und nicht selten gerieth er bei seinen Versuchen, sein Quartier wieder zu finden, an das Haus eines Nachbars; dadurch ängstlich gemacht, hing er sich dann jede Woche eine Schelle um, damit ihn Abends seine Kameraden beitreiben konnten wie eine Milchkuh.

Die Zeit der langen Winterabende vertrieben sich diese jungen Leute mit geselliger Unterhaltung und Tabakrauchen, und öfter auch mit Singen, und zu ihren recht hübschen Männerchören hatten sie Guitarrenbegleitung. Die Amerikanerinnen in jener Nachbarschaft, die Gefallen an diesem muntern und stattlichen Burschen gefunden haben mochten, besuchten sie öfters in Begleitung ihrer Väter, Brüder oder sonstigen Verwandten und erbaten sich dann auch wohl ein schönes, deutsches Lied von ihnen. Einem solchen Wunsche wurde in der Regel sehr bereitwillig entsprochen; aber der jugendliche Muthwille der Sänger ließ sie mitunter ein Lied aussuchen, welches eigentlich nicht zum Vortrag in Damengesellschaften gedichtet war, welches sie jedoch mit einer so ernsten Würde vortrugen, als ob es ein Sterbelied wäre, und mit großer Selbstbeherrschung nahmen sie darauf den Dank der Gesellschaft, welche natürlich kein Wort des Textes verstanden hatte, entgegen, und sangen dann auch wohl andere Lieder, deren Vortrag ihnen nicht so vielen Zwang auflegte.

In einer ächten Junggesellenwirthschaft darf selbst die Küche nicht von weiblichen Händen besorgt werden, und meine jungen Freunde hatten consequent auch diesen Theil einer exemplarischen Haushaltung auf sich genommen. Bisher hatten sie allerdings nur die Resultate der Kochkunst kennen gelernt, und waren noch nicht bis zu den ersten Graden der culinarischen Mysterien vorgedrungen, deßwegen wagten sie sich auch jetzt noch nicht über die Grenzen der allerprimitivsten Versuche hinaus, und dabei hing das Gelingen einer Mahlzeit ebenso viel von glücklichen Zufällen als von ihrer Geschicklichkeit ab. Unvergeßlich wird mir ihre stereotype Morgensuppe bleiben, denn das Andenken an diese gehört zu den süßen Erinnerungen an eine glücklich überstandene Trübsal.

Da das Recept zu dieser Suppe wahrscheinlich noch in keinem Kochbuch verzeichnet ist, so mag es hier zur Erbauung aller fortschrittlich gesinnten Hausfrauen aufgeführt werden.

Die Haupt-Ingredienzen zu diesem Gerichte bestanden aus geröstetem Maismehl und Wasser; die Farbe des Mehls war ganz von der Laune und Aufmerksamkeit des jeweiligen Kochs abhängig und variirte in allen Schattirungen von schön hellgelb bis zu schwarz-

braun; dazu kamen noch die Reste von übrig gebliebenem Maisbrod und eine x beliebige
Quantität Wasser. Nachdem dieses Gemenge mit etwas zu viel oder zu wenig Salz
gewürzt worden war, ließ man es kochen, bis sich die ganze Gesellschaft gewaschen und
gekämmt hatte; sobald dieser Zeitpunkt eingetreten war, wurde die Suppe für vollkommen
erklärt und servirt.

Erfahrene Landwirthe behaupten, daß ein solches Gemisch den Fettansatz bei gewissen
Geschöpfen sehr rasch befördere, aber bei meinen jungen Freunden war eine derartige
Wirkung dieser Suppe nicht zu bemerken; wahrscheinlich deßwegen nicht, weil sie sich beim
Genuß dieser Speise außerordentlicher Mäßigkeit befleißigten.

Diese Junggesellenwirthschaft bestand bei mancherlei Personenwechsel fort, bis zur
Ankunft der Eltern Wilhelmis. Da wurde es aber lebendig in der Gegend, denn außer
dieser Familie kam noch eine Anzahl anderer Einwanderer aus den intelligenteren Klassen
und zwar meistens Achtundvierziger, z. B. drei Gebrüder Stricker, zwei Brüder Helmle-
Rüppele und August Holthaus mit junger Familie u. s. w. Die Meisten verheiratheten
sich bald und siedelten sich in den umliegenden Thälern an, und nur Wenige zerstreuten
sich nach andern Theilen der Union oder gingen nach Deutschland zurück.

Wer sich die Mühe geben will, irgendwo im Staate zwischen den specifisch deutschen
Settlements Vergleiche anzustellen, wird finden, daß überall da, wo die Bevölkerung mit
vielen sogenannten Lateinern durchsetzt ist, weit mehr Aufklärung, Interesse an öffentlichen
Angelegenheiten und Toleranz in jeder Beziehung herrschen, als da, wo die Pfaffen, einerlei
zu welcher Confession sie sich bekennen mögen, die allein leitenden Tonangeber sind, und
nur solche Gemeinden machen hierbei eine rühmliche Ausnahme, welche das Glück haben, von den Vorträgen eines aufgeklärten und nicht streng orthodoxen Predigers erbaut
zu werden.

Diese Deutschen, die Achtundvierziger mit inbegriffen, welche von Unverständigen
spottweise „Lateiner" genannt werden, weil sie durchschnittlich in materieller Beziehung
nicht so gut fortkommen als Solche, welche kein anderes Motto kennen als „Geld auf
Erden und einen Platz im Himmel"; diese Lateiner, welche ein Bedürfniß für geistige
Fortbildung haben, und deßwegen einen Theil ihrer Zeit mit Lesen und Studiren zu-
bringen, um mit den Vorgängen in der Welt und mit den Fortschritten in den Wissenschaften vertraut zu bleiben, sind auch in der Politik weit zuverlässigere Stützen für die
Aufrechterhaltung wirklich republikanischer Principien, als Solche, welche sechs Tage in
der Woche von der ersten Morgendämmerung an, bis die Sterne Abends am Himmel stehen
unausgesetzt und mehr oder weniger gedankenlos arbeiten, und keine andere Erholung
kennen, als den regelmäßigen Kirchenschlaf am Sonntage.

Es war sehr zu bedauern, daß schon im Herbste 1853 die Meisten derer, welche der
Familie Wilhelmi angehörten, Missouri verließen und sich im nordwestlichen Theile von
Arkansas ankauften; aber seit dem Frühjahr 1863 haben wir die meisten unserer alten
Freunde wieder in unserer Mitte. Diese Familien waren es, deren schreckliche Erlebnisse
nach dem Ausbruch des Krieges und deren endlicher Rettung durch die Hülfe der Unions-
truppen schon in einem der ersten Kapitel dieses Werkchens erwähnt wurden.

Einem jener Achtundvierziger, mit dem ich besonders befreundet war, hätte eigentlich
unmittelbar nach seinem Tode ein freundlicher Nachruf gebührt, aber in jener aufgeregten
Zeit, als Fremont nach der Schlacht am Wilsons Creek eine Armee in Missouri organisirte
um die Rebellen aus dem Staate zu vertreiben, dachte man nicht an Dinge, die sich in
friedlichen Zeiten von selbst verstehen; aber es ist auch jetzt nach fünfzehn Jahren noch
nicht zu spät, eine früher versäumte Pflicht nachzuholen. Die meisten Todten sind schon

nach sehr kurzer Zeit für immer vergessen; um so ehrender ist es daher, wenigstens für die Hinterbliebenen, wenn selbst noch nach langen Jahren der Name eines braven Mannes der Vergessenheit entrissen wird.

Julius Schmidt, Bürgermeister in Wurzen, Königreich Sachsen, war 1849 Mitglied des Parlaments in Frankfurt am Mein; bald aber berief er seinen Stellvertreter an seinen Platz und ging nach Dresden, um dort an der Landtags-Versammlung als Abgeordneter für die Einsetzung einer provisorischen Regierung zu wirken. Wegen dieses Majestäts-Verbrechens wurde er eingezogen und längere Zeit in Leipzig in Untersuchungshaft gehalten. Später wurde die Fortsetzung seines Processes nach Wurzen verlegt; dort war er wenigstens seiner Familie näher, und von Zeit zu Zeit wurde den Seinigen ein Besuch bei ihm gestattet. Aber als sein Proceß anfing, eine bedenkliche Wendung zu nehmen, gelang es ihm, aus seiner Haft zu entkommen. Gerade so gut wie die Regierungen ein geheimes Spionen-System unterhielten, hatten die Patrioten auch ein geheimes System zur Befreiung dieser Majestätsbeleidiger organisirt; mit Hülfe solcher Menschenfreunde entkam Schmidt vorerst nach Altenburg, wo er im Hause des Dr. Rittler für kurze Zeit ein sicheres Asyl fand. Für längere Zeit war aber damals in Deutschland kein politischer Flüchtling sicher, und so wurde auch er mit einer Paßkarte versehen, und nachdem er sich sonst noch seinem Signalement so unähnlich wie möglich gemacht hatte, entkam er glücklich nach Brüssel; als aber auch dort die Ueberwachung Fremder verschärft wurde, floh er heimlich nach England, benachrichtigte von dort aus seine Frau von seiner gelungenen Flucht und bald darauf segelte die wiedervereinigte Familie von Southhampton aus nach New York (1850). Während dieser Zeit hatte man ihn in Leipzig des Hochverraths schuldig erklärt, ihm eine achtjährige Festungsstrafe zudictirt und den Theil seines Vermögens eingezogen, dessen man habhaft werden konnte. Der Verlust eines großen Theiles seiner Habe mag ihm empfindlich gewesen sein, aber als er die Seinen wieder an seiner Seite hatte, und der Ocean zwischen ihm und seinen Richtern lag, hatte die angedrohte Festungsstrafe keine Schrecken für ihn.

Von New York ging er nach St. Louis; aber das Leben in einer großen Stadt sagte ihm nicht zu, deßwegen wollte er nur die Genesung oder den Tod eines leidenden Kindes abwarten und dann auf das Land gehen. Nach dem Tode dieses jüngsten Töchterchens kam er mit seiner Frau und drei munteren Kindern herauf nach Washington, und in dieser Gegend schien es ihm zu gefallen, denn er fand hier eine Menge von sehr umgänglichen Deutschen, von denen zwar keiner reich geworden war, die aber alle ihr anständiges Auskommen hatten. Er miethete vorläufig ein leerstehendes Blockhaus von der besseren Sorte von einem alten amerikanischen Junggesellen, George Mitchell, machte von dieser provisorischen Wohnung aus Bekanntschaft mit der Nachbarschaft, besah sich auch mehrere Farmen, die ihm zum Kauf angeboten worden waren und schließlich kaufte er eine nicht sehr große Farm in meiner unmittelbaren Nähe. Auf diese Weise wurde er mein Grenznachbar.

Jene Jahre waren eine schöne Zeit für seine Familie so wie für die meinige. Schmidt und ich lernten uns bald genauer kennen, wir wurden intime Freunde, und da unsere Wohnungen kaum eine halbe Meile von einander entfernt waren, so sahen wir uns wenigstens an allen Regentagen und Sonntagen und halfen einander auch oft gegenseitig bei unsern Arbeiten; Schmidt war ein kenntnißreicher und erfahrener Mann, der sich viel in den höheren Kreisen bewegt hatte, und mir gewährten seine Erzählungen und Betrachtungen immer eine sehr angenehme Unterhaltung. Denn wenn ich auch erst 18 Jahre alt war, als meine Eltern nach Amerika kamen, so waren meine Jugenderinnerungen an die deutschen gesellschaftlichen Verhältnisse doch noch so frisch, daß ich ihn jederzeit vollkommen verstand.

Ich hingegen war damals ein halbgeschliffener Hinterwäldler, an dem eine schwache Färbung von deutscher Schulbildung hängen geblieben war, und ich konnte ihm allerdings nicht viel mehr als die Zustände, welche zur Zeit der frühesten deutschen Einwanderung in Missouri bestanden, schildern; doch war dieses Thema meinem Freunde jedenfalls neu und meine barocke Manier zu erzählen, schien ihn zu amüsiren. Der scharfe Contrast zwischen unseren Lebens-Anschauungen und Erfahrungen entfremdete uns keineswegs, wir fanden im Gegentheil Wohlgefallen an einander und waren gute und unzertrennliche Freunde und Nachbarn bis an sein Ende. Zwischen unseren Frauen bestand ein ähnliches Verhältniß; Frau Schmidt war und ist heute noch eine Dame von gediegener Bildung, die früher fast ausschließlich in den sogenannten vornehmen Zirkeln verkehrt hatte und sich niemals den schwereren häuslichen Arbeiten zu unterziehen brauchte; sie war aber so vernünftig, einzusehen, daß die Mittel ihres Mannes nicht hinreichten, das frühere bequeme und genußsuchende Leben hier fortzusetzen, deßwegen unterwarf sie sich den schwersten häuslichen Pflichten einer guten Farmersfrau ohne Murren und war immer heiteren Muthes dabei. Ebenso wenig suchte sie jemals die Ansprüche und Prätensionen, die in vornehmer Gesellschaft fälschlicher Weise für wesentlich gehalten werden mögen, bei den Nachbarsfrauen in den Wäldern von Missouri geltend zu machen, denn sie war zu verständig, um nicht zu begreifen, daß solche Anforderungen hier rein lächerlich gewesen wären.

Meine selige Frau hingegen war, als ich sie heirathete, ein einfaches, aber sehr braves Landmädchen aus einer hochachtbaren Farmerfamilie, sie war eine musterhafte Hausfrau, eine gute Mutter und unergründliche Herzensgüte konnte man ihr aus den Augen leuchten sehen. Der Umgang führte zwischen diesen Frauen bald statt eines freundschaftlich-nachbarlichen, ein wirklich schwesterliches Verhältniß herbei, welches nur durch den Tod meiner Frau aufgelöst wurde.

Die ungetrübte Harmonie zwischen unseren Familien konnte nicht verfehlen, auch auf unsere Kinder einen sehr günstigen Einfluß zu üben, denn auch diese sind heute noch durch enge Freundschaftsbande mit einander verbunden.

In der eben geschilderten Weise lebten Freund Schmidt und ich über zehn Jahre lang, bis zum Ausbruch der Rebellion, in ungestörter Ruhe.

Ein Mann, der in seinem Geburtsland Leben und Eigenthum eingesetzt hatte, um seine Mitmenschen von einem erniedrigenden und unwürdigen Joch befreien zu helfen, konnte, als die Aufrechterhaltung der Union zur brennenden Tagesfrage geworden war, consequenter Weise nur ein unbedingter Unionsmann sein, und das war mein Freund im vollen Sinn des Wortes. Obgleich er körperlich nicht sehr stark und sogar mitunter sehr schmerzhaften rheumatischen Anfällen unterworfen war, so schloß er sich dennoch der ersten Heimwehr-Organisation an und trat in Reih' und Glied.

General Nathaniel Lyon, der in der Schlacht bei Wilsons Creek den Heldentod starb, hatte damals zwar den Oberbefehl über die wenigen Missouri-Regimenter, aber über die unabhängigen Heimwehr-Compagnien hatte er keine Controle, deßwegen befahl er nicht, sondern forderte diese Compagnien bloß auf, die Bewachung der Eisenbahnbrücken zu übernehmen und ihm auf diese Weise den Rücken zu decken, während er selbst mit seiner geringen Macht den Rebellen entgegen rückte.

Diesen Wachtdienst versahen unsere Heimwehren drei Monate lang, bis sie durch Regimenter, welche noch nicht vollständig organisirt waren, oder durch solche Regimenter, welche längere Zeit schweren Felddienst gethan hatten und sich nun erholen sollten, abgelöst wurden.

Freund Schmidt und ich standen in mancher Nacht Schildwache neben einander, und wenn wir nach langen zwei Stunden endlich abgelöst worden waren, saßen wir oft noch lange vor dem Lagerfeuer unter freiem Himmel, tranken einen tüchtigen Schnaps und rauchten und plauderten, bis wir zuletzt in unser Zelt krochen.

Bei solchen nächtlichen Unterhaltungen äußerte ich öfter: „Es wundert mich nur, Julius, daß du bei diesen Strapazen und bei dem Aufenthalt in diesen kühlen, feuchten Nächten nichts von deinen Anfällen spürst;" und er erwiederte dann gewöhnlich: „Warte nur, bis diese Zeit vorüber ist, dann werden sie sich wohl wieder einstellen; die jetzige immerwährende Aufregung läßt sie nur nicht zum Ausbruch kommen." Leider traf seine Vorhersagung nur gar zu richtig ein, denn wenige Tage nachdem die Heimwehren ihres Dienstes entlassen waren, wurde Schmidt unwohl, bald wurde sein Leiden so heftig, daß er sich Tag und Nacht in den fürchterlichsten Schmerzen wand, und als diese Qual anfing, etwas nachzulassen, war sein Zustand in ein typhusartiges Fieber übergegangen, dem er schon nach wenigen Tagen erlag.

Julius Schmidt war ein braver Mann, seiner Familie war er ein treuer Gatte und liebevoller Vater, seinen Freunden war er ein Helfer und Tröster in der Noth, und sein Leben so wie sein Tod haben bewiesen, daß er bereit war, für das Wohl der Menschheit jedes Opfer zu bringen, denn wenn er auch nicht durch eine feindliche Kugel fiel, so starb er dennoch auf dem Felde der Ehre.

25. Die Landeintheilung und Landverhältnisse.

Wenn der Inhalt dieses Kapitels auch keinen näheren Zusammenhang mit einer nur skizzirten Entwicklungs-Geschichte von Missouri hat, so mag es doch vielleicht von einigem Interesse für Solche sein, welche Landbesitzer im Staate zu werden wünschen, wenn ihnen einige Erklärungen über die hiesigen Landesverhältnisse geboten werden.

Die ganz genauen Daten, wenn gewisse, auf Regierungsländereien sich beziehende Gesetze im Congreß angenommen wurden, sind zwar in den Land-Archiven zu finden, aber da es zu einem allgemeinen Verständniß der Landverhältnisse nicht wesentlich ist, das genaue Datum und die Jahreszahl zu wissen, wann irgend ein altes Landgesetz in Kraft getreten ist, so werden hier wohl annähernde, aber dennoch ziemlich sichere Zeitangaben genügen.

Dasjenige Land, welches am frühesten in Privathände kam, war das in den alten spanischen und später französischen Landbewilligungen einbegriffene (Grants oder auch Claims). Solche Schenkungen waren sehr häufig Entschädigungen für der Regierung geleistete Dienste, oder auch nur Gunstbezeugungen, und ein solcher Grant umfaßte nicht selten 6000 bis 8000 Arpents (ein kleiner Bruchtheil über $\frac{7}{8}$ Acker engl. Maß); aber es gab auch noch eine andere Art Grants, welche Kopfrechte (headrights) genannt wurden.

Um zur Ansiedlung des Landes aufzumuntern, bewilligten die Spanier sowohl als auch die Franzosen Jedem, der da nachwies, daß er eine Klärung auf den öffentlichen Ländereien gemacht habe, und erklärt hatte, ein bona fide Ansiedler werden zu wollen, ein Stück Land von 300 bis 600 Arpents. Dieses Land mußte sich der Beanspruchende, wo und in welcher Form es ihm beliebte, vermessen lassen; die Beschreibung der Vermessung (fieldnotes) wurde dann registrirt, und in Uebereinstimmung damit der Besitztitel ausgefertigt.

Viele dieser Klärungen (improvements) bestanden anfänglich nur in wenigen Ruthen Landes, welche mit Mais bepflanzt waren, und eine von Fenzriegeln aufgelegte Hütte repräsentirte das Wohnhaus. Nicht Wenige jener Ansiedler verließen ihre Klärung wieder, so bald sie den Besitztitel in der Hand hatten, und kamen vielleicht erst nach Jahren zurück und wurden wirkliche Ansiedler, ja Mancher kehrte nie wieder, sondern verschleuderte sein Land für eine Bagatelle, denn auf Landbesitz legte man in jener frühen Zeit nur geringen Werth.

Die allermeisten dieser Claims liegen längs der Ufer der großen Ströme des Mississippi und Missouri, und erstrecken sich nicht weit landeinwärts; sie grenzen nicht immer an einander, sind aber in der Regel mehr oder weniger regelmäßige Vierecke. Die Grenzlinien derselben richten sich durchaus nicht übereinstimmend nach einer bestimmten Himmelsgegend, sondern laufen wie es eben demjenigen convenirte, der das Land aussuchte; eine Karte, auf welcher eine größere Anzahl dieser alten Claims verzeichnet ist, sieht einem Tisch nicht unähnlich, auf dem ein Spiel Karten auseinander geworfen ist.

Nachdem das Louisiana-Gebiet, oder mit andern Worten das Mississippi- und Missourithal, in den Besitz der Ver. Staaten gekommen war, wurden die öffentlichen Ländereien nach einem bestimmten, und zwar eben so einfachen wie sinnreichen System vermessen, und hierauf den Ansiedlern käuflich überlassen. Diese Vermessungen oder Sectionirungen wurden schon begonnen, als die heutigen Staaten Missouri, Illinois, Arkansas u. s. w. noch Territorien waren.

Viele, welche Land von der Regierung gekauft haben (Congreßland), kennen zwar die Nummer ihres Landes, und können auch wohl hieraus mit Sicherheit auf die Nummern ihrer Nachbarn schließen, denn die Begriffe von Vierzig- und Achtzig-Ackerstücken u. s. w. sind an und für sich sehr einfach und faßlich; aber in welcher Beziehung diese Benennungen zu dem Grundsystem unserer Landeseintheilung stehen, ist vielleicht vielen Andern nicht bekannt, deßwegen mag hier der Versuch gemacht werden, das Princip dieses Systems so gut wie möglich zu veranschaulichen.

Von einem festen Punkt an der Mündung des Arkansas in den Mississippi, etwa 130 Meilen südlich von der Grenze der Staaten Missouri und Arkansas, wurde eine sogenannte Grundlinie (base line) nach Osten und Westen gezogen und in Entfernungen von sechs Meilen zu sechs Meilen zog man nördlich und südlich Parallellinien zu dieser Grundlinie (Township lines). Von demselben festen Punkt aus vermaß man einen Meridian (der fünfte in Bezug auf die Landeintheilung) und parallel mit diesem wurden ebenfalls, je sechs Meilen von einander entfernt, Nord- und Südlinien gezogen (Range lines). Die auf diese Weise construirten Quadrate von einem Flächeninhalt von 36 Quadrat-Meilen nennt man „Townships".

Die Ortsbestimmung eines Townships wird nun auf folgende Weise bezeichnet: Township No. 1, 2, 3 u. s. w. nördlich oder südlich von der Grundlinie, wie es eben der Fall ist, und Range 1., 2., 3. u. s. w. östlich oder westlich vom fünften Meridian; bei Townships jedoch, welche in größerer Entfernung von der Grundlinie und dem Meridian liegen, wird die Hindeutung auf diese maßgebenden Linien in der Regel weggelassen, und nur die Nummer des Townships und der Range angegeben. Es ist leicht begreiflich, daß bei dieser Bezeichnungsweise eine Verwechselung des Townships nicht möglich ist.

Die weitere Eintheilung der Townships in je 36 Geviertmeilen ist die eigentliche Sectionirung. Diese ist überall dieselbe, und die Nummern der Sectionen laufen in allen Townships ohne Ausnahme in derselben Ordnung.

N.

6	5	4	3	2	1
7	8	9	10	11	12
18	17	16	15	14	13
19	20	21	22	23	24
30	29	28	27	26	25
31	32	33	34	35	36

W.   E.

S.

Diese kleine Zeichnung wird die Nummerirung der Sectionen veranschaulichen.

Die Regierungs=Feldmesser markirten nur die äußeren Grenzen der Sectionen, sie bestimmten die vier Ecken (corners) nach festgestellten Instructionen, und bezeichneten ferner die Mitte zwischen je zwei Ecken („Halbmeils=Corner" oder auch „Viertelsections=Corner"). Aber die Unterabtheilung der Section in Viertel und die abermalige Theilung der Viertel in Achtel oder Sechszehntel ist nun die Sache der County=Feldmesser. Da eine volle Section 640 Acker enthält, so muß also ein Sechszehntel 40 Acker sein.

Die alten Feldmesser waren instruirt, reichliches Maß zu geben, und sie sind dieser Weisung auch in der That in der liberalsten Weise nachgekommen, denn die meisten Townships sind zu groß und zwar nicht selten um ein sehr Bedeutendes. Folglich enthalten auch die Sectionen mehr als 640 Acker und da die Sectionen immer in möglichst gleiche Hälften, Viertel, Achtel und Sechszehntel getheilt werden müssen, so vertheilt sich das Uebermaß ziemlich gleichmäßig, so daß häufig ein sogenanntes Vierzigackerstück 2 — 6 Acker über das richtige Maß hält. Für dieses Uebermaß verlangt die Regierung keine Mehrzahlung, aber wenn durch diese Unaufmerksamkeit der Feldmesser und ihrer Gehülfen eine Section ausnahmsweise einmal zu klein gerathen ist, so zahlt die Regierung auch keine Entschädigung.

Viele Townships und auch Sectionen blieben unvollständig (fractional), wenn die Fortsetzung der Messung entweder durch schiffbare Flüsse oder durch die alten spanischen Grants unterbrochen wurde, denn diese Grants waren von der Regierung der Ver. Staaten als zu Recht bestehend anerkannt worden und die Grenzen dieser Claims durften nicht überschritten werden. Aber die Auseinandersetzungen, wie diese Fragmente zerlegt werden müssen und auf welche Weise die vielen Mängel und Unvollkommenheiten in den alten Original-Messungen zu berichtigen und auszugleichen sind, gehören nicht in dieses kleine Werk, denn sie würden höchstens für Feldmesser von Fach einiges Interesse haben. Sehr viele der ersten Settler hatten sich in den Wäldern und Prairien von Missouri niedergelassen, lange ehe die öffentlichen Ländereien vermessen waren; diese Squatters hatten, so weit das Land sectionirt und nummerirt war, das Vorkaufsrecht (pre-emption right) und es war ihnen eine Frist von zwei Jahren bewilligt, während welcher sie das Land, auf dem sie sich niedergelassen hatten, zu dem gewöhnlichen Preis, 1¼ Dollars per Acker, käuflich erwerben konnten; hatten sie aber diese Zeit unbenutzt verstreichen lassen, so waren sie ihres Vorkaufsrechts verlustig und irgend ein Anderer konnte das Land von der Regierung kau=

fen, ohne vorher den ersten Ansiedler für seine Improvements entschädigt zu haben. · Wer es aber wagte, einen alten Settler auf diese Weise von Haus und Hof zu vertreiben, der war in jenen Zeiten seines Lebens nicht mehr sicher, denn nach Hinterwäldler-Moral war eine solche Vertreibung ein todeswürdiges Vergehen; und wenn einem solchen Eindringling eine Büchsenkugel ein Ende bereitete, so hatte der Thäter, wenn man ihn kannte, die Sympathien der sämmtlichen Hinterwäldlerschaft auf seiner Seite, und bis zu einer gerichtlichen Untersuchung kam es dann in der Regel gar nicht.

Nachdem die öffentlichen Ländereien vermessen waren, wurden Land-Bureaus (land-offices) etablirt, in welchen man gegen Erlegung des festgesetzten Preises, (1¼ Dollars per Acker) einen Kaufschein (certificate) für das Stück Land bekam, welches man haben wollte. Duplicate von diesen Certificaten wurden an das General-Landamt nach Washington City geschickt und nach einiger Zeit erhielt man von dort das auf Pergament ausgefertigte Land-Patent mit der Unterschrift des Präsidenten. Anfänglich gingen diese Landverkäufe nur langsam von Statten, aber etwa von der Mitte der dreißiger Jahre an nahm der Zustrom nach Missouri in immer größerer Progressirung zu. Die unerschöpflich reichen Landstrecken längs des Missouri und seiner bedeutenderen Nebenströme wurden selbstverständlich zuerst aufgekauft, und zwar im westlichen Theil des Staates vorzüglich von reichen Sclavenhaltern, welche zum größeren Theil aus Virginien und Kentucky gekommen waren; aber das Land an den kleineren Flüssen und die großen Prairien blieben noch länger fast unberührt und nur ganz vereinzelt traf man dort Ansiedler, die sich in den engeren Thälern oder am Saum der Prairien niedergelassen hatten.

Dieser Zustand dauerte aber nur wenige Jahre, denn die Einwanderung nahm immer zu und ergoß sich dann auch in die weniger fruchtbaren Landestheile und in die großen offenen Prairien hinaus, bis man am Anfang der fünfziger Jahre sich nach den damaligen Begriffen von der Brauchbarkeit des Landes einbildete, in Missouri sei kein gutes Land mehr zu finden. In den Landofficen fing es schon an, stiller zu werden, aber da wurde durch die Passirung der Graduations-Acte im Congreß dem immer schwächer werdenden Landverkauf neues Leben eingeflößt.

Es ist leicht begreiflich, daß die Eintheilung eines so großen Landes wie Missouri in Sectionen, nicht in ganz kurzer Zeit beendigt sein konnte, und daß erst nach einer ziemlichen Reihe von Jahren die letzten Vermessungen eingerichtet wurden, deßwegen kamen die öffentlichen Ländereien nicht auf einmal, sondern erst nach und nach in den Markt. Durch das Graduationsgesetz nun, wurde der Preis des Congreßlandes nach gewissen Verhältnissen herabgesetzt; z. B. Land, welches schon zwanzig Jahre und darüber im Markte und noch unverkauft war, wurde auf 12½ Cents per Acker herabgesetzt, also fünf Dollars für ein Vierzigackerstück; und in ähnlichen Verhältnissen wurde der Preis des Landes, welches erst später verkäuflich geworden war, respective auf 25, 50, 75 Cents reducirt.

Um zu vermeiden, daß Landwucherer diese Ländereien zu Speculationszwecken in Masse aufkauften, und dadurch wirkliche Ansiedler beeinträchtigten, wurde verordnet, daß Niemand mehr als ein mal und zwar dann nicht mehr als 320 Acker kaufen konnte, und diese 320 Acker, oder acht Vierzigackerstücke, durften nicht einzeln ausgesucht werden, sondern mußten aneinanderschließen; Ansiedler, welche schon Land besaßen, hatten allerdings das Recht, ebenfalls 320 Acker oder weniger zu kaufen, aber das Neugekaufte mußte an das Land grenzen, welches sie schon im Besitz hatten.

Es war niemals die Absicht der Nationalregierung gewesen, mit den öffentlichen Ländereien zu speculiren, denn selbst der Verkauf zu 1¼ Dollars per Acker gab nur einen geringen Ueberschuß über die Vermessungskosten und die Unterhaltung der Land-Bureaus; die früheren Landkäufer hatten aber die Sahne von der Milch abgeschöpft, nur das geringere Land und die großen, für Agriculturzwecke absolut unbrauchbaren Strecken waren übrig und diese schienen für den alten Preis nicht mehr verkäuflich; darum wurde das Graduationsgesetz erlassen, und der Zweck desselben, selbst minder gutes Land an den Mann zu bringen, wurde so ziemlich erreicht, denn nicht nur schlechtes Land, sondern auch Tausende von Ackern gänzlich werthloser Steinhügel wurden zu dem herabgesetzten Preise verkauft.

Bald nachdem es allgemein bekannt geworden war, daß man 40 Acker Land für fünf Dollars kaufen könne, konnte man in St. Louis in der Straße, in welcher die Landoffice war, ein unterhaltendes Schauspiel beobachten; denn dort stand die Straße vor der Office manchmal so gedrängt voll von Menschen, daß den Fuhrwerken mitunter durch die Polizei Bahn gemacht werden mußte. Viele, welche zufällig dahin kamen und die Ursache des Zusammenlaufs erfuhren, blieben nun auch da, um so schnell wie möglich, mit dem Aufwand von vierzig Dollars für 320 Acker, Rittergutsbesitzer zu werden. Die gewöhnliche Anzahl von Beamten in der Landoffice reichte bei diesem Zudrang nicht aus, und es mußte Hülfe genommen werden; aber selbst als dieses geschehen war, hielt es noch eine Zeitlang schwer, mit dem Ungestüm der Käufer Schritt zu halten und erst nach einiger Zeit trat allmälig eine Ernüchterung ein.

Es wurde erzählt, daß man sich, als das Gedränge und die Sorge, kein Land mehr bekommen zu können, am stärksten war, an Winkeladvokaten gewandt habe, um mit ihrer Hülfe so schnell wie möglich Certificate zu erhalten und es sollen Manche mitunter ebenso viel für diese Dienste als für das Land bezahlt haben. Solche ungerechte Erpressungen wurden größtentheils durch die Ungeduld der Käufer selbst verschuldet, denn wenn man nicht so landgierig und unbesonnen gewesen wäre, so hätten die Beamten Zeit gehabt, in den Original-Fieldnotes Untersuchungen anzustellen und vor Uebereilung zu warnen.

Alte Farmer, welche ihren Grundbesitz vergrößern wollten, oder Solche, welche sich Land besehen und ausgesucht hatten, wußten, was sie für ihr Geld bekamen, aber die große Mehrzahl dieser ungeduldigen Käufer verstanden absolut Nichts von Landangelegenheiten, waren vielleicht nie aus der Stadt herausgekommen, sie bildeten sich ein, daß auf einem so großen Stück Land wenigstens etwas guter Boden sein müsse und daß sie auf keinen Fall beim Ankauf verlieren könnten, aber wie bitter wurden Viele getäuscht? Da solche Käufer eigentlich nichts wußten, als daß sie billiges Land haben wollten, so mußten sie es den Beamten überlassen, ihnen die Nummern von einem noch unverkauften Stück zu geben und wenn sie für ihr gutes Geld ein Certificat in die Hand bekamen, so waren sie noch gerade so gescheit, wie vorher, denn auf einem solchen Certificate steht weiter nichts, als eine, für die Meisten unverständliche Bezeichnung einzelner Theile einer Section, die Nummern der Section, des Townships, und der Range und die Beglaubigung der Bezahlung. Mit einem solchen Zettel in der Hand wußten sie weder in welcher Richtung, oder in welchem County, oder in welcher Entfernung sie ihr Land zu suchen hatten.

Die früheren Regierungs-Feldmesser waren unter Anderem instruirt, in ihren Berichten bei jeder Section zu bemerken, ob das Land gut oder schlecht, eben oder bergig, trocken oder sumpfig, und ob es Wald oder Prairie sei, und da sogar verlangt war, die Art der Holzarten und des Holzwuchses anzugeben, so konnte Jemand, der überhaupt wildes Land zu beurtheilen verstand, schon aus diesen Angaben mit ziemlicher Sicherheit auf die Beschaffenheit des Landes schließen. So waren denn auch in der Beschreibung der Sectionen an den äußersten Ausläufern und respectiven Wasserscheiden des Meramec, St. Francois, Blackriver, Current, den beiden Pineys, Robidour und Gasconade ganze Seiten in den

Büchern, wo bei den meisten Sectionen die Bemerkung „hilly, broken, not fit for cultivation" beigefügt ist, aber selbst solche Landstrecken wurden damals zu Tausenden von Ackern gekauft.

Die Auffindung des Landes verursachte den Käufern auch oft viele Mühe, Zeitverlust und Kostenaufwand; denn ohne Hülfe konnten die Wenigsten von ihnen ihr Besitzthum finden, und wenn sie endlich durch einen alten Settler, einen ortskundigen Jäger, oder einen Feldmesser in ein Labyrinth von Steinhügeln hineingeführt worden waren, und man sagte ihnen, hier sei ihr Land, so wurden sie in der Regel sehr kleinlaut und kehrten ihrem Lande und ihren Luftschlössern gewöhnlich für immer den Rücken. Da sie es nicht für der Mühe werth hielten, für eine Steinwildniß auch noch Steuern zu bezahlen, so wurde in den meisten Fällen diese Pflicht versäumt, und nach einer gewissen Anzahl von Jahren fiel das Land wieder an den Staat, so daß diese Einöden wieder so herrenlos wurden, als sie es vor der ersten Vermessung gewesen waren.

Sehr große Summen konnten übrigens bei diesen überellten und verständnißlosen Landkäufen nicht verloren gehen, denn für Wohlhabende, welche eben einmal ihr Glück in einer Landspeculation versuchen wollten, war der Verlust von ein paar hundert Dollars nicht sehr empfindlich, Aermere aber, die vielleicht Jahre lang gespart hatten, um sich eine Heimath auf dem Lande zu gründen, wendeten eben keine sehr hohe Summe an, und doch möchten es Manche bitter bereuen, daß sie so unvorsichtig gewesen waren, und sich ohne den Rath Erfahrener einzuholen, in eine Sache eingelassen hatten, von der sie nichts verstanden.

Der größte Theil des besten Landes im Staate kam jedenfalls schon früher als Congreßland direct in die Hände von wirklichen Ansiedlern, aber sehr viel höchst werthvolles Land kam auch in Gestalt von verschiedenen Donationen durch den Congreß in den Besitz des Staates und wurde erst durch seine Vermittlung Privateigenthum.

Bei der Aufnahme aller neuen Staaten in den Ver. Staaten-Bund, also auch von Missouri, wurde durch ein Congreßgesetz die Section No. 16 in jedem Township den respectiven Counties nach ihrer Organisation zu einem unantastbaren Schulfond votirt und diese Sectionen durften unter keinen Umständen als Congreßland verkauft werden. Wer solches Schulland dann kaufen wollte, mußte eine von zwölf Bürgern des respectiven Townships unterschriebene Application bei der County Court einreichen, und wenn diese in günstiger Weise berücksichtigt worden war, so wurde das betreffende Land nach Verlauf einer gesetzlich bestimmten Zeit an den Meistbietenden verkauft, durfte aber nicht für weniger als 1¼ Dollars pr. Acker zugeschlagen werden. Die Kaufsumme bildete einen Schulfond und nur die Zinsen davon durften für Schulzwecke verwandt werden.

Im Anfang der dreißiger Jahre wurden kurz hinter einander noch zwei verschiedene Landschenkungen an den Staat gemacht; diese beiden Sectionen sind bekannt unter dem Namen "Seminary und Salino lands", und jede dieser Schenkungen sollte so viel Land enthalten, als der Flächeninhalt von zwei Townships umfaßt, also beiläufig etwas über 46,000 Acker.

Der Erlös aus den Seminary lands sollte den Fond zu einer größeren Unterrichts-Anstalt bilden, und die Saline lands enthielten die Ländereien, auf welchen reiche Salzquellen gefunden worden waren. Die Ausnutzung dieser Quellen würde enorme Summen verschlungen haben, wenn der Betrieb auf Kosten der National- oder Staatsregierung unternommen worden wäre; deßwegen überließ man es durch diese Schenkung dem Staat über diese Ländereien zu verfügen, und dieser hielt es für rathsam, dieselben zu verkaufen.

Durch den Gouverneur wurden sachverständige Commissionen ernannt, um diese dem Staat geschenkten Ländereien auszusuchen; daß diese nun kein schlechtes Land wählten, ist unschwer zu begreifen, und darum ist schon seit einem Vierteljahrhundert kein Fußbreit dieses Landes mehr im Besitze des Staates. Der größte Theil der Sominary lands lag in Südost-Missouri und der übrige Theil im Nordosten; die Salino lands lagen, mit wenigen Ausnahmen, in den heutigen Counties Saline und Howard, südlich und nördlich vom Missouri. Sie sind sämmtlich längst in Privathänden.

In früheren Jahren bestand ein Congreßgesetz, nach welchem den Staaten für jeden Acker Congreßland, der innerhalb der Grenzen der bezüglichen Staaten verkauft wurde, zwei Cents aus der Bundeskasse zu Gute kommen sollten, und so lange die öffentlichen Ländereien einen so raschen Absatz fanden, ergaben diese zwei Cents pr. Acker eine nennenswerthe Summe, die vom Staate zu gemeinnützlichen Verbesserungen verwendet werden sollte. Um aber diesen weitläufigen und umständlichen Auseinandersetzungen ein für alle Male ein Ende zu machen, wurde diese Geldbewilligung um das Jahr 1841 in eine bedeutende Landschenkung verwandelt, indem dem Staat Missouri 500,000 Acker zugesprochen wurden, und diese Schenkung ist unter dem Namen "Internal Improvement Grant" oder auch "Five hundred thousand acre tract" bekannt. Auch diese Ländereien wurden durch eine vom Gouverneur ernannte Commission ausgesucht, und in vier verschiedenen Staats-Landofficen (nicht Ver. Staaten-Landofficen) ward der Verkauf dieses Landes eröffnet.

Von diesen vier Landofficen waren in Savannah in Andrew Co., Chillicothe in Livingstone Co. und Edina in Knor Co. nördlich vom Missouri und die vierte in Springfield in Green Co. im südlichen Theil des Staates etablirt. Auch von diesen Ländereien ist schon längst kein Acker mehr im Besitz des Staates.

Nach dem Krieg mit Merico, 1846, wurde ein Gesetz im Congreß passirt, welches jedem Soldaten eine Extra-Vergütung von 160 Ackern zusprach, und später wurde dieses Gesetz auch auf Solche ausgedehnt, welche die Feldzüge gegen die Engländer, 1812, mitgemacht hatten, und auch die wenigen Ueberlebenden von 1776 erhielten dieselbe Begünstigung.

Jeder, der einen solchen "military land warrant" hatte, konnte sich 160 Acker in irgend einem Staate, in welchem noch unverkauftes Congreßland zu finden war, aussuchen, und so bald er seinen warrant „gelöst" hatte, so wurde ihm ein vollgültiger Besitztitel für seine 160 Acker übergeben. Diese warrants konnten auch verkauft oder an Andere übertragen werden, und auf diese Weise wurde mit diesen Papieren oft ein abscheulicher Mißbrauch getrieben; denn nur wenige der entlassenen Soldaten benutzten ihren warrant so, daß sie sich ein gutes Stück Land aussuchten und sich eine sichere Heimath darauf gründeten, sondern die Meisten verkauften ihre warrants, mit denen sie nichts anzufangen wußten, und manchmal, wenn sie in Noth gerathen waren, um wahre Spottpreise. Nach dem Landpreis war ein warrant für 160 Acker 200 Dollars werth, aber zu diesem Preise waren solche Papiere nicht verkäuflich; man kann vielmehr annehmen, daß durchschnittlich kaum 100 Dollars dafür bezahlt wurden, und lieberliche Subjecte verschleuderten ihre warrants nicht selten für ein Butterbrod, wie man zu sagen pflegt.

Das war eine goldene Zeit für die Landwucherer; diese ließen durch ihre Agenten solche Papiere in Masse aufkaufen, und da in jener Zeit das Congreßland in den neueren Staaten, vorzüglich in Jowa und Wisconsin, in den Markt kam, so belegte jenes gewissenlose Wuchergesindel ungeheure Complere des besten Landes mit diesen warrants, und zwang dadurch die wirklichen, fleißigen aber armen Ansiedler, welche ein Segen für einen neuen Staat sind, sich entweder mit geringem Land zu begnügen, oder ihnen dasselbe Land, welches sie um eine Bagatelle an sich gebracht hatten, zu Wucherpreisen abzukaufen.

Wenn man zur Ehre des Congresses annimmt, daß dieses Gesetz nur von der Anerkennung für unsere Soldaten dictirt wurde, denen man das Wohlwollen der Nation auf diese Weise documentiren wollte, so wurde diese edle und patriotische Absicht doch nur in einem sehr geringen Grad erreicht. Für die meisten Soldaten war ein solcher warrant in der Weise, wie er verwandt wurde, nur ein unbedeutendes Geldgeschenk; und wenn der ganze baare Betrag, welcher aus dieser Landschenkung für die Soldaten in Wirklichkeit realisirt wurde, direct aus der Bundeskasse bezahlt worden wäre, so wären deßwegen der Nation keine besonderen Lasten aufgebürdet worden; aber da die Folgen dieses Gesetzes nur zur Gründung eines Monopols für habsüchtige Landspekulanten führten, so wurden bloß einige nichtsnutzige Blutsauger von dem Schweiß von Tausenden fleißiger und betriebsamer Arbeiter gemästet.

Im Jahre 1851 wurde im Congreß das Sumpfland=Gesetz (swampland act) passirt, welches sich anfänglich nur auf Missouri und Arkansas bezog, später aber auch auf andere Staaten ausgedehnt wurde.

Das große Erdbeben im Anfang dieses Jahrhunderts verursachte im Südosten von Missouri und dem Nordosten von Arkansas eine bedeutende Senkung von ungeheuren Strecken des schönsten und fruchtbarsten Landes, und durch das Uebertreten des Mississippi und den Zustrom von den Flüssen aus dem Innern des Staates versumpften diese sonst so gesegneten Landstriche; in weit ausgedehnten Strecken wechseln seitdem Sümpfe und undurchdringliche Rohrbrüche mit einander ab, aber durch die Anlegung von Abzugs=Kanälen läßt sich ein großer Theil dieser herrlichen Ländereien wieder trocken legen und der Cultur zugänglich machen, und man hat auch schon hier und da mit gutem Erfolg solche Entwässerungs=Versuche in Ausführung gebracht.

Durch jenes Sumpfgesetz wurden den obengenannten Staaten alle jene eingesunkenen Landestheile und auch andere Ländereien zum Geschenk gemacht, welche durch periodische Ueberschwemmungen für Ansiedlungen unbrauchbar sein mögen, und der Erlös aus diesen zu reclamirenden Strichen sollte dem Staats=Schulfond zufließen. Ein durch die Legislatur von Missouri erlassenes Gesetz veränderte aber jene Congreßacte dahin, daß jedes County im Staate zu den swamps and overflowed lands berechtigt sein sollte, welches innerhalb der Grenzen des bezüglichen Counties gefunden werden möchte, und die Kaufbeträge für diese Ländereien sollten den County=Schulfonds zu Gute kommen.

Das Aussuchen dieses Landes wurde darauf in jedem County einer Commission übertragen, und in sehr vielen Counties setzte man nicht nur wirklich sumpfiges oder häufigen Ueberschwemmungen ausgesetztes Land auf die Listen, sondern mitunter Tausende von Ackern, welche nie unter Wasser gesetzt worden waren, z. B. hohe, trockene Prairien und sogar auch hügeliges Holzland.

Alle diese Sumpflandlisten mußten der Landes=Behörde in Washington City zur Genehmigung vorgelegt werden, und erst wenn diese erfolgt war, wurde der Rechtstitel zu diesen Ländereien an den Staat ausgefertigt.

Es scheint, als ob man Anfangs diese Landeslisten keiner sehr eingehenden Prüfung unterzogen habe, denn es ist urkundlich nachzuweisen, daß für sehr vieles Land Patente gegeben wurden, auf welchem wahrscheinlich niemals Wasser genug für eine Entenpfütze stehen geblieben war. Durch diese langen Listen von Sumpfländereien in Counties, in welchen die Landkarten nicht einmal einen Fluß von einiger Bedeutung nachweisen, z. B. auf den Ausläufern des Ozark=Gebirges, mußte man in Washington City doch etwas mißtrauisch geworden sein, denn diese Listen wurden nun aufmerksamer untersucht und mit den Beschreibungen in den alten Original-Fieldnotes verglichen, und da fand sich denn nicht selten, daß man sogar auf hohen Wasserscheiden und selbst in ziemlich bergigen Gegenden beträchtliche Strecken von der Ueberschwemmung ausgesetzten Ländereien gefunden haben wollte.

Seit dieser Entdeckung wurde man in Washington City etwas aufmerksamer, wenn die eingereichten Landlisten eine Argwohn erregende Länge hatten; man unterzog sie einer sorgfältigen Prüfung, und die Folge war, daß manche dieser Listen entweder gar nicht genehmigt wurden, oder daß man wenigstens viele Landesnummern daran strich. Dennoch beläuft sich der Gesammt-Flächeninhalt der sogenannten Sumpfländereien im Staate auf beinahe drei Millionen Acker.

Gegen diese so überaus liberale und die Wohlfahrt des Landes bezweckende Donation würde wohl Niemand, der die Erziehung der Jugend für eine wesentliche Bedingung zu einer gründlichen Civilisation hält, etwas einzuwenden gehabt haben, obgleich die Schenkung in ziemlich unbescheidener Weise ausgebeutet worden sein mag, wenn nur der wohlwollende Zweck dieses Gesetzes erreicht worden und allgemein ein bedeutender Schulfond dadurch creirt worden wäre, aber nur in wenigen Fällen war ein solches Resultat sichtbar.

Ehe diese Sumpfländereien durch die Staats-Legislatur an die einzelnen Counties übergeben worden waren, wurde das Land für 1¼ Dollars pr. Acker an Applikanten verkauft, aber da bei dieser Uebertragung an die Counties absichtlich oder unabsichtlich versäumt worden war, einen Minimum-Preis festzusetzen, der nicht unterschritten werden durfte, so wurden durch die unbegreifliche Verblendung manches County-Verwaltungs Rath diese zum Theil sehr werthvollen Ländereien an schlaue und raubsüchtige Spekulanten um ein wahres Bettelgeld verschleudert, z. B. für 2 – 3 Cents pr. Acker, und es soll sogar vorgekommen sein, daß die Schulfonds selbst um diese wenigen Pfennige noch betrogen wurden.

Es ist traurig, aber leider wahr, daß eine solche niederträchtige Corruption, welche sich nicht scheut, arme Kinder um das Werthvollste, was ihnen geboten werden kann, den Schulunterricht, in schamloser Weise zu bestehlen, wirklich vorhanden war, aber daß solche verbrecherische Schwindeleien noch dazu ungeahndet bleiben, ist noch weniger ein erfreuliches Zeichen der öffentlichen Moral.

Nur wenige Jahre, nachdem das Sumpfland-Gesetz in Kraft getreten war, wurden durch den Congreß sehr beträchtliche Landschenkungen an verschiedene Eisenbahn-Compagnien gemacht. Es war ihnen zu beiden Seiten ihrer Bahnlinie in einer Breite von 15 englischen Meilen eine um die andere Section zugesprochen worden, nämlich alle Sectionen, deren Nummern gerade Zahlen waren, also mit anderen Worten, 18 von 36 Sectionen eines jeden Townships längs der Eisenbahn.

Die Bestimmung, den Eisenbahn-Compagnien dieses liberale Landgeschenk nicht in einem geschlossenen Complex zu machen, war eine sehr wohlüberlegte, denn man hätte diesen Compagnien dadurch ein in vielen Beziehungen gemeinschädliches Monopol in die Hände gegeben; aber da sie nur immer über eine um die andere Section verfügen konnten, so mußten sie sich wohl mit ihren Landverkäufen innerhalb der üblichen Schranken halten und konnten nicht unbemittelte Ansiedler in ungebührlicher Weise prellen.

Soweit die Eisenbahnen durch dicht besiedelte Counties liefen, war den Compagnien diese Donation von keinem großen Werth, denn das wirklich gute und brauchbare Congreß-Land war schon längst in die Hände von Ansiedlern übergegangen, und in manchen Townships waren nur einige zerstreute Vierzigackerstücke übrig geblieben, die eben Niemand ihrer Werthlosigkeit halber hatte haben wollen, aber weiter westlich und südwestlich, wo beim Ausbruch der Unruhen und während des Krieges die Landkäufe fast ganz aufgehört hatten, haben diese Schenkungen, selbst noch innerhalb der Staatsgrenzen von Missouri keinen ganz unbedeutenden Werth. Der hauptsächlichste Werth dieser enormen Schenkungen liegt aber im westlichen Theil von Kansas und Nebraska, in Colorado und einem Theil von Texas. Dort, am Platte und Arkansas hinauf laufen die Bahnen nach dem stillen Ocean wohl durch unermeßliche Strecken der fruchtbarsten Prairien, die noch vor wenigen Jahren die Heimath von Büffeln waren, und es zum Theil noch sind, aber dieselben Bahnen ziehen auch Hunderte von Meilen weit durch öde wasser- und pflanzenlose Wüsteneien, und Unerfahrene werden daher wohl daran thun, Eisenbahnland nicht auf Empfehlungen und Anpreisungen hin zu kaufen, sondern das Land in Begleitung eines Sachverständigen erst an Ort und Stelle zu besichtigen; nur wenn eine solche Inspection befriedigend ausgefallen ist, mag man mit Sicherheit einen Kauf abschließen. Die jüngste und wahrscheinlich auch die letzte Landschenkung an den Staat Missouri wurde in den sechziger Jahren gemacht; es waren 330,000 Acker und der Erlös aus dem Verkauf oder der Verpachtung dieser Ländereien war zur Gründung einer Agricultur-Schule bestimmt. Für den Commissär, der dieses Land zusammensuchen sollte, war es keine leichte Mühe, eine so beträchtliche Ackerzahl wirklich brauchbaren Landes zu finden, denn vieles des noch unbesetzten Landes bestand nur noch in Nadelholzwaldungen, deren fast einziger Werth in dem Holze bestehen mag, wenn erst die Communication mit jenen meist sehr dünn besiedelten Counties längs der Arkansas-Grenze, in dem die besagten Ländereien socirt sind, durch Eisenbahnen ermöglicht sein wird.

Fast um dieselbe Zeit, als diese letzte Schenkungsacte im Congreß passirt wurde, erließ diese Körperschaft auch ein Heimstätte-Gesetz für Missouri sowohl als auch für andere der neueren Staaten, welches eigentlich auch in die Kategorie der Landschenkungen gehört.

Dieses Gesetz spricht jeder Person, männlichen oder weiblichen Geschlechts, welches das Alter von 21 Jahren erreicht hatte, 160 Acker Congreßland, über welches noch in keiner Weise disponirt worden war, gratis zu, wenn die betreffende Person, welche aber nicht schon anderwärts Land besitzen durfte, die bestimmte Erklärung abgab, dieses Land wirklich besiedeln und darauf wohnen zu wollen. Die gesetzlichen Gebühren für die Locirung und das Registriren dieser Ländereien verursachten nur geringe Unkosten, aber ein vollgültiger Besitztitel, welcher auch das Recht zum Wiederverkauf gab, sollte erst dann erfolgen, nachdem der Besitznehmer fünf Jahre auf dem Lande gewohnt hatte.

Für arme, aber fleißige und unternehmende junge Männer, so wie für bedürftige Wittwen, welche eine heranwachsende Kinderschaar zu versorgen hatten, wäre dieses Gesetz eine große Wohlthat gewesen, wenn es nur zehn Jahre früher erlassen worden wäre, aber nachdem von dem, beiläufig 45 Millionen Acker haltenden Flächeninhalt des Staates Missouri nicht vielmehr als die Hefe übrig geblieben war, konnte solche, in der That gut gemeinte Landbewilligung den Armen nicht viel mehr nützen. Es wurden allerdings in entlegenen noch spärlich bewohnten und etwas unwirthlichen Counties unzählige Heimstätten ausgesucht und auch eine Zeitlang bewohnt, aber ein großer Theil davon ist längst wieder verlassen.

Die Richtigkeit dieser etwas ausführlichen Schilderung der Landesverhältnisse in Missouri läßt sich leicht aus den Urkunden der Ver. Staaten Landämter und des Staats-Landamts nachweisen, und eine nur oberflächliche Inspection der Landbücher im Landamt von Missouri wird Jeden überzeugen, daß die Zeit vorüber ist, in welcher man werthvolles Land zu $1\frac{1}{4}$ Dollars per Acker kaufen konnte.

Es ist die Pflicht der drei Ver. Staaten-Landämter, innerhalb unseres Staates regelmäßig bis zum 1. Juli des laufenden Jahres genaue Listen von allen während des Jahres verkauften Congreßländereien an das Staats-Landamt einzuschicken; diese Listen enthalten in fortlaufender Folge des Datums die Namen der Käufer und die Nummern des gekauften Landes; die Locirung dieser Nummern nach Counties wird in dem letzteren Landamte besorgt und Auszüge davon werden nach den respectiven Counties geschickt, um dort in die Steuerlisten eingereihet zu werden.

In früheren Jahren füllte ein einziger Jahresbericht mitunter nahezu einen Folianten, jetzt aber sind diese Listen bis auf wenige Hundert Nummern zusammengeschmolzen und werden noch alle Jahre kürzer.

Die Einwanderung nach Missouri war vor dem Krieg niemals so massenhaft als nach demselben; sind dennoch die Landlisten so kurz, so ist das ein klarer Beweis, daß in Missouri nicht mehr viel brauchbares Congreßland zu finden ist, und das Land in unsern Tagen aus zweiter Hand gekauft werden muß.

Dieses lange Kapitel mag vielleicht für manchen Leser eine etwas trockene Unterhaltung sein, aber eine Beschreibung von der Art und Weise, wie das ganze Gebiet eines Staates allmälig in Privathände übergegangen ist, gehört eines Theils zur Entwicklungs-Geschichte eines Landes, und anderen Theils mag es nicht ganz ohne Nutzen für Solche sein, welche Missouri zu ihrer künftigen Haimath wählen möchten und sich zu dieser Wahl durch die zahlreichen Schriften haben bestimmen lassen, welche vor mehr als zwanzig Jahren erschienen sind; die darin enthaltenen Schilderungen der Ansiedlungsweise im fernen Westen mögen damals ganz richtig gewesen sein, aber heute sind sie es nicht mehr, und wer sich keinem andern Rathgeber anvertraut als solchen Schriften, wird nur unangenehmen Täuschungen entgegen gehen.

Das hier Gesagte soll keineswegs Einwanderer von Missouri fern halten, sondern soll sie nur vor unfruchtbaren Illusionen bewahren. Wenn man auch nicht mehr in der alten Weise, mit Nichts in der Hand, in den hiesigen Wäldern und Prairien zu großen Farmen kommen kann, so ist Missouri dennoch ein Land, in welchem noch viele Tausende nicht allein reichliches Brod erwerben, sondern auch unter Umständen ihr Glück machen können, wenn man Reichwerden und Glück für gleichbedeutend hält. Früher waren die Ansiedlung auf Congreßland und der Landbau das Hauptziel der meisten Einwanderer, aber wenn auch den nur einigermaßen Bemittelten der Erwerb von Grundeigenthum auch noch nicht allzuschwer erreichbar ist, so sind doch jetzt der Handel, die Gewerbe, die Künste, und fast jeder denkbare Industriezweig neben dem Ackerbau sichere Erwerbsquellen, und unsere heutigen Verhältnisse sind nur die ganz natürlichen Folgen des Ueberganges von einem wilden Zustande in einen civilisirten.

---

26. Betrachtungen über Sprachvermischung.

Wenn Jemand sein Geburtsland verläßt und sich in einem anderen Welttheil niederläßt, so werden die Verhältnisse in seiner neuen Heimath allmälig einen größeren oder geringeren Einfluß auf seine früheren Anschauungen, Gebräuche und Gewohnheiten ausüben, und wenn er nach Verlauf von Jahren eine unparteiische Selbstschau hält, so wird er finden, daß er ein ganz anderer Mensch geworden ist, als er geworden wäre, wenn er in seiner alten Heimath fortgelebt hätte. Diese Behauptung bezieht sich auch auf die Sprache, denn wenn man sich auch noch so sehr bemüht, die Muttersprache von Wörtern einer andern Sprache rein zu erhalten, so werden sich doch bald genug fremde Wörter eingeschlichen haben, die man braucht, ohne sich dessen recht bewußt zu sein. Leute, die eine gründliche Schulbildung genossen haben, die viel lesen und wohl auch schreiben, werden es bei einiger Aufmerksamkeit auf sich selbst leichter vermeiden können, ihre Muttersprache gar zu auffallend mit fremden Wörtern zu vermischen, aber bei Solchen, die nicht im Stande sind, die Sprache, die sie von Jugend auf gehört haben, in jeder Weise grammatisch richtig zu gebrauchen, dauert es gewöhnlich nicht lange, bis ihre Sprache, oder eigentlich ihr Dialect, ganz ausartet.

Man denke nur an die Deutschen, welche im verflossenen Jahrhundert nach Amerika kamen und sich vor und nach dem Revolutionskrieg in den alten Staaten der Union niederließen. Diese gehörten mit nur sehr seltenen Ausnahmen dem Arbeiter- und Bauernstande an, und wenn man bedenkt, in welchem Zustande die Dorfschulen vor hundert Jahren in Deutschland waren, so läßt sich leicht schließen, daß die meisten dieser Einwanderer, ein so nützliches Element sie auch waren, doch nur sehr nothdürftige oder gar keine Schulkenntnisse mit in dieses Land brachten; es ist daher gar nicht zu verwundern, daß sich ihr heimathlicher Dialect, denn etwas anderes sprachen sie nicht, sehr bald mit englischen Worten so vermischte, daß er fast bis zur Unverständlichkeit entstellt wurde; dieses Idiom, welches unter dem Namen „Pennsylvanisch Deutsch" bekannt ist, würde in den Heimathsdörfern dieser alten Ansiedler wahrscheinlich nur zum geringsten Theil verstanden werden.

Die später eingewanderten Deutschen vermengten zwar auch sehr häufig ihre eigene Sprache ganz ohne Noth mit englischen Wörtern oder englisirten deutschen Wörtern, aber ein so schauderhaftes Kauderwelsch wie das alte Pennsylvanisch-Deutsch wird doch bis jetzt nirgend wo anders gesprochen, als dort, wo jene Pennsylvanisch-Deutsche wohnen. Es ist aber erfreulich zu bemerken, das Amerikaner, welche von Pennsylvanien oder Ohio nach Missouri kamen und denen jenes Idiom zuweilen geläufiger war, als die englische Sprache, durch den Umgang mit den neu eingewanderten Deutschen mitunter veranlaßt werden, Versuche zu machen, sich eines besseren Deutsch zu befleißigen. Viele von ihnen fangen sogar an, bei ihren Anreden das „Sie" zu gebrauchen, während sie sonst nur das „Du" kannten.

So viel auch von Einigen gegen jede Einmischung von englischen Wörtern in die deutsche Sprache geeifert werden mag, so ist es doch fast ganz unmöglich, den Gebrauch von nicht deutschen Wörtern unter allen Umständen zu vermeiden, wenn man nicht in Pedanterie verfallen will, und durch eine weitschweifige Umschreibung läuft man noch dazu Gefahr, entweder gar nicht oder doch falsch verstanden zu werden.

Es könnte Einem dabei gehen, wie dem sel. Gymnasial-Director Wendel in Coburg. Dieser war ein gewaltiger Deutschthümler, der mit peinlicher Gewissenhaftigkeit jedes Fremdwort zu vermeiden suchte, und dafür mitunter ganz sonderbare deutsche Wörter substituirte. Eines Abends verlangte er in einem regelmäßigen Club einen „Glimmstengel"; der Wirth glaubte nicht recht gehört zu haben und fragte: „Was ist dem Herrn Director gefällig?" „Einen Glimmstengel will ich haben", war die Antwort. Der Wirth wurde dadurch nicht klüger und fragte noch einmal. „Aber wissen Sie denn nicht, was ein Glimmstengel ist?" war die barsche Erwiederung. Jetzt war aber dem Wirth die Geduld auch ausgegangen und er fuhr auf: „Herr Direktor, wenn Sie mit mir reden wollen, müssen Sie deutsch sprechen; lateinisch verstehe ich nicht." Nach dieser Erklärung blieb dem Herrn Director nichts übrig, als eine „Cigarre" zu verlangen.

Es gibt hier zu Lande so viele Werkzeuge und Geräthe, deren Gebrauch man in Deutschland nicht kennt, und wenn man dort auch ähnliche hat, so ist ihre Benutzung doch sehr verschieden von der hiesigen, für alle diese Dinge hat man gewisse Namen, aber eine Uebersetzung dieser Benennungen von einer Sprache in die andere würde nicht immer einen klaren Begriff von dem eigentlichen Gebrauch und dem Zweck dieser Gegenstände geben.

Die amerikanische Thier- und Pflanzenwelt ist ebenfalls verschieden von der europäischen, und wenn es auch kein lebendes Geschöpf und kein Gewächs hier geben mag, welches den Naturforschern nicht schon längst bekannt wäre, so kennt man doch nur die wissenschaftlichen Bezeichnungen in lateinischer Sprache, nicht aber die hier landesüblichen Namen dafür.

Ebenso hat man für die Beschaffenheit des Landes Bezeichnungen, die sowohl in Bezug auf die Gestalt als auch auf sonstige Eigenschaften ganz bestimmte Begriffe andeuten, die sich durch Uebersetzungen und Umschreibungen nicht immer allgemein verständlich wiedergeben lassen.

Zur Erläuterung des Obigen mögen einige Beispiele angeführt werden.

Das Wort "frower" in's Deutsche übertragen, heißt ein „Keil zum Spalten", aber diese Uebersetzung gibt keine klare Vorstellung von dem Werkzeug, welches hier frower genannt wird; es ist ein etwa 14 Zoll langes und 3 — 4 Zoll breites, starkes und keilartig geschmiedetes Messer mit einer Oese an dem einen Ende, worin ein kurzer, etwa zwei Zoll dicker Stiel befestigt wird, und dieses Instrument wird hauptsächlich zum Spalten von Schindeln und Latten gebraucht.

Wer in einem Lexikon das Wort "skillet" aufsucht, wird es als ein „kleiner Kessel oder Kochtopf" übersetzt finden; in der Wirklichkeit ist es aber ein gußeiserner Tigel mit drei kurzen Beinen und einem ebenfalls gußeisernen Stiel; der Deckel ist auch von demselben Metall und hat einen anderthalb Zoll hohen, aufrechtstehenden Rand, um das Herabfallen der aufgelegten glühenden Kohlen zu verhüten; oben in der Mitte hat der Deckel einen Henkel, um ihn vermittelst eines Hakens auflegen oder abnehmen zu können; früher, ehe noch die Kochöfen in Gebrauch gekommen waren, und als man noch auf dem Heerd vor dem Kaminfeuer kochte, war dieses Geräth in jeder Haushaltung in Benutzung, jetzt findet man es nur noch in den Gegenden, in welchen man an den alten Hinterwäldler-Sitten festhält.

Für viele der hier einheimischen Waldbäume kann man allerdings ein rein deutsches Wort gebrauchen und das geschieht auch meistentheils, denn die Worte „Schwarz-, Weiß- oder Roth-Eiche" u. s. w. sind für einen Deutschen ebenso verständlich wie Black-, White- oder Red-Oak; aber das geht nicht mit allen Eichenarten und auch nicht mit vielen anderen Bäumen und kleineren Pflanzen; wie würde man z. B. Burr-Oak oder Chinky-pin-Oak übersetzen? und die Uebersetzung der allerschlechtesten Eichenart, der "Black-Jacks", würde geradezu zur Lächerlichkeit führen; denn "black" heißt „schwarz" und "Jack" kann als ein Deminutiv von „Jacob" gebraucht werden, es bedeutet aber auch, einen männlichen Esel; welche Genugthuung würde es nun für einen Deutschen à la Direktor Wendel sein, anstatt von einem Black Jack-Dickicht, von einem Dickicht von „schwarzen Jakobchen" oder „schwarzen Eseln" zu sprechen.

In Bezug auf die Boden-Formation gebraucht man mehrere englische Ausdrücke, die einer eingehenden Erklärung bedürfen. Die beiden Wörter, Bluff und Bottom kennt wohl jeder Deutsche, der hier auf dem Lande eine Zeit lang ansässig gewesen ist, aber es möchte schwer sein, für diese beiden englischen Wörter ein paar deutsche zu finden, welche genau dieselbe Bedeutung haben.

Wer der Bodenbildung in der Nähe unserer größeren Flüsse einige Aufmerksamkeit schenkt, wird zu der Ansicht kommen, daß diese Gewässer früher viel größer gewesen sein müssen, als sie jetzt sind; der Augenschein lehrt, daß in vorhistorischen Zeiten der ganze, oft 8 — 10 Meilen breite Raum zwischen den Hügelreihen oder auch Felswänden an beiden Seiten der Flüsse, Strombett gewesen sein muß, und daß unsere größten Flüsse im Vergleich mit ihrer ursprünglichen Größe heutigen Tages nur noch Bäche sind. Es mag manches Jahrtausend darüber hingegangen sein, bis sich das Wasser soweit verlaufen hatte, daß der höhere Theil des Flußbetts zu Tage kam. Wir können noch jetzt fast alljährlich bemerken, wie rasch eine bloßgelegte Sandbank mit einer üppigen Vegetation überwuchert; und wenn eine solche Bank durch die häufigen Veränderungen in der Strömung nicht wieder weggerissen wird, so erhöht sie sich von Jahr zu Jahr durch den Sand und Schlamm, den die periodischen Ueberfluthungen darauf absetzen, und man kann Augenzeuge sein, wie sich eine einst nackte Sandbarre in weniger als einem Menschenalter in einen schlagbaren Wald verwandelt. Durch diesen Landbildungs-Proceß, der sich viele tausend Male wiederholt haben mag, und dadurch, daß im Lauf der Zeit die Breite des alten, trockengelegten Strombettes zu der der Flüsse, wie wir sie in unseren Tagen sehen, in ein umgekehrtes Verhältniß getreten ist, entstanden diese fruchtbaren Ländereien, welche man "bottoms" nennt. Das höhere Land, welches das ursprüngliche, alte Flußbett auf beiden Seiten begrenzte, nennt man die "bluffs". Diese Bezeichnung bleibt dieselbe, ob diese Uruferbenutzbare Hügel oder steile Felswände sind, sowie auch die Bottomländereien längs der großen Ströme und der kleineren Nebenflüsse und Bäche überall "bottoms" heißen. Aber die Bezeichnungen "bluffs" und "bottoms" bedingen immer die unmittelbare Nähe eines fließenden Gewässers; und weder hohe oder niedrige Hügel und Berge noch die fruchtbarsten Hochländereien, welche entfernt von den Flüssen liegen, werden jemals bluffs oder bottoms genannt.

Das Wort "store" hat sich ebenfalls ganz und gar in der hiesigen deutschen Sprache eingebürgert. Für diesen Ausdruck läßt sich nicht leicht ein deutsches Wort finden, welches für sich allein genau denselben Sinn wiedergibt, in dem es hier gebraucht wird. Die Worte „Magazin", „Waarenniederlage", „Kaufladen", „Kramladen", die man für jenen Ausdruck substituiren könnte, geben zwar einen annähernden, aber keinen vollständigen Begriff von der Bedeutung dieses Wortes. „Store", hauptsächlich „Land-Store", meint einen Verkaufsplatz, in welchem Alles zu finden ist, was zu den Bedürfnissen einer Landbevölkerung gehört. In einem voll ausgestatteten Land-Store handelt man mit Schnittwaaren, fertigen Kleidern, Schuhen, Stiefeln, Sätteln und Allem, was zu einem Pferdegeschirr gehört, ebenso mit Kaffee, Zucker, Branntwein und Specereien aller Art, mit Kau- und Rauchtabak, Porcellan-, Blech- und Eisenwaaren und auch Patent-Medicinen Färbestoffe, sogenannte Juwelier-Artikel und andere zur sonntäglichen Toilette gehörende Gegenstände werden hier feil geboten; die Käufer dagegen bezahlen ihre Bedürfnisse zum großen Theil mit ihrem Ueberfluß an Hühnern, Butter, Eiern, getrockneten Aepfel- und Pfirsichschnitzen, Häuten u. s. w., und nur, wenn diese Tauschartikel den Preis für die gekauften Waaren nicht erreichen, wird die Bilanz mit baarem Geld ausgeglichen.

Viele dieser Land-Kaufleute hielten früher ihre eigenen Fuhrwerke, welche von Zeit zu Zeit die eingetauschten Gegenstände nach den größeren Städten, vorzüglich nach St. Louis, brachten und dafür neue Waaren zurücknahmen. Die Eisenbahnen haben allerdings in unseren Tagen diesen Verkehr sehr erleichtert.

Wenn es nöthig wäre, so könnte hier noch eine ganze Reihe von Erklärungen englischer Wörter folgen, aber da es nicht in der Absicht des Schreibers liegt, ein Fremdwörterbuch zu schreiben, so mögen die erwähnten Beispiele genügen, um nachzuweisen, daß es hier in diesem Lande und in Verhältnissen, welche von denen in unserer alten Heimath sehr häufig mehr oder minder abweichen, nicht unter allen Umständen zu vermeiden ist, englische Wörter in unsere Muttersprache aufzunehmen. Es soll mit dieser Bemerkung eine unbedingte und rücksichtslose Sprachvermischung keineswegs befürwortet, sondern nur angedeutet werden, daß ein zu strenges und ängstliches Festhalten an der Ausschließung aller landesüblichen englischen Ausdrücke aus unserer Muttersprache sehr leicht in Pedanterie ausarten kann, und diese würde weder zur Verschönerung noch zu einer besseren Verständlichkeit des Deutschen wesentlich beitragen.

Es ist aber auch auf der andern Seite nicht zu leugnen, daß vielerseits mit dieser Sprachvermischung ein arger Mißbrauch getrieben wird, und daß diese Vermischung nicht selten in eine Verhunzung umschlägt. In den Ver. Staaten gibt es Deutsche von den höchsten, aber auch von den niedrigsten Bildungsstufen, und daß diese letztere Klasse, welche die Schönheit und die Reichhaltigkeit ihrer eigenen Sprache weder kennt noch zu würdigen versteht, ihren heimathlichen Dialect durch eine Vermischung mit einer Sprache, von der sie ebenfalls nur eine höchst mangelhafte Kenntniß hat, mitunter zu einer lächerlichen Sprach-Carricatur verunstaltet, ist wohl leicht einzusehen.

Jüngere deutsche Kinder, welche viel mit anderen Kindern anglo-amerikanischer Abkunft umgehen, und mit ihnen die Schulen besuchen, lernen in der Regel spielend geläufig Englisch sprechen, und wenn sich diese Kinder erst an diese Verkehrsweise gewöhnt haben, so gebrauchen sie auch meistens im elterlichen Hause die angelernte Sprache unter sich, wenn sie nicht von ihren Eltern streng angehalten werden in ihrer Gegenwart deutsch zu sprechen. Unverständigen Kindern, die überhaupt noch keinen Begriff von dem Werth einer reinen Sprache haben, ist eine solche Vorliebe für das Englische nicht besonders übel zu nehmen; aber die Menschen bleiben nicht immer Kinder. Sehr viele junge Leute, vorzüglich in großen Städten und in der Nähe von solchen, wenn sie erst in das Alter der Gelbschnäbel und Backfische eingerückt sind, treiben häufig mit ihrer hartnäckigen Englischsprecherei einen widerwärtigen Mißbrauch; ihr einfältiges Betragen in dieser Beziehung läßt vermuthen, daß sie sich schämen von deutschen Eltern abzustammen; denn, so lange sie es vermeiden können, sprechen sie kein deutsches Wort, oft selbst nicht in Gegenwart von Personen, die, wie sie wissen, die englische Sprache nur sehr unvollkommen oder gar nicht verstehen. Es kommt sogar vor, daß sich solche Grünlinge solchen Leuten gegenüber, die der Landessprache nicht mächtig sind, geberden, als ob sie kein deutsches Wort verständen; und in ihrem Dünkel und ihrer Aufgeblasenheit, die natürlichen Begleiter von Dummheit und Unwissenheit, scheinen sie sich einzubilden, daß solches Benehmen imponire und Bewunderung errege. Welche Albernheit! Ein Mensch, der eine Sprache nicht versteht, kann auch nicht beurtheilen, ob sie gut oder schlecht gesprochen wird, und ein wirklich gebildeter Mensch kann die Taktlosigkeit eines solchen Betragens nur belächeln oder verachten.

Die eben gerügte Unart ist zum Theil allerdings dem Unverstand der jungen Leute zuzuschreiben, und wenn diese in späteren Jahren erst mit mehr Ueberlegung und Einsicht handeln, gelernt und ihr Schicklichkeitsgefühl berichtigt haben werden, so mögen Manche von ihnen diese üble Gewohnheit wieder ablegen; jedoch sind Eltern, die nicht einsehen können oder nicht wollen, wie lächerlich ihre Kinder in ihrer Gegenwart sich betragen, und die solches Benehmen wohl gar thörichterweise für das Attribut feiner Bildung halten, wenigstens ebenso sehr zu tadeln, wie die Kinder; aber den Gipfel von Albernheit erreichen solche deutsche Eltern, welche sich für berufen halten, mit ihren eigenen Kindern ausschließlich englisch zu sprechen. Eingewanderte Deutsche, welche erst in vorgerückteren Jahren nach Amerika kommen, mögen wohl die Landessprache ganz gut verstehen und auch wohl lesen und schreiben lernen, aber die vollständig richtige Aussprache vieler englischen Wörter wird ihnen immer unerreichbar bleiben, deßwegen muß man von solchen gar nicht selten ein haarsträubendes Englisch mit anhören. Abgesehen davon, daß die Kinder durch diese Thorheit der Eltern ihrer Muttersprache entfremdet werden, so ist auch schwer zu begreifen, was es den Kindern nützen soll, wenn sie tagtäglich ein solches Kauderwelsch anhören müssen, auch können ja die Eltern die Sprachfehler der Kinder nicht corrigiren, weil sie selbst noch größere machen. Rügen mögen wohl diese Unsitte nicht verbessern, immerhin aber sind solche Menschen zu bemitleiden, deren Cranium zu unvollkommen entwickelt ist, um begreifen zu können, daß es niemals eine Schande ist, seine Muttersprache zu reden.

Trotz aller unnöthigen Verstümmelungen, welche die deutsche Sprache zu erdulden hat, und trotz aller Geringschätzung, mit welcher unwissende Thoren auf sie herabsehen, wird sie in den Ver. Staaten weder untergehen, noch wesentlich an ihrer ursprünglichen Reinheit verlieren. Die vielen intelligenten Deutschen, welche dieses Land jetzt als ihre Heimath betrachten, und die zahlreichen, meist sehr gut geschriebenen deutschen Zeitungen und Journale, welche ihren Weg in die entferntesten Winkel gefunden haben, in welchen deutsch gesprochen wird, üben einen zu schweren Einfluß zu Gunsten der Aufrechterhaltung unserer Muttersprache, als daß sie bis zur Unkenntlichkeit entstellt oder gar verdrängt werden könnte. Sie wird im Gegentheil immer festeren Fuß fassen und tiefer in das Volk bringen, denn die vorurtheilsloseren und fortschrittlich gesinnten Amerikaner haben die Wichtigkeit der deutschen Sprache für dieses Land sehr wohl begriffen; viele ihrer Kinder erhalten jetzt deutschen Unterricht und manchem jungen Amerikaner scheint es große Freude zu machen, an einer deutschen Unterhaltung theilnehmen zu können.

27. Das heraufziehende Ungewitter.

Da im Auslande Geborene erst nach Ablauf von fünf Jahren vollberechtigte Bürger der Ver. Staaten werden konnten, und nach den früheren Staatsgesetzen fünf Jahre warten mußten, ehe sie an den Staats- und County-Wahlen Antheil nehmen durften, so konnte in der frühesten Zeit der deutschen Einwanderung von einem bemerkbaren politischen Einfluß dieses Elementes keine Rede sein. Das Feld der Politik war den meisten der neuen Bürger ganz fremd, und nur wenige der Intelligenteren konnten sich einigermaßen darauf orientiren. Außer dem alten „Anzeiger des Westens" unter der Redaction von W. Bimrage und später W. Weber, war fast kein einziges deutsches politisches Blatt in Missouri verbreitet, und selbst dieses wurde, auf dem Lande wenigstens, meistens nur von den sogenannten Lateinern gelesen, denn die große Masse der deutschen Landbevölkerung, welche anfangs alle Hände voll hatte, um sich nur eine Existenz zu gründen, las damals fast gar nichts, und liest leider auch heute noch viel zu wenig.

Die auf den Grundsätzen des Thomas Jefferson fußende alte Demokratie war in jenen Zeiten die herrschende Partei in Missouri; die Whigs waren bei den alten Missouri-Hinterwäldlern gar nicht gut angeschrieben, man nannte sie häufig nur „Tories", und während der Aufregung in den Wahl-Campagnen hatte man sogar mitunter den Ausdruck „Landesverräther"; denn die alten Pioniere im fernen Westen hatten noch immer nicht vergessen, daß die frühere Toriepartei, welche den spätern Namen Whigpartei angenommen hatte, zur Zeit ihrer Väter während des Revolutionskrieges mit den Landesfeinden, den Engländern, sympathisirt hatte.

Der bei weitem größte Theil der damaligen deutschen Bevölkerung schloß sich der demokratischen Partei an, weil diese die volksfreundlichste und fortschrittlichst gesinnte war, und da, wie schon erwähnt wurde, diese Partei die herrschende in Missouri war, so wurde der lebhafte Antheil, den die ersten Deutschen an den Wahlen nahmen, von ihren Mitbürgern amerikanischer Abstammung sehr wohlgefällig aufgenommen, um so mehr, als es in jenen ersten Zeiten den Deutschen nicht einfiel, sich um irgend ein Amt zu bewerben, und da sie folglich in dieser Beziehung den Amerikanern nicht im Wege standen.

So lange die Deutschen mit der herrschenden Partei harmonirten, so lange sie noch nirgends ein numerisches Uebergewicht in die politische Wagschale legen konnten, und noch keine Aemter für sich selbst beanspruchten, erfreuten sie sich des Wohlwollens des größten Theils der eingebornen Bevölkerung, und wenn auch hin und wieder Solche, welche kein rechtes Verständniß für die Nützlichkeit dieses Elements hatten, welches durch ausdauernden Fleiß, Redlichkeit und Friedfertigkeit so viel zur Förderung des Ackerbaues und der Gewerbe beitrug, aus lächerlichem Nationaldünkel mit Geringschätzung auf ihre deutschen Mitbürger herabsahen, so konnte ein so thörichtes Benehmen doch nicht besonders schädlich wirken und die Achtung und Anerkennung, welche Vernünftigere ihren deutschen Nachbarn zollten, war ein Gegengewicht gegen die Albernheit der „Deutschhasser" und hob die Thorheit derselben nur noch mehr hervor.

Diese anfängliche Eintracht zwischen Amerikanern und Deutschen fing aber nach und nach an, lockerer zu werden. Die Ursachen dafür sind unschwer zu finden.

Die Einwanderung war in immer größeren Massen in den Staat gedrungen, so daß schon am Ende der Vierziger Jahre in den von St. Louis westlich gelegenen Counties der größte Theil alles brauchbaren Congreßlandes aufgekauft war; in der ersten Hälfte der Fünfziger Jahre erhielten die Landkäufer durch das, in einem früheren Capitel erwähnte Graduationsgesetz einen neuen Aufschwung und in Folge dessen wurden viele Tausende von Ackern, meist sehr mittelmäßigen oder auch fast unbrauchbaren Landes, aufgekauft und besiedelt, welche unter anderen Umständen vielleicht noch viele Jahre wüst liegen geblieben wären, und sehr viele dieser Käufer waren Deutsche.

Die Zeit der alten Ellenbogen-Freiheit, die den alten Amerikanern so lieb war, war damit vorüber, man konnte nicht mehr wie früher auf Congreßland nach Lust und Belieben Holz verwüsten, und man konnte auch nicht mehr wie sonst bald hier bald da seine Hütte aufschlagen, ohne vorher Besitzer des Landes geworden zu sein. Die alten Amerikaner, welche Eigenthümer von großen Farmen waren, wurden durch diese immer dichter werdende Ansiedlungen der Deutschen wohl nicht selbst beeinträchtigt, aber sie sympathisirten doch mehr oder weniger mit der großen Zahl derer ihrer Landsleute, welche zwar eben so gute Gelegenheit gehabt hatten, wie Andere, Landbesitzer zu werden, die es aber ihrer Indolenz wegen niemals soweit gebracht hatten, und denen nun nichts weiter übrig blieb, sobald sie ihr kleines Improvement auf Congreßland verkauft hatten, als aufzupacken und weiter zu ziehen, um einem wirklichen Ansiedler Platz zu machen. Auch Solche, welche wirklich ein kleines Färmchen besaßen, fühlten sich gar nicht mehr comfortabel, als die Deutschen alles Land um sie herum aufgekauft hatten, weil man jetzt von jeder Richtung her die Hähne der deutschen Nachbarn krähen und den Rauch aus ihren Kaminen aufsteigen sehen mußte.

Wenn die Deutschen auch in streng gesetzlicher Weise den Besitz ihres Landes erworben hatten, so gab es doch Viele, die in ihnen nur die Verdränger sahen und die, weil sie selbst ihren alten Schlendrian nicht aufgaben, und nicht mit der stets zunehmenden Wohlhabenheit ihrer deutschen Nachbarn Schritt halten konnten, ein Gefühl des Neides und des stillen Grolls nicht wohl unterdrücken konnten.

Schon in den Vierziger Jahren griffen einige wenige englische Zeitungen in den östlichen Freistaaten die Sclaverei als ein unmoralisches und gemeinschädliches Institut an, und auch in Missouri wurden, hauptsächlich in der deutschen Presse, Stimmen gegen die Sclaverei laut, aber die Sclavenfrage war damals noch keine nationale geworden, und wenn die Sclavenhalter im Süden auch schon längst im Geheimen Schritte gethan haben mochten, um die Sclaverei wo möglich zu verewigen, so schien man doch eine gewisse Scheu zu haben, diese heikle Frage vor das Forum der Oeffentlichkeit zu bringen.

Die großen Plantagenbesitzer im Süden hatten zwar durch ihre Anhänger im Congreß und in den Legislaturen der Sclavenstaaten die Zügel der Administration in den Händen, und führten sie auch ganz in ihrem Sinne und zwar so schlau und vorsichtig, daß die große Masse des Volkes längere Zeit nicht merken konnte, wie man zwar ganz allmälig aber doch Schritt für Schritt, dem Untergang einer menschenwürdigen Freiheit entgegengebe.

Die Präsidentenwahlen wurden zwar von der Partei der Sclavenhalter controllirt, aber man hütete sich wohl, einen ausgesprochenen oder gar zu indiscreten Feuerfresser auf den Präsidentenstuhl zu setzen; denn wenn ein solcher auch nach dem Geschmack der Sclavenhalter gewesen wäre, so fürchtete man doch, daß durch ein zu offenes Vorschreiten dem Volke die Binde zu früh von den Augen fallen möchte. Die Nation sollte das ihr bestimmte Schicksal erst dann erkennen, wenn sie in unzerreißbaren Fesseln zu den Füßen der Sclavenbarone gelegen hätte; deßwegen begünstigte man die Wahl nicht sehr hervorragender Männer, die, wenn sie auch nicht streng südlich gesinnt sein mochten, doch ihrer geistigen und moralischen Schwäche wegen im Sinne und im Interesse des Sclavenhalter-Elements zu leiten waren, und die man dabei ganz gut gebrauchen konnte, um den Sclavenhaltern die heißen Kastanien aus dem Feuer zu holen. Seit Andrew Jacksons Regierung, dessen Amtstermin im Jahre 1836 ablief, bis zur Wahl Abraham Lincoln's, 1860, waren sämmtliche Präsidenten nicht viel mehr als Marionetten der Sclavenhalter.

Den intelligenteren Südländern mag wohl ihre eigene Situation mitunter eigenthümlich vorgekommen sein, wenn sie dieselbe, so unbefangen als es ihnen möglich war, betrachteten. Sie wären vielleicht gern zufrieden gewesen, wenn sie ihr geliebtes Institut nur in einem gewissen status quo hätten erhalten können; aber das konnten sie nicht, wenn sie auch gewollt hätten, denn wenn die Entwickelung einer der großen welthistorischen Culturfragen erst einmal in Gang gekommen ist, so ist keine menschliche Gewalt mehr im Stande, die Lösung einer solchen im Sinne der Humanität aufzuhalten oder zu verhindern.

Hätte man sich begnügen wollen, die Sclaverei in ihren damaligen Grenzen bestehen zu lassen, ohne eine weitere Ausdehnung zu beanspruchen, so würden in nicht gar langer Zeit die Sclavenstaaten durch einen festen Cordon von Freistaaten eingeschlossen gewesen sein, über welchen hinaus eine Weiterverbreitung der Sclaverei unmöglich gewesen wäre. Dieser Umstand hätte den Verfall dieses Instituts in sich selbst zur nothwendigen Folge haben müssen, denn bei dem Boden-Aussaugesystem der Plantagenbesitzer würde ihr Institut in weniger als einem Menschenalter sein Ende erreicht haben, wenn sie es nicht über neue Territorien hätten ausbreiten können.

Die thatsächliche Ausbreitung der Sclaverei hatte aber zur Zeit der Unruhen in Kansas, in der letzten Hälfte der Fünfziger Jahre, in Wirklichkeit schon aufgehört; und die

Bemühungen der Sclavenhalter, das Territorium Kansas als Sclavenstaat in den Ver. Staaten aufzunehmen, waren nicht viel mehr als das Anklammern eines Ertrinkenden an einen Strohhalm. Die Bodenbeschaffenheit und die klimatischen Verhältnisse dieses Landes qualifiziren es nicht zu gewinnbringender Sclavenarbeit und Kansas wäre niemals ein wirklicher Sclavenstaat geworden, selbst wenn es als solcher in die Liste der Staaten eingereiht worden wäre; aber durch diese Kämpfe um Kansas sollte nur das Prinzip des Rechts der Ausbreitung der Sclaverei festgestellt werden, und diese Versuche mißlangen vollständig, wie uns die Geschichte jener Zeiten lehrt.

Der vierjährige blutige Bürgerkrieg hätte vermieden werden können, wenn sich die Menschen nicht von ihren Leidenschaften, Vorurtheilen und ihrem Fanatismus, sondern von der einfachen gesunden Vernunft hätten leiten lassen; denn alle Anzeichen, daß die Sclaverei ein veraltetes, dem Zeitgeist entgegenstrebendes und im Verfall begriffenes System sei, waren einem ruhigen und unbefangenen Beobachter schon damals so klar wie heute, und der Versuch, den Untergang der Sclaverei durch Feuer und Schwert zu verhindern, war deßhalb ein so thörichtes Unternehmen, als wenn man den Mississippi hätte abhalten wollen, sich in den Golf von Mexiko zu ergießen.

An ein Nachgeben dachte die Sclavenhalter-Partei nicht, und da sie sich auf ihrem Standpunkt nicht erhalten konnte, so mußte sie vorwärts schreiten, dieses Avanciren aber führte zu ihrem endlichen Ruin.

Um das Entkommen flüchtiger Sclaven in die Freistaaten zu verhüten, erließ man im Congreß jenes infame Sclavenfanggesetz, welches eine offene Beeinträchtigung der Rechte eines freien Mannes einschloß. Nach diesem Gesetze sollte jeder Bürger eines Freistaates g e z w u n g e n werden können, einen entlaufenen Sclaven mit einfangen zu helfen, wenn er dazu aufgefordert wurde.

Dieses Gesetz erregte eine allgemeine Entrüstung in den Freistaaten, und wenn auch die Ausführung dieses Mandats in den meisten Fällen an der standhaften Weigerung, Gehorsam zu leisten, scheiterte, so zeigte doch die bloße Erlassung eines solchen Gesetzes die Herrschsucht und die Rücksichtslosigkeit der Sclavenhalter gegen die Rechte freier Bürger, sobald solche mit ihren Sclaverei-Interessen collidirten.

In Missouri trat die Sclavenfrage schon im Jahre 1852 direct an das Volk heran. Eine alte Resolution, welche auf eine Trennung der Union hindeutete, und welche früher von Calhoun von Süd-Carolina und Mason von Virginien in den Congreß eingebracht worden war, wurde in der Legislatur von Missouri durch C. F. Jackson dahin formulirt, „daß es die Pflicht von Missouri sei, sich dem Süden anzuschließen, im Falle sich die südlichen Staaten von den nördlichen trennen würden."

Dieser, unter dem Namen „Jackson Resolution" allgemein bekannte und berüchtigte Beschluß wurde dem damaligen Senator Thomas H. Benton zugeschickt, um ihn im Congreß zu befürworten. Senator Benton aber, den die Legislatur von Missouri, seiner hohen staatsmännischen Begabung und seiner unerschütterlichen Ehrenhaftigkeit halber fünf Mal hinter einander, also dreißig Jahre lang, immer wieder mit dem hohen, ehrenvollen und verantwortlichen Posten eines Senators der Ver. Staaten betraut hatte, verweigerte den Gehorsam. Dieser würdige Mann, der sehr wohl erkannt hatte, daß diese Resolution ein Gebräu der Sclavenhalter, nicht aber die Meinung der loyalen Bürger von Missouri sei, erklärte in einem Schreiben an die Legislatur über die Gründe für seine Weigerung, daß er in dieser Frage direct an das Volk appelliren wolle.

Senator Benton hatte im Congreß einen ungeheuren Einfluß, und da man wußte, daß er in der Sclavenfrage durchaus nicht streng rechtgläubig war, so fürchtete die Scla-

venhalter-Partei, die schon damals auf dem Wege zum Landesverrath war, daß dieser
Mann ihre Pläne durchkreuzen und ihnen vielleicht unübersteigliche Hindernisse in den
Weg legen würde, wenn er auf seinem Wachtposten blieb. Deßwegen wollte man ihm
durch diese Resolution die Hände binden, wenn er sie angenommen hätte, oder ihn im
Falle seiner Weigerung zur Resignation zwingen, um ein gefügigeres Werkzeug an seine
Stelle zu setzen; aber Benton resignirte nicht, sondern blieb in seiner Stellung, bis sein
gesetzlicher Amtstermin abgelaufen war.

Benton war zu seiner Zeit (er starb im Anfang des Ausbruchs der Rebellion) der
Liebling des Volks von Missouri, und seine tactvolle und ehrenhafte Haltung in dieser
Frage hatte ihm seine wirklichen Freunde, selbst unter den vernünftigeren Sclavenhaltern
durchaus nicht entfremdet; aber durch diesen sogenannten Ungehorsam gegen den Ukas
der Sclaven-Aristokratie hatte er sich ihren bittersten Haß zugezogen, und als ihn seine
Freunde im Jahr 1856 bewogen, als Candidat für das Gouverneurs-Amt in Missouri
aufzutreten, wurde er in der nachfolgenden Wahl-Campagne durch den überwältigenden
Einfluß der wüthenden Sclavenhalter von seinem Gegner besiegt. Bentons Gegen-
candidat war Robert Stuart; dieser wurde Gouverneur von Missouri und blieb es
bis 1860.

Robert Stuart war ein guter, gewissenhafter Beamter, und man hatte an ihm nur
auszusetzen, daß er sich beim Trinken nicht immer streng in den Grenzen der Mäßigkeit
hielt. Wenn er noch nicht zu viel getrunken hatte, war er in seinem Umgang ein sehr
liebenswürdiger und sogar geistreicher Gesellschafter; aber wenn er angetrunken war, sagte
er seiner Umgebung oft mit dem besten Humor die derbsten Wahrheiten, und zwar nicht
immer in den gewähltesten Ausdrücken. Er galt für einen Proslavereimann und mag es
wohl auch gewesen sein, aber er war dennoch ein treuer und felsenfester Unionsmann, und
wenn man diese Gesinnung früher bei ihm vermuthet hätte, so würde man ihn schwerlich
zum Gouverneur gemacht haben.

Es wird eine Anekdote von ihm erzählt, welche seine Unionstreue in sehr drastischer
Weise illustrirt.

Im Jahre 1860, noch vor Ablauf seiner Amtszeit, erhielt er einen officiellen Brief
vom Gouverneur des Staates Mississippi, worin Missouri zum Anschluß an die projectirte
südliche Conföderation eingeladen wurde; seine ganze Antwort bestand nur in drei
Worten, die er mit seiner Unterschrift auf die Rückseite des Briefes schrieb; und diese drei
Worte hatten ganz dieselbe Bedeutung wie der Zuruf, den die Geschichte dem alten Götz
von Berlichingen in den Mund legt, als er von einem Herold zur Uebergabe seiner Burg
Jarthausen aufgefordert wurde.

Auch dieser brave Mann ruht schon längst in der kühlen Erde.

Noch eine andere Persönlichkeit, welche in ihrer Glanzperiode, von 1856 bis in die
Sechsziger Jahre hinein, eine große und wichtige Rolle spielte, darf hier nicht übergangen
werden.

Gratz B. Brown war im erstgenannten Jahre Mitglied des Repräsentanten-Hauses
in der Legislatur und galt mit Recht für einen der talentvollsten und begabtesten Volksvertreter. Er war aus Kentucky gebürtig, und obwohl er selbst zu den wohlhabenden
Sclavenhaltern zählte, so war er doch in Beziehung auf die Sclavenfrage ein sehr aufgeklärter und, was in jener Zeit noch viel mehr zu bedeuten hatte, ein sehr entschiedener und
muthvoller Mann; er wagte es, in jener Sitzung von 1856 in einer gediegenen Rede sich
offen für die Aufhebung der Sclaverei in Missouri auszusprechen, und zwar einer Legislatur gegenüber, welche zu drei Viertheilen aus rabiaten Sclaverei-Fanatikern bestand, und

welche also in einem solchen Auftreten fast ein todeswürdiges Verbrechen sah. Brown hatte den Anfang seiner Rede in einer Morgensitzung gehalten, war aber bei der Vertagung über die Mittagsstunde noch nicht bis zum Ende gekommen; nach parlamentarischem Decorum hätte ihm bei der Eröffnung der Nachmittagssitzung das Wort gebührt; aber die Wuth seiner sclavereibigotten Collegen war so groß, daß sie alle Regeln der Höflichkeit bei Seite setzten und ihn nicht wieder zum Wort kommen ließen.

Es war ein eitles Bemühen, durch diese tactlose Weise den Eindruck dieser ersten Antisclaverei-Rede verwischen zu wollen; denn die Rede wurde gedruckt und in Pamphlet-Format über einen großen Theil der Ver. Staaten verbreitet, und die Sensation, welche dieses Document erregte, war sehr groß und über alle Erwartung günstig, weil Tausende hier Schwarz auf Weiß das sahen, was sie schon längst gedacht, aber nicht ausgesprochen hatten.

Der Ball war im Rollen und die Sclavenhalter sorgten redlich dafür, daß er im Rollen blieb, bis er in den Abgrund stürzte.

Die Deutschen in Missouri hatten zu jener Zeit, in welcher die Wellen der Aufregung immer höher schlugen, eine sehr mißliche Stellung, und befanden sich in einer weit bedenklicheren Lage, als diejenigen ihrer Landsleute, welche sich in den freien Staaten niedergelassen hatten. Das schon sehr zahlreiche intelligente und selbstdenkende deutsche Element war fast einstimmig principiell gegen die Sclaverei, nur einige verschrobene Querköpfe machten eine traurige Ausnahme davon, und die große Masse derer, welche politisch zu unerfahren waren, um nach eigenem, selbstständigen Urtheil Stellung zu nehmen, wurde durch die Entschiedenheit ihrer selbstbewußteren Landsleute mit fortgerissen, sie stimmte bei den folgenden Wahlen unbedingt mit denen, welche der Menge immer zur Richtschnur gedient hatten, und als später die Alternative an sie herantrat, ob sie sich für unbedingte Unionsleute oder für den Abfall von der Union entscheiden sollten, da überwog die Gewissenhaftigkeit, mit der sie ihrem geleisteten Bürgereid treu zu bleiben suchten, jede andere Bedenklichkeit, und die große Masse der Deutschen wurde nicht eidbrüchig, sondern schaarte sich unter das Banner der Union.

* * *

Früher, und bis zum Jahr 1862 wurden in Missouri die Wahlen für die Staats- und County-Beamten im Monat August abgehalten, während die Präsidenten-Wahl damals, wie noch jetzt, in allen Staaten der Union im November stattfand.

Zur Zeit der August-Wahl 1860 war allerdings noch nicht die Rede von einer Theilung der Union, weil eben die Proslavereipartei noch fest an ihre Allmacht glaubte; hätte übrigens diese Partei im Herbst jenes Jahres ihren Präsidentschafts-Candidaten durchgesetzt und dadurch den Zügel der Administration in den Händen behalten, so wäre es auch, wenigstens so bald noch nicht, zur offenen Rebellion und zum Bürgerkrieg gekommen; aber jene August-Wahl zeigte doch schon deutlich die politische Färbung der Bevölkerung von Missouri. Es waren bei dieser Wahl drei Candidaten für das Gouverneurs-Amt im Feld; C. F. Jackson, Ultra-Proslavereimann, S. Orr, gemäßigter Proslavereimann und J. B. Gardenhire, entschiedener Emancipationist. Schon die bloße Candidatur dieses letzteren war jedenfalls ein bedeutender Schritt vorwärts; früher wagten Viele das Wort „Emancipation" nicht einmal öffentlich auszusprechen, aber seit 1856 hörte man dieses Wort immer öfter und immer lauter, so daß sich sogar die Sclavenhalter nach und nach an diesen Laut gewöhnt hatten, wiewohl er in ihren Ohren immer nur eine Dissonanz war.

Es war doch schon so weit gekommen, daß ein Mann, der allerdings von Freund und Feind hochgeachtet war, es als entschiedener Vertreter des Emancipations-Princips wagte, für das höchste Amt im Staat als Candidat aufzutreten und Tausende, in der vordersten Reihe die Deutschen, wagten es, für diesen Mann zu stimmen. Die Candidatur von Gardenhire hätte der allmächtigen Proslavereipartei ein Fingerzeig sein können, daß ihr Terrorismus und ihre Einschüchterungs-Politik den Fortschritt der Humanität nicht aufhalten konnten; aber diese und andere ähnliche Warnungen blieben unbeachtet und mit geschlossenen Augen ging die Partei ihrem Schicksal unverdrossen entgegen.

Daß es zu jener Zeit noch keine Möglichkeit war, einen Mann wie Gardenhire wirklich zu erwählen, war wohl schon vor der Wahl jedem Unbefangenen klar, aber man wollte wohl bei dieser Abstimmung die numerische Stärke, so wie die moralische Qualität des Emancipations-Kerns, auf den man sich später stützen konnte, kennen lernen.

Jackson war in jener Wahl Sieger geblieben und dieser Erfolg, so sehr ihn auch Anfangs der vorurtheilslosere Theil der Bevölkerung bedauerte, hatte doch wenigstens das Gute, daß die Entscheidung, ob Missouri für oder gegen die Union Stellung nehmen würde, nicht lange ausblieb.

Von diesen drei Gouverneurs-Candidaten starb Gardenhire kurz vor dem Ausbruch des Bürgerkriegs, Jackson starb noch während des Kriegs und Orr nur wenige Jahre später.

Es ist wohl selbstverständlich, daß bei einer Wahl, aus welcher ein Sclaverei-Fanatiker wie C. F. Jackson siegreich als Gouverneur hervorgehen konnte, auch alle anderen Beamten und vor Allem die Legislatur von demselben Kaliber sein mußte, und so war es auch. Die Legislatur von 1860 hatte jedenfalls den besten Willen und eine genügende Majorität in beiden Häusern, um den Uebertritt des Staats zur südlichen Conföderation zu erklären, aber diesen Schritt zum Landesverrath wollte man wo möglich direct durch die Stimme des Volks von Missouri, als von demselben gebilligt, proclamiren lassen, und deßwegen wurde der Beschluß eingebracht und durchgesetzt, eine Convention einzuberufen, die bestimmen sollte, welche Stellung Missouri in dieser Secessionsfrage einnehmen solle. Mit anderen Worten, man hoffte und erwartete mit ziemlicher Bestimmtheit, daß diese Convention sich ohne Weiteres für den Anschluß an die schon secedirten Staaten erklären würde, denn Süd-Carolina, Georgia, Alabama, Florida, Mississippi, Louisiana und Texas hatten zu jener Zeit ihren Austritt aus dem Ver. Staatenbund schon proclamirt, während Virginien, Arkansas, Nord-Carolina und Tennessee diesem Beispiel erst einige Monate später folgten.

Die Wahl der Delegaten zu dieser Convention war auf den 18. Febr. 1861 festgesetzt und diese sollten am 28. Febr. im Courthaus in Jefferson City zusammentreten, während das Capitol durch die zu derselben Zeit tagende Legislatur in Benutzung genommen war.

Die kurze Zeit des Kampfes für die Wahl dieser Delegaten, von Anfang Januar bis Mitte Februar, war eine sehr aufgeregte und überall wurden von den Secessionisten die verzweifeltsten Anstrengungen gemacht, um die Erwählung von entschiedenen Proslavereimännern durchzusetzen; aber zum Glück gelangen nicht alle diese Bemühungen nach Wunsch, und es ist und wird immer eine Ehre für die Unionsmänner von Missouri bleiben, daß unser Staat der einzige Sclavenstaat blieb, der seine Treue und Anhänglichkeit an die Union auch in den dunkelsten Stunden der Gefahr bewahrte.

Jeder der 34 Senatorial-Districte im Staate war zu drei Delegaten berechtigt und in allen den Counties, in welchen weder die Unions- noch die Secessions-Gesinnung sehr entschieden war, fand ein sehr leidenschaftlicher Wahlkampf statt, der nicht selten bis zum

Blutvergießen führte, und Mancher, der bis dahin noch schwankend und unentschlossen gewesen war, nahm erst während dieses Kampfes feste Stellung auf der einen oder der anderen Seite.

Auch hier in unserem überwiegend deutschen Franklin County nahm die Entscheidung für oder gegen die Union eine kurze Zeit lang eine sehr bedenkliche Gestalt an, die aber zur rechten Stunde durch den Muth und die Entschiedenheit eines unserer ältesten Mitbürger in das rechte Geleise gelenkt wurde, und diese kleine Episode, die nachstehend erzählt wird, rüttelte auch die Gedankenlosesten aus ihrer stumpfen Gleichgültigkeit auf und machte viele derselben in der Folge zu sehr tüchtigen und activen Unionsmännern.

Am 11. Februar sollte eine große Massenversammlung der Bürger des Counties in Washington zusammentreten, um die schwebende Tagesfrage zu besprechen, oder vielmehr um Beschlüsse zu fassen, welche den Delegaten, die am 18. gewählt werden würden, als eine von den Bürgern ertheilte Instruction für ihre Stellung in der Convention gelten sollten. Die Secessionisten waren in dieser Versammlung in großer Mehrzahl, daher war es sehr erklärlich, daß ein ausgesprochener Secessionist zum Vorsitzer der Versammlung berufen wurde. Eben so natürlich war es, daß dieser in Folge eines dahin lautenden Antrags ein Committee von zwölf Männern ernannte, welche sammt und sonders Rebellen waren. Dies Committee sollte sich über Beschlüsse einigen, welche der Versammlung zur Annahme oder Verwerfung unterbreitet werden sollten. Dieses Verfahren war doch gar zu parteiisch, um nicht den höchsten Unwillen der Unionsleute zu erregen, und nach scharfen Debatten wurde daher der Antrag, „ein Committee von Zwölfen zu ernennen", dahin amendirt, diesem Committee noch vier weitere Mitglieder beizufügen, und als solche wurden erwählt A. W. Maupin, E. W. Murphy, E. B. Hammock und Asa Breckenridge; die beiden ersteren Bürger waren unbedingte Unionsmänner, die beiden Anderen waren zwar auch unionistisch gesinnt, aber doch etwas conservativer als ihre Collegen.

Daß ein Committee, dessen Glieder aus einander widersprechenden Elementen zusammengesetzt war, keinen übereinstimmenden Bericht einreichen würde, war leicht vorauszusehen, und so geschah es; der Majoritätsbericht war eine alte, aufgewärmte Secessions-Resolution, die schon seit langer Zeit in Süd-Carolina Furore gemacht hatte, und der Minoritäts-Bericht lautete: „Beschlossen, daß Secession und Rebellion nicht die geeigneten Mittel sind, durch welche irgend ein Unrecht, welches der Süden erduldet haben mag, geheilt werden kann." Diese Resolution eröffnete den Kampf in der Versammlung und zwar einen sehr bitteren. Nach parlamentarischen Gesetzen hat immer von zwei Berichten der Minoritäts-Bericht den Vorrang, und erst wenn er niedergestimmt ist, kömmt die Verhandlung über den Majoritäts-Bericht auf die Tagesordnung. Bei dieser Gelegenheit wurde der Streit über den Minoritäts-Bericht immer erbitterter; die Secessionisten waren in der Mehrzahl und verlangten die Abstimmung, aber durch alle möglichen Winkelzüge (filibustoring), eine schwere Waffe in den Händen einer parlamentarisch erfahrenen und gut geschulten Minorität, wurde die Abstimmung immer und immer wieder hintertrieben, bis endlich der Tumult so arg überhand nahm, daß ein Beschluß angenommen wurde, der die Entscheidung dieses Kampfes auf den nächsten Tag, den 12. Februar, verschob, wo dann die Versammlung aber nicht in Washington, sondern in Union im Courthause stattfinden sollte.

In Washington fürchteten die Secessionisten doch zu unterliegen, wenn erst die vielen dortigen Deutschen warm werden und in Masse in der Versammlung erscheinen würden, in Union aber glaubten sie ihr Ziel leichter zu erreichen, denn vorzüglich in östlicher und nördlicher Richtung von diesem Städtchen wohnten damals viele der reichsten und einflußreichsten Sclavenhalter im County; nach Westen und Südwesten zu waren zwar auch die deutschen Ansiedlungen sehr zahlreich, aber dort wußte man nicht viel über das, was im Werk war, und der Widerstand von dieser Seite wurde daher von den Secessionisten nicht hoch angeschlagen. Aber wie hatten sie sich verrechnet!

Am nächsten Tag, den 12. Februar, fanden sich die Secessionisten in großer Zahl in Union ein und das numerische Uebergewicht war abermals auf ihrer Seite; die Debatten über die den Rebellen so unbehagliche Resolution nahmen ihren Anfang und von beiden Seiten wurden höchst leidenschaftliche Reden gehalten. Unter den Unionisten zeichnete sich vorzüglich James W. Owens durch seine schlagende Beredsamkeit und seinen beißenden Sarkasmus aus, und er schleuderte den Rebellen die bittersten Wahrheiten in's Gesicht; unter Anderem sagte er ihnen bei dieser und bei andern Gelegenheiten: „Ihr wollt von Euren sogenannten Rechten sprechen, die Euch vorenthalten werden? Ich sage Euch, das einzige gesetzliche Recht, welches Ihr noch habt, und welches Euch noch nicht zuerkannt ist, ist das Recht, gehängt zu werden."

(Owens war der einzige Sohn des gemordeten Wm. Owens; er war zu dieser Zeit einer der Repräsentanten des Counties, wurde bald darauf von einem Heimwehr-Regimente zum Obersten erkoren und später zum Bezirks-Richter gewählt; vor einigen Jahren starb er.)

Die Aufregung und der Tumult wurden immer stärker, da die Secessionisten zur Abstimmung über diese Resolution drängten und die Unionisten durch geschicktes und hartnäckiges Filibustern die Entscheidung zu verhindern suchten.

Als die gegenseitige Erbitterung den höchsten Grad erreicht zu haben schien, wurde eine Unionsfahne in den Saal gebracht, und bei dem Anblick dieses Banners dröhnte das Courthaus unter dem nun ausbrechenden Getöse. Die Unionsmänner riefen „Hurrah" und die Rebellen schrieen „Nieder mit der Fahne — nehmt die Fahne weg." Amos W. Maupin hatte die Fahne ergriffen und sich damit in eine Ecke postirt, und eine, anfänglich kleine Schaar hatte sich um ihn herum gestellt; einige der weniger Entschiedenen und vielleicht auch Aengstlichen riefen ihm zu: „Amos, bringe die Fahne weg, sonst gibt es noch Unglück;" aber Amos ließ sich nicht einschüchtern; er hielt mit der linken Hand die Fahne und in der rechten einen gespannten Revolver, und den Secessionisten rief er zu: „Wenn Ihr die Fahne haben wollt, so kommt und holt sie Euch, aber der Erste, der seine Hand daran legt, ist ein todter Mann." Einige der kühnsten unter jenen näherten sich und wohl schienen sie die Fahne fassen zu wollen, aber als sie diesem Manne in's Auge sahen, wußten sie auch, daß er Wort halten und schießen würde, und deßhalb ließen sie die Hände wieder sinken.

Der Moment der Entscheidung war gekommen; es war eine Pause verhältnißmäßiger Ruhe eingetreten. Beide Parteien maßen sich mit keinesweges freundlichen Blicken, aber den Secessionisten schien die ruhige Entschlossenheit der Unionsleute gar nicht zu gefallen, denn sie hüteten sich, die Initiative zu ergreifen und zu Thätlichkeiten zu schreiten.

Ueber diesen Vorgängen im Courthaus war es Abend geworden, als die Bürger des Städtchens und Alle, die man in öffentlichen Trinklokalen auftreiben konnte, meistens Deutsche, durch Maupins Freunde zur Theilnahme und Hülfe aufgefordert, sich in den Saal drängten und einen dichten Knäuel um die Fahne herum bildeten; die Secessionisten hatten sich auf der einen Seite des Saales gruppirt, die Unionsmänner auf der andern und zwischen beiden Parteien war ein freier Raum geblieben, welcher als neutraler Boden betrachtet zu werden schien; da erscholl der Ruf: „Wer kein Landesverräther ist, und dem Sternenbanner treu bleiben will, der komme auf unsere Seite." Diese

Aufforderung verfehlte ihre Wirkung nicht, denn die Schwankenden und Zaghaften, und die nur einen Funken von Loyalität in der Brust hatten, widerstanden nicht länger; von Minute zu Minute lichteten sich die Reihen der Secessionisten und nach kurzer Zeit waren nur noch die in der Wolle gefärbten Rebellen allein auf der einen Seite.

Die Secessionisten hatten eine empfindliche Niederlage erlitten und ihre schönen Hoffnungen, in Franklin County die erste Violine spielen und den Ton angeben zu können, waren total vernichtet; schweigend, aber mit Groll und Racheburst in der Brust, verließen sie den Saal und wenige Minuten später waren sie auch aus der Stadt verschwunden.

Das Wahl-Resultat am 18. Febr. war im Senatorial-Distrikt der Counties Osage, Gasconade und Franklin ein mit großer Majorität siegreiches „Unbedingtes Unions-Ticket."

* * *

Am 28. Febr. versammelten sich die Delegaten im Courthaus zu Jefferson City und organisirten sich zu einer parlamentarischen Körperschaft; Sterling Price von Chariton Co. wurde Präsident der Convention; N. Wilson von Platte Co. Vice-Präsident und Sam. Lowe von Pettis Co. erster Secretair (Chief Clerk). Dieser Price, der im darauf folgenden Sommer ein Rebellen-General wurde, war bald in ganz Missouri als „Papa Price" bekannt; auch er ruht schon längst in der kühlen Erde.

Am Abend dieses Tages wurden vom neuen Gouverneur Jackson und Anderen, auch von einem Commissär der südlichen Conföderation, Glenn von Georgia, Secessionsreden gehalten, oder eigentlich offener Hochverrath gepredigt.

Schon am nächsten Tage wurde darauf eine Resolution in Vorschlag gebracht, „die Sitzungen der Convention nach der Mercantile Library Hall in St. Louis zu verlegen, weil man im Courthaus nicht Raum genug habe; dieser Vorschlag stieß auf heftigen Widerstand von Seiten einiger Weniger, wurde aber dennoch mit großer Majorität angenommen, und nach wenigen Tagen hielten daher die Delegaten ihre Zusammenkünfte in St. Louis.

Es ist allerdings wahr, daß das Courthaus in Jefferson kaum Raum genug für eine so zahlreiche Versammlung bietet, denn der einzige darin befindliche Saal ist wohl zur Noth groß genug, um etwa 100 Delegaten, die nöthigen Secretaire und die Berichterstatter zu fassen; aber da dieses Local keine Gallerien hat, so würde sich die zahlreiche Zuhörerschaft hinter die Sitze der Delegaten gedrängt haben, und das unausbleibliche Getöse in dieser unmittelbaren Nähe würde bald zu störend und unerträglich geworden sein.

Der zu enge Raum ist aber wahrscheinlich nicht der **einzige** Grund zur Uebersiedelung nach St. Louis gewesen, und auch der Opposition dagegen können leicht ganz andere Motive zu Grunde gelegen haben, als die waren, welche man geltend zu machen suchte.

Es lag offenbar sehr im Interesse des rebellischen Gouverneurs und seiner gleichgesinnten Legislatur, diese Convention unter den Augen zu behalten, um die zum Theil sehr unentschiedenen, zagenden und charakterschwachen Mitglieder der Convention bei jeder wichtigen Frage zu beeinflussen und im Nothfall zu terrorisiren und auf diese Weise die Convention zu dem zu machen, wozu man sie berufen hatte; nämlich: den Hochverrath als den Willen des Volkes zu erklären. Ebenso erklärlich ist es, daß die entschieden unionstreu gesinnten Delegaten ihre schwächeren und kurzsichtigeren Collegen diesen gemeinschädlichen Einflüssen zu entrücken suchten; denn wenn es auch in St. Louis durchaus nicht an Rebellen fehlte, so waren dort doch loyale Gesinnungen, wenn auch nicht in großer Mehrzahl überwiegend, jedenfalls aber sehr entschieden, besonders unter den zahlreichen Deutschen.

Es mag wohl nicht leicht eine zweite politische Organisation gefunden werden, bei welcher so viele Meinungen und Ansichten über eine und dieselbe Frage vertreten waren, als es bei dieser Convention der Fall war. Zwischen den entschiedensten und unbedingtesten Unionsmännern und den fanatischsten Proslaverei-Secessionisten waren alle möglichen Grade und Schattirungen von Loyalität repräsentirt; Kopf und Schwanz dieser Convention wußten sehr genau, was sie wollten, aber die sogenannte balance of power lag leider zwischen diesen beiden Enden.

Es war nicht die Pflicht dieser Convention, sich über Sclaven-Emancipation auszusprechen, oder Schritte in dieser Richtung zu thun, und bei vielen guten Loyalisten war damals noch der Glaube herrschend, daß man eine ungetheilte Union und das Sclaverei-Institut neben einander bestehend, werde erhalten können; und wenn auch viele unserer tüchtigsten Mitbürger die Sclaverei nicht für einen Segen betrachteten und sie verwünschten, so waren sie doch noch zu wenig aufgeklärt, um in der immer deutlicher auftauchenden Emancipations-Frage den Geist der Humanität zu erblicken. In ihren Augen war diese Frage immer noch ein schreckenerregendes Phantom, und dieses Emanzipations-Gespenst im Hintergrund trug viel dazu bei, die Stellung so vieler Delegaten im Anfang der Sitzungen so zweideutig und unzuverlässig zu machen. Der Schachzug der Unionisten, die Convention nach St. Louis zu verlegen, war daher ein sehr rechtzeitiger und kluger, denn dort waren die Unselbstständigen dem gefährlichen Einfluß der Legislatur entrückt, und da sie eben doch nicht ohne Leitseil allein zu gehen wagten, so folgten sie bereitwillig der Führung ihrer verständigeren Collegen. Eben so wenig war zu verkennen, daß auch die entschiedene loyale Strömung in St. Louis eine wohlthätige und ermuthigende Wirkung auf diese Körperschaft äußerte.

Durch diese Convention wurde jedenfalls das erreicht, was man vernünftiger Weise von ihr erwarten konnte: sie ward ein schweres loyales Gegengewicht den verrätherischen Plänen der Legislatur gegenüber, und trotz aller Anstrengungen der Secessionisten schloß sich Missouri der südlichen Conföderation nicht an, sondern blieb standhaft bei der alten Landesfahne.

Die erste Sitzung der Convention dauerte bis zum Ende des April, aber vorsichtiger Weise vertagte sich diese Körperschaft dann nicht sine die, sondern machte nur eine Pause. Somit war, mochte nun die Pause lang oder kurz werden, die Organisation der Convention nicht aufgelöst, sondern diese konnte im Fall der Noth zu jeder Zeit einberufen werden und als die directe Repräsentation des absoluten Volkswillens handeln.

28. Der Anfang der Unruhen.

Die Wahl von Abraham Lincoln im November 1860 war das Signal für den Austritt der meisten südlichen Staaten aus der Union, und sieben davon, Süd-Carolina an der Spitze, waren schon secedirt, als der neue Präsident am 4. März 1861 eingesetzt wurde.

Da es nicht in der Absicht des Verfassers liegt, daß ein so kleines Werk wie das vorliegende, die Ereignisse während der Kriegszeit über die Grenzen von Missouri hinaus verfolgen solle, so mag es hier erlaubt sein, Details anzuführen, welche speciell auf die Geschichte unseres Staates Bezug haben, die aber ein speciell historisches Werk, welches die Schilderung des ganzen Rebellionskrieges zur Aufgabe hat, zu einer ungebührlichen Länge ausspinnen würden, und wo ein so eingehender Bericht über die Unruhen in allen südlichen Staaten während dieser ereignißvollen Epoche den klaren Ueberblick eher trüben als erhellen würde.

Der erste Anfang der Unruhen machte sich durch eine größere Theilnahme der ganzen Bevölkerung an den Vorgängen im Süden, so wie der Verhandlungen am Regierungssitz bemerkbar. Bald behandelten sich die Unionsleute und Secessionisten gegenseitig mit auffallender Zurückhaltung, und es dauerte gar nicht lange, bis sich Nachbarn, die viele Jahre lang in der größten Eintracht nebeneinander gelebt hatten, mieden, weil sie verschiedenen politischen Ansichten huldigten. Bald endlich ging diese Entfremdung von Seiten der Secessionisten in Drohungen über, vorzüglich gegen Solche, welche man für die Führer der Unionisten hielt, und man hörte immer lauter über die verdammten Deutschen, die Schwarz-Republikaner und die Abolitionisten schimpfen. Diese sollten entweder aus dem Staat getrieben oder getödtet werden, und fanatische Rebellenweiber wollten diese Vertilgung sogar über die Frauen und Kinder dieser verfluchten Schwarz-Republikaner verhängt haben.

Wenn diese Zeit nicht gar zu ernst gewesen wäre, so hätte man über die hirnverbrannten Hoffnungen auf Erfolg, welche sich die große unwissende Masse der Rebellen erträumte, lachen können; ich hörte mit eigenen Ohren einen solchen Kerl prahlen, „daß Illinois allein dem Süden 600,000 Mann zuführen würde, sobald der Krieg anfangen würde." Dieser Dummkopf wußte nicht, daß Illinois zu jener Zeit eine so große Zahl waffenfähiger Männer gar nicht hatte, und ebenso wenig schien er zu wissen, daß jener Staat einer der loyalsten in der ganzen Union sei.

Wenn man schon hier in der Nähe von St. Louis, und überhaupt überall längs den Eisenbahnen, wo man sich tagtäglich durch die Zeitungen über die Vorgänge im Lande ziemlich genau unterrichten konnte, solchen Unsinn glaubte und verbreitete, so läßt sich leicht begreifen, wie es in jenen entlegeneren und wilden Counties ausgesehen haben mag, wo damals noch Viele wohnten, welche wohl das Thal, in dem sich ihre Väter einst niedergelassen hatten, genau kannten, sonst aber in der Welt Nichts gesehen hatten, und wo nur Wenige sich in einem A B C-Buch zurechtfinden konnten.

Gerüchte verbreiten sich schnell, aber je weiter sie sich von dem Ort ihres Ursprungs entfernen, desto mehr nimmt die Verläßlichkeit der Berichte ab und die Abenteuerlichkeit derselben nimmt mit jeder Meile Entfernung zu; so wurden denn oft die größten Absurditäten erzählt, von denen nicht allein kein einziges Wort wahr war, sondern die ganz und gar aus dem Bereich aller Möglichkeit lagen; solchen Wahnwitz glaubte man am liebsten und am festesten.

Von der großen Unwissenheit und der politischen Finsterniß, welche damals noch in jenen dünn besiedelten Counties herrschte, ist es schwer, sich eine deutliche Vorstellung zu machen.

Einer meiner Collegen in der Legislatur, der eines jener Counties repräsentirte, welches von den Gewässern des White-River durchströmt wird, erzählte mir, daß bei der Herbstwahl in 1860 einer der alten Settler einen Anderen gefragt habe: „Für welchen Präsidentschafts-Candidaten werdet Ihr denn stimmen?"

„Ich stimme für Old Hickory, wie ich es immer gethan habe und wie es schon mein Vater gethan hat!"

„Für Old Hickory könnt Ihr nicht stimmen, denn der ist schon längst gestorben."

„Wer das behauptet, der ist ein infamer Lügner!"

Diese interessante politische Disputation endigte, wie es im Hinterwald in der Regel nach einer solchen Provocation geschieht, mit einem ernsthaften Faustkampf.

(„Old Hickory" war ein sehr beliebter und allgemein verbreiteter Beiname, den man dem alten General Andrew Jackson gegeben hatte, welcher von 1829 bis 1837 Präsident der Ver. Staaten war; er starb in den Vierziger Jahren.)

Auf den Straßen fing es an ungewöhnlich lebhaft zu werden; kleine Trupps, scheinbar unbewaffnete Reiter, zogen dahin und dorthin; doch wurde in den dicht besiedelten Counties westlich von St. Louis, in welchen das loyale Element prädominirte, doch Niemand ernstlich von ihnen belästigt, wiewohl oft genug gedroht wurde. Aber in jenen reichen Counties auf beiden Seiten des Missouri, in welchen die Sclavenhalter und ihr Pöbelanhang in großer Mehrzahl war und wo sie das Regiment führten, kamen die Unionsleute und vor Allen die Deutschen nicht selten schon in eine höchst bedenkliche Lage. Dennoch waren gerade in diesen gefährlichen Counties die wenigen Unionsleute, Amerikaner sowohl wie Deutsche, während der ganzen Kriegszeit die allerentschlossensten Freunde der Union, mit denen im ferneren Verlauf der Rebellion nicht gut Kirschenessen war.

In den nördlichen, längs der Jowa-Grenze gelegenen Counties, in denen sich viele Einwanderer aus den östlichen Freistaaten niedergelassen hatten, die auch durchschnittlich weit intelligenter waren, als der sogenannte White trash aus dem Süden, war die loyale Stimmung die vorherrschende und dort konnten nicht leicht sehr ernste Excesse überhand nehmen; aber im Südwesten des Staates, zwischen den großen Sümpfen und der ganzen Arkansas-Grenze entlang, hauste damals ein wüstes, wildes Chor; zusammengelaufene Banden, die keine Idee von der Art und Weise hatten, wie eine civilisirte Nation Krieg führt, und wer gezwungen war, das Auftreten dieser Guerillas zu beobachten, mußte leider zu der Ueberzeugung kommen, daß sie die blutdürstigsten Mordbrenner und die frechsten Räuber für die besten Soldaten hielten.

Die eigentlichen Soldaten der südlichen Conföderation, welche ihren Glauben, daß sie für ihre sogenannten Rechte kämpften, dadurch manifestirten, daß sie in einer wirklichen militärischen Organisation in Reih' und Glied traten und auf den Schlachtfeldern für ihre Ueberzeugung männlich fochten, waren achtungswürdige Leute neben jenen zuchtlosen Banden.

Alle Unionssoldaten, die den südlichen Truppen schon oft im Kampfe gegenüber gestanden haben, achten ihre Tapferkeit und hegen keinen persönlichen Groll gegen ihre Feinde, und im späteren Verlauf des Kriegs geschah es gar nicht selten, daß die Piquets von den beiden Armeen mit einander fraternisirten, und wenn später in der südlichen Armee Noth und Mangel eintrat, so fand auch öfter ein kleiner Tauschhandel zwischen den Vorposten statt.

Man weiß mit Bestimmtheit, daß der bessere Theil der conföderirten Armee, Officiere sowohl wie Soldaten, dieses Raubgesindel ebenso verachteten und verabscheuten, wie es jeder nur einigermaßen gesittete Mensch that, mochte er nun Freund oder Feind sein.

Der Ruf der südlichen Armee hat seiner Zeit viel durch dieses Gesindel gelitten, welches sie nicht von den Fersen abschütteln konnte. Wenn ein ernsthafter Kampf stattfand, war von diesen Banden nichts zu sehen, aber so bald das Gefecht so oder so entschieden war, umschwärmten diese Gesellen, mordend und raubend, das Armee-Corps, welches sie mit ihrer Gesellschaft beehrt hatten, und es schien ihnen ziemlich gleichgültig zu sein, ob das Corps vordrang oder auf dem Rückzug begriffen war; denn nach ihrer Art Krieg zu führen, kam es ihnen nicht sehr genau darauf an, ob sie einen Freund oder einen Feind beraubten.

Durch eine leidenschaftslose und unparteiische Untersuchung mag leicht nachzuweisen sein, daß die conföderirte Armee manches Frevels beschuldigt wird, welcher nur diesen südlichen Baschi-Bozucks allein zur Last fällt.

* * *

Mit der Zeit verbreiteten sich Gerüchte, daß sich die Rebellen überall im ganzen Staate heimlich zum Kampf rüsteten; deßwegen erforderte es die Nothwendigkeit, daß auch die Unionsleute an ihre Vertheidigung denken mußten, und bald entstanden nun in allen Richtungen die wohlbekannten Heimwehr-Organisationen. Es mag wohl kaum ein County im Staat gewesen sein, in dem nicht wenigstens eine Compagnie zusammengetreten wäre, aber in den volkreicheren und loyalen Counties organisirte sich auch wohl ein ganzes Regiment und in St. Louis sogar mehr als vier Regimenter, die wahrscheinlich zu fünf Sechsteln aus Deutschen bestanden.

Diese Heimwehren waren den Rebellen ein Dorn im Auge, denn ihre menschenfreundlichen Hoffnungen, die Unionsleute nach Belieben, und zwar mit möglichst geringer Gefahr für die eigene werthe Persönlichkeit, vertreiben und abschlachten zu können, waren nun durch diese vereitelt. In ihrem lächerlichen Ueberlegenheits-Dünkel hatten die Herren nicht erwartet, daß man ihnen einen entschlossenen und bewaffneten Widerstand entgegenstellen würde, und ihr bitterer Haß gegen die Heimwehren war daher sehr erklärlich.

Außer diesen Heimwehren zur Selbstvertheidigung hatte sich aber auch eine geheime Organisation, die Unionliga, mit erstaunlicher Schnelligkeit über den ganzen Staat und wahrscheinlich weit über dessen Grenzen hinaus verbreitet. Die Mitglieder dieser Verbindung, in welche nur Solche aufgenommen wurden, von deren Loyalität man sichere Belege hatte, erkannten sich ebenso wie die Freimaurer und die Brüder anderer Logen, an bestimmten Zeichen und Paßworten, welche eben nur den Mitgliedern bekannt waren.

Diese Organisation trug viel zu einer engeren und zuverlässigeren Verbindung der Unions-Elemente bei, denn manche wichtige Nachricht über die Vorgänge im Lande würde vielleicht nur als ein leeres Gerücht gegolten haben, wenn sie nicht von einem Wissenden einem anderen mitgetheilt worden wären.

In jener Zeit waren Fremde, die sich auf einer Straße begegneten, sehr scheu und mißtrauisch gegen einander; man beobachtete sich gegenseitig so aufmerksam, daß häufig der übliche Gruß darüber vergessen wurde, deßwegen wurde auch das leiseste Erkennungszeichen nicht leicht übersehen, wenn sich Wissende begegneten. So wie ein Mitglied dieser Verbindung von einem ihm ganz Fremden ein solches Zeichen bemerkt und ebenfalls durch ein anderes Zeichen beantwortet hatte, schüttelte man sich die Hände, und auch bei diesem Gruß und in der gegenseitigen Anrede hatte man sich als Wissender zu legitimiren; waren aber diese Prüfungen zur Zufriedenheit ausgefallen, so theilte man sich ohne weiteren Rückhalt Alles mit, was für den Einen oder den Anderen von Wichtigkeit sein mochte. Ich selbst habe auf diese Weise öfter sehr interessante Bekanntschaften gemacht; und wenn man sich auch vorher nie gesehen, noch von einander gehört hatte, so war man doch nach einer solchen Erkennungsscene so vertraut mit einander, als ob man Jahre lang nahe Nachbarschaft gehalten hätte.

29. Die Einnahme von Camp Jackson.

In Süd-Carolina hatten die Feindseligkeiten begonnen. Schon am 26. April 1861 hatte sich die kleine Besatzung von Fort Sumter, im Hafen von Charleston, unter dem Commando des Major Anderson an den Rebellen-General Beauregard übergeben.

Die geringe Mannschaft im Fort, welche die Unmöglichkeit einer rechtzeitigen Verstärkung sehr wohl eingesehen hatte, mußte sich in ihrer hoffnungslosen Lage mit einem ihr gewährten ehrenvollen Abzug begnügen, nachdem, trotz der tapferen Vertheidigung ihres Postens, das Fort demolirt und unhaltbar gemacht worden war.

Durch diesen ersten günstigen Erfolg der conföderirten Waffen in Süd-Carolina war den Rebellen im ganzen Süden und auch in Missouri der Kamm mächtig geschwollen. Die Rebellen-Legislatur in Jefferson City mit ihrem Gouverneur an der Spitze hatte nun freies Spiel in den Hallen des Capitols, denn die wenigen treuen Unionsleute in dieser Körperschaft waren gänzlich machtlos diesem wüthenden Fanatismus gegenüber; die täglich sich wiederholenden albernen Prahlereien und der unaufhörliche hochverrätherische Unsinn, der da geschwatzt wurde, ekelte sie so an, daß sie ihre Sitze verließen, und sich in ihre Heimath zurückzogen, um dort ihren loyalen Constituenten mit Rath und That beizustehen. Die sanguinischen Hoffnungen unserer Legislatur und ihrer Führer, die geglaubt zu haben schienen, daß sie noch nach einem solchen Erfolg der südlichen Waffen den Staat Missouri mit leichter Mühe würden ihrer Conföderation in die Arme führen können, verwirklichten sich keineswegs, wohl aber mußten sie sehr bald darauf die niederschlagende Erfahrung machen, daß in Missouri nicht sie, die Rebellen, sondern die Unionsleute Trumpf spielten.

Es waren zwei bedenkliche Klippen, die die Rebellen weder umsegeln noch auch aus dem Wege räumen konnte. Nämlich erstens hatten sie durch Einberufung der Convention, von der die Rebellen erwartet hatten, daß sie ihnen einen bequemen und nach ihrer Meinung gesetzlichen Weg zum Abfall von der Union bahnen würde, sich selbst eine Ruthe auf den Rücken gebunden, die sie nicht wieder abschütteln konnten; denn wenn diese Körperschaft auch zu dieser Zeit nicht in Sitzung war, so hatte sie das Heft doch nicht aus den Händen gelassen und konnte zu jeder Stunde wieder einberufen werden, und zweitens war das Ver. Staaten-Arsenal in St. Louis noch immer in den Händen der Unions-Truppen; wiewohl schon längst durch Verrath Waffen und Munition in die Hände der Missouri-Rebellen geschmuggelt worden waren, so war doch der Besitz des Ver. Staaten-Arsenals in St. Louis, von welchem aus die Schifffahrt auf dem Mississippi beherrscht werden konnte, eine Bedingung für den Erfolg ihrer Sache, die sie nicht umgehen konnten, wenn sie den Staat behaupten wollten.

Die Besitzergreifung dieses wichtigen Punktes scheiterte aber vollständig an der unerschütterlichen Unionstreue, der Energie und Umsicht des Commandeurs des Arsenals, des Capitains Nathaniel Lyon, an der Treue der Officiere, welche die Truppen befehligten, die aus ihrer Heimwehr-Organisation in den ersten dreimonatlichen Dienst der Ver. Staaten übergetreten waren, und endlich an dem Muth und dem Patriotismus dieser Heimwehr-Regimenter von St. Louis, die ihre Dienste dem Capitain Lyon zur Verfügung gestellt hatten.

Die kampflustigen Rebellen von St. Louis und der Umgegend hatten ein verschanztes Lager im westlichen Theil der damaligen Stadt bezogen und wurden von einem General

Frost befehligt. Das Lager hatte man dem Gouverneur Jackson zu Ehren Camp Jackson genannt, und dort wurde außer einigem Exerciren, pokulirt, jubilirt und das große Wort geführt; denn das Arsenal, mit sammt den "Dutch" darin, gedachte man eines schönen Tages zum Frühstück zu verspeisen. Im Arsenal ging es ebenfalls sehr lebhaft, aber auch sehr ernsthaft zu; dort wurden die neuen Regimenter von alten gedienten Soldaten, unter welchen viele waren, die sich in Baden und in Schleswig-Holstein ihre Lorbeeren geholt hatten, im Gebrauch der Waffen geübt.

Im Camp Jackson ging es ein und aus wie in einem Taubenschlag; die rebel ladies, die dort täglich verkehrten, ließen sich gern von den jungen Heißspornen Artigkeiten sagen, und zum Dank dafür stachelten sie den Patriotismus derselben, wie man den Fanatismus zu nennen beliebt, zu einer solchen Glühhitze auf, daß man in der That die projectirte Einnahme des Arsenals als eine Art Pic-Nic-Partie zu betrachten schien.

Die Aufmerksamkeit und Vorsicht, mit der die Sicherheit des Arsenals gehütet wurde, contrastirte in sehr günstiger Weise mit der leichtsinnigen Wirthschaft, welche im Camp Jackson an der Tagesordnung war.

Unter der Benennung „Arsenal" ist hier in diesem Falle nicht nur ein großes Gebäude zur Aufbewahrung von Waffen und Kriegs-Material zu verstehen, sondern ein großer, mehrere Acker Landes enthaltender und mit starken Mauern eingeschlossener Raum, dessen Eingang durch ein schweres, eisernes Gitter gesichert war, und Tag und Nacht durch hinreichende Mannschaften bewacht wurde. Innerhalb dieser Mauern standen die Gebäude welche den Officieren und der gewöhnlichen kleinen Besatzung zum Aufenthalt dienten, ebenso befanden sich dort die Waffen-Niederlagen, so wie die Räumlichkeiten, in welchen Patronen und anderer Schießbedarf angefertigt wurden; aber außerdem war noch genügender Raum übrig, um kleinere Truppenkörper einzuexerciren. Wenn aber ganze Regimenter geübt werden sollten, so wurden sie auf die großen, freien und damals noch unbebauten Plätze vor dem westlichen und südlichen Ende der Stadt geführt.

Der große Haupt-Eingang zum Arsenal war auf der inneren Seite durch starke Posten bewacht, und auf der andern Seite der Straße, welche an dem Arsenal vorüberführte, hatte man ein einzeln stehendes Privathaus, welches dem Eingangsthor gerade gegenüber lag, in temporären Besitz genommen, und dasselbe zu einem Wachthaus eingerichtet; auf diese Weise konnte Niemand in die Nähe dieses Thores kommen, ohne bemerkt zu werden, und außerdem konnte durch diesen Außenposten auch die Communication mit der Stadt leichter vermittelt werden, ohne daß immer das große Thor geöffnet zu werden brauchte.

Der Besuch des Arsenals war nur sehr Wenigen gestattet, und nur Solche wurden eingelassen, welche direct von einem der höheren Officiere eingeführt wurden; aber der Ausgang war fast noch schwieriger, denn wer dem Wachtposten keine schriftliche Order von einem der Commandeure vorzeigen konnte, wurde nicht wieder hinausgelassen. Auf diese Weise war das Arsenal fast hermetisch geschlossen und loyale Bürger, welche hin und wieder Einlaß erhielten, konnten wohl die aufgestellten Kanonen betrachten und den Excercitien der Rekruten zusehen, aber in die Geheimnisse innerhalb der Wände des Hauptquartiers konnten sie nicht eindringen. Unmittelbar nach dem Fall von Fort Sumter war von Präsident Lincoln der erste Aufruf zu den Waffen erlassen worden; aber da man den ganzen Umfang der Rüstungen und Vorbereitungen im Süden nicht genau genug kannte, und jedenfalls zu sehr unterschätzte, so verlangte man Anfangs nur 75,000 Mann und diese auch nur für einen dreimonatlichen Dienst. Man glaubte irrthümlicher Weise, in dieser kurzen Zeit die Rebellion unterdrücken zu können, aber der fernere Verlauf des Krieges lehrte empfindlich genug, wie bitter man sich in dieser Beziehung getäuscht hatte; denn diese Rebellion, die man so leicht überwältigen zu können glaubte, artete in einen vierjährigen, blutigen Bürgerkrieg aus, der fast das ganze ungeheure Gebiet der Ver. Staaten mehr oder weniger in Mitleidenschaft zog.

Doch da die kriegerischen und politischen Ereignisse außerhalb der Grenzen von Missouri nicht in den Bereich dieser kleinen Schrift gehören, so wollen wir wieder in unserer angefangenen Schilderung fortfahren.

Nathaniel Lyon hatte in seiner Capacität als Capitain der Ver. Staaten-Armee und Commandeur des Arsenals nur wenige Compagnien regelmäßiges Militair unter seinem Befehl, eine ganz ungenügende Macht, um seine höchst precaire Stellung zu halten. Als dann die Rebellion eine so gefahrdrohende Gestalt annahm, und als die ursprünglichen Heimwehren von St. Louis zum größten Theil den Fahneneid geschworen hatten und in den wirklichen Drei-Monats-Dienst eingetreten waren, erhielt er (Lyon) den Generalsrang und den Oberbefehl über alle unter seiner Leitung organisirten Regimenter.

Wie vor dem Appell an die Waffen vorher immer noch ein diplomatischer Versuch zur Schlichtung des Streites gemacht zu werden pflegt, so wurden auch zwischen dem Gouverneur Jackson von Missouri und dem General Lyon mehrere Besprechungen abgehalten; denn obwohl die minute-men (so nannte man die ersten militärischen Rebellen-Organisationen) sehr kampflustig zu sein schienen, so hielt Jackson es doch für angemessen, das Odium des unvermeidlichen Zusammenstoßes seinem Gegner zuzuschieben.

Natürlich konnten diese Conferenzen unmöglich befriedigend ausfallen, denn es wäre von beiden Theilen eine große Absurdität gewesen, zwei feindliche, bewaffnete Organisationen neben einander als zu Recht bestehend anerkennen zu wollen. Der letzte dieser von Seiten der Rebellen fingirten Versöhnungs-Versuche schien dem Gouverneur einen argen Schrecken eingejagt zu haben, denn mit fluchtähnlicher Eile verließ er St. Louis und ließ auf seinem Wege nach Jefferson City, als er die Eisenbahnbrücke über den Osage hinter sich hatte, diese in Brand stecken und wenigstens für den Augenblick unpassirbar machen, weil er zu glauben schien, daß ihm General Lyon mit seinen Bajonetten unmittelbar auf den Fersen folgen würde.

Nach diesen vergeblichen Ausgleichungs-Versuchen erhöhte sich die Kampflust, aber auch die Unruhe und Verwirrung unter den Rebellen von Tag zu Tag. Die ganze Bevölkerung von St. Louis war in einer fieberhaften Aufregung, und man fühlte sich so beengt, wie kurz vor einem schweren Gewitter. Jedermann sah die stündlich höher steigenden schwarzen Wolken und das Wetterleuchten darin; man glaubte das ferne Grollen des Donners immer näher kommen zu hören, und der Sturm konnte zu jeder Minute losbrechen; aber wo der erste Schlag fallen würde, das wußte Niemand.

Am Morgen des 10. Mai öffnete sich das große Eingangsthor des Arsenals und in festgeschlossenen Reihen rückten folgende Regimenter aus: das 1., 2. und 3. Regiment U. S. Reserve Corps unter der Führung der Obristen Heinrich Almstedt, Hermann Kallmann und John McNeal; ferner das 1. und 3. Regiment Missouri-Freiwillige unter dem Commando der Obristen F. P. Blair und Franz Sigel, dann das „schwarze Jäger Regiment", geführt von Nikolaus Schüttner, und eine Batterie von vier Geschützen, befehligt von Major J. Backhoff, der sich schon anno 48 in Baden unter der meisterhaften Führung von Franz Sigel den Ruf eines Artilleristen von seltener Geschicklichkeit erworben hatte. Den Oberbefehl über alle diese Truppen führte General Lyon.

Die Bürger von St. Louis, loyal oder disloyal, mögen erstaunt gewesen sein, als sie diesen endlos scheinenden Zug in strammer Haltung und gemessenen, dröhnenden Schrittes in einer der Hauptstraßen der Stadt hinauf marschiren sahen; denn ob man mit diesem imposanten Ausmarsch eine Revue oder sonst eine Demonstration beabsichtigte, wußte Niemand, und selbst die Soldaten a h n t e n vielleicht nur, wohin sie geführt wurden.

Während die Spitze des Zuges längere Zeit die eingeschlagene Richtung hielt, fingen die hinteren Regimenter an, eines nach dem anderen an gewissen Punkten in die Querstraßen nach Westen einzuschwenken, und als beim letzten Regiment endlich „Halt" commandirt wurde, standen die anderen Regimenter schon in langen Linien und schußfertig auf dem etwas erhöhten Terrain, von welchem aus Camp Jackson beherrscht werden konnte. Die Geschütze wurden in Position gebracht und die Kanoniere standen, des Commandos „Feuer" harrend, daneben.

Camp Jackson war eingeschlossen und in jeder Richtung dem Feuer der Unionstruppen ausgesetzt.

Durch einen Parlamentair wurden die Rebellen zur unbedingten Uebergabe aufgefordert, im Verweigerungsfalle sollte nach Ablauf einer sehr kurzen Bedenkzeit „Feuer" commandirt werden.

Die Rebellen schäumten vor Wuth und schrieen „Verrath" — welche lächerliche Beschuldigung! Sie, die sich selbst des Hochverraths schuldig gemacht; sie, welche wahrscheinlich schon am nächsten Tag einen Angriff auf das Arsenal versucht haben würden, wenn ihnen General Lyon nicht zuvorgekommen wäre, schämten sich nicht, von Verrath zu sprechen, als man ihnen das Praeveniro spielte.

Es ist die feste Ueberzeugung vieler sehr wohl unterrichteter Männer, daß die Rebellen die Absicht hatten, sich in nächster Zeit des Arsenals mit List oder Gewalt zu bemächtigen, und es wird sogar von Einigen behauptet, daß ihnen ein Angriff gelungen sein würde, weil die Lage des Arsenals ungünstig für die Vertheidigung sei und von den Höhen im Westen leicht beherrscht werden konnte. An eine erfolgreiche Ueberrumpelung des Arsenals war bei der Wachsamkeit und Vorsicht, die dort herrschte, nicht zu denken; ein offener Angriff hätte den Unionstruppen sehr möglicher Weise viele Leute gekostet, aber der damals noch feststehende Glaube der Rebellen, daß die "Dutch" nicht fechten könnten und nicht fechten würden, hätte wahrscheinlich doch einer ganz entgegengesetzten Ueberzeugung Raum gegeben, wenn sie gewagt hätten, die Probe zu machen. Die Backhoff'sche Batterie und die Schüttner'schen Jäger hätten ihnen die Freude an ihrer pleasure-trip (Lustpartie) sicherlich gründlich versalzen, wenn sie dem Arsenal zu nahe gekommen wären. Der Entschluß, beimzugeben, würde diesen gentlemen-rebels bedeutend erleichtert worden sein, wenn sie ein Veteranen-Regiment (die deutschen Regimenter zählten viele Veteranen) in geschlossener Colonne und mit gefälltem Bajonett im Sturmschritt hätten auf sich zukommen sehen.

Das Toben und Schimpfen der jüngeren, heißblütigen Rebellen im Lager mußte endlich doch der Ruhe und der Besonnenheit derer unter ihnen weichen, welchen militärische Erfahrungen nicht abzusprechen waren, denn diese begriffen sehr wohl, daß Widerstand von ihrer Seite ganz nutzlos wäre und nur ein fürchterliches Blutvergießen zur unausbleiblichen Folge haben würde. Die Bedingungen des General Lyon wurden daher angenommen, d. h. die Rebellen legten die Waffen nieder, und nach kurzer Zeit setzte sich ein langer Zug von 800—1000 Rebellen zwischen einem Spalier von Unionstruppen nach dem Arsenal in Bewegung, wo sie gefangen gehalten und bewacht wurden, bis sie sich nach und nach abgekühlt hatten und den Treueid leisteten, den aber lange nicht alle hielten. Nach dieser Eidesleistung, mit der im späteren Verlauf des Kriegs ein schändlicher Mißbrauch getrieben wurde, wurden sie entlassen.

Als die Truppen am Morgen des Tages durch die Stadt nach dem Camp Jackson marschirten, waren ihnen viele Leute und darunter auch viele Weiber und Kinder nachgelaufen, um eben ihre Neugierde zu befriedigen. Die Unwissenheit und Unerfahrenheit derselben war so groß, daß sie noch nicht einmal weggingen, als der Zeitpunkt gekommen war, wo man in jedem Augenblick Kanonen- und Musketen-Salven erwarten konnte; diese Leute schienen absolut keinen Begriff davon zu haben, in welcher gefährlichen Lage sie sich befanden, und schienen diesen ernsten Vorgang wie eine Art Amusement zu betrachten, wie etwa den Aufzug einer Circustruppe.

Auf dem Rückwege nach dem Arsenal begleitete abermals ein dichter Schwarm die, unter Escorte marschirenden Gefangenen, und da diese Mitläufer großentheils sympatisirende Rebellen waren, so schimpften und insultirten sie die Unionstruppen in der allergemeinsten und pöbelhaftesten Weise.

Die Soldaten hatten gemessenen Befehl, sich ruhig zu verhalten und sie ignorirten daher diese Beleidigungen so lange, bis der Pöbel zu ernstlichen Thätlichkeiten schritt; als aber aus dem Haufen heraus Pistolenschüsse auf die Truppen fielen, ging diesen die Geduld aus, und Einzelne von ihnen erwiderten diese Angriffe mit Musketenschüssen, die blind in die Masse hineingefeuert wurden.

Sehr wesentlicher Schaden wurde dadurch nicht angerichtet, doch ist zu bedauern, daß durch diesen so frech hervorgerufenen Cravall auch ein braver Unions-Officier das Leben verlor. Capitain Blandowsky erhielt einen Schuß in ein Bein; aber es konnte niemals mit Bestimmtheit nachgewiesen werden, ob ihn eine Rebellenkugel getroffen oder ob eine Kugel der Unionstruppen diese unglückliche Richtung genommen hat. Capitain Blandowsky erlag seiner Wunde, weil er sich der Amputation nicht unterwerfen wollte, welche die Aerzte für nothwendig hielten.

Es wurde damals in den rebellenfreundlichen Zeitungen viel Lärm über die Grausamkeit der Unionstruppen gemacht, daß sie selbst Weiber und Kinder nicht schonten; aber die Sache war lange nicht so schlimm als sie geschildert wurde. Wenn sich auch heimtückische Rebellen hinter Weiber und Kinder verkrochen und aus diesem Hinterhalt auf ruhig vorüberziehende Truppen schossen, so gehört doch mehr als menschliche Geduld dazu, eine solche haarsträubende Provocation ruhig hinzunehmen; außerdem sind Unterröcke und Schulbuben in einem solchen Falle eine sehr grausame und feig gewählte Schutzmauer vor feindlichen Kugeln. Daß bei einem solchen Straßen-Cravall tödtliche Verletzungen nicht ausbleiben können, ist wohl selbstverständlich, aber wenn die Weiber und Kinder da geblieben wären, wo sie eigentlich hingehören, so wäre wahrscheinlich Alles ruhig verlaufen, denn die Helden, welche nur hinter dem Schutz von Weiberröcken hervor zu feuern wagen, hätten schwerlich den Muth zum Schießen gehabt, wenn sie ihre eigenen Cadaver den feindlichen Kugeln unmittelbar hätten preisgeben müssen.

Heimtückisches Schießen aus Fenstern und von Balkonen herab auf vorbeimarschirende Truppen kam noch öfter vor, aber da diese Grüße jedesmal prompt, und zwar fast immer mit verderblicher Wirkung erwiedert wurden, so wurde den Herren Rebellen dieses Vergnügen sehr schnell abgewöhnt, und bald nachher konnten die Soldaten vollständig sicher durch die Straßen von St. Louis marschiren.

Durch die Einnahme von Camp Jackson wurde der Rebellion in Missouri die Spitze abgebrochen; denn ohne den Besitz der reichen Metropole und ohne Beherrschung des Mississippi konnten die Rebellen nirgends im Staat dauernd festen Fuß fassen. Dieser erste und hochwichtige Erfolg ist außer der unerschütterlichen Loyalität, dem Muth, der klaren Umsicht und der Energie solcher Männer wie Lyon, McNeal, Blair und Anderen auch zum großen Theil dem glühenden Patriotismus der Deutschen zu verdanken, denn ohne diese wäre in jener Zeit die Einnahme des Rebellenlagers nicht möglich gewesen, und unter diesen Deutschen nahmen die alten Achtundvierziger eine sehr hervorragende Stellung ein.

30. Eine Skizze des eigentlichen Krieges in Missouri.

Die Ereignisse in St. Louis wurden von den loyalen Bürgern im ganzen Staat mit Jubel begrüßt, aber die Rebellen waren wüthend, obgleich sie doch eine solche Angst dabei hatten, daß sich der Gouverneur zum Beispiel mit seinen gleichgesinnten Freunden in Jefferson City nicht mehr für sicher genug hielt, und mit seinen minute men in die Nähe von Boonville retirirte. Dort sammelte sich eine ansehnliche, wenn auch höchst mangelhaft disciplinirte Rebellenmacht, die sich für stark genug hielt, dem heranziehenden und stündlich erwarteten General Lyon die Spitze zu bieten.

Da es nicht räthlich war, das Arsenal und die Stadt St. Louis ohne einen starken militärischen Schutz zu lassen, so blieben dem General nur wenige Tausend Mann, um die Rebellen bei Boonville anzugreifen; die Artillerie und ein Theil der Truppen wurden durch Dampfboote den Fluß hinaufgeschafft, aber der Rest der Mannschaft wurde auf der Eisenbahn befördert, so weit es thunlich war, und von da an war Boonville durch einen einzigen Tagesmarsch zu erreichen.

Hier ist es am Platz, der Heimwehren auf dem Lande zu erwähnen.

Es würde sehr unvorsichtig gewesen sein, wenn General Lyon seine Mannschaft einem Transport auf der Eisenbahn anvertraut hätte, ohne daß diese in sicheren Händen gewußt hätte, und doch hätte er seine ohnehin geringe Macht allzusehr geschwächt, wenn er die Bahn mit seinen eigenen Leuten hätte besetzen wollen; deßwegen appellirte er an den Patriotismus der Heimwehren, die als ganz unabhängige und nur zur Selbstvertheidigung zusammengetretene Organisation nicht unter seiner Autorität standen. Seinem Aufruf wurde prompt entsprochen, denn am Abend desselben Tages, an welchem die Officiere der Heimwehren die Aufforderung dazu erhalten hatten, waren alle Brücken längs der ganzen Bahn besetzt, und nur wenige Tage später passirten die Militärzüge mit vollkommener Sicherheit. Viele Farmer hatten ihre Erntefelder (Mitte Juni) verlassen und waren an die Brücken geeilt.

Die vorüberbrausenden Trains, die mit Soldaten fast überfüllt waren, begrüßten die Heimwehren an den Brücken und ihre aufgepflanzten Sternenbanner jubelnd und mit Salut-Schüssen, und diese Höflichkeiten wurden mit gleichem Enthusiasmus erwiedert.

Diese Heimwehren wären ein schwacher Schutz für die Brücken gewesen, wenn sie von geübten Truppen bedroht worden wären, denn die meisten dieser Leute waren mit dem Kriegshandwerk ganz unbekannt. Viele von ihnen wußten noch nicht einmal ordentlich mit einem Gewehr umzugehen und die einzelnen alten Jäger und guten Schützen unter ihnen hätten allein auch nicht viel ausgerichtet. Ebenso war die Bewaffnung sehr unzureichend, denn außer einigen guten Jagdbüchsen sah man nur ziemlich nachlässig gehaltene Schrotflinten, die häufig genug nicht einmal losgingen, wenn sie sollten.

Daß diese Brückenwachen fast ganz unbehelligt blieben, lag hauptsächlich daran, weil die im Lande zerstreuten Rebellen wo möglich noch weniger von irgend einer Art Kriegsführung verstanden, meistens noch schlechter bewaffnet waren und den Muth nicht hatten, sich dem Feuer von Gegnern auszusetzen, die sich durch Bäume oder Eisenbahndämme einigermaßen decken konnten, während sie selbst ohne Deckung hätten zum Angriff vorrücken müssen. Als den Heimwehren bald darauf Musketen mit Bajonetten und scharfe Patronen geliefert wurden, schwand die Kampflust der zu Hause gebliebenen Rebellen ganz und gar, denn diejenigen, welche den Muth gehabt hatten, ihre Ueberzeugung mit den Waffen in der Hand zu vertreten, waren längst in die reguläre südliche Armee eingetreten.

* * *

Schon kurze Zeit nach der Beendigung des Bürgerkrieges erschienen mehrere gut geschriebene Werke in englischer und deutscher Sprache, welche, wahrscheinlich mit Hülfe der officiellen Berichte von den respectiven Kriegsschauplätzen, die Feldzüge, die Belagerungen zu Wasser und zu Land und die detaillirten Schilderungen der vielen Schlachten während dieses Krieges zum Thema hatten. Wenn mir selbst auch diese authentischen Quellen nicht unerreichbar sind, so würde ich doch nur Wiederholungen von Schilderungen liefern können, deren sich schon gewandtere Federn zugewendet haben, als es die meinige ist; und wenn mir auch viele Einzelheiten bekannt sind, welche ich Solchen verdanke, die diese Schlachten mitgemacht haben, so weiß ich auch, daß ein Soldat mitten im Getümmel niemals einen richtigen Ueberblick über alle Vorgänge auf dem ganzen Kampfplatz haben kann, und daß die Schilderung einer Schlacht, welche nur auf die Erzählung der selbsterlebten Ereignisse gestützt ist, so wahr diese letzteren auch sein mögen, dennoch nur mangelhaft sein kann. Deßwegen mag man in dem vorliegenden kleinen Werk keine eingehenden Schlachtberichte erwarten, um so mehr, da es während eines Bürgerkriegs, der vier Jahre lang einen ganzen Continent erschütterte, auch außer den Schlachten noch Ereignisse und Zustände genug zu betrachten gibt, welche zwar weniger bekannt, aber darum doch nicht ganz uninteressant sind.

* * *

Das Gefecht bei Boonville verdient kaum eine Schlacht genannt zu werden; es war das erste Mal, daß die Missouri-Rebellen mit den Wirkungen von Kartätschen und Shrapnells persönliche Bekanntschaft machten, und schon nach wenigen Salven stoben sie in wilder Flucht nach allen Richtungen auseinander.

Es circulirte nach dieser Affaire ein allerdings nicht begründetes Gerücht, daß sich Gouverneur Jackson in Frauenkleidern in der Irre herumtreibe, aber so viel steht fest, daß er in eiliger Hast nach dem äußersten Winkel im Südwesten des Staats floh, und dorthin, nach Neosho, berief er seine Legislatur, die seitdem unter dem Namen „Neosho-Legislatur" bekannt ist. Diese Rumpf-Legislatur, von allen loyalen Elementen gesäubert, hielt ihre Sitzungen in jenem, damals sehr kleinen Städtchen, dem Countysitz von Newton County; über die Resultate der Thätigkeit jener Körperschaft verlautete wenig, aber die Gesetze, welche dort gegeben und die Beschlüsse, welche gefaßt worden sein mögen, hatten durchaus keine bindende Kraft, denn die Autorität d i e s e r Legislatur war von uns nicht anerkannt.

Erst während der Administration von Gouverneur Thomas C. Fletcher, der am 1. Januar 1865 sein Amt antrat, wurde durch Unionssoldaten im nördlichen Theil von Arkansas eine Kiste gefunden, welche die Verhandlungen jener Legislatur enthalten sollte; diese Kiste wurde nach Jefferson City gebracht und dort im Staats-Archiv beigesetzt.

Es ist mir nicht bekannt, ob der Inhalt dieser Kiste jemals einer genauen Inspection unterworfen wurde, denn man hörte nichts davon, wiewohl ich damals im Capitol beschäftigt war und täglich mit den Staatsbeamten verkehrte; von großer Wichtigkeit für die Jetztzeit können jene aufgefundenen Documente zwar nicht sein, aber sie mögen immerhin ein klareres Licht auf die geheimen Absichten und Pläne der alten Rebellen werfen, deren Verwirklichung durch den Krieg vereitelt wurden, und künftige Geschichtsschreiber mögen vielleicht manches interessante Material darin finden.

Man erzählte sich nach der sogenannten Schlacht bei Boonville, daß die Artillerie des General Lyon weit mörderischere Wirkungen in den Reihen der Feinde angerichtet haben würde, wenn den Kanonieren nicht Schonung anbefohlen worden wäre, aber wenn man den Fanatismus, die Wildheit, Grausamkeit, den Haß, die absolute Nichtachtung des Eides und die Gleichgültigkeit gegen jeden Beweis von Nachsicht und Milde, welche diese zusammengelaufenen Rebellenhorden an den Tag legten (damit ist aber nicht die regelmäßige conföderirte Armee gemeint) im Anfang des Krieges so gut gekannt hätte als im späteren Verlauf desselben, so würde man wahrscheinlich gleich von vorn herein mehr geschossen, aber nicht so viel Papier mit Eides-Certificaten verschrieben haben. Daß man gefangene und verwundete Feinde mit Menschlichkeit behandelte, und daß man Rebellen, die nach geleistetem Treueid ruhig zu Hause blieben, auch später nicht weiter belästigte, war ganz in der Ordnung, aber wenn man in den Taschen eingefangener Buschklepper in manchen Fällen ein halbes Dutzend Eides-Certificate fand, die alle gebrochen waren, da mußte auch eine Lammesgeduld ihr Ende erreichen, und weitere Milde wäre nur eine alberne Schwäche gewesen; spätere Schilderungen werden zeigen, daß diese anfängliche Methode der Schonung nicht bis zum Ende des Krieges beibehalten wurde.

Daß man bei Boonville die Rebellen möglichst schonen und ihnen nur eine Lection geben wollte, hatten sie nicht begriffen und noch weniger dankbar anerkannt, denn von der Art und Weise ihrer Erkenntlichkeit legten sie schon wenige Tage nach dem Gefecht eine schlagende Probe ab.

Cole Camp ist ein starkes, deutsches Settlement im südlichen Theil von Benton County, wo sich auch einige Compagnien Heimwehren organisirt hatten. Eine dieser Compagnien wurde in einer Nacht im Schlaf überfallen, nachdem man die Wachen durch eine vorausgetragene Unionsfahne getäuscht hatte, und die schlaftrunkene Mannschaft wurde ohne Erbarmen zum großen Theil niedergeschossen; eine andere, nahe dabei liegende Compagnie hatte das Schießen gehört und war zur Hülfe herbeigeeilt, durch eine kräftige Salve die Mörderbande in ihrer Blutarbeit störend und dieselben vertreibend, aber das gräuliche Blutbad konnte nicht wieder ungeschehen gemacht werden.

Während der Vorgänge bei Boonville war eine nicht große Abtheilung von Truppen unter dem Commando von Obrist Heinrich Börnstein zum Schutz des Capitols in Jefferson City geblieben, und dieser Officier fungirte auch daselbst eine kurze Zeit als Gouverneur.

In diese Zeit fällt die letzte Sitzung der Convention. Die letzte Amtshandlung dieser Körperschaft war die Absetzung des Gouverneur Jacksons und aller Staatsbeamten zu erklären, und eine loyale provisorische Regierung einzusetzen; zum Gouverneur wurde Hamilton R. Gamble und zum Vice-Gouverneur Willard P. Hall ernannt. Beide waren Unionsmänner, aber sie standen nicht gerade auf dem hohen progressiven Standpunkt Vieler unter den Staatsmännern der damaligen Zeit; und der Umstand, daß beide Herren, die außerdem sehr achtungswürdige Männer waren, viele Verwandte und Freunde in der Rebellen-Armee hatten, mag wohl die Ursache gewesen sein, daß sie ihre südlichen Sympathien nicht ganz abstreifen konnten.

Gouv. Gamble erlitt nicht lange vor dem Ablauf seiner Dienstzeit einen Unfall auf der

Eisenbahn, und da er schon ein ziemlich alter und schwächlicher Mann war, so erlag er den Folgen dieser Verletzung, und W. P. Hall übernahm die Zügel der Regierung bis zum Ende des Amtstermins; ihm folgte am 1. Jan. 1865 der im November zuvor gewählte Emancipations-Gouverneur Thomas C. Fletscher.

W. P. Hall war als Vice-Gouverneur ex officio Vorsitzer des Staats-Senats und es wurde einstimmig anerkannt, daß die parlamentarische Erfahrung dieses Mannes, die Raschheit und Bestimmtheit seiner Entscheidungen und seine Unparteilichkeit nicht leicht von einem anderen Vorsitzer einer gesetzgebenden Körperschaft übertroffen werden konnten.

Nach dem ersten Siege über die Rebellen bei Boonville existirte in Missouri eine kurze Zeit lang eigentlich keine conföderirte Organisation, die den Namen „Armee" verdient hätte; größere und kleinere Banden, die sich conföderirte Soldaten nannten, aber nicht uniformirt und meistens nur mit Doppelflinten und Revolvern bewaffnet waren, durchzogen zwar den Staat und rotteten sich in immer größeren Haufen zusammen, hüteten sich aber den Unionstruppen in allzu große Nähe zu kommen. General Lyon marschirte nun mit seiner geringen Macht von nur 3—4000 Mann in südlicher Richtung nach Springfield zu und Obrist Sigel nahm mit etwa 1200 Mann und einer Batterie eine südwestliche Richtung nach der westlichen Staatsgrenze. Dort, in den weiten Prairien, in denen nur längs der Gewässer schmale Streifen Wald mit dichtem Unterholz die offene, aber wellenförmige Prairie unterbrachen, stieß man plötzlich auf eine Rebellenmacht, die auf über 15,000 Mann geschätzt wurde.

Hier galt es, die Fassung nicht zu verlieren, und die Rebellen machten auch, zu ihrer Betrübniß an diesem Tage, den 3. oder 4. Juli 1861, die Erfahrung, daß weder Obrist Sigel noch seine Mannschaft die Fassung verloren hatten.

Es wäre Tollheit gewesen, mit dieser kleinen Schaar in der offenen Prairie einen Kampf mit einer zehnmal überlegenen Macht anzunehmen, die noch dazu beritten war; wiewohl sie dieses Umstands wegen noch nicht gerade „Cavallerie" genannt werden konnte, denn die Pferde wußten von Tactik und Disciplin eben so wenig als ihre Reiter. Deßwegen mußte an einen Rückzug, aber nicht an die Flucht gedacht werden, und man mußte den Versuch machen, sich zu der wenigstens 100 englische Meilen weiter östlich stehenden Hauptmacht durchzuschlagen.

Die Rebellen schienen es für eine Kleinigkeit zu halten, diese Handvoll Soldaten zu überwältigen, denn sie stürmten mit wüthendem Geschrei heran. Aber als sie in bequeme Schußweite gekommen waren, wurden sie von der Batterie Backhoff und einer wohlgezielten Gewehrsalve dermaßen empfangen, daß sie „Kehrt" machten und in wilder Verwirrung in dem nächsten Gebüsch Schutz suchten; da, wo sie die Salve empfangen hatten, lagen die gefallenen Rebellen und Pferde in allen Richtungen herum.

Während sich der Feind von seinem Schrecken zu erholen und sich wieder zu sammeln suchte, zog sich Obrist Sigel auf der Straße nach Carthage zurück, und als die Annäherung der Rebellen auf's Neue bemerkt wurde, nahm dieses kleine, tapfere Corps in einer möglichst gedeckten Stellung wieder Position, und die Tod und Verderben speiende Batterie warf den Feind abermals mit einem empfindlichen Verlust zurück. Die Rebellen gaben die Verfolgung nun zwar noch nicht auf, wurden aber vorsichtiger; dennoch endete jeder Versuch, in die Nähe dieses Corps zu gelangen, mit Schrecken und blutigen Köpfen, und so rückte Obrist Sigel gegen Abend unter fortwährenden Kämpfen, aber ohne große Verluste erlitten zu haben, in Carthage ein.

Dieses damals sehr unansehnliche Städtchen war der Countysitz von Jasper County und ist es heute noch, aber wenn es damals kaum die Größe eines kleinen Dörfchens hatte, so ist es nach dem Eintritt des Friedens durch die zahlreiche Einwanderung aus den östlichen Staaten zu einer blühenden und ziemlich bedeutenden Stadt empor gewachsen.

Der musterhafte Rückzug Sigels wird heute noch die Schlacht bei Carthage genannt.

Die Rebellen schienen übrigens keine Lust gehabt zu haben, eine solche gefährliche Verfolgung länger fortzusetzen, denn Obrist Sigel erreichte ohne weitere Kämpfe nach einigen Tagesmärschen Springfield und vereinigte sich dort wieder mit dem Haupt-Corps unter General Lyon.

Nach wenigen Wochen, am 10. August, wurde die große Schlacht am Wilsons Creek, acht Meilen westlich von Springfield, geschlagen.

Die Rebellen hatten eine starke Macht zusammengezogen, zu der nun auch regelmäßig organisirte südliche Regimenter aus Arkansas und Louisiana gestoßen waren. Sie wollten von Süden her in den Staat eindringen, aber einem sicheren Vorrücken stand General Lyon mit seiner kleinen aber tapferen Schaar im Wege, und dieses Hinderniß sollte überwunden werden.

Die conföderirte Armee rückte immer näher und lagerte am Abend des 9. August am Wilsons Creek. Da ein Angriff am folgenden Tage mit Sicherheit vorauszusehen war, und da es für Lyons kleine Armee von 5000 Mann nicht rathsam war, ohne den Schutz einer befestigten Stellung, den Angriff einer Macht, die auf 25,000—40,000 Mann geschätzt wurde, jedenfalls aber der Unionsarmee an Zahl weit überlegen war, abzuwarten, so wurde in einem Kriegsrath der Officiere beschlossen, den Rebellen, die sich ganz sicher glaubten, zuvorzukommen und mit dem Anbruch des nächsten Morgens einen Sturm auf das feindliche Lager zu wagen. Dieser Entschluß wurde ausgeführt, und bei dem ersten Tagesgrauen, als sich die Rebellen zum Aufbruch rüsteten, aber viele noch bei ihrem Frühstück um die Lagerfeuer herum saßen, rasselten schon die Kartätschen mit verderblicher Wirkung zwischen die Schädel und die Kaffeekessel.

Von dieser höchst ungemüthlichen Ueberraschung erholten sie sich aber rasch wieder und es wurde den ganzen Tag über mit der äußersten Hartnäckigkeit und großer Tapferkeit auf beiden Seiten gekämpft; vorzüglich ein Louisiana-Regiment soll sich mit ausgezeichneter Bravour geschlagen haben, aber fast total aufgerieben worden sein.

Der Verlust an Todten und Verwundeten war auf beiden Seiten sehr beträchtlich, jedoch rühmte sich keine der beiden Armeen, einen entschiedenen Sieg errungen zu haben. Die Unionstruppen zogen sich in guter Ordnung, ihren todten Führer, General Lyon, mit sich führend, nach Springfield und von da nach Rolla, dem damaligen Endpunkt der Südwest-Bahn, zurück, während die südliche Armee sich zu geschwächt und zu entmuthigt zu fühlen schien, um in der nächsten Zeit die Kämpfe wieder aufzunehmen.

Durch den Tod des edlen Patrioten, Nathaniel Lyon, hatten die Unionisten in Missouri und speciell die Armee einen harten und schwer zu ersetzenden Verlust erlitten, und die Trauer über das Ableben dieses Mannes war allgemein. Die aufrichtige Anerkennung, die man ihm zollte, äußerte sich öfter in kleinen, sinnigen Erinnerungszeichen, durch welche man das Andenken an ihn aufrecht zu erhalten suchte; als Beispiel davon mag angeführt werden, daß die Besucher, welche in den ersten Jahren nach der Schlacht durch patriotisches Interesse auf die Wahlstatt geführt wurden, eine kleine Pyramide aus losen Steinen auf der Stelle, wo er gefallen sein sein soll, zusammentrugen.

Die Gefahr für Missouri, in die Hände der Rebellen zu fallen, war damals sehr groß, denn die dreimonatliche Dienstzeit war bei den meisten Soldaten der kleinen Unions= armee abgelaufen, und nur weil die Führer, Lyon und Sigel, sich die Liebe und das unbedingte Zutrauen ihrer Soldaten in einem so hohen Grade erworben hatten, gelang es ihnen am Tage der Schlacht von Wilsons Creek durch ihr Zureden, die Armee noch eine kurze Zeit zum Ausharren zu veranlassen, sonst hätte sich dieselbe im Angesicht des Feindes aufgelöst und den Rebellen hätte dann kein Hinderniß mehr im Wege gestanden, den Staat zu überfluthen, und wenn sie sich darin wirklich festgesetzt hätten, so würden sie nur nach schweren und blutigen Kämpfen zu vertreiben gewesen sein.

Das alte Sprüchwort: „Wenn die Noth am größten, ist die Hülf' am nächsten," bewährte sich auch hier in dieser trüben Zeit.

General John C. Fremont erhielt das Obercommando im westlichen Departement, und fast zu gleicher Zeit erließ Präsident Lincoln ein zweites Aufgebot, welches 300,000 Mann Freiwillige für eine Dienstzeit von drei Jahren unter die Fahnen rief.

Die Ernennung Fremonts wurde von den Unionsleuten mit ungeheurem Jubel begrüßt, und die nächsten Wochen zeigten schon, daß ein ganz anderer Wind im Staat wehete; das bange Gefühl der Unsicherheit nach der unentschiedenen Schlacht am Wilsons Creek wich einer freudigen Zuversicht, und Manche waren so sanguinisch, zu glauben, daß nun alle Gefahren überstanden seien. Solche Erwartungen blieben aber noch mehrere Jahre lang leere Täuschungen.

General Fremont hatte Autorität, eine genügend starke Armee zu organisiren, um die Rebellen, nicht allein in Missouri, sondern überhaupt westlich vom Mississippi zu Paaren zu treiben, und in der That strömten seinem Aufruf die Freiwilligen in Masse zu, und die Regimenter wurden in rascher Folge vollzählig; aber nicht allein in Missouri herrschte ein solcher Enthusiasmus, sondern auch andere Staaten, vorzüglich Jowa und Kansas, schickten ihre Regimenter.

Die früheren Heimwehr-Organisationen, welche, nachdem sie den Fahneneid geleistet hatten, von der Ver. Staaten-Regierung bewaffnet und verpflegt worden waren, und welche man gewissermaßen als zum Drei-Monats-Dienst gehörig betrachtet hatte, wurden aufgelöst, aber sehr Viele der so Entlassenen traten nun als Freiwillige in die Armee ein.

Es ist nicht anzunehmen, daß die Unionsleute in den östlichen Staaten ihre Contingente zur Armee mit weniger Bereitwilligkeit gestellt hätten, als die westlichen Staaten, aber dennoch wurden von Zeit zu Zeit vollzählige Regimenter, welche unter der Organisation von General Fremont entstanden waren, plötzlich nach dem Osten abcommandirt, eine Truppen-Entziehung, ohne welche in Missouri weit früher eine große, schlagfertige Armee im Feld gestanden haben würde, als es wirklich der Fall war.

Dieser Umstand und noch mehr die Behandlung, welche General Fremont in den nächsten Monaten zu erfahren hatte, ließen bei Solchen, welche einen Einblick in das damalige politische Getriebe hatten, die Vermuthung aufkommen, daß die täglich zunehmende Popularität Fremonts für die ehrgeizigen und selbstsüchtigen Pläne gewisser Politiker störend und deßwegen gefährlich zu werden drohte. Die Chicanen und nur irgend erdenkbaren Hindernisse, welche ihm in den Weg gelegt wurden, können keineswegs dem Patriotismus oder der Selbstlosigkeit zugeschrieben werden. Dennoch ließ sich Fremont in seinem Thun nicht beirren, sondern die Zeit, während welcher er seine große westliche Armee sammelte, wurde von ihm in jeder Weise auf's Beste benutzt.

Es wäre eine unverzeihliche Unvorsichtigkeit gewesen, einen so wichtigen Punkt, wie es in vieler Beziehung die Stadt St. Louis war, unbeschützt und selbst ohne die Mittel zu einer kräftigen Vertheidigung hinter sich zu lassen, während sich die Armee in weiter Entfernung davon mit den Rebellen herumschlug, denn es lag durchaus nicht außer dem Bereich großer Wahrscheinlichkeit, daß die Rebellen die Abwesenheit der Armee benutzen und einen Angriff auf die Stadt versuchen konnten, und mit Hülfe der zahlreichen Rebellen in der Stadt selbst hätten sie vielleicht auch ihre Absicht erreicht; solchen Eventualitäten aber wurde ein starker Riegel vorgeschoben.

Der Mississippi begrenzt die Stadt auf der Ostseite längs ihrer ganzen Ausdehnung, und dieser Strom hätte wohl vom Arsenal aus aufwärts und abwärts mit schwerem Geschütz bestrichen werden können, aber nach allen anderen Richtungen hin, vorzüglich nach Westen zu, lag die Stadt vollkommen offen da; deßwegen beschloß General Fremont, St. Louis durch einen Cordon von kleinen Forts zu beschützen, welche sich vom südlichen Ende der Stadt an in einem großen Halbkreis um die Stadt herum ziehen sollten, bis von dem zehnten und letzten Fort aus der Strom wieder beherrscht werden konnte.

Die Ehre der höchst umsichtigen und zweckmäßigen Ausführung dieses Plans gebührt dem Obrist Franz Hassendeubel, einem Ingenieur-Officier von gediegener, wissenschaftlicher Bildung. Dieser ermittelte nicht allein durch sehr sorgfältige Messungen die zweckmäßigsten Localitäten für die Anlage dieser Befestigungen, sondern er leitete auch größtentheils den Bau der Forts.

Von allen diesen befestigten Punkten aus hatte man eine ungehinderte Aussicht auf mehrere Meilen weit in das offene Land hinaus und diese Forts, welche mit Belagerungs-Geschütz vom schwersten Kaliber versehen wurden, waren so angelegt, daß immer je zwei ein Kreuzfeuer unterhalten konnten. Ein Feind, der gewagt hätte, sich diesem gefährlichen Gürtel mit gewöhnlicher Feld-Artillerie zu nähern, wäre sicher der Vernichtung geweiht gewesen, ehe er noch einen Punkt hätte erreichen können, von welchem aus seine eigenen Geschütze wirksam gewesen wären.

(Franz Hassendeubel war Obrist des 17. Missouri Freiwilligen-Regiments; er wurde später bei der Belagerung von Vicksburg durch einen Granatsplitter verwundet und starb einige Tage darauf. Er war ein tüchtiger Offizier, der das unbedingte Vertrauen seines Regiments genoß, und durch seinen ehrenhaften Charakter hatte er sich die Hochachtung aller Derer erworben, die ihn kannten.)

In den ersten Tagen des October (1861) setzte sich die neue Armee von Sedalia und Rolla aus in Bewegung und rückte in mäßigen Tagesmärschen auf Springfield zu, um sich dort zu concentriren. Als sich der Vortrab der Armee und der Generalstab dieser Stadt näherte, wurde Major Zagyony mit einigen Schwadronen Fremont-Husaren zu einer Recognoscirung vorausgeschickt.

Zagyony erfuhr, daß sich dicht vor der Stadt zwei Regimenter Rebellen gezeigt hatten und wahrscheinlich noch dort seien, und als ein tüchtiger und kühner Cavallerie-Officier, beschloß er ohne langes Besinnen einen Angriff auf sie zu machen.

Die Rebellen, welche dort waren, waren jedenfalls nicht von dem besten militärischen Kaliber; sie hatten sich, als sie die Ankunft von Unionstruppen erfuhren, längs einer breiten Straße, welche zwischen zwei großen Feldern hindurch führte, hinter die Fenzen postirt, wo sie einen möglichen Angriff erwarten wollten, weil sie zu glauben schienen, daß die Reiter auf der Straße daher kommen und zwischen ihnen hindurch defiliren würden. Dieser unschuldige Glaube war ihnen nicht gar sehr übel zu nehmen, denn in ihrer Bande hatte man wahrscheinlich nie im ganzen Leben einen vollständig ausgerüsteten Cavalleristen gesehen, und noch viel weniger hatte man einen Begriff von einem richtigen Reiterangriff. Nun, dieser Unterricht sollte ihnen jetzt ertheilt werden.

Major Zagyony, nachdem er die Situation einen Augenblick übersehen hatte, wartete nicht bis die Fenz zum bequemen Ueberschreiten niedergerissen war, sondern setzte an der Spitze seiner Husaren darüber hinweg und jagte im gestreckten Carriere in die Rebellen-Haufen hinein, und nun ging's an's Einhauen. Der Kampf dauerte nicht lange, denn den Rebellen war durch diesen Sturmangriff ein solcher panischer Schrecken eingejagt worden, daß viele ihre geladenen Gewehre wegwarfen und das Weite suchten, so daß nach kurzer Zeit von den beiden feindlichen Regimentern weit und breit kein Mann mehr zu sehen war.

Der Verlust von Zagonyos kleiner Cavallerie-Abtheilung war sehr gering, und er würde noch unbedeutender gewesen sein, wenn sich nicht einige all zu verwegene Reiter zu weit von ihren Truppen entfernt hätten; solche wurden von versprengten Rebellen-Banden umzingelt und niedergemacht.

Nach dieser Säuberung zog General Fremont am nächsten Tag in Springfield ein, und Tag um Tag rückten immer frische Regimenter nach, bis die Prairien um die Stadt herum von den weißen Zelten der Unionsarmee fast unabsehbar bedeckt waren.

Während des ganzen Krieges wird wohl kaum eine zweite Armee von dieser Stärke (gegen 40,000 Mann) schlagfertig im Felde gestanden haben, welche von einem solchen Geist beseelt gewesen wäre, wie es diese Fremont'sche war; von den Officieren bis zu den Troßbuben herab war kein Mann zu finden, der nicht ein unbegrenztes Vertrauen zu den Führern gehabt hätte. Mit Ungestüm verlangten die Soldaten vor den Feind geführt zu werden, und sie würden mit Enthusiasmus dem dichtesten Kugelregen gern entgegengegangen sein.

Endlich erhielt die Brigade Sigel's, der zum General befördert worden war, Befehl zum Vorrücken. Diese Brigade, aus dem 3., 12., 17. Missouri- und dem 36. Illinois-Regiment bestehend, fast lauter Deutsche, lagerte am Abend des Ausmarsches wenige Meilen jenseits des alten Schlachtfeldes am Wilsons-Creek, als Kundschafter berichteten, daß kaum eine Meile weiter feindliche Vorposten zu sehen seien.

Der lang ersehnte Kampf schien in nächster Aussicht zu sein, denn diese vorgeschobenen Truppen glaubten mit Sicherheit, daß am nächsten Tag das Gros der Armee nachrücken würde. Aber diese Erwartung war eine bittere Täuschung.

Noch vor dem Tagesgrauen des nächsten Morgens kam ein hoher und dem General Sigel befreundeter Officier in das Lager desselben und berichtete, daß am vergangenen Tage General Fremont des Commando's entsetzt worden und abgereist sei; daß der Nachfolger desselben, Gen. Hunter, Befehl zum Rückzug der Armee nach Sedalia und Rolla gegeben habe, und daß die Truppen schon auf dem Marsch seien. General Sigel hatte keine Sylbe von einer Order erhalten; seine Brigade hatte man — vergessen (?), und wenn ihm nicht durch freundschaftliche Theilnahme diese niederschlagende Neuigkeit mitgetheilt worden wäre, so wäre diese vergessene Brigade ganz allein der südlichen Armee, welche in unmittelbarer Nähe stand, preisgegeben worden, und wahrscheinlich verloren gewesen. Unter diesen Umständen gab General Sigel am Morgen seinen Soldaten den Befehl zum Aufbruch nach Rolla.

Die Truppen waren über diese Order erst so erstaunt, daß sie ihren Ohren kaum trauen wollten, aber ihre Wuth war grenzenlos, als sie die Ursache erfuhren, warum sie zurück commandirt worden waren; und wenn sie in ihrer ersten Aufregung den neuen Obergeneral hätten erreichen können, würde er wahrscheinlich sehr unceremoniöser Weise seines Commandos enthoben worden sein; denn wenn dieses Verfahren nicht wirklicher Verrath war, so sah es diesem doch so ähnlich wie ein Ei dem anderen.

Die Entrüstung beschränkte sich aber nicht nur auf die Armee allein, sondern sie wurde von der loyalen Bevölkerung im ganzen Staat bis in die fernsten Winkel hinein getheilt. Denn wenn man bedenkt, daß damals gerade im entscheidenden Moment der Feldherr, der schon seit Monaten durch seine umsichtigen und energischen Maßregeln seine Unionstreue, seinen Patriotismus und seine militärische Tüchtigkeit bewiesen hatte, und dem die ganze Armee wie einem Freund und Vater zugethan war, ohne einen triftigen Grund seines Commandos enthoben wurde, daß ein vollständig ausgerüstetes und vom besten Geist beseeltes und kampflustiges Heer im Angesichte des Feindes getheilt und nach verschiedenen Richtungen abcommandirt, daß eine der erprobtesten Brigaden aus Vergeßlichkeit in diesen Abzugsbefehl nicht mit einbegriffen wurde, und daß dem Feind scheinbar absichtlich die offene Thür gezeigt wurde, so ist es kein Wunder mehr, daß sich der Glaube an Verrath allgemein verbreitete.

Es wurde zwar bedauert, daß Präsident Lincoln, dessen ehrenhafter Charakter über allen Verdacht erhaben stand, der aber allerdings kein militärisches Genie war, den Befehl zur Entlassung Fremonts gegeben oder gebilligt hatte, aber die eigentliche Schuld wurde ihm nicht zugeschrieben, sondern die Urheber dieser verrätherischen Intrigue wurde in den Kreisen gewisser hochstehender Politiker gesucht, deren unersättlicher und gewissenloser Ehrgeiz kein Geheimniß war.

Der eine dieser Männer, auf den sich der stärkste Verdacht richtete, diese Verschwörung gegen Fremont angezettelt zu haben, war einst ein Mann von hohem und wohlverdienten Ansehen gewesen, aber von jener Stunde an traute man ihm nicht mehr, und durch seine spätere höchst zweideutige, politische Haltung hat er sich wohl die Freundschaft der Rebellen erworben, aber die Achtung der Unionsleute war ihm verloren, und er erlangte sie nicht wieder. Aber am Allerwenigsten erreichte er die Verwirklichung seiner hochfliegenden, ehrgeizigen Wünsche und Hoffnungen. Da die Rebellen keine Miene machten, weiter in das Innere des Staates zu bringen, und sich allmälig nach Arkansas zurückzogen, wurden die Regimenter, welche man nach Sedalia beordert hatte, nach und nach in verschiedenen Richtungen auf den Kriegsschauplatz in den secedirten Staaten geschickt, der Theil der Armee aber, welcher nach Rolla gegangen war, blieb dort bis in den Januar 1862 hinein, in den Quartieren liegen, und rückte dann wieder langsam westwärts nach Springfield zu.

Den Oberbefehl über diese Rolla-Armee hatte damals General Curtis; mit ihm vereinigte sich General Sigel, der auf einer anderen Route vorgerückt war, bei Lebanon in Laclede County, noch 50 Meilen östlich von Springfield, und von da an ging es rascher vorwärts in südwestlicher Richtung, denn von Arkansas herauf zog eine starke Rebellenarmee.

Nach einer Menge von Scharmützeln kam es endlich am 6. März auf einem Höhenzug, der unter dem Namen „Pearidge" bekannt ist, zur Schlacht, und am Abend des 7. März war die Unions-Armee unter schweren Verlusten auf ein kleines Terrain zusammengedrängt. General Curtis, der zwar ein sehr braver Mann, aber kein sehr erfahrener und besonnener Feld-Officier war, scheint die Schlacht verloren gegeben zu haben, denn es wird erzählt, daß er schon den Befehl zum Rückzug gegeben hatte; und es wird weiter berichtet, daß er endlich dem General Sigel, der ihm Vorstellungen machte, und die Versicherung gab, daß noch nicht Alles verloren sei, den Oberbefehl für den nächsten Tag überlassen habe.

Schon sehr früh am Morgen des 8. März eröffneten sechs Batterien ein so fürchterliches Feuer auf die dichten Rebellenhaufen auf den nächsten Hügeln, daß diese ausgerufen haben sollen: „Sigel commandirt, wir sind geschlagen." Jede feindliche Colonne, welche zum Sturm auf diese Batterien anrückte, schien vom Erdboden zu verschwinden und ihre Angriffe wurden daher schwächer und wiederholten sich nur nach längeren Pausen. Endlich wurde das 17. Missouri Regiment zum Sturm auf eine feindliche Batterie commandirt, welche auf einer gegenüberliegenden Höhe festen Fuß gefaßt hatte. Diese Aufgabe, so gefährlich sie auch unter andern Umständen gewesen wäre, wurde dennoch ohne großen Verlust für das vorrückende Regiment gelöst; denn so lange feindliche Colonnen durch das zwischen beiden Armeen liegende Thal gegen Sigels Batterien anstürmten, mußte sich wohl unser Feuer hauptsächlich auf diese richten, aber als das 17. Regiment durch das Thal dem Feind entgegenmarschirte, concentrirte sich unser ganzes Artilleriefeuer auf die gegenüberliegende Batterie und zwar mit sehr wirksamem Erfolg. Die feindliche Infanterie, welche die Batterien deckte, schien schon in großer Eile und Verwirrung gekämpft zu haben, denn ihre Gewehrsalven gingen dem stürmenden Regiment meistens über die Köpfe weg, und als von den Unsrigen die Höhe und die Batterie erreicht war, sah man nur noch wenige Feinde auf dem Platze, und auch diese zogen sich in großer Unordnung zurück. Diese Verwirrung ging sehr bald in wilde Flucht über.

Es war ein glänzender Sieg, und wenn die feindliche Armee, die sich in gänzlicher Auflösung befand, verfolgt worden wäre, so wäre wahrscheinlich die ganze Bagage und Artillerie der Rebellen in die Hände der Unionsarmee gefallen; aber General Curtis wollte seinen Leuten endlich Ruhe gönnen, und nach den wochenlangen, forcirten Märschen, welche diesen drei Schlachttagen vorhergegangen waren, bedurfte die Armee allerdings der Erholung.

Ein großer Theil der Truppen war trotz aller Erschöpfung dennoch bereit, die Verfolgung des fliehenden Feindes aufzunehmen, und wenn ihrem Wunsche Erhörung gegeben worden wäre, so würde von dieser Rebellen=Armee nicht viel übrig geblieben sein.

Die Unionsarmee marschirte darauf, ohne mit einem Feinde zusammenzutreffen, in östlicher Richtung durch die südlichen Grenz=Counties bis nach West-Plains in Howell County, und von da nach Rolla zurück.

Erst im Spätherbst desselben Jahres hatten sich die Rebellen so weit erholt, um wieder einen Kampf in Missouri wagen zu können, aber auch dieses Mal erlitten sie durch die Generäle Blunt und Herron bei Prairie Grove, im nördlichen Theil von Arkansas, eine so empfindliche Niederlage, daß sie es aufgegeben zu haben schienen, sich des Staats zu bemächtigen; denn wirkliche Schlachten wurden während des ganzen ferneren Verlaufs des Krieges nicht mehr in der Nähe der Grenzen von Missouri geschlagen.

31. Zustände während des Krieges.

Es muß hier mit Bedauern bemerkt werden, daß das nun folgende Kapitel nur ein sehr zusammenhangloses sein kann, weil alle Bemühungen, Uebersicht und Zusammenhang in die Schilderung einer solchen Zeit des gräulichsten Wirrwarrs, wie sie es während des vierjährigen Bürgerkrieges war, zu bringen, wenigstens meiner Feder unmöglich ist.

Fast jedes der 114 Counties im Staate hat in jener Zeit seine eigne Geschichte gehabt; an den nördlichen Counties längs der Jowa-Grenze zu und an die dicht besiedelten, deutschen und loyalen Counties in der Nähe von St. Louis, zog dieser Bürgerkrieg in seiner mildesten Form vorüber, wenn auch vielleicht kein einziges County sein mag, in dem nicht wenigstens der Eine oder der Andere dem Fanatismus und dem Blutdurst der Guirrillabande zum Opfer fiel. Von solchen vergleichungsweise erträglichen Zuständen geht aber die Unsicherheit des Lebens und des Eigenthums in andern Counties durch alle Grade und führte in einigen fast zur Entvölkerung.

In der schlimmsten Zeit des Krieges waren die Counties längs der ganzen südlichen und westlichen Staatsgrenze bis in die Nähe von Kansas City hinauf fast ganz menschenleer; sehr viele Farmen sammt allen Gebäuden waren niedergebrannt, und in den vereinzelt stehen gebliebenen Blockhäusern lebten nicht selten die Frauen und Kinder von mehreren Familien beisammen, während die loyalen Staats-Milizen und Guerilla-Banden nach allen Richtungen hin das Land durchzogen und sich gegenseitig aufrieben.

In den meisten jener Counties hatte jede gesetzliche Ordnung, wie solche in Friedenszeiten herrschte, aufgehört; es gab dort keine Richter und keine Beamten mehr, sondern es galt nur das Recht der Wiedervergeltung; wenn also überhaupt Gefangene gemacht und in die Lager der Milizen oder der Buschklepper gebracht wurden, so dauerte in vielen Fällen die Untersuchung, der Urtheilsspruch und die Execution nicht viel länger als zehn Minuten.

Die Ereignisse jener Zeiten werden immer in einem mehr oder weniger dichten Nebel gehüllt bleiben, weil von sehr vielen Vorgängen gar keine authentischen Berichte vorliegen; auch die Neuigkeiten, welche die Zeitungen damals von Zeit zu Zeit verbreiteten, müssen mit einiger Vorsicht aufgenommen werden, denn in jener Zeit der Aufregung betrachteten alle Berichterstatter die Dinge entweder durch eine nördlich oder südlich gefärbte Brille und viele solcher Nachrichten kamen noch nicht einmal direct von einem Augenzeugen.

Als nach der Schlacht bei Prairie Grove der Staat nicht länger durch ein feindliches Heer von Bedeutung bedroht war, wurden, mit Ausnahme einiger Reserve-Regimenter, fast alle Truppen nach dem Süden geschickt. Diese wenigen Reserven aber konnten unmöglich die Unionsleute im ganzen Staat genügend beschützen und den alten Heimwehren, die sich in den entlegeneren Counties noch nicht aufgelöst hatten, fehlte es zwar keinesweges an Muth zur Selbstvertheidigung, wohl aber an Waffen und Munition, denn Viele hatten nicht einmal Jagdgewehre. In jener Schreckenszeit konnte daher den Guerillabanden nicht sehr energisch entgegengetreten werden, und sie verübten darum ziemlich ungestört viele Gräuelthaten; aber die Freude über ihre Herrschaft dauerte nicht lange und ihr anfänglich ziemlich gefahrloses Morden und Rauben fing bald an ein sehr unsicheres und lebensgefährliches Geschäft für sie zu werden.

Unter der Administration der provisorischen Regierung trat die Organisation der sogenannten „Missouri Staats-Miliz" in's Leben, und die Regimenter dieser Miliz füllten sich rasch mit den loyalen, waffenfähigen Männern, welche noch nicht Dienste in den regelmäßigen Freiwilligen-Regimentern genommen hatten; in jenen gefährlichen Counties waren damals die Benennungen „Unionsmann" und „Milizmann" so ziemlich synonym denn nur körperliche Gebrechlichkeit oder zu hohes Alter hielten dort einen Unionsmann ab sich der Miliz anzuschließen.

Diese Miliz war ganz nach dem Muster der damaligen Unionsarmeen organisirt.

Die Officiere, vom General bis zum Lieutenant herab, wurden vom Gouverneur ernannt; sehr häufig, aber nicht immer, wurden bei diesen Ernennungen die Wünsche der Soldaten und der loyalen Bürger berücksichtigt, aber da Gouverneur Gamble, seiner südlichen Sympathien wegen, auch den Einflüsterungen von Rebellen nicht ganz unzugänglich war, so wurden nicht selten Officiere von so zweideutiger politischer Gesinnung ernannt, daß die Mannschaft, wenn sie loyal war, nur mit Murren oder auch gar nicht gehorchte, sobald es augenscheinlich ward, daß ihre Officiere Rebellen, aber nicht Unionsleute beschützen wollten.

In den westlichen, alten Sclaven-Counties, in welchen das Rebellen-Element bedeutend prädominirte, bildeten sich sogar einige Miliz-Regimenter, welche nur aus Rebellen bestanden und welche den bequemen Milizdienst zu Hause bei guter Verpflegung den Gefahren,

Strapazen und Entbehrungen in der regulären, südlichen Armee bei Weitem vorzogen; diese Regimenter wurden selbstverständlich von gleichgesinnten Officieren befehligt, und waren in der That nicht viel besser, als vom Staat autorisirte und besoldete Buschklepper.

Diese Sorte von Miliz war unter dem Spitznamen „Paw-paw"-Miliz bekannt.

Weder von den loyalen Bürgern im Staate, noch von dem weitaus überwiegenden Unions-Element in der Legislatur von 1862—1864 war diese Paw-paw-Miliz als zu Recht bestehend anerkannt; sie war zwar uniformirt und bewaffnet wie andere Miliz auch, aber bei den Bewilligungen für die Bezahlung der Miliz wurden diese Paw-paws, obgleich sie in der Legislatur warme Freunde hatten, regelmäßig ausgeschlossen; denn die wenigen wirklich rebellenfreundlich gesinnten Repräsentanten waren der zu großen Majorität von entschiedener Unionsgesinnung gegenüber zu ohnmächtig, um etwas Wesentliches in ihrem Sinne durchsetzen zu können.

Die Unzufriedenheit und Entrüstung über das Betragen der disloyalen Miliz wurden zuletzt so allgemein und die Klagen so laut, daß die Legislatur Notiz davon nahm, und einem Beschluß des Repräsentantenhauses zufolge wurde vom Sprecher des Hauses, dem alten, biederen Marvin, ein Committee von neun Mitgliedern ernannt, dessen Aufgabe es war, die Militärverwaltung einer strengen Untersuchung zu unterwerfen, und dies Committee war bevollmächtigt, nach eigenem Ermessen die Einsicht von officiellen Documenten zu verlangen und Zeugen aufzurufen, wie und woher es solches für nöthig fand.

Da ich selbst die Ehre hatte, Mitglied dieses Untersuchungs-Committee zu sein, so hatte ich fast zwei Monate lang Gelegenheit, jeden Abend nach dem Schluß der regelmäßigen Sitzungen mitunter bis Mitternacht die beschworenen Aussagen von Zeugen mit anzuhören und erhielt dadurch eine ziemlich klare Einsicht in die Zustände in jenem Theile des Staats, in welchem die Paw-paw-Milizen ihr Unwesen trieben.

Sechs von den neun Committee-Mitgliedern waren ultra-radikale Unionsmänner, aber die anderen drei glaubten, daß man einem Rebellen ein Unrecht zufüge, wenn man ihn anders als mit Glaçéhandschuhen anfasse, und deßwegen konnte sich das Committee unmöglich über einen einstimmigen Bericht einigen. Der Majoritätsbericht gab eine mit den Zeugenaussagen und den officiellen Documenten genau übereinstimmende und ungeschminkte Schilderung dieser Miliz-Wirthschaft und war von den sechs Unionsmännern unterzeichnet; aber die drei anderen unserer Collegen überreichten, in Uebereinstimmung mit ihren Ansichten und Begriffen, einen Bemäntelungs- und Weißwaschungs-Versuch als ihren Bericht. Beide Berichte, welche zusammen ein ziemlich voluminöses Dokument lieferten, sind als Appendix zum Journal des Repräsentantenhauses von 1863 und 1864 zu finden.

Der Uebermuth dieser Paw-paws wurde längere Zeit durch die zeitweisen Einbrüche einiger Kansas-Regimenter in Schranken gehalten, denn diese, unter dem Namen „Kansas Rangers" bekannten Horden, waren den Rebellen im Nordwesten ein wahrer Schrecken. Diese Bursche wurden, den Rebellen gegenüber, von keinem Humanitätsdusel zur Schonung veranlaßt und die Kugeln in ihren Revolvern rosteten niemals ein.

Den Grund zu diesem bitteren Rebellenhaß hatten sehr wahrscheinlich die Missouri-Grenzstrolche schon in den fünfziger Jahren gelegt; denn die empörenden Grausamkeiten, welche zur Zeit der Unruhen, die der Aufnahme von Kansas in den Ver. Staatenbund vorhergegangen waren, von diesen Grenzstrolchen an den Freibodenmännern begangen worden waren, hatte man nicht vergessen und die Zeit der Vergeltung war nun gekommen.

Mit den soeben erwähnten Paw-paws bildeten die Milizen im Südwesten des Staats einen scharfen Contrast; diese waren lange Zeit die fürchterlichsten und unerbittlichsten

Feinde der Rebellen und nirgends im Staate wurde so gründlich unter den Guerillas aufgeräumt als dort.

Die Ursache ihres erbitterten Hasses ist nicht schwer zu finden. Die reichen Sklaven-Counties zu beiden Seiten des Missouri und von Jefferson City an bis zur westlichen Staatsgrenze, waren gewissermaßen der eigentliche Heerd der Rebellen im Staate, und diese Counties lieferten nicht allein den südlichen Armeen ein starkes Contingent, sondern aus ihnen zogen auch die zahlreichen Guerillabanden fortwährend Rekruten an. In nördlicher Richtung, nach Iowa zu, hatten die Rebellen keine Verbindung, im Westen standen ihnen die, zu jeder Stunde kampfbereiten Kansas-Rangers im Wege, und in dem loyalen und gut bewaffneten Osten des Staats, in der Nähe von St. Louis, wäre es zu gefährlich gewesen, regelmäßige Verbindungen mit dem Süden offen halten zu wollen; also blieb nur der Südwesten als einziger offener und anfänglich auch gefahrloser Weg nach Arkansas und dem Süden übrig, und in der That durchzogen ihn auch fortwährend ganze Schwärme von Norden nach Süden und umgekehrt.

So lange die Unionsleute im Südwesten nur lose organisirt und schlecht bewaffnet waren, konnten jene Mörder- und Räuberbanden einen Ritt durch das Land als eine Vergnügungs-Expedition betrachten, bei welcher die Ermordung und Beraubung von Unionsleuten die piquanten Momente waren; nach der Organisation und Bewaffnung der Milizen aber hatte die Sicherheit solcher Spazierritte ein Ende mit Schrecken genommen, und von mancher Horde erreichte kein Einziger sein Reiseziel.

Die Milizen waren dort furchtbar gereizt worden; in mancher Compagnie waren Wenige, von denen nicht der Eine den Vater und Andere entweder Söhne, Brüder und Freunde durch Guerillas verloren hatten, und von solchen Feinden hatten diese kein Erbarmen zu erwarten.

Die gefährlichsten Verfolger der Buschklepper waren aber ohne Zweifel die sogenannten „Unabhängigen Compagnien"; diese standen zwar auch unter dem Oberbefehl des jeweiligen höchstcommandirenden Miliz-Generals in Jefferson City, eine eigentliche Controle über diese Compagnien existirte aber in der Wirklichkeit nicht und die Hauptleute dieser unabhängigen Soldaten verlegten ihr Hauptquartier, wohin sie wollten, und führten auch Krieg, wo und wie sie es für gut fanden. Da nun diese Truppen in nicht zu großer Entfernung von einander stationirt waren, und durch gute Kundschafter fast immer zur rechten Zeit von der Annäherung einer Guerillabande unterrichtet wurden, so ist es leicht begreiflich, daß in dieser Zeit für die Rebellen eine Reise durch den Südwesten keine Rose ohne Dornen war.

Kleinere Banden derselben mußten versuchen, sich durchzuschleichen, denn wenn sie erwischt wurden, so waren sie bis auf den letzten Mann verloren; einer größeren Horde gelang es zwar bisweilen, sich durch eine dieser Compagnien hindurch zu schlagen, doch mußten sie in einem solchen Fall zu jeder Stunde erwarten, von einer anderen Compagnie verfolgt zu werden. Wenn diese Banden gegen Norden zogen und den Osage eine Strecke weit hinter sich hatten, so war die größte, aber noch nicht alle Gefahr für sie überstanden; wenn sie aber südwärts gingen, gab es keine solche Sicherheitslinie für sie, denn die Verfolger kehrten nicht an der Grenze von Arkansas um, sondern in den nördlichen Counties dieses Staates waren die Buschklepper vor den Milizen um Nichts sicherer als in Missouri.

Von einem dieser Miliz-Generäle, der eine Zeit lang in Jefferson City das Commando führte, dessen Name aber nichts zur Sache thut, hatten diese Hauptleute eine schriftliche Ordre erhalten, welche jetzt wahrscheinlich nicht mehr im Archiv des Staates zu finden ist und vielleicht gar niemals zur Aufbewahrung deponirt wurde; der Inhalt dieser Ordre war: die Unionsleute zu beschützen und **keine Berichte einzuschicken.**

Dieser General, der ein Unionsmann vom reinsten Wasser war, hatte vermuthlich durch eigene Erfahrung die Ueberzeugung gewonnen, daß Milde die allerverkehrteste Methode war, um diesen wüsten Rebellenhorden zu imponiren; Kerle, welche einem harmlosen Unionsmann gegenüber keine menschliche Regung kannten, waren weit davon entfernt, Schonung den humanen Gesinnungen ihrer Gegner zuzuschreiben, sondern sie schienen sich, wie die Indianer, einzubilden, daß man sie zu sehr fürchte, um ernstlich gegen sie aufzutreten, und dieser Wahn war allerdings nur durch Pulver und Blei oder einen Strick zu curiren.

Obiger Ordre wurde pünktlicher Gehorsam geleistet; die Unionsleute wurden beschützt und es wurden keine Berichte gemacht; aber nicht deßwegen, weil nichts zu melden gewesen wäre, sondern weil während Gouverneur Gambles Administration die Befürchtung nahe lag, daß diese Compagnien aufgelöst werden würden, wenn man die Wahrheit berichtete.

Es ist nicht zu bezweifeln, daß bei den vielen Revolver-Executionen, welche die Milizen in Scene setzten, auch manchmal ein harmloser und unschuldiger Rebell, der niemals gemordet oder geraubt hatte, das Leben verlor; denn es ist sicher, daß es vielen nur principiellen Rebellen, welche keinen activen Antheil an der Empörung genommen hatten, dennoch sehr unheimlich in der Nähe der Bajonette der Unionstruppen zu Muthe war, und daß sich viele durch die Prahlereien, welche die von Zeit zu Zeit heimkehrenden Buschklepper von ihren sogenannten Heldenthaten verbreiteten, verleiten ließen, sich ihrer vermeintlichen größeren Sicherheit wegen, diesen Banden anzuschließen. Diese Thorheit brachte sie dann vom Regen unter die Traufe; denn die aufgereizten und rachedurstigen Milizen, denen man Freunde und Verwandte, die Niemanden etwas zu Leid gethan, bloß weil sie keine Landesverräther werden wollten, ermordet hatte, ließen sich nicht auf lange Untersuchungen über die Schuld oder Unschuld ihrer Gefangenen ein, und da das Schwören und Brechen des Treueids bei den Rebellen an der Tagesordnung war, so hatten ihre Betheuerungen allen Anspruch auf Glaubwürdigkeit verloren und das alte Sprüchwort: „Mitgefangen, mitgehangen", galt damals ganz allgemein.

Wie viele Unionsleute und wie viele Rebellen in jenen Zeiten in Missouri eines gewaltsamen Todes gestorben sein mögen, ohne diejenigen mitzuzählen, welche auf den wirklichen Schlachtfeldern gefallen sind, ist nicht mehr zu bestimmen; wer aber die blutigen Ereignisse, von denen nur wenig in die Oeffentlichkeit gelangt ist, einigermaßen übersehen kann, wird zugeben, daß es sehr viele gewesen sein müssen.

Wenn man sich in den ersten Jahren nach dem Kriege der Mühe unterzogen hätte, in den Counties, in welchen dieser Guerillakrieg mit so vieler Erbitterung geführt wurde, Nachforschungen über den Verbleib der Unionsleute anzustellen, so hätte man in Bezug auf diese vielleicht noch eine annähernd richtige Zahl herausgebracht; in den 12—15 Jahren aber, die seit jener Schreckenszeit verflossen sind, sind so viele von den alten Ansiedlern gestorben oder weiter gezogen, und so viele Einwanderer, die von jenen Vorgängen so gut wie Nichts wissen, haben sich dort niedergelassen, mit einem Wort, die Bevölkerungs-Verhältnisse haben sich in jenen Gegenden so total geändert, daß man jetzt nur sehr unzuverlässige Schätzungen aufstellen kann. Ueber die Zahl der gebliebenen Rebellen läßt sich noch viel weniger etwas Gewisses sagen, denn außer den einheimischen Guerillas durchzogen zahlreiche Banden aus den nördlicheren Counties von Missouri und aus Arkansas den Südwesten. Während dieser kleine Krieg wüthete, wurden diese Horden von den Milizen fürchterlich decimirt, und kleinere Haufen mitunter total aufgerieben, und sehr viele von Denen, deren Gebeine in den Wäldern und den Schluchten des Ozark-Gebirges bleichen, waren von Niemanden gekannt, und nach den Namen der dem Tod verfallenen Gefangenen wurde auch nicht gefragt.

Im Südosten des Staates, in der Region der großen Sümpfe, ging es nicht viel besser zu, doch da die Rebellen in jener Gegend keinen so stark frequentirten Durchpaß nach dem Süden hatten, mögen auch wohl nicht so viele umgekommen sein.

Die Gerechtigkeit gebietet aber, anzuerkennen, daß bei alle den Gräueln des erbitterten Bürgerkrieges doch die Weiber und Kinder von keiner der beiden Parteien mißhandelt oder gar getödtet wurden, wenigstens verlauteten keine Klagen darüber, und wenn die Franzosen in den Jahren '70 und '71 über den Rhein gekommen wären, so würden die afrikanischen Regimenter dort wohl schlimmer gehaust haben, als hier die wildesten Milizen und die rohesten Guerillas.

Es würde zu ermüdend und selbst zu widerwärtig für den geehrten Leser sein, wenn hier die Einzelheiten aller der Kämpfe und Gewaltthaten der Reihe nach aufgezählt werden sollten, welche im Verlauf des Bürgerkrieges in den übrigen Theilen des Staates stattfanden, und nur einige, welche ihrer Zeit eine größere Sensation erregten, mögen hier in aller Kürze erwähnt werden.

Auf Seiten der Rebellen waren im mittleren und westlichen Theil des Staates Quantrell und Bill Anderson die gefürchtetsten und berüchtigsten Führer größerer Mörderbanden, und die Bravour, welche sie bei mehreren Gelegenheiten zeigten, wäre einer besseren Sache werth gewesen.

Die That, durch welche sich Quantrell neben vielen anderen Gräueln einen unvergeßlichen, aber nicht ehrenvollen Namen erwarb, war der nächtliche Ueberfall der Stadt Lawrence im Staate Kansas; in diesen ganz unvertheidigten Ort, wo man keine Ahnung von einer Gefahr hatte, brach seine Bande des Nachts ein, raubte, brannte und richtete unter den fliehenden, unbewaffneten Unionsmännern beim Scheine des Feuers ein fürchterliches Blutbad an.

Andersons Bande verübte bei Centralia an der Nord-Missouri-Bahn eine Bluttbat, die der eben erwähnten würdig zur Seite steht; dort wurde ein Passagierzug angehalten, 50—60 beurlaubte und zum Theil verwundete Unionssoldaten herausgeholt und am Depot kaltblütig niedergeschossen. Ein kleiner, mit einem Stacketenzaun eingefriedigter Platz nahe bei der Stadt bezeichnet noch die Stelle, wo man diese Gemordeten begraben hat.

Was aus Quantrell nach dem Krieg geworden ist, wurde nicht mit Bestimmtheit bekannt; es hieß aber, er sei nach Mexico gegangen. Bill Anderson wurde am Schluß des Krieges in einem Scharmützel mit den Milizen erschossen.

An diese beiden schauderhaften Unthaten reihte sich noch eine dritte, welche unter den Unionsleuten die gerechtfertigste Entrüstung hervorrief.

Concordia ist eine starke deutsche Niederlassung in Lafayette County. Die ganze Umgegend dort war durch und durch rebellisch gesinnt und haßte die Teutschen ihrer Unionstreue wegen. In dieses Städtchen sprengte eines Sonntags, als eben die Leute aus der Kirche kamen, eine Guerillabande, ermordete ohne sichtbare Veranlassung über ein Dutzend friedlicher Bürger, die auf ihrem Heimweg vom Gottesdienst waren, und nachdem sie geraubt hatten, was ihnen anstand, verließen sie den Ort wieder.

Daß solche Schandthaten die Geduld der Unionsleute auf eine zu harte Probe stellten und endlich summarische Vergeltung provocirten, ist wohl natürlich. Nur zu lange Zeit glaubte man thörichter Weise, durch eine menschliche Behandlung der gefangenen Buschklepper, ihre Kameraden zur Vernunft und Ordnung zu bringen; man nahm ihnen den Treueid ab und entließ sie wieder. Aber eben so gut hätte man Wölfen durch Freundlichkeit und Vernunftgründe das Zerreißen von Schafen abgewöhnen können; denn es ist nicht selten vorgekommen, daß dieselben Kerle, die heute den Eid geschworen hatten, kurze Zeit darauf wieder auf einem ihrer Raubzüge gefangen genommen wurden, und in vielen Counties, in welchen die Rebellen eine große Mehrzahl hatten, wurden fortwährend neben den Räubereien auch Morde verübt. Unionsleute, von denen man wußte, daß sie unbewaffnet waren, wurden aus ihren Häusern gelockt und ermordet, andere erschoß man aus einem Hinterhalt, und auch einzelne Soldaten, die sich zu weit von ihrem Commando entfernt hatten, wurden öfter von kleinen Banden überwältigt und niedergemacht. Wenn man die Thäter kannte und ihrer habhaft werden konnte, so wurden diese allerdings ohne weitere Ceremonien in's Jenseits expedirt, aber in der ersten Zeit entwischten sie in den meisten Fällen und wurden von den vielen Rebellen, die wohl mit diesem Gesindel sympathisirten, aber selbst nicht gerade zu gewissenhaft, wohl aber zu feige waren, an solchen Unthaten, die man als Heldenthaten gelten lassen wollte, activen Antheil zu nehmen, verborgen, verleugnet und heimlich mit Lebensmitteln, Waffen und Munition versehen. Ebenso wurde diesen Banden von ihren theilnehmenden Freunden, welche den Unionssoldaten und speciell den Officieren gegenüber die aufrichtigste Unionstreue heuchelten, im Herzen aber bittere Rebellen waren, Alles mitgetheilt, was in den Unionsquartieren vorging, und wenn Gefahr drohte, wurden sie rechtzeitig gewarnt.

Vorstellungen und Warnungen von Seiten der Militär-Behörden wurden nicht beachtet, und wenn nach einem begangenen Mord Untersuchungen und Verhöre angestellt wurden, so waren diese sympathisirenden Rebellen, die vielleicht alle Einzelheiten des Verbrechens genau kannten, dennoch so harmlos und unwissend wie die neugeborenen Kinder, und fingirten Entrüstung, während sie sich innerlich freuten; aber der Krug geht so lange zu Wasser, bis er bricht!

Ein sehr tüchtiger und verdienstvoller Unions-Officier im nördlichen Missouri, in dessen Bezirk eine Menge solcher heimtückischer Morde begangen worden waren, ohne daß man die Thäter ausfindig machen konnte, beschloß einen radikaleren Weg einzuschlagen, um diesem Umfug ein Ende zu machen. Er ließ daher eine Proclamation veröffentlichen, daß, wenn nicht innerhalb drei Tagen nach dem nächsten Mord die Thäter zur Stelle geschafft werden würden, zehn der gefangenen Guerillas durch das Loos bestimmt und erschossen werden sollten.

Den Rebellen kam diese Proclamation sehr spaßhaft vor, und sie verlachten sie als eine leere Drohung; als aber wieder die Leiche eines ermordeten Unionsmannes gefunden wurde, und die Thäter wie gewöhnlich verborgen blieben, wurden am Morgen nach dem festgesetzten dritten Tag wirklich zehn Guerillas herausgeführt und von einem Peloton Soldaten erschossen.

Die Rebellen waren wüthend, daß man, nach i h r e r Meinung, „zehn Unschuldige ermordet" hatte (die aber sämmtlich schon längst eine Kugel verdient hätten) aber der Schrecken über eine so summarische Execution war ihnen doch so in die Glieder gefahren, daß wenigstens in dieser Gegend fortan Ruhe herrschte.

Wenn man die energische Handlung jenes Officiers mit Ruhe betrachtet, so wird man einsehen, daß fortgesetzte Milde gegen Mörderbanden, die vor keinem Verbrechen zurückschreckten, so lange sie sich der Straflosigkeit erfreuen konnten, nichts anders als eine unverantwortliche Grausamkeit gegen die unbeschützten Unionsleute gewesen wäre. Selbst die Rebellen, wenn sie von ihrer Vernunft Gebrauch machen wollten, mußten begreifen, daß durch diese empfindliche Lection, welche die Guerillas erhalten hatten, die Rebellen gerade so gut beschützt wurden, als die Unionsleute; denn wenn die, durch die Ermordung ihrer

Kameraden bis zur höchsten Erbitterung gereizten Soldaten angefangen hätten, wie es auch in nächster Aussicht stand, die Vergeltung in ihre eigene Hand zu nehmen, so würde die Linie zwischen schuldig und unschuldig nicht sehr streng gezogen worden sein; und mancher Rebell konnte von jener Zeit an ruhig zu Hause sitzen, der seines Lebens keine Stunde mehr sicher gewesen wäre, wenn man bei der albernen Schonung von unverbesserlichen Mördern noch länger beharrt hätte.

Ueberall im Staat, wo sich die Rebellen stark genug dazu glaubten, wurde dasselbe Unwesen getrieben, aber an fast allen Militär-Stationen wurden mit der Zeit ernstere Seiten aufgezogen, und es kam endlich so weit, daß die Soldaten auf ihren häufigen Expeditionen hinter diesem Raubgesindel her nur selten Gefangene machten, oder wenn wirklich welche eingebracht worden waren und nach dem Hauptquartier geschickt werden sollten, so waren in jedem Commando die Leute, denen man eine solche Mission anvertrauen konnte, sehr wohl gekannt, und die Escorte kam gewöhnlich allein im Hauptquartier an und meldete, die Gefangenen seien auf einem Fluchtversuch verunglückt.

Diese Berichte waren ziemlich stereotyp, und man war im Hauptquartier in der Regel diskret genug, nicht nach den Einzelnheiten zu fragen; aber die Soldaten mögen sich wohl an ihren Lagerfeuern interessante Mittheilungen gemacht haben.

Nicht in allen Militär-Stationen wurde mit gleicher unerbitterlicher Strenge verfahren, aber die wirklich energischen Unionsführer waren den Rebellen sehr wohl bekannt, und wenn sich die Nachricht verbreitete, daß Jennisons, Lanes oder Montgomery's Leute im Anzug seien, oder daß Merrill's Reiterei in der Gegend streife, so verkroch sich alles Gesindel, welches kein reines Gewissen hatte, in die möglichst verborgenen Schlupfwinkel.

Es ist nicht zu leugnen, daß diese Milizen, welche von den Rebellen durch ihre, sich immer wiederholenden Schandthaten nach und nach zu dieser Rücksichtslosigkeit und Härte gedrängt worden waren, manche Gewaltthat begangen haben mögen, welche nicht zu rechtfertigen ist; und daß vielleicht mancher Unschuldige mit dem Schuldigen leiden mußte, aber so empörende Grausamkeiten, wie sie die Rebellen im Großen und im Kleinen so oft verübten, haben sie nicht begangen.

Die obigen Schilderungen werden zur Genüge die Zustände veranschaulichen, welche in Bezug auf die Sicherheit des Lebens und des Eigenthums in vielen Theilen des Staats während des Bürgerkriegs herrschten. Fast jedes County hat in jener Zeit seine eigene Geschichte gehabt, aber es wird wohl nicht viel davon niedergeschrieben werden; in den Counties, in welchen es am schlimmsten hergegangen ist, würden wohl wenige zu finden sein, welche leidenschaftslos und unparteiisch die erlebten Ereignisse niederzuschreiben vermöchten, denn mit wenigen Ausnahmen haben Alle mehr oder weniger schwere Verluste und Kränkungen zu beklagen gehabt, die vielleicht niemals ganz verschmerzt werden mögen, und außerdem lebten auch wohl damals Wenige in jenen Counties, welche im Stande gewesen wären, brauchbare Beiträge zur Literatur zu liefern.

In keiner allgemeinen Geschichte früherer evochemachender, politischer Umwälzungen, deren endliche Entwickelung in einem Krieg culminirte, sind uns alle einzelnen Episoden und Details überliefert worden; aber durch viele der gediegeneren historischen Novellen, welchen die zuverlässigen Nachweise aus Archiven und alten Chroniken zu Grunde liegen, erhalten wir heute noch mitunter sehr interessante Aufschlüsse über Manches bisher Unbekannte. Auch der Bürgerkrieg in Missouri würde ein fast unerschöpfliches Material für Schriften dieser Art liefern, die aber nur unter der Voraussetzung einen wirklichen Werth haben können, wenn der Verfasser mit den Sitten und Gebräuchen und der Culturstufe, auf welcher die Bevölkerung der damaligen Zeit stand, genau vertraut ist.

32. Der Rebellen=Raubzug und das Ende des Krieges.

Schon im Frühjahr 1864 war deutlich zu bemerken, daß die Rebellion ihrem Ende entgegen ging; die Kräfte der Rebellen fingen an zu erlahmen, sie verloren eine Position nach der anderen, alle Häfen waren blockirt und das Wenige, was eingeschmuggelt wurde, reichte nicht hin, dem täglich zunehmenden Mangel an allen Lebens- und Kriegsbedürfnissen abzuhelfen, und Hunger und Entbehrungen aller Art wirkten demoralisirend auf die Armee. So lange sich der eigentliche Kriegsschauplatz nicht weit über die Grenzen von Virginien und Tennessee ausdehnte, glaubten die Rebellen noch immer an einen möglichen günstigen Erfolg ihrer schweren, ermüdenden Anstrengungen, als aber General Sherman mit seiner siegreichen Armee mitten durch das Herz der südlichen Staaten bis nach Savannah, am atlantischen Ocean und von da wieder nördlich in Süd-Carolina eindrang, da schwanden auch die Hoffnungen Solcher, welche früher eher an einen Einsturz des Himmels geglaubt hätten, als an die Möglichkeit einer Niederlage der in ihrem Wahn unüberwindlichen Südländer, und zwar durch die Yankees und die Deutschen, auf die sie beim Ausbruch des Kriegs mit so tiefer Verachtung herabgesehen hatten.

Auch in Missouri gab man sich der Hoffnung hin, daß die bösen Zeiten bald überstanden sein würden. St. Louis und die umliegenden Counties hatten, mit Ausnahme einiger vorübergehenden Aufregungen, wenig gelitten; auch in vielen anderen Counties, in welchen die Rebellen begriffen, daß nach jeder Gewaltthat die verderblichsten Folgen auf sie selbst zurückfielen, war es ruhiger und sicherer geworden, so daß Jedermann seiner gewöhnlichen Beschäftigung wieder nachgehen konnte, ohne wie am Anfang der Unruhen täglich Störungen der schlimmsten Art erwarten zu müssen; und selbst in den Theilen des Staats, in welchen man in den ersten Jahren keine Straße und keinen Pfad mit Sicherheit betreten konn'te, fing es an ruhiger zu werden. Die Posten gingen wieder ziemlich regelmäßig und selbst die Güterwägen der Kaufleute wurden selten mehr belästigt, wiewohl eine gut bewaffnete Begleitung noch immer sehr gerechtfertigt war. Die früher so zahlreichen Durchzüge und Räubereien der Guerillas hatten zwar noch nicht ganz aufgehört, waren aber doch seltener geworden; erstens, weil bei dergleichen Expeditionen immer der Hals auf dem Spiel stand, und zweitens, weil nicht mehr viel zu rauben war.

In den Counties, welche vergleichungsweise ruhig geblieben waren, hatten die Farmer und Geschäftsleute in der That während des Kriegs bessere Zeiten als viele Jahre vorher und nachher; ein großer Theil der enormen Summen, welche die Kriegsführung verschlang, war in lebhafter Circulation; da alle Landesproducte bis auf ganz ungewöhnlich hohe Preise gestiegen waren, und da obendrein die Ernten gut gerathen waren, so wurde in den erwähnten Jahren mancher Landmann und mancher Geschäftsmann wohlhabend und viele Farmen, welche vor dem Krieg mit Schulden belastet waren, wurden während des Kriegs schuldenfrei.

Eine ziemlich zahlreiche Rebellenmacht, deren kleinster Theil aber genügend equipirt und disciplinirt war, um den Namen „Armee" zu verdienen, hatte sich längere Zeit in Arkansas mit den Unionstruppen herumgeschlagen, ohne daß es zu sehr ernstlichen und entscheidenden Kämpfen gekommen war; diese sogenannte Armee unter dem Commando der Rebellengeneräle Price, Marmaduke, Shelby und Caball überschritt im September '64 die südliche Staatsgrenze und rückte in Missouri vor. Bei Patterson in Wayne County wurde das 47. Missouri Volontär-Regiment (Obrist A. W. Maupin) am 25. September angegriffen; dieses war zu schwach, um allein dieser ganzen Macht die Spitze bieten zu können und zog sich deßhalb nach Pilot Knob, in ein bergiges und zerklüftetes Terrain, zurück, wo einige Abtheilungen Staatsmiliz, einige hundert bewaffnete Bürger und eine Batterie ihnen zu Hülfe kamen, und General Thomas Ewing übernahm dann den Oberbefehl.

Am 27. September versuchten die Rebellen die dortigen Verschanzungen mit Sturm zu nehmen, wurden aber dreimal mit empfindlichen Verlusten zurückgeschlagen. Da sich nirgends Hülfe für General Ewing blicken ließ, und da seine wenigen Mannschaften einer so großen Uebermacht, welche auf etwa 25,000 Mann geschätzt wurde, unmöglich längere Zeit Stand halten konnten, so ließ er in der folgenden Nacht das Magazin in die Luft sprengen und zog sich mit seiner kleinen Macht über Caledonia und Webster in Washington County in der Richtung nach Leesburg an der Südwestbahn (Crawford Co.) zurück.

Von General Shelby mit etwa 4000 Rebellen verfolgt, erreichte dieses kleine Corps unter beständigen Scharmützeln Leesburg und deckte sich so gut es in der Eile gehen wollte; die Rebellen machten noch zwei vergebliche Angriffe, zogen sich aber dann zurück, um sich dem Gros ihrer Armee wieder anzuschließen, die sich nun verheerend wie ein Heuschreckenschwarm und ohne einen Feind vor sich zu haben, zunächst über Franklin County verbreitete.

General Rosekranz, der damals den Oberbefehl über das westliche Departement führte und sein Hauptquartier in St. Louis hatte, war für eine solche Ueberraschung, an die er nicht geglaubt haben soll, nicht vorbereitet, wenigstens hatte er keine verfügbaren Truppen in seiner unmittelbaren Nähe, deßwegen blieb uns seine Hülfe aus, als sie am nothwendigsten war.

Befehle über Befehle wurden nach Washington an Obrist Gale, der das 54. Miliz-Regiment commandirte, telegraphirt, sich mit seiner Miliz so gut zu halten, wie er könne, und unter allen Umständen die Rebellen zu verhindern, daß sie sich des Fährbootes und eines andern Bootes, welches bei der Stadt angelegt hatte, bemächtigten, damit ihnen der Weg nach dem nördlichen Ufer des Missouri abgeschnitten würde.

Der Befehl an Obrist Gale, „sich zu halten", war leichter gegeben als befolgt, wenn man bedenkt, was für eine Mannschaft er unter seinem Commando hatte.

Die im Anfang des Kriegs organisirte Staats-Miliz (M. S. M.) waren Freiwillige, welche für einen dreijährigen Dienst eingetreten waren, und da diese zum Schutz der Bürger aufgerufen worden waren, so ist es klar, daß diese Miliz, mit Ausnahme der schon erwähnten Paw-paws, fast ausschließlich aus guten Unionsleuten bestand; aber mit der Miliz, welche Obrist Gale commandirte, hatte es eine ganz andere Bewandtniß. Denn einem, während der Kriegszeit erlassenen Armeebefehl zufolge wurden alle waffenfähigen Männer von 18 — 45 Jahren in die neue Milizorganisation eingereiht, ohne auf ihre politischen Ansichten Rücksicht zu nehmen; man schien mit diesem Gesetz bezwecken zu wollen, daß den Unionsleuten die Last des Kriegsdienstes nicht allein aufgebürdet werden solle, während die Rebellen ruhig zu Hause bleiben und ihren Geschäften nachgehen konnten; und man glaubte auch wohl, das Thun und Lassen der Rebellen besser beobachten zu können, wenn diese zwischen den Unionsleuten in Reih' und Glied ständen. Die Absicht dieses Gesetzes mag ganz gerecht gewesen sein, aber die Consequenzen würden den gehegten Erwartungen keineswegs entsprochen haben, wenn solche Regimenter, welche mitunter zum vierten und dritten Theil und sogar zur Hälfte aus Rebellen bestanden, wirklich gegen den Feind geführt worden wären. Denn die friedlichen Rebellen, unter denen sich auch Deserteure aus der südlichen Armee befanden, hatten eine entschiedene und natürliche Abneigung gegen den Gebrauch von Schießgewehren, wenn sie Leuten, welche ähnliche Dinge in den Händen hatten, gegenüber stehen sollten, und somit wären solche Regimenter vor dem Feind höchst unzuverlässig gewesen. Ein solches Corps E. S. M. (Einrollirte Staats-Miliz) commandirte Obrist Gale. Als die Nachrichten von dem Anmarsch der Rebellenarmee immer rascher auf einander folgten, lichteten sich die Reihen dieses Regiments durch Desertion von Stunde zu Stunde, und als man gar in der Nacht des 29. Septembers am südlichen Horizont den Feuerschein von den brennenden Depots an der Südwestbahn sah, da war an kein Halten mehr zu denken, so daß am nächsten Morgen der Rest des Regiments nur noch aus kaum 200 tüchtigen, braven Leuten bestand.

Allerdings war wenige Tage vorher ein Theil einer Compagnie des 17. Missouri Freiwilligen-Regiments, deren Dienstzeit zu Ende war, in die Heimath in und um Washington herum zurückgekehrt, und diese 15—20 Mann, die drei Jahre lang unter jeder Art von Feuer gestanden hatten, wären wohl in Verbindung mit dem kampfbereiten Rest des Regiments im Stande gewesen, es mit einer starken Guerillabande aufzunehmen, aber nicht mit einem ganzen Heere.

Unter diesen Umständen, ohne Verschanzung, ohne eine einzige Kanone und mit nur einer Handvoll Leuten wäre eine erfolgreiche Vertheidigung der Stadt Washington eine Unmöglichkeit gewesen, deßwegen zog sich Obrist Gale mit seiner kleinen Schaar auf die Nordseite des Flusses zurück, und das war das Vernünftigste was er thun konnte. Wenn es zum Kampf gekommen wäre, so würden gerade die Besten des Regiments ganz nutzlos wahrscheinlich bis auf den letzten Mann geopfert worden sein, und die Stadt wäre nicht so glimpflich weggekommen, wenn die Rebellen als wirkliche Sieger eingezogen wären.

Zu gleicher Zeit flohen auch eine Menge Bürger der Stadt und von Union mit ihren Frauen und Kindern über den Fluß, um sich den möglichen Gewaltthätigkeiten der Rebellen nicht auszusetzen. Die Boote setzten die Flüchtlinge so lange über, bis die Ueberfahrt, der Nähe der Rebellen wegen, zu gefährlich wurde; denn die Boote durften um keinen Preis in feindliche Hände fallen.

Ein Zug von nahezu 1000 Menschen, Männer, Weiber und Kinder, bewegte sich nun flußabwärts nach dem schon öfter erwähnten Städtchen Augusta hin, und dort wurden diese zahlreichen Gäste mit der bereitwilligsten Gastfreundschaft aufgenommen und mehrere Tage lang, bis die Rebellen abgezogen waren, auf das Freundlichste bewirthet.

* * *

Schon am Tag vor dieser Räumung von Washington waren die Rebellen in die Nähe von Union gekommen; da ihre vorausgeschickten Patrouillen von einer kleinen Abtheilung auserlesener Milizen dicht vor der Stadt an den Ufern der Bourbois mit Musketenschüssen empfangen worden, und da auch aus dem Städtchen selbst einzelne Schüsse auf Rebellen, die sich allzu dreist genähert hatten, gefeuert wurde, gingen sie (die Rebellen) sehr behutsam voran und wagten sich nicht eher in Masse in den Ort zu kommen, als bis die ganze waldige Umgebung der Stadt gründlich abgesucht, aber keine feindliche Macht gefunden worden war. Die Musketen, aus welchen jene Schüsse gefeuert wurden, schienen in guten Händen gewesen zu sein, denn ein hoher Rebellenofficier, dessen Name aber nicht bekannt wurde, war dort gefallen, auch fand man später noch mehrere frisch aufgeworfene Erdhügel, wo wahrscheinlich erschossene Rebellen begraben liegen.

Bald nachdem man sich überzeugt hatte, daß in der That keine nennenswerthe Unions-Macht in der Nähe sei, wimmelte die Stadt und deren nächste Umgebung von Rebellen. Eine Anzahl Milizen wurden gefangen genommen, doch bald wieder entlassen; nur die Officiere würden erschossen worden sein, wenn man sie gefunden hätte.

Ganz ohne Gewaltthaten ging es aber doch in Union nicht ab, denn einige Rebellen aus der Nachbarschaft, welche schon am Anfang der Rebellion nach dem Süden gegangen waren, kamen mit dieser sogenannten Armee wieder zurück und rächten sich für Unbilden, welche ihre Familien während ihrer Abwesenheit erduldet haben sollten, durch die Ermordung von einigen Unionsleuten, welche man im Verdacht der Mitschuld hatte. Die Stillung des Racheburstes war überhaupt die Hauptursache der meisten Morde, welche während dieses Raubzuges begangen wurden.

In Union trennte sich die Rebellenarmee in zwei Theile, welche auf verschiedenen Wegen weiter westlich zogen; da wir aber nicht beide Theile zu gleicher Zeit begleiten können, so muß hier wohl der Marsch einer jeden dieser Abtheilungen besonders betrachtet werden.

Vielleicht kaum der dritte Theil dieser zahlreichen Armee bestand aus einigermaßen disciplinirten und kampftüchtigen Truppen; die große Masse gehörte zu dem zuchtlosen Gesindel, welches für die Armee durchaus keine Hülfe, sondern ihr bloß Schande machte, denn die scandalöse Aufführung dieser Marodeure verdunkelte nur das sonst häufig hervortretende chevalereske und anständige Betragen der wirklichen südlichen Soldaten und ihrer Officiere.

In einem sehr kampffähigen Zustand war diese Armee übrigens gar nicht, als sie den Staat betrat; außer bei den wenigen Kernregimentern, war bei den Meisten die Bewaffnung ganz schlecht und bestand nur aus Schrotgewehren und Revolvern; eine ordentliche Uniform, an der ein Soldat erkannt werden konnte, war bei den Wenigsten sichtbar, und schon aus den Fragmenten von Kleidungsstücken, welche nach dem Abzug dieses Heeres in der Nähe der Kleiderläden und Bürgerhäuser auf den Straßen herumlagen, hätte man mit ziemlicher Sicherheit schließen können, daß ein großer Theil dieser Krieger nur noch Lumpen auf dem Leibe gehabt hatte, welche erst während dieses Raubzugs gegen anständige Kleider vertauscht worden waren; ebenso scheint ihre ganze Artillerie nur aus 10 — 12 gewöhnlichen Feldgeschützen bestanden zu haben.

Die Generäle Price und Shelby verfolgten mit der größten der beiden Heeresabtheilungen die alte Hauptstraße nach Jefferson City; das Raubgesindel aber, welches diesen Heerhaufen begleitete, verbreitete sich raubend und plündernd auf mehrere Meilen weit rechts und links von dem Hauptcorps, und alle Nebenwege und selbst Fußpfade wimmelten von größeren und kleineren Trupps dieses Gesindels. Auf gute Pferde hatten sie besonders ihr Augenmerk gerichtet, denn die ihrigen waren größtentheils so zu Schanden geritten und ausgehungert, daß sie buchstäblich nur noch aus Haut und Knochen bestanden und sich kaum ohne Reiter weiterschleppen konnten; aber auch Geld erpreßten sie mit Güte oder Gewalt, wo sie welches vermutheten. Außerdem beluden sie sich bis zur Ueberlast mit Allem, was ihnen einigen Werth zu haben schien, und schleppten in der That mitunter Dinge mit sich fort, z. B. Spinnräder, von denen man nicht begreifen kann, was sie damit anfangen wollten; später warfen sie vielen Plunder, der ihnen lästig wurde, wieder weg. Nur Bücher waren in vollkommener Sicherheit vor diesen Banden.

Da die Rebellen in dem süßen Glauben zu schwelgen schienen, daß sie sich wirklich in den Besitz des Staates gesetzt hätten, so war das Brennen streng verboten, und nur in sehr wenigen Fällen, wo eine besondere Privatrache zu Grunde lag, ging ein Haus in Flammen auf. Aber Eisenbahnbrücken, Depots und die kleinen hölzernen Wachthäuser, die zum Schutz der Brücken gebaut worden waren, wurden auf Befehl der Heerführer ganz oder zum Theil niedergebrannt.

Während des Gefechts bei Pilot Knob war Major Wilson vom 3. Regiment Staats-Miliz mit fünf seiner Leute gefangen und mitgenommen worden; diese Unglücklichen wurden etwa neun Meilen westlich von Union auf die Seite geführt, niedergeschossen und unbeerdigt liegen gelassen, wo die Leichen bald darauf von einigen in der Nähe wohnenden Farmern gefunden und anständig begraben wurden. Die Leiche des Majors wurde von Obrist Maupin, der mit ihm befreundet gewesen war, identificirt, in den Taschen dieses Officiers wurde außer einem gewöhnlichen Taschenmesser und einer Goldfeder in einer Kapsel auch ein alter preußischer Thaler gefunden.

Dieses Geldstück ist eine Denkwürdigkeit, denn die Münze trägt das Gepräge von 1786, dem Todesjahr von König Friedrich dem Großen. Welche Schicksale mag dieser Thaler erlebt haben, der auf der östlichen Hemisphäre in einer fast despotisch regierten Monarchie das Licht der Welt erblickt hatte und 78 Jahre später auf der westlichen Hemisphäre während eines, einen ganzen Continent erschütternden Freiheitskampfes in der Tasche eines ermordeten Unionssoldaten gefunden wurde! —

Dieser Thaler wird heute noch von Obrist Maupin als ein theures Andenken aufbewahrt und in hohen Ehren gehalten; das Messer erbat sich ein Bürger, der bei dem Begräbniß behülflich gewesen war, und die Goldfeder wurde einer jungen Dame zugeschickt, welche die Braut des Majors gewesen sein soll.

Diese schauderhafte That soll ebenfalls die Vergeltung für eine Grausamkeit gewesen sein, welche eine Abtheilung des 3. Miliz-Regiments, gegen den Willen des Major Wilson, begangen hatte. Einige Leute dieses Regiments waren nämlich noch vor dem Gefecht bei Pilot Knob von einem Trupp Rebellen von allerdings sehr zweifelhafter Organisation gefangen genommen und fortgeführt worden, aber eine Abtheilung ihrer Kameraden hatte sich zu ihrer Befreiung aufgemacht, hatte die Rebellen in ihrem Lager überrascht und ein heilloses Blutbad unter ihnen angerichtet.

Als Vergeltung für die Ermordung dieser Kriegsgefangenen sollten in den Militär-Gefängnissen in St. Louis fünf Gemeine und ein Major durch das Loos bestimmt und füsilirt werden; die fünf Soldaten wurden auch wirklich erschossen, aber nicht der Major; denn man hatte bei General Rosekranz um Aufschub der Execution des Majors nachgesucht, unter dem Vorwand, daß dieser Officier im Stande sei, wichtige Aufklärungen über eine Verschwörung zu geben, wenn gewisse Papiere zur Stelle geschafft würden, welche in einem genau beschriebenen Hause in Washington County bei einer Freundin desselben verborgen seien. Mehrere Officiere, die einer nach dem andern abgeschickt wurden, fanden zwar das Haus und auch die bezeichnete Person, aber keine Spur von Papieren, und während der Zeit, welche über diesen Nachforschungen verlief, hatten die Freunde des dem Tode verfallenen Majors ganz im Stillen bei Präsident Lincoln dringend um einen Pardon nachgesucht und hatten ihn erhalten; vermuthlich weil der Präsident kein Wort von den hiesigen Vorgängen wußte. Deßwegen entging jener Rebellen-Major seinem Schicksal, welches ihn unfehlbar erreicht haben würde, wenn nicht diese kleine Intrigue gespielt worden wäre.

* * *

Der Mord dieser Kriegsgefangenen hatte den Marsch dieses wüsten Heeres um keine Minute aufgehalten. Der mitunter mehrere Meilen breite Schwarm zog unaufgehalten, aber glücklicher Weise in ziemlicher Eile weiter nach Westen zu. Jedes brauchbare Pferd, dessen man habhaft werden konnte, wurde mitgenommen, und auch die Gelderpressungen blieben nirgends aus, aber die Landstore und Farmerhäuser wurden weiterhin nicht mehr so genau durchsucht, weil man eben nichts mehr mitschleppen konnte; dagegen wurde der

Inhalt der Whiskeyfässer in Cantinen, Kaffeekesseln und wasserdichten Gefäßen aller Art umgezapft. Auch einzelne Mordthaten wurden begangen, mehrere Miliz=Officiere, die man leider in ihren Wohnungen gefunden hatte, wurden erschossen, und Andere provocirten ihren Tod durch Unvorsichtigkeit, z. B. Ausreißen, wenn ihnen „Halt" zugerufen worden war.

Weiter westlich, in Gasconade County, wo die Unionsleute nicht so plötzlich und unvorbereitet wie in Franklin County überrascht worden waren, sollen schon aus Dickichten heraus einzelne Schüsse auf Nachzügler des Schwarmes gefallen sein, und zwar meistens mit verderblicher Wirkung, und in Folge dessen hielten sich diese Strolche näher an das Hauptcorps. In derselben Weise zog dieser Schwarm durch Osage County hindurch bis in die Nähe des Osage Flusses, wo sich die ganze Rebellen-Armee wieder vereinigte.

Die zweite Heeres-Abtheilung, unter dem Commando von General Marmaduke, nahm ihren Weg von Union nach Washington (10 M.) und zog dort, ohne irgend einem Hinderniß zu begegnen, in die Stadt ein. Ein großer Theil dieses Corps war eben so zerlumpt und abgerissen wie das andere, aber in den vielen Kaufläden in Washington wurde ganz ungenirt die Garderobe gewechselt und die Häuser der Bürger wurden schonungslos und ohne die geringste Rücksicht auf die politischen Ansichten der Eigenthümer geplündert. Auch die Ermordung von zwei guten deutschen Bürgern war hier zu betrauern, wahrscheinlich waren es nur kleine Unvorsichtigkeiten, die ihnen verderblich geworden waren, denn manchen dieser wüsten Banden gegenüber konnte ein einziges unüberlegtes Wort genügen, um eine Kugel vor den Kopf zu bekommen, und wie gefährlich es war, das geringste Mißfallen, oder den Verdacht dieser Kerle zu erregen, bewies ein Fall in der unmittelbaren Nähe dieser Stadt.

Als eine kleine Bande in den Hofraum eines Farmerhauses gedrungen war, wollte ein halberwachsener Junge, mit dem jüngsten seiner Geschwister auf dem Arm, fliehen und beachtete nicht, daß ihm „Halt" zugerufen wurde; im nächsten Augenblick knallte ein Schuß und er stürzte, zu Tode getroffen, zusammen, das kleine Kind war dabei unversehrt geblieben. Einer der Rebellen, der den Todten oberflächlich betrachtete, rief gleichgültig: „Ach, es war ja nur ein Junge."

Unmittelbar nach dem Abzug der Rebellen wurden nahe bei der Straße nach Newport noch zwei Leichen gefunden. Niemand kannte sie, aber aus den Papieren in ihren Taschen konnte man vermuthen, daß es eben erst angekommene Deutsche gewesen seien.

Das Eisenbahn-Depot in Washington wurde niedergebrannt, aber Privathäuser wurden verschont; es wird sogar erzählt, daß, als von den Funken des brennenden Depots das Dach eines benachbarten Hauses in Brand gerathen war, einige Soldaten auf höheren Befehl auf das Dach steigen und löschen mußten.

Am Morgen des ersten October (Sonntag) waren die Rebellen in Washington eingezogen und an demselben Tage verließen sie die Stadt wieder. Das Hauptcorps mit dem Generalstab bivouakirte in dieser Nacht in einem Nebenthal des kleinen Boeuf-Creeks und zwar kaum eine Meile weit von meinem Hause; nahe genug, daß der Schein von den Lagerfeuern über dem hohen Walde zu sehen war.

Die Erlebnisse dieser Nacht mit allen Details mögen mit Stillschweigen übergangen werden; sie gehören jedenfalls nicht zu den angenehmen Erinnerungen, und es möchte doch etwas unbescheiden von mir sein, viel Aufhebens von einem Schicksal zu machen, welches viele Hunderte meiner Mitbürger während dieses Raubzugs mit mir zu theilen hatten.

Während der ganzen Nacht wurde die Nachbarschaft weit und breit, mich selbst mit eingeschlossen, von den Guerillas heimgesucht und Pferde, Geld und was ihnen sonst noch anstand, wurde mitgenommen. Da mein Haus nicht unmittelbar an einer der größeren Straßen steht und ich in dieser Nacht mein Ehrenwort gegeben hatte, meine Hofstelle nicht vor 9 Uhr des nächsten Morgens zu verlassen, so bekam ich das eigentliche Heer nicht zu sehen, aber schon mit Tagesanbruch kamen Einzelne und auch kleine Trupps quer durch ein Feld nach dem Hause. Es schienen meistens wirkliche Soldaten zu sein, wenn man ihr Betragen mit dem ihrer Vorläufer verglich; sie grüßten freundlich, stellten einige Fragen nach verschiedenen Wegen und ritten weiter. Zuletzt kam noch ein General mit zwei Mann Begleitung. Nachdem ein ziemlich scharfes Examen, dem man mich unterwarf, glücklich bestanden war, wurde meine Einladung zum Frühstücke dankbar angenommen, und wenigstens zwei meiner Gäste waren unverkennbar Leute von guter Erziehung, denn sie betrugen sich mit so vollkommener Curtoisie wie in einem Ballsaal, und als ich erst einen Krug voll guten Catawba aus dem Keller geholt hatte, wurde bald die Unterhaltung so lebhaft und gemüthlich, als ob wir im tiefsten Frieden beisammen säßen. Nach länger als einer Stunde verabschiedeten sich diese, unter Umständen sehr gefährlichen Gäste von mir und einem Freunde, der diese Nacht mit mir durchgemacht hatte, und dem die Guerillas nichts als das Hemd und die Unterhosen gelassen hatten, mit freundlichem Händeschütteln sowie mit einem formellen Compliment vor meinen Töchtern.

Während dieser kleinen Kneiperei hatte das ganze Corps Marmaduke die Nachbarschaft verlassen und war auf der Straße nach Hermann weiter gezogen, wobei wieder rechts und links vom Wege jeder nur einigermaßen brauchbare Gaul requirirt wurde.

* * *

Die Unparteilichkeit, mit welcher die Rebellen das Eigenthum ihrer politischen Freunde behandelten, war diesen letzteren sehr unangenehm und stimmte gar nicht mit den Erwartungen überein, die ihnen in ihrer lebhaften Phantasie über den Erfolg der südlichen Waffen vorgeschwebt hatten. Die Logik der Rebellen war in dieser Beziehung sehr kurz und bündig, denn es hieß: „von unseren Feinden nehmen wir, aber von unseren Freunden erwarten wir, daß sie uns geben, und wenn sie es nicht thun, so nehmen wir ebenfalls."

Es war ihnen eigentlich nicht sehr zu verdenken, daß sie sich auf jede Weise Pferde zu verschaffen suchten, denn die, welche sie noch hatten, waren in einem Zustande, in welchem sie nicht für den Marsch, und noch viel weniger für die Flucht, die ihnen in naher Aussicht stand, zu gebrauchen gewesen wären.

Am Nachmittag nach dem Abzug des Feindes liefen mehrere hundert Pferde, eigentlich nur noch Gerippe, herrenlos auf dem Lagerplatz herum und suchten gierig das überall herumliegende Heu und Stroh auf; wahrscheinlich waren es genau eben so viele, als man in der Nacht vorher geraubt hatte. Einer meiner jüngeren Söhne, den die Neugierde dorthin getrieben hatte, kam zurück, und meldete, daß die Nachbarn diese Pferde wegholten, und bat um die Erlaubniß, auch welche holen zu dürfen, weil wir ja keine mehr hätten. Ich ließ ihn gehen und mit den Resten von ein paar alten Zäumen, die er noch vorgefunden hatte, machte er sich auf den Weg und brachte dann auch bald zwei ganz schreckliche Geschöpfe mit nach Hause. Man konnte an diesen beiden Gestellen fast jeden Knochen zählen, und die ganze Stelle, wo der Sattel gelegen hatte, war rohes, aufgetriebenes und eiterndes Fleisch; in der That abgetriebene Gäule, welche in Deutschland dem Fallmeister übergeben worden wären, hätten neben unsern Gerippen noch für Gala-Pferde gelten können, und dennoch behauptete mein Sohn, es seien die besten gewesen, die er habe finden können.

Vor dem Raubzug sah man auf allen Straßen fast nur gute, kräftige Gespanne, aber noch Jahre lang nach dieser Zeit ganz erbärmliche Fuhrwerke; dennoch wurde durch Schonung, gute Pflege und reichliche Nahrung manches dieser elenden Thiere wieder ein brauchbares Pferd.

Es war eine große Hülfe für die vielen Farmer, welche alle ihre guten Pferde verloren hatten, daß sehr bald nach dieser Zeit, als sich der Krieg immer rascher seinem Ende näherte, sehr viele ausrangirte Kavallerie- und Artillerie- Pferde öffentlich versteigert wurden; diese wurden oft zu Spottpreisen losgeschlagen, und wenn auch viele ziemlich werthlose Thiere dabei waren, so behalf man sich doch damit, bis die junge Nachzucht stark genug wurde, und bis auch mit der Zeit wieder bessere Pferde in die Gegend eingeführt wurden.

* * *

Bei Hermann stieß das Rebellenheer ganz unerwartet auf Widerstand; als nämlich die Ersten mit einigen Geschützen die Höhe erreicht hatten, von welcher aus die Stadt, die in einem nicht sehr breiten Thale vor ihnen lag, übersehen werden konnte, krachte plötzlich ein Kanonenschuß von den Bergen jenseits der Stadt herüber und ein Geschütz der Rebellen lag in Trümmern. Als ihnen bald darauf wieder eine Kugel über die Köpfe wegsauste, gerieth das ganze Heer in einige Consternation über den unsichtbaren Feind. Man sah wohl in ziemlicher Entfernung auf einem der gegenüberliegenden Hügel kaum mehr als ein Dutzend Leute bei einer Kanone beschäftigt, glaubte aber, daß irgend wo zwischen den Bergen eine starke Heeresmacht versteckt sein müsse; man wagte deßhalb nicht, blindlings vorzurücken, sondern richtete das Geschützfeuer auf die Stelle, von welcher die Schüsse hergekommen waren. Da war indessen kein Feind mehr zu sehen, dafür sah man bald darauf auf einem andern Hügel ein kleines, weißes Wölkchen aufsteigen und fast in demselben Moment flog wieder eine Kugel zwischen ihnen hindurch und gleich darauf noch eine. Die Verwirrung der Rebellen wurde immer größer, denn sie waren nun überzeugt, daß ihnen ein starker Feind gegenüber stehe, und sie donnerten also mit Energie dahin, wo sie diese gefährliche Batterie vermutheten, aber als sich der Pulverdampf verzogen hatte, sah man wieder — Nichts; unmittelbar darauf aber pfiffen die Kugeln wieder von einem dritten Hügel herüber. Nun aber krachte Schuß auf Schuß nach dieser Stelle hin, ohne daß noch eine Antwort von dort erfolgte. Man wartete eine längere Zeit und schaute gespannt nach allen Seiten herum, denn man wußte nicht woher die Grüße nun zunächst kommen würden, aber es ließ sich nichts mehr weder sehen noch hören.

Endlich wagte man Tirailleure vorauszuschicken; diese näherten sich vorsichtig der Stadt, stießen aber auf kein Hinderniß und fanden im Ort selbst nur einige alte Männer, Weiber und Kinder, aber keine Spur von einem Feind. Die Armee rückte dann allmälig nach, ohne aufgehalten zu werden; es wurden bei den Bürgern Erkundigungen eingezogen, aber diese versicherten, daß keine Truppen in der Nähe seien, man hätte zwar das Schießen gehört, aber weiter wüßte man nichts, man wollte wenigstens nichts wissen. Die Hügel, von denen das Feuern hergekommen war, wurden nun genau abgesucht, und auf dem letzten derselben fand man endlich — einsam und allein, einen gewöhnlichen Sechspfünder — vernagelt.

Wiewohl den Rebellen der Zusammenhang dieser kleinen Affaire nicht klar war und auch wohl nicht klar sein konnte, so schienen sie doch begriffen zu haben, daß sie dupirt worden waren, und in ihrem Aerger darüber warfen sie die Kanone vom Bluff herunter in den Missouri. Dem geehrten Leser aber gebührt jedenfalls eine kurze Erklärung, was es eigentlich mit dieser „Völkerschlacht bei Hermann", bei der weiter nichts zu Schaden kam als eine Lafette, für eine Bewandtniß hatte.

Vor langen Jahren hatte sich in Hermann eine freiwillige Schützen-Compagnie organisirt und ihre Dienste für den Fall der Noth dem Staat zur Verfügung gestellt; als Anerkennung dafür oder zur Uebung hatten sie einen Sechspfünder mit einiger Munition zum Geschenk erhalten. Dieses Geschütz hatte bisher keine andere Verwendung gehabt, als allen festlichen Tagen durch Salutschüsse eine gewisse Weihe zu geben.

Als die Rebellen im Anmarsch auf die Stadt waren, unternahmen es etwa ein Dutzend entschlossener Männer, ihren wenigen vorhandenen scharfen Patronen (es waren nur Vollkugeln) ein würdiges Ziel zu geben; sie pflanzten ihre Kanone auf und begrüßten die Rebellen in der oben geschilderten Weise. Wenn ihnen dann das feindliche Feuer zu nahe kam, schleppten und schoben sie ihr Geschütz eigenhändig auf einen anderen Hügel und feuerten wieder, bis es auch dort zu heiß wurde, und als endlich die letzte Kugel verschossen war, vernagelten sie die Kanone und flüchteten in die Wälder und in die Weinberge.

Später zogen die wackeren Hermanner ihr Geschütz wieder aus dem Fluß und jetzt donnert der alte Sechspfünder bei jeder würdigen Gelegenheit seine Grüße wieder über die Berge hin, so lustig wie jemals.

In Hermann und der ganzen Umgegend wurde geraubt und geplündert, wie überall, wo dieser Rebellenschwarm durchzog, und in den Kellern der vielen dortigen Weinbauer mag wohl mancher gute Tropfen in den Sand gelaufen sein; übrigens war der Wein nicht nach dem Geschmack dieser Kerle und der schlechteste Fusel mag ihnen wohl lieber gewesen sein als der feinste Ruländer.

Vom Osage an operirten beide Heeres-Abtheilungen wieder gemeinschaftlich. Vier Meilen östlich von Jefferson City machte ihnen eine Abtheilung Milizen den Uebergang über den Moreau streitig; sie wurde jedoch mit einigem Verlust zurückgetrieben, und der Marsch ging nun auf die Hauptstadt zu.

Jefferson City war allerdings auf einen Angriff vorbereitet; auf geeigneten Punkten östlich und westlich von der Stadt waren Batterien hinter Erdwällen aufgepflanzt, aber die Besatzung war nicht sehr zuverlässig, denn man hatte in der Eile alles kampffähige Material zusammengerafft, was man eben auftreiben konnte. Unglücklicher Weise war gerade in diesen Stunden der höchsten Gefahr das Commando in so unfähigen und unsicheren Händen, daß selbst dieser Rebellenarmee, bei der schon die Symptome der Auflösung ziemlich bemerkbar waren, vielleicht ein kühner Handstreich gelungen wäre, wenn man einen Versuch gewagt hätte.

Das Renommee der höchst commandirenden Officiere in Jefferson City und ihre Vertheidigungs-Maßregeln daselbst retteten die Hauptstadt nicht; sondern der Grund, warum die Stadt verschont blieb, muß in der Rebellen-Armee selbst gesucht werden.

Man weiß mit ziemlicher Bestimmtheit, daß diese Invasions-Armee, als sie den Staat betrat, mit Sicherheit auf einen gewissen Succurs gerechnet hatte, aber dieser blieb aus; von Enthusiasmus oder activer Sympathie ihrer Freunde hatten sie auf dem ganzen Marsch fast keine Spur bemerkt; die Generäle, welche, abgesehen von ihren politischen Gesinnungen, persönlich ganz achtbare und verständige Männer gewesen sein mögen, mußten daher begreifen, daß sie wegen des Betragens des zahllosen und zuchtlosen Raubgesindels, welches sie nicht von ihren Fersen schütteln konnten, von Freund und Feind verwünscht wurden. Ebenso mußten sie wissen, daß sie mit den wenigen tüchtigen Regimentern, auf die sie sich verlassen konnten, und den paar Kanonen, die sie hatten, nicht im Stande waren, die Hauptstadt, wenn sie diese auch eingenommen hätten, nur eine Woche lang zu halten; außerdem mochten sie wohl nicht wissen, was ihnen in der Fronte bevorstand, aber was hinter ihrem Rücken vorging, konnten sie wohl von ihren Kundschaftern erfahren haben.

So waren die Verhältnisse, als die Elite der alten Missouri-Sclavenhalter-Armee bis in das Herz des Staates gedrungen war. Hier standen sie, im Angesicht des Capitols, wo sie so lange unumschränkt geherrscht hatten, aber kein Freund ließ sich blicken. Von Osten her rückte General Smith mit einer neu und vollständig ausgerüsteten Armee erprobter Soldaten und einer zahlreichen Artillerie in Eilmärschen heran und nur nach Westen zu schien der Weg noch offen zu sein. Nach Norden zu konnten sie nicht über den Missouri kommen, und es mag auch wohl nicht die Absicht des anständigen Theils des Rebellenheeres gewesen sein, die Tausende von Guerillas, die sich wie Kletten an die Armee angenistet hatten, als Gäste in ihre eigenen heimathlichen Gefilde zu führen. Also blieb dieser Armee nur die Aufgabe, nach Westen oder Südwesten zu so schnell wie möglich die Grenze zu erreichen.

Unter diesen Umständen war ein längerer Aufenthalt für die Rebellen nicht rathsam, und sie begnügten sich, von den ziemlich entfernten Hügeln im Süden von Jefferson City aus einige Granaten in die Stadt zu werfen, aber da diese Schüsse von den Batterien mit gleicher Münze erwiedert wurden, sahen sie ein, daß sie sich der Stadt nicht bemächtigen konnten, ohne einen Kampf zu bestehen, und sie zogen, ohne einen weiteren Versuch zu machen, weiter.

Es scheint, daß schon in den nächsten Tagen die Demoralisation in der Armee bedeutend um sich gegriffen hatte, denn die Rebellen, die sie auf dem ganzen Weg in den Dienst gepreßt und mitgeführt hatten, nahmen jede Gelegenheit wahr, zu desertiren.

Einer meiner Nachbarn, den man auch gegen seine Neigung mitgenommen hatte, dem aber mit zweien seiner Kameraden das Davonschleichen gelungen war, erzählte mir nach seiner Heimkunft, daß die Lage der Rebellen, als er sie verließ, sehr bedenklich gewesen sei. Die Officiere hätten sehr ernsthaft und besorgt ausgesehen; beständig wären Reiter-Patrouillen weggeschickt worden und andere seien mit verstörten Gesichtern zurückgekommen; das anfängliche Geflüster sei immer lauter geworden, so daß es bald überall im Lager bekannt gewesen sei, daß sich von jeder Seite her Unionstruppen näherten; in dieser ängstlichen Verwirrung habe sich Niemand mehr um die Recruten bekümmert, und diese Gelegenheit habe er und seine Kameraden zum Desertiren benutzt.

Es war in der That so; von Nord-Missouri waren die besten Miliz-Regimenter herangezogen worden, von Westen her rückten Kansas-Truppen vor, und General Smith mit seiner starken Macht drängte von Osten her. Eine große Feldschlacht wagten die Rebellen nicht, aber kleinere und größere Zusammenstöße kamen fast täglich vor; die Guerillas, die bei ihrer Armee keinen Schutz mehr fanden, suchten sich bandenweise durchzuschlagen und durchzuschmuggeln, wo sie nur konnten, und der Kern der Rebellenarmee fing an, sich in mehrere Theile zu trennen. Diese einzelnen Abtheilungen leisteten öfter hartnäckigen Widerstand, aber ihre Tapferkeit konnte ihnen nicht mehr helfen; sie wurden sichtlich schwächer, denn nach jedem Kampf blieben mehr oder weniger Todte und Verwundete auf dem Schlachtfelde liegen und die Reste von ganzen Regimentern fielen den Siegern als Gefangene in die Hände. Unter fortwährenden Kämpfen war diese zerfallende Armee durch die westlichen Grenz-Counties hinab bis nach Newtonia in Newton County gedrängt worden; dort stellte sie sich, wiewohl ihre Lage ganz hoffnungslos war, noch einmal, aber das war auch der letzte Kampf, der ein Gefecht genannt werden konnte. Die meisten der Generäle ergaben sich hier, die ganze Artillerie, die allerdings sehr unbedeutend war, ging an die Unionstruppen verloren und die Gefangenen wurden in Haufen zusammengetrieben. So endete diese Invasions-Armee, auf welche die Rebellen so große Hoffnungen gesetzt hatten.

Während der letzten Tage des Octobers kamen die Gefangenen in St. Louis an;

man hatte sie nach ihrer Entwaffnung unter starker Bedeckung von dem fernen Südwesten aus nach den am leichtesten zu erreichenden Depôts gebracht, und von da an wurden sie auf der Eisenbahn nach ihrem Bestimmungsort transportirt. Da die gewöhnlichen Post- und Passagierzüge dem Verkehr nicht entzogen werden konnten und auch für den Transport so großer Menschenmassen nicht ausgereicht hätten, so wurden sie mit den Frachtzügen, welche zum Vieh-Transport benutzt wurden, befördert, und da standen diese Leute in gedrängten Massen in den vergitterten Viehkarren; der Anblick derselben war wirklich Mitleid erregend.

Zum Glück für sie dauerte die Reise auf der Eisenbahn nicht lange, denn viele der Kriegsgefangenen befanden sich in einem kläglichen Zustand; manche hatten nichts mehr auf dem Leibe, als Hemd und Hosen; barfuß und ohne Hut waren viele von ihnen, und da die Nächte in dieser Jahreszeit schon mitunter empfindlich kalt werden, so kann ihre Reise in einer so leichten Garderobe in offenen Eisenbahnkarren eben nicht zu den Annehmlichkeiten des Lebens gezählt werden. Dennoch war das Loos dieser Gefangenen noch beneidenswerth im Vergleich mit dem Schicksal, welchem viele ihrer Kriegskameraden, welche sich durch die Flucht der Gefangennahme entzogen hatten, entgegen gingen. Jene erhielten bald ein gutes Obdach und reichliche Nahrung; wenn sie erkrankten, fanden sie in den Spitälern ärztliche Hülfe und sorgsame Verpflegung und ihr Leben war in keiner Weise gefährdet; anders aber verhielt es sich mit Denen, welche noch frei in den Wäldern und auf den Prairien herumstrichen.

Mehrere kleine Guerillabanden, welche der eigentlichen Armee nicht in ihren Kämpfen beigestanden, sondern sich bei Zeiten in Sicherheit zu bringen gesucht hatten, waren so unbegreiflich dumm und unvorsichtig, anstatt nun zu versuchen, wie sie so rasch und still wie möglich über die Grenze kämen, trotz der eigenen höchst mißlichen Lage ihren Rachegefühlen gegen die verhaßten Milizen die Zügel schießen zu lassen; sie überwältigten auch einzelne kleine Abtheilungen der Milizen und ermordeten dieselben mit raffinirter Grausamkeit. So fand man damals zum Beispiel die frischen Leichen von Soldaten, welche augenscheinlich auf dem Boden festgehalten worden waren, bis sie sich aus den geöffneten Halsadern langsam verblutet hatten.

Die Kunde von solchen Gräuelthaten, welche nicht von Tapferkeit, sondern von Feigheit und viehischer Rohheit zeugten, verbreitete sich wie ein Lauffeuer von einer Compagnie zur andern, und die Wuth der Milizen loderte wieder in hellen Flammen auf. Auf die vielen Rebellen-Flüchtlinge, welche man vielleicht unter anderen Umständen nicht ernstlich belästigt hätte, wenn sie ruhig und friedlich ihrer Heimath zugezogen wären, wurde nun in allen Richtungen eine förmliche Razzia gemacht, und was den aufgebrachten Milizen in die Hände fiel, war so gut wie verloren. Vorzüglich an den Fuhrten über die größeren Flüsse war die Passage lebensgefährlich, und manche Rebellen-Leiche mag wohl den Osage hinabgetrieben sein. Flüchtlinge konnten sich nicht eher sicher fühlen, als bis sie entweder Texas oder Mexico erreicht hatten, oder auf die Nordseite des Missouri entkommen waren.

Diese Guerillas waren, wenigstens hier in Missouri, der Fluch der Rebellen; sie nützten ihrer Sache absolut Nichts, und man kann sagen, daß sie durch ihre Schandthaten Tod und Verderben über Tausende ihrer politischen Gesinnungs-Genossen gebracht haben, denn mancher Unschuldige mag eines gewaltsamen Todes gestorben sein, der ein glücklicheres Loos verdient hätte.

Der Haß der loyalen Bürger gegen diese Sorte von Rebellen war nach mehreren Jahren des Friedens noch nicht ganz erloschen, und es war noch im Jahr 1867 in vielen Localitäten in Südwest-Missouri ein sehr bedenkliches Wagniß, südliche Principien ohne große Vorsicht zu proclamiren.

Wer vom Anfang der Rebellion an den Ereignissen auf dem Kriegsschauplatz und den Veränderungen der Zustände im Süden mit einiger Aufmerksamkeit gefolgt ist, der mußte bemerken, daß schon früh im Jahr 1864 die Kräfte der südlichen Conföderation anfingen, bedeutend nachzulassen, und der endliche Ausgang des Krieges, sowie der Plan einer Theilung der Union in eine nördliche und südliche Conföderation, konnte schon damals, ohne eine besondere Prophetengabe, als ein gänzlich mißlungenes Unternehmen betrachtet werden. Deßwegen fanden auch die ersten Nachrichten von einem projectirten Einfall der Rebellen in Missouri nur wenig Glauben, und die Meisten belächelten solche Gerüchte als leere Hirngespinnste ängstlicher Gemüther; denn außer den Guerillas, die von den Milizen im Schach gehalten wurden, war weder im Staat selbst, noch in der Nähe der südlichen Grenzen irgend eine nennenswerthe feindliche Macht vorhanden, und selbst im Hauptquartier des westlichen Departements schien man sich so sicher zu fühlen, daß man die schweren Geschütze von den Forts um St. Louis herum schon seit einiger Zeit wieder im Arsenal ruhen ließ, und daß man glaubte, die ziemlich zahlreiche Bemannung dieser Forts anderweitig besser verwenden zu müssen. Um so überraschender war die Nachricht von dem wirklichen Einbruch der Rebellen in den Staat; aber selbst noch während der Gefechte bei Pilot-Knob glaubten Viele noch nicht an eine ernstliche Gefahr. Aber als nur wenige Tage darauf die Rebellen-Schwärme das ganze Land mit Mord, Raub und Plünderung überzogen, da war man allerdings von der Thatsache überzeugt, war aber dennoch noch immer wie im Traum und begriff nicht, wie denn das eigentlich möglich gewesen sei.

Die meisten der Betroffenen ertrugen ihr Schicksal mit Fassung und grübelten auch, als die Gefahr überstanden war, nicht weiter über die Motive zu diesem Raubzug. Doch mag es nicht uninteressant sein, den Schleier etwas zu lüften.

Aufmerksame Zeitungsleser werden sich vielleicht erinnern, daß in jener Zeit hin und wieder Artikel erschienen über die Zweckmäßigkeit einer westlichen Conföderation; daraus folgt also, daß es Leute gab, welche die Union nicht durch eine Ost- und West-Linie, sondern durch eine Nord- und Süd-Linie theilen wollten, und ebenso ist es vielleicht Einigen noch erinnerlich, daß damals häufig von den Umtrieben eines geheimen Ordens, der sogenannten „Ritter vom goldenen Zirkel" die Rede war.

Glaubwürdige Männer, welche in jener Zeit durch ihre weitverzweigten Verbindungen Gelegenheit hatten, Mancherlei zu bemerken, was für Andere unsichtbar bleiben mußte, scheinen einen an Ueberzeugung grenzenden Glauben zu hegen, daß dieser Raubzug ein Theil des Programmes war, nach welchem diese westliche Conföderation verwirklicht werden sollte.

Der Plan dieser großartigen Verschwörung soll ungefähr der gewesen sein: Die heimlichen Rebellen in den freien westlichen Staaten sollten sich auf ein gegebenes Zeichen gleichzeitig erheben; die vielen Tausende von gefangenen Rebellen in ihren respectiven Depots zu Indianapolis, Chicago und Rock Island und anderen Orten sollten befreit und bewaffnet werden, und diese vereinigte Macht sollte von Norden herab, gleichzeitig aber die Rebellen unter dem Commando von Price, Marmaduke und Anderen von Süden her in Missouri eindringen, um sich zunächst dieses Staates zu bemächtigen und zu versichern. Durch welche Mittel aber die freien westlichen Staaten, deren Bevölkerung wenigstens zu Dreivierteln oder Vierfünfteln loyal war, dieser westlichen Conföderation geneigt gemacht werden sollten, wußten wahrscheinlich nur die Götter und die „Ritter vom goldenen Zirkel" selbst.

Daß ein solcher Plan wirklich in der eben angedeuteten Weise beabsichtigt war, soll hier durchaus nicht positiv behauptet werden, daß aber irgend etwas derartiges im Werk war, ist wohl nicht zu bezweifeln, wenn man einzelne Ereignisse, Vorgänge und die Umstände, die jener Zeit angehören, etwas näher in's Auge faßt und zusammenstellt.

Missouri und die Stadt St. Louis waren damals fast ganz von Truppen entblößt; General Sherman marschirte mit einer großen Armee im entferntesten Süden; Grant schlug sich, ebenfalls an der Spitze eines gewaltigen Heeres, mit dem Rebellen-General R. Lee in Virginien herum, und die tüchtige Armee des General Thomas war in Tennessee in Anspruch genommen; deßwegen schien eine bedeutende Machtentwickelung der Regierung im Westen zu dieser Zeit eine große Unwahrscheinlichkeit zu sein, und da sich in den Theilen Missouris, welche von dem Krieg nur sehr wenig berührt worden waren, die Bevölkerung einem zu voreiligen Gefühl der Sicherheit hingegeben hatte, so war wenigstens der Moment des Einfalls sehr gut gewählt worden.

Aeußerungen, welche von hohen Rebellen-Officieren in den ersten Tagen nach ihrem Einmarsch gehört wurden, deuteten ebenfalls an, daß sie mit Sicherheit auf die Mitwirkung ihrer Freunde von irgend woher rechneten, und einer ihrer Generäle sagte mir unter Anderem: „Wir sind nicht als Eure Feinde, sondern als Eure Freunde in den Staat gekommen, und hoffen in Frieden mit Euch zu leben; wir haben den Staat jetzt und werden ihn behalten." Jener General schien ein ganz verständiger Mann zu sein, und daß er mir, seinem politischen Feind, den Operationsplan seiner Freunde nicht in extenso mittheilte, ist ganz erklärlich, aber es wäre doch nicht zu begreifen, wie man mit einer Armee, die keine 20,000 Mann wirklich kampffähiger Soldaten zählte und kaum ein Dutzend Kanonen mit sich führte, einen mächtigen Staat erobern und halten wollte, wenn man keinen Succurs erwartet hätte. Ebenso deutet auch der Befehl zur Schonung auf die Absicht eines längeren Aufenthalts im Staat hin. Aber das zuchtlose Raubgesindel, welches die eigentliche Armee zu Tausenden umschwärmte, hatte keinen Begriff von Disciplin, und nur nicht zu seltene Füsiladen in ihren Reihen hätten diese Banden vielleicht zum Nachdenken und zum Gehorsam gebracht.

Auch am Sitz der Regierung in Washington City scheint man Wind von dieser Verschwörung bekommen zu haben, denn die Wachen bei den Militär-Gefängnissen wurden plötzlich bedeutend verstärkt und noch andere Maßregeln getroffen, die zur Vertheidigung der Gefangenen-Depots dienten, und so mag denn die ziemlich sichere Aussicht, bei einem Angriff auf die Gefängnisse von Kartätschenschüssen und Gewehrsalven empfangen zu werden, für die nördlichen Rebellen genügend gewesen sein, sie von einer bewaffneten Erhebung abzuhalten.

Die nur sympathisirenden Rebellen, denen man den sehr bezeichnenden Namen "Copperheads" (Kupferottern) beigelegt hatte, waren von Freund und Feind gleich sehr verachtet; Unionstreue heucheln und hinter dem Rücken Ränke spinnen, waren die Züge, durch welche sie sich bemerklich machten; aber zu einem offenen und männlichen Kampf, wie ihre Freunde im Süden so viele ausgefochten haben, ließen sie sich niemals herbei, und ihre Freundschaft war von sehr zweifelhaftem Werth, denn wo es sich um Opfer oder Gefahr handelte, waren diese Copperheads niemals zu finden.

Wenn wirklich ein Plan zur Gründung einer westlichen Conföderation existirte, so hatte man einen großen Fehler begangen, als man die active Mithülfe der nördlichen Rebellen mit in das Programm der Ausführung aufnahm; denn man hatte dabei mit lauter leeren Nullen ohne Einheiten gerechnet, und das Resultat dieses Rechnungs-Exempels war, daß die Rebellen mit ihrer zerrütteten Armee nach Missouri kamen, und da sie von keiner Seite Unterstützung fanden, — aufgerieben wurden.

Durch die energischen Vorkehrungen der Bundes-Regierung war der Verschwörung gegen die Militär-Gefängnisse die Spitze abgebrochen worden, und wenn im Hauptquartier zu St. Louis nur einigermaßen Entschlossenheit und Umsicht geherrscht hätte, so wäre das Rebellenheer gar nicht über Pilot-Knob hinaus gekommen.

Schon längere Zeit war die Armee unter Price und Marmaduke in Arkansas hin und her lavirt und von General Smith verfolgt worden; vermuthlich wollten die Rebellen ihre Kräfte so ungeschwächt wie möglich für ihre Eroberung von Missouri erhalten, denn es kam dort zu keinen ernstlichen Kämpfen. Das Corps, welches General Smith befehligte, war allerdings auch durch schweren Dienst erschöpft, war aber doch auf der Spur des Feindes geblieben und stand, als das Gefecht bei Pilot-Knob stattfand, nicht weiter als 15—20 Meilen südlich davon. Wenn man bei den ersten Nachrichten von der Annäherung der Rebellen alles verfügbare Militär in den Jefferson Barracks (einem Militärdepot, 12 Meilen südlich von St. Louis), dem 47. Regiment, welches fast ganz allein der gesammten Rebellenmacht gegenüberstand, zu Hülfe geschickt hätte, so hätten die Rebellen in den dortigen Bergen lange genug aufgehalten werden können, um den Truppen des General Smith Zeit zu geben, heranzukommen; und dann wäre der Anfang des Raubzugs auch das Ende desselben gewesen.

Es geschah aber gar Nichts. Sowohl in den Jefferson Barracks als auch bei den Truppen des General Smith konnte jeder Kanonenschuß gehört werden, der bei Pilot-Knob gefeuert wurde, aber es kam kein Befehl zum Vorrücken und der Raubzug nahm seinen Verlauf, wie er oben geschildert wurde.

Man erzählte sich, daß General Rosekranz die Truppen zurückgehalten habe, um im Notfall die Stadt St. Louis beschützen zu können, doch ist diese Entschuldigung nicht wohl begründet, denn es ist erwiesen, daß dem General von einem erfahrenen Artillerie-Officier der Vorschlag gemacht wurde, für die Bemannung der Forts würde gesorgt werden, wenn er nur die Kanonen wieder auf dieselben bringen lassen würde. Dennoch geschah dies nicht, obgleich diese schweren Geschütze ein besserer Schutz für die Stadt gewesen wären als die paar Regimenter in den Jefferson Barracks.

Einige Tage später, als die Rebellen Franklin und Gasconade County schon hinter sich hatten, wurde es allerdings sehr lebendig in St. Louis. Die großen Hauptstraßen wimmelten von Cavallerie und Artillerie und sogar 10—15,000 Mann Milizen aus der Stadt selbst wurden den Rebellen nachgeschickt; aber es ist mir bis heute noch nicht klar geworden, aus welchem Grund man flüchtige Cavallerie, die schon einen Vorsprung von ungefähr 100 Meilen hatte, durch Infanterie verfolgen ließ. Dieser Feldzug der St. Louiser Milizen dauerte nicht lange, denn schon nach wenigen Tagen wurden sie wieder heimgeschickt.

Wer in jener Zeit Gelegenheit gehabt hat, die w i r k l i c h e, nicht nur die numerische Stärke der Rebellenarmee kennen zu lernen, wer die Demoralisation in ihren Reihen, ihre schlechte Bewaffnung, die Massen ganz zerlumpter Soldaten, die absolute Unbrauchbarkeit von Tausenden von Schindmähren, die nicht mehr „Pferde" genannt werden konnten, und die Artillerie, die nur noch aus wenigen leichten Feldgeschützen bestand, gesehen hat, der wird wohl zu der Ueberzeugung gekommen sein, daß dieser so verderbliche Raubzug in den Bergen bei Pilot-Knob hätte erdrückt werden können, wenn im Hauptquartier zu St. Louis nicht Gleichgültigkeit und Kopflosigkeit das Commando geführt hätten.

Durch diesen Raubzug verlor zwar manche Familie einen theuren Angehörigen, und sehr Viele hatten schwere materielle Verluste zu beklagen, doch dürfen die Betroffenen gar nicht klagen, wenn sie an die Leiden denken, welche andere Theile des Staates schon Jahre lang so schwer bedrückt haben. Die Gegenden, welche in jenem Herbst von den Rebellen heimgesucht wurden, hatten während dieses langen Bürgerkrieges so gut wie Nichts gelitten, und die Bürger waren nur selten vorübergehend in ihrer sorglosen Ruhe gestört worden, während in anderen Theilen des Staats sehr Viele Jahre lang Noth und Mangel erduldet hatten. Es gab dort wenige Familien, welche nicht den gewaltsamen Tod einiger ihrer Angehörigen betrauerten und noch immer in täglicher Sorge und Angst um das Schicksal der bisher Verschonten sein mußten; denn in Süd- und West-Missouri hatte die Schreckenszeit schon länger als drei Jahre gedauert, aber in Ost-Missouri brauste der Sturm nur wie ein Meteor vorüber.

Wer Ursache zu haben glaubt, sich unglücklich zu fühlen, wird immer gut daran thun, anstatt zu klagen und zu verzweifeln, unbefangene Umschau zu halten, denn wenn man das thut, so wird man immer Andere finden, deren Loos härter ist als das eigene; und das ist auch ein Trost.

33. Die Emancipations-Legislatur.

Es ist bisher in einer Reihe von Kapiteln der Versuch gemacht worden, wahrheitsgetreu und in verständlicher Weise die Zustände und Ereignisse zu schildern, welche hier in Missouri und während des Bürgerkriegs der Aufhebung der Sclaverei vorangingen und vorangehen mußten; die eben beschriebenen Kämpfe wurden mit den Waffen in der Hand ausgefochten, doch die Errungenschaften auf den Schlachtfeldern wurden erst durch die parlamentarischen Kämpfe in den Hallen der Gesetzgebung zu vollständigen Siegen gestempelt; und diesen Kämpfen mag dieses letzte Kapitel gewidmet sein.

Durch den Gouverneur der provisorischen Regierung, H. R. Gamble, war verordnet worden, daß im Nov. 1862 eine Wahl von Senatoren und Repräsentanten abgehalten werden sollte, und diese neuerwählten Volksvertreter organisirten sich in den letzten Tagen desselben Jahres im Capitol zu Jefferson City zu einer gesetzgebenden Versammlung.

Sie war aus ganz anderen Elementen zusammengesetzt worden, als die von 1860.

Der frühere denominirende Einfluß der alten Sclavenhalter hatte sich bei der damaligen Wahl nur noch in wenigen Counties geltend gemacht. Die meisten, wenn auch nicht alle Sclavenbesitzer hatten sich auf die Seite der Rebellen gestellt, viele hatten den Staat verlassen, theils um in die conföderirte Armee einzutreten und auch, weil sie sich im Süden für sicherer hielten, und ebenso hatten sich die zahlreichen Anhänger der Sclavenhalter, welche zum Theil auf einer sehr niederen Bildungsstufe standen, zu Guerillabanden zusammengerottet, oder sich solchen angeschlossen, so daß in den vielen Counties, in welchen das loyale Element eine überwiegende Majorität gewonnen hatte, viele Rebellen, welche als solche proscribirt waren, gar nicht wagten, an die Stimmplätze zu kommen. Aus diesen Ursachen ist es leicht erklärlich, daß in jener Legislatur das unionstreue Element eine überwältigende Majorität aufweisen mußte.

Mehrere der südlichen und westlichen Grenz-Counties waren in jener Zeit fast ganz entvölkert und jede Municipal-Organisation hatte dort aufgehört zu existiren. In einigen derselben hatten darum gar keine Wahlen stattgefunden, und diese blieben also mehrere Jahre lang ganz unrepräsentirt. In anderen Counties, die fast eben so menschenleer waren, hatten zufällig anwesende Miliz-Abtheilungen eine Wahl abgehalten, und wenn aus diesen Localitäten auch nicht die talentvollsten Gesetzgeber kamen, so waren es doch die unberingtesten Unionsleute und die unversöhnlichsten Rebellenhasser. In den vorwiegend deutschen Counties hatten nur Solche gewählt werden können, an deren Loyalität nicht der allermindeste Zweifel war, ja in einigen Counties wartete man nicht einmal, bis Candidaten ihre Dienste anboten, sondern es hieß, „d e n wollen wir haben und er m u ß die Stellung annehmen."

Von dem widerwärtigen Aemterjäger-Gelichter, welches sich sonst (und auch jetzt wieder) durch seine Aufdringlichkeit und seine schönen, aber leeren Versprechungen so lästig und gemeinschädlich machte, war damals nicht viel zu bemerken; denn der Ausgang des Krieges konnte in jener Zeit noch nicht mit Bestimmtheit vorhergesehen werden, und die professionellen Politiker, bei denen durchschnittlich Patriotismus, ein ehrenhafter Charakter und eine grundsätzliche Ueberzeugung Nebendinge sind, welche man nach Umständen und nach dem Wind wie einen Mantel auf die eine oder die andere Seite hängt, hatten ihren Compaß verloren, und keine Magnetnadel zeigte ihnen, in welcher Richtung der Weg zur größten Popularität mit Sicherheit zu finden sei; diese Sorte von Volksbeglückern hatte sich damals in ihre Löcher zurückgezogen, um von dort aus erst Umschau halten zu können, wenn sich der gefahrdrohende Nebel verzogen haben würde.

Hätte man doch zum Wohl der Republik diese Löcher wie die Gänge zu einem Fuchsbau für immer verstopfen können! Sehr viele Mitglieder dieser neuen Legislatur hatten niemals vorher Gelegenheit gehabt, den Geschäftsgang einer gesetzgebenden Versammlung kennen zu lernen; aber dennoch ersetzten sie bald den anfänglichen Mangel an parlamentarischer Erfahrung reichlich durch Patriotismus und rücksichtslose Energie, wo es galt, die oft zweideutigen und intriguanten Vorschläge der offenen und heimlichen Feinde der Emancipation durch ein Massen-Votum über den Haufen zu werfen. Immerhin aber fehlte es in beiden Häusern der Legislatur nicht an Solchen, welche schon früher, theils in Missouri und theils in ihren alten Heimaths-Staaten, Repräsentanten gewesen waren, und welche Routine genug hatten, um die Geschäftsordnung niemals in's Stocken gerathen zu lassen.

Viele der Repräsentanten aus den nördlichen Counties waren einst aus den alten Freistaaten nach Missouri eingewandert, und waren daher nicht allein der Union treu ergeben, sondern auch in Bezug auf die Sclavenfrage viel freier von Vorurtheilen, als es durchschnittlich die eingeborenen Missourier waren.

Ein scharfer Contrast aber zeigte sich zwischen den Repräsentanten aus den eigentlichen Sclaven-Counties; es waren entweder Ultra-Emancipationisten oder streng conservative Proslavereileute. Diese Letzteren nannten sich zwar auch Unionisten, aber die Reden, welche sie mitunter hielten, hätten im Rebellen-Congreß zu Richmond viel leichter Anerkennung gefunden, als in der freisinnigen Legislatur von Missouri.

Aus den Counties, welche südlich von St. Louis und längs dem Mississippi liegen, und von sehr vielen Deutschen bewohnt sind, waren zum größten Theil sehr tüchtige Leute gekommen, aber die Repräsentanten aus dem eigentlichen Südosten waren mehr conservativ. Die unerschütterliche Unionstreue aber und den, fast an Fanatismus grenzenden Patriotismus, welchen die Repräsentanten aus dem Südwesten mitbrachten, wurden von keinem Anderen, selbst von den entschiedensten Deutschen nicht überboten. Nicht wenige dieser Volksvertreter waren Officiere der so gefürchteten Milizen, und sie erschienen nicht selten in ihren einfachen Uniformen in den Sitzungssälen, wobei sogar die Schäfte ihrer Revolver unter ihren Rockschößen häufig zu erkennen waren. Wer sich die Gunst und das Vertrauen dieser Männer erworben hatte, konnte bei irgend einem Vorschlag in fortschrittlicher Richtung mit Sicherheit auf ihre Unterstützung zählen.

In früheren Jahren waren nur selten einzelne Deutsche in die Legislatur gewählt worden, und nur um den Deutschen ein gelegentliches Compliment zu machen, und um sie bei guter Laune zu erhalten, hatte man hin und wieder einem möglichst unbedeutenden Menschen einen Sitz im Capitol überlassen. Schon in der Mitte der Fünfziger Jahre wurde indessen von dieser Regel eine Ausnahme gemacht, denn Arnold Krekel sowie Christian Kribben waren nicht nur sehr aufgeklärte, sondern auch talentvolle und unermüdlich thätige Männer, welche ihren Constituenten, Amerikanern wie Deutschen, Ehre machten; aber wenn zur Zeit ihrer Erwählung die Sclavenfrage auf dem Tapet gewesen wäre, so würden sie sicher nicht gewählt worden sein, denn die Zeit für solche Männer war damals noch nicht angebrochen. In der Legislatur von 1862 aber und in mehreren der nächstfolgenden waren die Deutschen in beiden Häusern ungewöhnlich stark vertreten und dieses aufgeklärte und selbstbewußte Element erwarb sich durch seine grundsätzlich freisinnige Haltung nicht allein die Achtung der Collegen, selbst der politisch feindlich gesinnten, sondern trug auch durch seine Entschiedenheit nicht wenig zur glücklichen Entscheidung der wichtigsten Tagesfragen bei.

Schon in den ersten Tagen der Sitzung zeigte die Organisation beider Häuser, daß die große Majorität der Legislatur wirkliche Unionsleute und auch mehr oder weniger entschiedene Emancipationisten waren; der alte, würdige Marvin von Henry County, ein unverholen ausgesprochener Emancipationist, wurde zum Sprecher des Hauses erwählt und zu allen Secretairen und anderen Beamten der Legislatur wurden gesinnungstüchtige Leute genommen. Im Senat, wo der Vice-Gouverneur ex officio Vorsitzer ist, war die Beamtenwahl ähnlich ausgefallen wie im Repräsentanten-Hause. Die meisten der Mitglieder der Gesetzgebung waren sich, als sie in Jefferson City ankamen, gegenseitig ganz fremd, und in den ersten Tagen wurden auch nur wenige Bekanntschaften angeknüpft, aber schon nach den ersten Abstimmungen hatten sich die politischen Gesinnungs-Genossen erkannt und fingen an, sich zu gruppiren. Aber nachdem man sich während der nun folgenden Verhandlungen durch das tägliche Zusammentreffen genauer kennen lernte, und als Solche, welche sich stillschweigend gegenseitig beobachteten, bemerkt hatten, daß sie sich in ihren Ansprachen an das Haus und bei allen Abstimmungen immer streng consequent blieben, da entspann sich allmälig und ohne Ostentation manches Freundschaftsbündniß, welches sich nur mit dem Tode auflöste; denn wenn man sich auch vielleicht nicht mehr im Leben sieht, so bleibt doch das Andenken an erprobte Freunde, die in den drohendsten und gefahrvollsten Zeiten fest zusammenstanden, bis zur letzten Stunde unauslöschlich.

Mit vielen der so gefürchteten Miliz-Officieren stand ich in sehr freundschaftlichen Beziehungen und durch sie erhielt ich während dieser und den nächstfolgenden Sitzungen der Legislatur manche sehr interessante Aufschlüsse über die Zustände in ihren respectiven Localitäten während der Kriegszeit, die sie wohl nur Wenigen mitgetheilt haben mögen.

* * *

Es ist in diesem kleinen Werk nicht beabsichtigt, die Geduld des freundlichen Lesers durch eine ausführliche Aufzählung aller Amtshandlungen der Legislatur zu ermüden, doch mag die Lösung der beiden Haupt-Aufgaben, welche der loyale Theil der Bevölkerung und die Freunde gleicher Menschenrechte von dieser Gesetzgebung erwarteten, etwas näher behandelt werden.

Es war die Pflicht dieser Legislatur, zwei neue Senatoren in den Congreß der Ver. Staaten zu wählen, und ferner wurde die Einberufung einer Convention verlangt, deren Aufgabe es sein sollte, die Aufhebung der Sclaverei in Missouri auszusprechen. Die Staats-Constitution hatte der Legislatur keine Macht verliehen, dem Institut der Sclaverei direct zu Leibe zu gehen, sondern diese Körperschaft konnte nur mittelbar, eben durch die Berufung einer Convention, den Weg zur Emancipation bahnen.

Unter den vielen Candidaten für den Senat, welche schon lange, ehe die Legislatur zusammentrat, namhaft gemacht worden waren, waren B. (Graß Brown und J. B. Henderson die prominentesten. Brown wurde seit der Zeit seiner großen Emancipations-Rede im Jahr 1856 (welche schon früher erwähnt wurde) gewissermaßen als der personificirte Inbegriff des Emancipations-Princips betrachtet, und die Wahl eines solchen Mannes zu dieser Zeit mußte die Reputation des Staates Missouri, welcher sich durch ein derartiges Vorgehen den freiesten und aufgeklärtesten Staaten der Union kühn zur Seite stellte, in den Zenith politischen Glanzes erheben.

Henderson war allerdings ebenfalls ein begabter und sehr talentvoller Mann, der als Jurist in hohem Ruf stand, aber aus den Reden, die er damals hielt, war herauszuhören, daß er zwar geneigt sei, die Aufhebung der Sclaverei unter Umständen gut zu heißen, doch schien ihm der richtige Zeitpunkt dazu noch nicht gekommen zu sehn; er verhielt sich zuwartend und war in dieser Beziehung nicht so entschieden wie Brown.

Henderson war in politischen Kreisen sehr populär und hatte viele Freunde, aber seine Wahl allein oder in Verbindung mit einem anderen Namen würde nicht viel Aufsehen erregt haben. Ferner, wenn die Wahl von Brown durchgesetzt werden konnte, so war die Berufung einer Emancipations-Convention eine sichere Consequenz davon; denn Solche, welche den Muth gehabt hatten, Brown ihre Stimmen zu geben, brauchten nicht mehr zu fürchten, sich ihren Constituenten gegenüber zu compromittiren, wenn sie nun auch für die Convention stimmten.

Nach den Bestimmungen der Constitution, welche in jener Zeit in Kraft waren, fanden die Wahlen für die Ver. Staaten-Senatoren in gemeinschaftlicher Sitzung beider Häuser der Legislatur statt, und dabei genügte nicht die einfache Majorität, sondern es gehörte zu einer gesetzlichen Wahl eine Majorität aller anwesenden Senatoren und Repräsentanten.

Es ist von jeher Gebrauch gewesen, daß, wenn irgend eine wichtige Parteifrage zur Entscheidung kommen soll, die Freunde und Gegner dieser Frage, ehe dieselbe in einem der respectiven Häuser officiell vorgelegt wird, in privatim abgehaltenen Versammlungen (caucus) ihre Ansichten darüber aussprechen, in Uebereinstimmung zu bringen suchen und einen Operationsplan feststellen, nach welchem der Erfolg entweder gesichert oder vereitelt werden soll.

Zu einer solchen Versammlung waren auch am Abend vor der ersten gemeinschaftlichen Sitzung alle Freunde der Emancipation eingeladen worden, um sich über die zu wählenden Candidaten zu einigen; doch war dieselbe nicht zahlreich genug besucht, um die gefaßten Beschlüsse in einer offficiellen Sitzung zur Geltung bringen zu können.

Es wird nämlich, und mit Recht, als ein Punkt parlamentarischer Ehre betrachtet, daß alle Diejenigen, welche an den Verhandlungen einer solchen Versammlung einen activen Antheil genommen haben, in officieller Sitzung wenigstens das erste Mal in Uebereinstimmung mit den Beschlüssen des Caucus stimmen, selbst wenn sie diese nicht gebilligt haben sollten.

Manche mögen nun wohl zu ängstlich gewesen sein, um in einer so wichtigen Frage gewissermaßen die Initiative zu ergreifen, und blieben darum zurück; und Andere sind vielleicht durch Ueberredung heimlicher Intriguanten von der Theilnahme an dieser Versammlung abgehalten worden, denn wenn Alle, welche sich Emancipationisten nannten, im Caucus zugegen gewesen wären, so hätte Brown, der in dieser schwach besuchten Versammlung eine bedeutende Majorität hatte, gleich in der ersten Sitzung den Sieg davon getragen und Henderson wäre wahrscheinlich beim nächsten Ballot auch gewählt worden; aber so leicht sollte den wahren und principiellen Emancipationisten der Sieg nicht gemacht werden.

In der ersten Sitzung beider Häuser hatte Brown im ersten Ballot eine ziemliche Majorität über alle in Vorschlag gebrachten Candidaten, obwohl diese noch lange nicht ausreichend für eine Wahl war; in den nächsten Abstimmungen wurde Brown allmälig schwächer. Es wurden von Zeit zu Zeit andere Candidaten vorgeschlagen, und als keiner von diesen eine nennenswerthe Stimmenzahl erhielt, wurden diese Namen mit anderen vertauscht, aber es ging darum doch nicht besser. Browns Name war von der Candidatenliste nicht wie mehrere Andere zurückgezogen worden, aber nur eine immer kleiner werdende Anzahl, welche zuletzt bis auf Zwölf herabgesunken war, stimmte consequent für Brown weiter.

Die vielen Formalitäten, welche mit dem Ballotiren einer ganzen Legislatur verknüpft sind, nahmen geraume Zeit weg, und so waren mit diesen Abstimmungen schon mehrere Wochen vergangen, ohne daß man einer Wahl um einen Schritt näher gekommen wäre.

In einer der letzten gemeinschaftlichen Sitzungen wurde der Name „Robert Wingate" in Vorschlag gebracht; dieser war damals Mitglied des Repräsentantenhauses, ein entschiedener Emancipationist, und er würde, wenn er zum Ver. St. Senator erhoben worden wäre, seinen Constituenten durch seine staatsmännischen Befähigungen und seinen achtenswerthen Charakter Ehre gemacht haben.

Auf Wingate concentrirten sich nun die Stimmen der meisten Emancipationisten, er erhielt ein stärkeres Votum als irgend ein Candidat, welcher bis dahin im Feld gewesen war, und seine Wahl würde jedenfalls durchgesetzt worden sein, wenn jene unerschütterlichen Zwölf nicht unwandelbar fest gestanden hätten; denn diese stimmten bei jedem Ballot beharrlich für Brown.

Endlich, nach dreißig erfolglosen Ballots, welche mehrere Wochen in Anspruch genommen hatten, wurden die gemeinschaftlichen Sitzungen für aufgehoben erklärt, und die Fortsetzung der Wahl wurde bis zur nächsten Zusammenkunft der Legislatur, im Winter von 1863 zu 1864, verschoben, wo dann unter jeder Bedingung eine Wahl stattfinden mußte, denn wenn die Legislatur bis zum Zusammentritt des neuen Congresses ihre Aufgabe, Senatoren zu wählen, nicht gelöst hätte, so wäre es nach den Bestimmungen der Constitution die Pflicht des Gouverneurs gewesen, Senatoren zu ernennen. Aber die Emancipationisten von Missouri konnten unmöglich solche wichtige Ernennungen einem Mann überlassen, dessen stark conservative Neigungen durchaus nicht mit den Anforderungen der Zeit harmonirten.

Von den zwölf Männern, welche durch ihre Standhaftigkeit eine zu voreilige Entscheidung einer Wahl von solcher Tragweite verhinderten, waren die Hälfte Deutsche, und drei von diesen waren Reste der alten Gießener Auswanderungs-Gesellschaft.

Wer in dieser ersten Sitzung der Legislatur den Verhandlungen seine ganze Aufmerksamkeit widmete, der konnte nicht umhin, in dem Verhalten mancher Emancipationisten etwas zu bemerken, was man für Inconsequenz zu halten geneigt war, denn während diese Männer in vieler Beziehung zeigten, daß sie wirklich sehr liberale Gesinnungen hegten und von einem strengen Rechtsgefühl geleitet wurden, so hatten sie, nach dem ersten Ballot, nicht wieder für Brown gestimmt, sondern für Candidaten, deren Benehmen seit dem Ausbruch der Rebellion durchaus keine Garantie bot, daß sie es mit der Emancipation aufrichtig meinten.

Ein solcher Mann war Georg Smith von Caldwell County; er war vor vielen Jahren aus Ohio nach Missouri ausgewandert und war einer der geachtetsten Bürger in seinem County. Dieser Mann war in seinem ganzen Auftreten ein vollkommener Gentleman; er war schon in Ohio und später in Missouri Repräsentant gewesen und besaß daher eine bedeutende parlamentarische Routine, und seine ganze Haltung verrieth so viel Tact, Besonnenheit und vorurtheilsloses politisches Urtheil, daß es mir auffiel, auch ihn unter den scheinbaren Gegnern Browns zu finden.

Als wir später näher mit einander bekannt geworden waren, bat ich ihn eines Tages um eine Erklärung über diesen Punkt, und er erwiederte mir in der freundlichsten Weise:

„Ich bin ein eben so starker Brown-Mann wie Sie selbst, und wenn ich solche Constituenten zu vertreten hätte, wie Sie, so würde ich auch unbedingt für diesen Candidaten stimmen."

Darauf fuhr er fort:

„Ihr Deutschen braucht nicht erst Proslaverei-Vorurtheile zu überwinden, wenn Ihr in dieses Land kommt, Ihr seid geborene Emancipationisten; mit meinen Constituenten aber verhält es sich ganz anders; in meiner Heimath gibt es zwar sehr viele gute Unionsleute, denn sonst wäre ich nicht gewählt worden, aber für die Emancipation sind in diesem Augenblick noch die Wenigsten reif, weil die Bevölkerung zu sehr mit streng orthodoxen Sclavenhaltern gemischt ist, und wenn ich jetzt so entschieden auftreten wollte wie Ihr Deutschen, so wäre es sehr möglich, daß ein großer Theil meiner Constituenten meine Position nicht begriffe, und der Nachfolger, den man mir vielleicht geben würde, möchte wohl wirklich und nicht bloß scheinbar in dieser Frage befangen sein. In solchen Zeiten, wie die jetzigen, schreitet die politische Aufklärung rasch vorwärts, und ich glaube auch nicht, daß meine Freunde in Caldwell County unterdeß zurückgeblieben sein werden."

Indem er mir die Hand reichte, setzte er noch hinzu: „Ich hoffe, daß wir in der nächsten Sitzung Hand in Hand miteinander gehen werden!" — Und so geschah es auch.

Die Gründe meines Freundes waren vollkommen richtig. Wenn z. B. eine Reisegesellschaft, deren Weg durch eine große, pfadlose Wildniß führt, sich einem Führer anvertraut, der sich vollkommen zu orientiren weiß, so darf dieser doch nicht so rasch voraneilen, daß ihn seine Gefährten aus dem Gesicht verlieren, und wenn er es dennoch thäte, so wäre es sehr möglich, daß die, welche sich auf ihn verlassen haben, auf Abwege gerathen, nachdem sie ihren Führer aus den Augen verloren haben.

Durch dieses Gleichniß soll durchaus nicht angedeutet werden, daß ein Repräsentant auf keiner höheren Bildungsstufe stehen dürfe, als die große Masse seiner Constituenten; aber bei der Entwickelung und Lösung so wichtiger Culturfragen, wie die Aufhebung der Sclaverei, sollten die Leiter und Vertreter des Volks, denen die Consequenzen eines jeden Schrittes und das nothwendige Endresultat desselben von vorn herein klar ist, bedenken, daß ihr Wirken nur dann wohlthätig und erfolgreich sein kann, wenn sie mit den Massen des Volks, welche wohl mit ihren täglichen Berufspflichten vertraut sein mögen, bei denen aber das Verständniß für die Lösung kosmopolitischer Probleme nur langsam reift, in Fühlung bleiben.

Schon bald nach dem Zusammentritt der Legislatur wurden die Mitglieder dieser Körperschaft nach ihrer respectiven politischen Stellung durch etwas sonderbare Beinamen in drei Classen getheilt, aber warum man gerade diese Benennungen gewählt hat, ist niemals recht klar geworden.

Die entschiedenen Emancipationisten wurden "charcoals" (Holzkohlen) genannt, die unverbesserlichen Proslavereileute aber, deren Sympathien ganz und gar mit dem Süden waren, hießen die "snow-flakes" (Schneeflocken), und die vielen Schattirungen zwischen diesen beiden Extremen nannte man die "claybanks" (Falben); auf diese Weise repräsentirten die charcoals und snow-flakes respective den linken und rechten Flügel und die claybanks das Centrum.

So unwesentlich diese Bezeichnungen auch waren, so mag ihre Erklärung doch die weiteren Schilderungen kürzer und faßlicher machen.

Als die Legislatur im folgenden Winter wieder zusammentrat, war die Senatorenwahl abermals die erste brennende Frage. Man konnte an der Haltung vieler Repräsentanten deutlich bemerken, daß während dieses Jahres ein bedeutender Umschwung der öffentlichen Meinung zu Gunsten der Emancipation eingetreten war, und auch mein Freund Georg Smith sagte mir, als wir uns bei unserem ersten Wiedersehen die Hände schüttelten: „Jetzt kann ich so gut für Brown stimmen wie Sie."

In der ersten privaten Vorversammlung fehlten nur noch 8—10 Stimmen zur Aufstellung Browns, und auf einen Zuwachs von so vielen hoffte man beim Ballotiren in der ersten officiellen gemeinschaftlichen Sitzung. Aber es war eine bittere Täuschung. Nachdem vom Präsidenten des Senats das Resultat dieser ersten Abstimmung der Versammlung angekündigt und erklärt worden war, daß noch kein Candidat die zu einer Wahl genügende Stimmenzahl erhalten habe, stellte Freund Smith ganz unerwartet den Antrag auf Vertagung der gemeinschaftlichen Sitzung.

Die charcoals kannten wohl das Motiv zu diesem Antrag und die claybanks und snow-flakes mochten wohl ahnen, was dieser Schritt zu bedeuten habe, hofften aber wahrscheinlich auch, die Zeit bis zur Sitzung am nächsten Tag in ihrem Interesse benutzen zu können, und deßwegen wurde diese Motion ohne großen Widerstand angenommen.

Dieser parlamentarische Schachzug war ein sehr geschickter und zeitgemäßer gewesen; denn es war mit ziemlicher Bestimmtheit vorauszusehen, daß wenn weiter ballotirt worden wäre, das Centrum sich mit dem rechten Flügel vereinigt haben würde und dann wären Brown und Henderson hoffnungslos verloren gewesen.

Die Chancen für Henderson sahen trostlos aus; seine zahlreichen intimen Freunde hatten nicht für Brown gestimmt, obgleich sie allein ohne bedeutende Mithülfe für ihren Freund Nichts thun konnten; wenn nun das Centrum mit dem rechten Flügel eine Coalition eingegangen hätte, so wäre er (Henderson) nicht auf den Schild erhoben worden, denn seine persönlichen Freunde waren nicht in der Mehrzahl, und er war in der Emancipationsfrage doch schon zu weit gegangen, um für die snow flakes ein acceptabler Candidat sein zu können.

Am Abend nach dieser Vertagung hielten die Emancipationisten wieder eine Berathung unter sich, und ihre Verlegenheit war in der That sehr groß, denn man wußte nicht, woher die fehlenden Stimmen nehmen.

Es wurden eine Menge Reden gehalten und Vorschläge gemacht, aber lange Zeit vergeblich, denn der einzige Ausweg, von dem man einen günstigen Erfolg hoffen durfte, war, eine Verbindung mit Henderson und seinen Freunden einzugehen. Der Vorschlag dazu stieß Anfangs auf entschiedenen Widerstand, aber mit den vorrückenden Stunden der Nacht fingen auch die Extremsten an, allmälig nachzugeben, denn es blieb ihnen keine andere Alternative mehr, als entweder Brown mit Henderson zu nehmen oder zuzugeben, daß Männer, deren Loyalität durchaus nicht für unbedingt gehalten werden konnte, Missouri im Senat der Ver. Staaten repräsentiren oder auch mißrepräsentiren sollten. Den Makel, welcher durch eine solche Wahl auf einen der loyalsten und freisinnigsten Staaten der Union gefallen wäre, wollte doch keiner verschuldet haben, und wenn Henderson auch kein Ideal der Emancipationisten war, so war er immerhin ein aufrichtiger Unions=mann, und ein sehr achtbarer und fähiger Repräsentant; und deßwegen entschloß man sich endlich zu seiner Unterstützung, wenn er sich verpflichten würde, gewisse Bedingungen einzugeben.

Diese waren: er solle seine Freunde, die ihm noch treu geblieben waren, veranlassen, nicht allein für Brown, sondern auch für die Einberufung einer Convention zu stimmen, und er selbst solle, wenn er gewählt sein würde, im Congreß die Interessen der Emancipationisten in Missouri vertreten.

Während dieser Verhandlungen war es Mitternacht geworden, dennoch verfügte sich in dieser späten Stunde eine Delegation der Emancipationisten zu Henderson und fand ihn, von nur wenigen seiner getreuesten Anhänger umgeben in seinem Zimmer, denn die höchst unsichere Lage, in der er sich befand und die ganz natürliche Niedergeschlagenheit darüber, hatten weder ihn, noch seine Freunde die Ruhe suchen lassen.

Der Vormann der Delegation legte ihm (Henderson) die Beschlüsse der Emancipationisten vor und fragte ihn, was er zu thun gedenke? Einer der eifrigsten Anhänger Hendersons, ein sehr einflußreicher und talentvoller Senator, der sich, ohne zu schlafen, auf ein Bett gelegt hatte, schnellte in die Höhe, und betheuerte mit einem Kernfluch, den ihm diese freudige Ueberraschung entlockt hatte: „wenn Ihr das thun wollt, so stimme ich für Brown und auch für Eure Convention, so lange Ihr es haben wollt."

Henderson, der über dieses unerwartete god send ebenfalls erstaunt war, ging zwar bereitwillig auf die gemachten Vorschläge ein, äußerte aber sein Bedenken, ob er noch genug treue Freundschaft habe, um die fehlenden Stimmen aufbringen zu können. Am Morgen hätte er noch für die nöthigen Stimmen garantiren können, aber er wisse nicht, wie viele ihm den Tag über abtrünnig gemacht worden wären; doch wollte er und seine Getreuen thun, was in ihren Kräften stände. Es scheint denn auch, daß diese Herren in dieser Nacht nicht viele Stunden im Bett zugebracht haben.

Mit diesem Bescheid kehrte die Delegation zu der harrenden Versammlung zurück und diese ging darauf mit ziemlich zuversichtlichen Hoffnungen auseinander.

Die Aufregung über die schwebende Wahl war aber nicht bloß auf die legislativen Kreise beschränkt geblieben, denn während der Zeit der Legislatur=Sitzungen sind immer, und waren auch damals, ziemlich viel Gäste in der Stadt, welche an der Entscheidung die=ser Wahl ein lebhaftes Interesse nahmen. Selbst die Bürger der Stadt, welche doch an dergleichen Aufregungen gewöhnt sind, zeigten eine ungewöhnliche Theilnahme, und in den Trinklokalen, oder wo auf den Straßen kleinere oder größere Gruppen beisammen stan=den, war von nichts Anderem die Rede, als von der Senatoren=Wahl.

Schon früh am nächsten Morgen fingen die Gallerien im Saal des Repräsentanten=Hauses an, sich mit neugierigen Zuschauern zu füllen, und noch ehe die Sitzung ihren An=fang nahm, war kein Platz mehr zu finden; aber auch innerhalb der Barrieren, im Saal, selbst, wogte eine bunte Menge eingeführter Gäste zwischen den Repräsentanten hin und her. Zur festgesetzten Stunde gab der Hammer des Sprechers das Signal zur Ordnung und die Fremden zogen sich zurück, und die Repräsentanten nahmen ihre Sitze ein. Bald darauf öffneten sich die Flügel der großen Eingangsthür und wie es die parlamentarische Etiquette erheischt, wurde der Senat durch den Thürhüter formell angemeldet. Unter dem Vortritt des Präsidenten und des ersten Secretärs zogen die Senatoren, immer zwei neben einander, in den Saal ein, während sämmtliche Repräsentanten rechts und links von dem

Durchgang, sich, wie es das Ceremoniell verlangt, a tempo von ihren Sitzen erhoben, und stehen blieben, bis die Senatoren ihre Plätze eingenommen hatten.

Die Vorsitzer der beiden Häuser schüttelten sich zur Begrüßung die Hände und ließen sich neben einander nieder, und unter der Leitung des Präsidenten des Senats wurde die Sitzung eröffnet.

Trotz der großen Menschenmenge, herrschte doch lautlose Stille im Saal. Die Stunde der Entscheidung war gekommen.

Bei den Abstimmungen in den gemeinschaftlichen Sitzungen stimmt zuerst der Senat und dann das Haus, und die Namen aller Mitglieder werden in alphabetischer Ordnung aufgerufen.

Gleich der erste Name war der des Senators, welcher in der vergangenen Nacht seine Freude über das Anerbieten der Emancipationisten in so enthusiastischer Weise zu erkennen gegeben hatte, und dieser stimmte für „Brown", und eben so stimmte, außer den ursprünglichen Brownleuten, jeder Freund Hendersons für diesen Candidaten.

Es war in der That hohe Zeit gewesen, daß die Vereinigung der Emancipationisten mit Hendersons Freunden eingegangen worden war, denn schon die Abstimmung des Senats allein zeigte, daß sich auch der rechte Flügel mit dem Centrum verständigt hatte, denn diese beiden Fractionen stimmten Mann für Mann für e i n e n Candidaten.

Nun kam das Haus an die Reihe und auch hier war beim Aufruf der ersten Namen zu bemerken, daß jeder Freund Hendersons für Brown stimmte.

Die starke Feuerung in den großen Kaminen und die Ausdünstung einer so großen Menschenmenge hatten eine so unerträgliche schwüle Hitze im Saal verursacht, daß mehrere Repräsentanten und ich selbst, nachdem wir unsere Stimmen abgegeben hatten, unsere Sitze verließen, um in der großen Rotunda des Capitols frische Luft zu schöpfen. Aber wir waren noch nicht lange dort, als über unseren Köpfen ein Tumult losbrach, als ob das Capitol eingestürzt werden sollte; und zu gleicher Zeit stürmten Pagen und andere Diener mit dem Ruf: "Brown is elected" in wilder Hast die Treppe herab, jeder ein Zettelchen in der Luft schwenkend, und im Wettlauf rannte dieses Botenheer nach dem Telegraphen-Bureau. Es ist sehr wahrscheinlich, daß das Resultat der Wahl schon in St. Louis und selbst in Washington City bekannt war, ehe es noch vom Präsidenten der Legislatur officiell angekündigt worden war, denn die nochmalige Ablesung aller Namen mit ihren Abstimmungen und das Stimmenzählen nach dem Ballot nimmt ziemlich viel Zeit weg. Da aber viele Repräsentanten auf ihren Pulten die Stimmen notirten, so wie sie gefallen waren, so kannten sie auch das Resultat, sobald die letzte Stimme abgegeben war, und schickten unverzüglich ihre Telegramme ab.

Die Wahl Hendersons hatte nun keine Schwierigkeiten mehr, denn da seine Freunde Wort gehalten und für Brown gestimmt hatten, stimmten auch alle Emancipationisten ohne Ausnahme für Henderson und er erhielt sogar eine größere Majorität als sein College; denn viele clay-banks, als sie sahen, daß ihre Lieblings-Candidaten rettungslos verloren waren, stimmten noch in der letzten Stunde für Henderson; sie nannten sich ja auch Emancipationisten, und wenn sie als solche auch eine sehr traurige Rolle gespielt hatten, so versuchten sie doch noch einen Schimmer von dem Glorienschein der wirklichen Emancipationisten mit in ihre Heimath zu nehmen.

Die Wahl Browns war der erste parlamentarische Sieg von größerer Tragweite, den die Freiheitsmänner von Missouri erkämpft hatten. Die meisten Errungenschaften der nächsten Jahre, welche zum Theil von weit größerer Wichtigkeit waren, als das Resultat dieser Wahl, wurden ebenfalls durch harte Kämpfe erlangt, aber eine so weitverbreitete und intensive Aufregung machte sich wohl kaum wieder bemerkbar.

So interessant und aufregend die Senatoren Wahl war, so langweilig und ermüdend war die Lösung der zweiten und wichtigeren Aufgabe der Legislatur; nämlich die Einberufung einer Convention zum Behuf der Aufhebung der Sclaverei zu beschließen.

In mehreren der vorhergehenden Kapitel wurde angedeutet, daß das Institut der Sclaverei schon seit Jahren angefangen hatte, allmälig aus den Fugen zu gehen, aber in früherer Zeit gab es noch nicht Viele, welche dieses Institut als ein altes, morsches und in sich selbst zerfallendes Gebäude erkannten, was es doch in der That war, denn alle Versuche, diesen alten Bau zu repariren und wieder zu befestigen, erschütterten ihn nur immer mehr und beschleunigten seinen gänzlichen Zusammensturz. Aber schon bald nach dem Ausbruch der Rebellion war es schon weit leichter vorauszusehen, daß das Ende des Kriegs auch das Ende der Sclaverei sein würde.

So einfach diese Consequenzen auch waren, so waren doch viele Mitglieder der Legislatur anfänglich noch so befangen, ihre seit ihrer Kindheit eingesogenen Vorurtheile waren noch so stark, und ihre Furcht vor den eingebildeten Gefahren, von denen sie sich bedroht glaubten, wenn die Sclaven freigesprochen würden, war noch so groß, daß sich ihre Emancipations-Gesinnungen auf nicht viel mehr beschränkten, als auf den Wunsch, daß doch die Sclaverei gar nie möge eingeführt worden sein. Nur durch diesen Wunsch unterschieden sie sich von den echten Proselavereileuten, welche die Sclaverei für einen Segen für die Neger und noch mehr für sich selbst hielten.

Von diesen Schwächsten der Emancipationisten nahm die Vorurtheilslosigkeit und das Humanitätsgefühl in aufsteigender Progression zu, bis zu Denen, welche sich selbst bis zur Anerkennung gleicher Menschenrechte emancipirt hatten, und welche auf die unmittelbare und absolute Aufhebung der Sclaverei drangen.

In der ersten Sitzung, im Winter 1862 — 1863, wurden in Bezug auf diese Conventions-Bill keine großen Fortschritte gemacht.

Im Congreß schien man auf den Umstand Rücksicht genommen zu haben, daß Missouri sich nicht der Secession angeschlossen hatte, sondern loyal geblieben war, und man schien dort geneigt zu sein, den Sclavenhaltern eine Entschädigung von 12 Millionen Dollars aus der Bundeskasse zu zahlen, wenn sie in die Aufhebung der Sclaverei willigen würden.

Dieser Vorschlag wurde auf's Tapet gebracht und verursachte wochenlang endlose Debatten.

Wenn die snow-flakes, welche die Interessen der Sclavenhalter repräsentirten, vernünftig genug gewesen wären, um diese in Aussicht gestellte Vergütung anzunehmen, so wäre wahrscheinlich die Emancipation auf diese Weise in's Leben getreten, wiewohl eine Entschädigung der rebellischen Sclavenhalter durchaus nicht nach dem Geschmack der principiellen Emancipationisten gewesen wäre, aber die eigene Unverschämtheit verdarb jenen Alles.

Zuerst verlangten sie 50 Millionen und suchten obendrein ihre Bescheidenheit und die Gerechtigkeit ihrer Ansprüche durch bandwurmähnliche Reden zu beweisen; statt aller Antwort wurde jedoch das unsinnige Verlangen prompt niedergestimmt. Einer auf 35 Millionen herabgesetzten Forderung ging es nicht besser, und endlich schien man sich auf 25 Millionen einigen zu wollen, als die Proselavereipartei im Hause in ihrer Frechheit so weit ging, daß sie diese Summe in Gold und Silber und nicht in Papiergeld, welches damals einen sehr niedrigen Cours hatte, ausbezahlt haben wollte; da ging denn selbst denjenigen Unionsleuten, welche noch keine entschiedenen Emancipationisten waren, die Geduld aus.

Die Unionssoldaten, welche täglich ihre Brust den Rebellenkugeln aussetzen mußten, die Unglücklichen, welche zu Krüppeln geschossen waren, und die Wittwen und Waisen der Gefallenen erhielten ihren Sold und ihre Pensionen in Papiergeld, und doch verlangte man, daß diese Sclaven-Aristokraten, welche diesen blutigen Krieg verschuldet, und daher eigentlich nach den Landesgesetzen den Galgen verdient hätten, für ihre Neger in Gold und Silber bezahlt werden sollten!

Diese empörende Unverschämtheit öffnete unter den Unionsleuten alle Schleußen der Beredtsamkeit, und die rebellenfreundlichen Legislatoren wurden nun Stunden lang durch freie Vorträge über das obige Thema und durch Variationen desselben aus allen Tonarten erbaut, und es wurden ihnen von allen Seiten Wahrheiten in's Gesicht geschleudert, welche ein Pferd hätten schamroth machen können.

Nachdem dieser Sturm ausgetobt hatte, war es selbstverständlich, daß die wahnwitzige Gold- und Silberforderung niedergestimmt wurde, aber die Entschädigung von 25 Millionen passirte.

Was aus dieser Appellation an die Liberalität des Congresses geworden ist, wird wohl Niemand wissen, denn man hörte nichts mehr davon, auch bleibt es sich ganz gleich, ob dieses Document in Washington City oder in Jefferson City in den Papierkorb gewandert ist.

In dieser Sitzung konnte diese Conventions-Bill nicht durchgesetzt werden, und die Entscheidung fiel erst in die Sitzung von 1863 — 1864.

Der Druck der öffentlichen Meinung, welche auf die Senatoren-Wahl im Verlauf eines Jahres einen so günstigen Einfluß geübt hatte, mußte auch in Bezug auf die Conventions-Bill die gleiche Wirkung haben.

* * *

Die Proclamation des Präsidenten Lincoln im Jahr 1862, durch welche die Sclaverei in dem ganzen Gebiet der Ver. Staaten für aufgehoben erklärt worden war, galt bei Vielen nur für eine temporäre militärische Nothwendigkeit, denn wenn diese Proclamation auch von allen l o y a l e n Bürgern gebilligt und mit Jubel begrüßt worden war, so war sie doch noch durch keinen Act des Congresses anerkannt worden, und so lange die Integrität der Union durch einen siegreichen Abschluß des Krieges noch nicht definitiv festgestellt war, hätte eine solche officielle Anerkennung auch nicht viel nützen können. Jedenfalls aber war diesem Institut dadurch das Genick gebrochen, denn von Subordination der Sclaven ihren Herrn gegenüber war nicht mehr die Rede, und die Neger schaarten sich zu Tausenden unter den Bannern der Union, und schlugen sich tapfer gegen die Heere ihrer früheren Unterdrücker.

In Missouri hatte schon General Fremont bald nach seiner Uebernahme des Commandos im westlichen Departement durch einen Armee-Befehl (August 1861) die Sclaverei im Staat für aufgehoben erklärt, aber obgleich diese Ordre nur so lange Geltung gehabt hatte, als sie mit Waffengewalt aufrecht erhalten werden konnte, so war doch schon damals die unausbleibliche und unmittelbare Folge dieses Befehls die vollständige Demoralisation der Sclaven in Bezug auf den Gehorsam gegen ihre Herren.

Damals wurden sie allerdings noch nicht unter die Waffen gerufen, aber sie entliefen in ganzen Rotten und entkamen, meistens mit Hülfe der Soldaten, welche an vielen Orten stationirt waren, in die angrenzenden Freistaaten. Viele von ihnen, welche von ihren Herren human behandelt worden waren, blieben auch ihren Besitzern treu, bis die Sclaverei in vollständig gesetzlicher Form abgeschafft wurde, und wenn ihre Herren vernünftig waren, behielten sie ihre einstigen Sclaven als freie Arbeiter bei sich und zahlten ihnen für ihre Dienste den landesüblichen Lohn.

In diesem Stadium war die Sclaverei, als die Legislatur ihre zweite Sitzung eröffnete.

Es gehörte nicht viel Scharfsinn dazu, um einzusehen, daß in der allernächsten Zeit die Fesseln der Sclaven fallen mußten, und wer Augen hatte und sehen wollte, mußte begriffen haben, daß dieses Institut, welches den freien Bürgern der mächtigsten Republik auf der ganzen Erde niemals zur Ehre, wohl aber zur Schande gereicht hatte, keine Lebenskraft mehr besaß, und nicht viel mehr zu thun übrig blieb, als die todten Reste aus dem Weg zu räumen.

Bis zu dieser Einsicht schienen es aber die Proslavereileute in der Legislatur und Solche, welche mit einer Emancipationisten-Larve vor dem Gesicht Hand in Hand mit jenen gingen, noch nicht gebracht zu haben, denn sie stemmten sich mit aller ihnen zu Gebot stehenden Macht gegen die Annahme der Conventions-Bill, denn diese Classe von Legislatoren glaubte damals noch ziemlich fest an den endlichen Sieg der südlichen Waffen, und in einem solchen Fall hoffte man, dem in den letzten Zügen liegenden Liebling wieder neues Leben einhauchen zu können.

Man muß diesen conservativen Proslavereileuten nachrühmen, daß sie für das, was sie, von ihrem Standpunkt aus betrachtet, für Recht hielten, tapfer stritten, aber alle ihre Angriffe waren nicht viel mehr als Windmühlenkämpfe à la Don Quirote, und die Lanzen ihrer tüchtigsten Streiter für dieses veraltete Institut zersplitterten bei jedem Anlauf an der festgeschlossenen Phalanx der Emancipationisten.

Die conservative Fraction der Legislatur war numerisch zu schwach, um durch eine Abstimmung etwas durchsetzen zu können, aber dennoch würden die Emancipationisten einen großen Fehler begangen haben, wenn sie die scheinbar machtlosen Gegner zu sehr unterschätzt hätten. Viele von ihnen waren schon öfter in früheren Legislaturen Repräsentanten gewesen und hatten sehr bedeutende Routine; diese wußten sehr gut, welche Macht eine Minorität sein konnte, wenn sie geschickt manövrirt. Wenn unter den Emancipationisten nicht ebenfalls erfahrene und besonders aufmerksame und wachsame Legislatoren gewesen wären, so hätte diese Conventions-Bill vielleicht in ein Stadium gebracht werden können, in welchem sie nach parlamentarischen Gesetzen wenigstens in jener Sitzung nicht mehr durchführbar gewesen wäre, und ein solcher Erfolg hätte als ein, freilich nur temporärer Sieg des Proslaverei-Elements betrachtet werden müssen. Aber alle ihre Fechterkünste hatten keine andere Wirkung als die, daß ihre geschicktesten Stöße durch die Wachsamkeit der Emancipationisten prompt parirt und unschädlich gemacht wurden.

Zuletzt, als ihre Schach- und Winkelzüge vereitelt worden waren, nahmen sie ihre letzte Zuflucht zu dem bekannten "speaking on time", um ihre Gegner zu langweilen, zu ermüden und wo möglich einzuschläfern.

Dieses "speaking on time" ist eine Kunst, welche nicht Jedem erreichbar ist, denn die Gabe, Stunden und Tage lang über „Nichts" zu sprechen, ist nicht Vielen verliehen.

In dieser Beziehung leisteten aber die Vorkämpfer der snow-flakes Erstaunliches und fast Unglaubliches.

Einer der tapfersten Streiter unter ihnen hatte das Wort erhalten, als über ein zur Conventions-Bill vorgeschlagenes Amendement debattirt wurde, und dieser Redner sprach aus dem Stegreif vom Morgen bis zur regelmäßigen Vertagung über die Mittagsstunde, und von der Eröffnung der Nachmittags-Sitzung bis zum Abend; den g a n z e n nächsten Tag ging es in derselben Weise weiter und erst gegen Mittag des dritten Tages hatte diese Qual ein Ende; aber es fuhr mir ein Schrecken durch alle Glieder, als dieser Redner am Schluß noch die trostreichste Meldung machte. Was er bis jetzt gesagt habe, seien nur einige vorläufige Bemerkungen über das Amendement gewesen, wenn die Bill selbst zur Debatte vorliegen würde, beabsichtige er, sich eingehender auszusprechen.

Zum Glück war diese in Aussicht gestellte zweite Rede nur eine leere Drohung gewesen, denn als die Conventions-Bill endlich wirklich zur Debatte reif war, hatte dieser moderne Demosthenes kein Wort mehr zu sagen.

Daß während solcher Reden bei den Legislaturen keine Spur von Aufmerksamkeit zu bemerken war, ist wohl ganz natürlich, denn solche oratorische Ergüsse enthielten keine staatsmännische Weisheit, sondern waren nur ganz leeres Geschwätz; sobald also bemerkt wurde, daß ein solcher Bandwurm abgewickelt werden sollte, verließen die meisten der Repräsentanten ihre Sitze, rauchten und unterhielten sich in den Nebenzimmern oder, wenn sie sitzen blieben, lasen sie Zeitungen oder schrieben Briefe, aber der Sprecher des Hauses, der es versäumt hatte, einen Stellvertreter auf den Stuhl gerufen zu haben, und nun seinen Sitz keinen Augenblick verlassen durfte, sondern eine solche Tortur geduldig ertragen mußte, war in der That zu bedauern; doch schien es, als wenn ihm hin und wieder durch ein Schläfchen seine Martern erleichtert worden wären, denn er saß dann öfters eine längere Zeit regungslos und mit auf die Brust herabgesunkenem Haupt in seinem Armsessel.

Weit harmloser als die Practiken der geriebenen Proselaverei-Legislaturen waren die Hindernisse, welche die gradual Emancipationist (allmälige Emancipationisten) der Passirung dieser Bill in den Weg zu legen suchten. Ihre Einwendungen beschränkten sich meistens nur auf Warnungen gegen zu rasches Emancipiren: denn in ihrer erhitzten Phantasie sahen sie schreckliche Dinge kommen, wenn die Neger alle auf einmal frei gesprochen würden. Wenn aber die allmäligen Methoden, welche diese Aengstlichen befürworteten, berücksichtigt worden wären, so hätte kaum noch die nächste Generation das Ende der Sclaverei erlebt.

Wenn ich diesen langsamen Emancipationisten mitunter zuhörte, als sie ihrem bedrängten Herzen durch Reden Luft zu machen suchten, fiel mir oft ganz unwillkürlich jener Bauer ein, der seinem Hund den Schwanz stutzen wollte, der aber, um dem armen Thier nicht zu viele Schmerzen auf einmal zu machen, so lange jeden Tag nur ein kleines Stückchen abschnitt, bis der Schwanz endlich die Kürze erlangt hatte, welche dem Schönheitssinn des Hundebesitzers am Besten entsprach.

Die Ungeduld und der unvorsichtige Eifer der jüngeren aber entschiedenen Emancipationisten, denen dieses fortwährende Temporisiren, von dem kein Ende abzusehen war, oft unerträglich zu werden schien, wurden durch die Ruhe und Besonnenheit ihrer älteren und erfahrenen Collegen in Schranken gehalten, und man hörte öfter die Mahnung zur Geduld: "Never mind, just let them have rope enough and they will hang themselves after a while."

Dieses den Wallfischfahrern entlehnte Wort fand auch hier auf dem Feld der Politik seine Geltung. Jene lassen einem gut harpunirten Fisch Leine und geben ihm Zeit, sich zu verbluten und matt zu werden, ehe sie den Versuch machen, ihn an das Schiff zu ziehen; ebenso ließ man den Feinden der Emancipation, deren Bestreben, die Sclaverei aufrecht zu erhalten, keine Möglichkeit eines Erfolges hatte, Zeit, sich matt zu maneuvriren und zu schwatzen, und als ihre Kräfte endlich erschöpft waren, konnte die Abstimmung über die Conventions-Bill, ohne Gefahr einer Niederlage für uns gewagt werden. Die Bill passirte mit großer Majorität und erhielt am 12. Februar 1864 die officielle Genehmigung des Gouverneurs.

Daß die Wahl der Delegaten für diese Convention bei der damaligen Stimmung der Bevölkerung entschieden im Sinne der Emancipationisten ausfallen mußte, war vorauszusehen. Die Delegaten, als directe Vertreter des absoluten Volkswillens, traten am 6. Januar 1865 in St. Louis zusammen, und unter dem Vorsitz des würdigen Arnold Krekel wurde schon am 11. Januar die Aufhebung der Sclaverei in Missouri erklärt und fast sämmtliche Delegaten, unter welchen viele Deutsche waren, hatten für diese Emancipations-Ordinanz gestimmt. Missouri hatte die Ehre unter allen Sclavenstaaten der einzige zu sein, in welchem der Patriotismus, die Humanität und Intelligenz und der selbstbewußte feste Wille der loyalen Bürger stark genug war, um sich aus eigener Kraft zu Bürgern eines **freien Staates** zu machen.

* *

Diese Epoche der Emancipation der Sclaven wird immer ein Abschnitt und ein historischer Ruhepunkt in der Entwicklungs-Geschichte der Ver. Staaten und speciell auch Missouris bleiben; aber das überraschend schnelle Emporblühen dieses Staats unter der Administration des ersten republikanischen Gouverneurs Thomas B. Fletcher, ferner die während der Regierung des zweiten republikanischen Gouverneurs, Joseph McClurg, erfolgte Trennung des liberalen Flügels von der alten republikanischen Partei, dessen theilweise Verschmelzung mit der demokratischen Partei, welche in erster Hand die Erwählung von B. Gratz Brown zum Gouverneur zur Folge hatte, und die Administration der Beiden auf einander folgenden demokratischen Gouverneure Woodson und Hardin sind Ereignisse zu neuen Datums, um schon jetzt gerecht beurtheilt und gehörig gewürdigt werden zu können. Ueberhaupt ist der politische und sociale Gährungsprozeß, der sich schon seit mehreren Jahren in dem ganzen Bereich der Ver. Staaten, also auch in Missouri vollzieht, eben jetzt in ein Stadium getreten, in welchem Alles sehr trübe und undurchsichtig erscheint, über Zustände wie die jetzigen läßt sich zwar sehr viel moralisiren, philosophiren und auch phantasiren, aber „Geschichte" kann man noch nicht darüber schreiben. Aber wenn die Sonne einmal diese Nebel verdrängt haben, und wenn es deutlich bemerkbar sein wird, ob die Menschheit während dieser Zeit vorwärts oder rückwärts geschritten ist, wird wohl eine andere Feder als die meinige die Resultate solcher Beobachtungen niederschreiben.

Druckfehler.

Seite 9, Zeile 32 von unten lies: Atlantis statt Atlantic.
„ 11, „ 16 „ oben „ würden statt würde.
„ 12, „ 9 „ „ „ durchschleichen statt durchstreichen.
„ 21, „ 7 „ unten „ Parrens statt Parrens (zweimal).
„ 41, „ 21 u. 22 „ „ Bitt statt Witt.
„ 43, „ 14 von oben „ Verwunderung statt Bewunderung.
„ 78, „ 4 „ „ „ einem statt einen.
„ 85, „ 1 „ „ „ Ansinnens statt Unsinnes.
„ 86, „ 15 „ „ „ Unechtes statt Unrechtes.
„ 88, „ 26 „ „ „ leisen statt tiefen.
„ 94, „ 7 „ unten „ else statt also.
„ 95, „ 12 „ oben „ einiger statt weniger.
„ 110, „ 3 „ „ „ gewöhnten sich die kleinen Bestien sehr bald.
„ 111, „ 10 „ unten „ im Strom statt den Strom.
„ 118, „ 11 „ „ „ Tuque-Creek statt Jaque-Creek.
„ 119, „ 15 „ „ „ 1844 statt 1848.
„ 135, „ 17 „ „ „ und gebrochenen statt umgebrochenen.
„ 138, „ 23 „ oben „ heute statt häufig.
„ 140, „ 15 „ „ „ Weise statt Weie.
„ 143, „ 9 „ „ „ Jona statt Jowa.
„ 158, „ 15 „ „ „ Progression statt Progressirung.
„ 161, „ 16 „ unten „ locirt statt gelöst.
„ 163, „ 23 „ oben „ Rathes statt Rath.
„ 166, „ 10 „ unten „ Teutschthümler statt Teutschhümler.
„ 166, „ 25 „ „ „ deutsche Wörter statt deutschen Wörtern.
„ 170, „ 11 „ „ „ Pimpage statt Pimgage.
„ 171, „ 10 „ oben „ daß statt da.
„ 180, „ 10 „ unten „ Representantin statt Representation.
„ 190, „ 15 „ oben „ denen statt deren.
„ 198, „ 5 „ unten „ Guerillabanden statt bande.
„ 220, „ 18 „ „ „ dominirende statt denomirende.
„ 227, „ 24 „ „ „ Freunde statt Freundschaft.

www.ingramcontent.com/pod-product-compliance
Lightning Source LLC
Chambersburg PA
CBHW031739230426
43669CB00007B/412